교류와 전쟁으로 본 일본사

교류와 전쟁으로 본 일본사

조명철 편저

경인문화사

차 례

총 설

제 1 부

제 2 부

총 설

역사의 좌표
외교와 전쟁의 변주곡

조명철_前 고려대 사학과 교수

Ⅰ. 머리말

한국에서 일본사 연구는 크게 보면 3세대를 지나고 있다고 할 수 있다. 제1세대는 한국에 일본사 기반이 전혀 없었던 시기에 미국이나 일본으로 건너가 일본사로 학위를 받고 귀국하여 국내의 일본사 교육과 연구의 초석을 다진 세대였다. 제2세대는 제1세대의 가르침을 통해 일본사의 맛을 보고 외국으로 나가 좀 더 다양한 분야를 연구하고 돌아와 국내의 일본사 연구에 기여한 세대였다. 제2세대의 특징은 일본 유학이 압도적으로 많았다는 점이다. 이들은 일본 각지의 유수한 대학에서 고대사부터 현대사까지, 정치사에서 경제·문화·사상사까지 다양한 주제를 연구하였고, 귀국 후에는 잡지 『일본역사연구(日本歷史研究)』를 통해 한국의 역사학에서 어엿한 자리를 잡았다. 현재는 제2세대를 통해 국내에서 훈련받은 제3세대가 일본과 세계의 유수한 대학에 유학하면서 쌓은 심층적인 연구 성과를 바탕으로 교육 현장과 전문 연구를 주도해나가는 시대가 되었다. 제3세대 중에는 제2세대의 열의와 배려로 국내에서 박사 학위까지 끝내는 경우가 늘고 있다. 필자가 속한 제2세대는 이미 교육 현장을 떠난 경우도 있지만, 대부분 4~5년 내에는 은퇴하고 제3세대가 일본사 연구를 견인하리라고 본다.

필자와 함께 일본사를 공부하였거나 아니면 조금 늦게 합류한 후배, 또는 사제 관계의 제자까지 함께 할 수 있는 장이 마련된 것을 기쁘게 생각한다. 자국사가 아닌 타국사로서 일본사를 가르치고 공부해온 필자의 소회를 간략하게 정리함으로써 앞으로 일본사를 계속 이어갈 '동료 연구자'들에게 보답하고자 한다.[1]

역사학자들은 역사학이 다른 학문보다 '사실(事實, fact)'에 충실하기 때문에 그만큼 자신의 연구도 객관적이라고 생각하기 쉽다. 특정 이론이나 가설의 비중이 큰 인문 사회 과학의 연구가 허약한 사실을 기반으로 논지를 전개할 때, 역사 연구자들이 쉽게 동의하지 못하는 것도 사실을 중시하기 때문일 것이다. 하지만 전혀 때 묻지 않은 사실이나 어떤 색깔도 입혀지지 않은 무색투명한 사실은 존재할 수 없다. 어떤 사실이 누군가의 손에 의해 기록되는 순간부터 그 사실은 기록자의 입장, 가치관, 이해관계가 반영된 결과물일 수밖에 없다. 더욱이 그 기록을 보는 사람이 어떤 색깔을 갖고 있거나 편향된 시각을 갖고 있을 가능성까지 고려하면 객관적 사실에 대한 기대감은 더욱 줄어들게 된다. 그런데도 역사학자들이 사실에 집착하는 이유는 완벽하게 객관적인 사실을 믿기보다는 객관성의 정도 또는 타당성의 정도를 판단할 수 있다고 믿기 때문일 것이다. 이처럼 사실이 지닌 불완전성 때문에 역사학은 같은 사실에 대해서도 끊임없이 새로운 해석과 분석을 끌어낼 수 있다고 본다.

만약 자신의 연구가 완전히 객관적이며 엄정하게 가치 중립적이며 치밀한 실증적 방법에 근거하고 있기 때문에 일말의 오류도 없다고 믿는다면, 이것이야말로 사실의 속성과 역사 해석의 다양성을 이해하지 못한 태도라고 할 수 있다. 따라서 자신의 입장과 시각이 어디쯤 서 있는지를 자각하면서 역사적 사실들을 다루는 것은 역사 연구의 기본이라고 생각한다. 역사의 사실과 연구자의 해석은 싫든 좋든 특정 위치에 좌표가 찍힐 수밖에 없고 어떻게 보면 그것이 자연스러운 현상일 것이다.

메이지(明治) 후반, 일본은 근대 국가의 형태를 갖추면서 적극적으로

---

1 본 논문은 필자의 연구 논문에서 언급된 부분들을 각주 처리하지 않고 작성했음을 밝힌다.

대외 정책을 전개하였고 그 결과 대규모 전쟁도 마다하지 않았다. 이 시기 일본의 외교를 규정하는 전략적 개념이 '주권선(主權線)'과 '이익선(利益線)' 논리에 있었다고 보고 1890년부터 1900년까지 10년간의 일본 외교에 나름대로 역사적 좌표를 찍어보고자 한다.

II. 일본 외교의 지향점

1889년 속칭 메이지 헌법이 제정되었고, 그다음 해에는 헌법을 근거로 총선이 치러져 제국의회가 구성되었다. 첫 의회의 회기가 시작되는 역사적인 자리에서 육군의 현역 중장으로 수상에 오른 야마가타 아리토모(山縣有朋)의 시정연설이 있었다. 회기가 한창 진행 중이던 1891년 2월 16일, 야마가타 수상은 의사당의 연단에 올라 일본의 변치 않는 '국시(國是)'는 안으로는 국민의 안전을 지키고 밖으로는 국위(國威)를 세계에 떨치는 것이라고 정의하면서 이 '국시'의 실현을 위해서 의회가 정부의 예산안에 협조해줄 것을 요청하였다.[2] 그의 시정 연설은 과반수를 차지한 민당 세력을 설득하는 데 초점이 맞춰져 있었지만, 그보다 훨씬 오랫동안 기억될 중요한 선언이 연설 중에 나왔다

국가 독립과 자위의 방법에는 두 가지가 있다. 첫째는 주권선을 지키는 것, 둘째는 이익선을 보호하는 것이다. 주권선은 국가의 영토를 말하는 것이고 이익선은 주권선의 안위에 밀접한 관계를 지니고 있는 지역을 말한다. 현재 열국들 사이에서 국가의 독립을 유지하기 위해서

---

2 大山梓 編, 『山縣有朋意見書』, 1966, 原書房, 204~206쪽. 정확히는 중의원에서 행한 연설.

는 단지 주권선만 방어해서는 충분하지 못하고 반드시 이익선을 보호하지 않으면 안 된다.[3]

야마가타는 대외 전략을 규정하는 큰 틀로서 이른바 '주권선'과 '이익선' 개념을 제시하였다. 일본은 '주권선'만을 지켜서는 국가의 독립을 유지할 수 없기 때문에 반드시 '이익선'까지 확보해야 한다는 것이다. 이 자리에서 야마가타는 일본의 이익선의 경계가 어디인지는 분명하게 밝히지 않았다. 세계의 이목이 집중된 공개 석상에서 일본의 이익선을 밝힘으로써 일본의 속내를 드러낼 필요는 없었을 것이다. 하지만 야마가타의 심중에는 이미 일본의 이익선이 명확하게 새겨져 있었다. 비슷한 시기에 작성된 또 다른 야마가타의 의견서가 그것을 증명한다.

이 시기 야마가타는 육군의 최고 실력자로서 시정 연설문 이외에도 군사와 외교에 관련된 의견서를 작성하였다. 하나는 1888년 1월에 육군의 교육 책임자인 감군(監軍)의 지위에서 작성한 「군사 의견서(軍事意見書)」이고, 다른 하나는 1890년 3월에 작성한 「외교 정략론(外交政略論)」이었다. 전자와 후자는 1890년 3월에 야마가타 내각 각료들에게 회람됨으로써 비로소 세상에 알려지게 되었다.[4] 엄밀히 말하면 두 문서는 작성 시기를 놓고 볼 때 2년간의 시차가 있지만, 공개된 시점이 같기 때문에 의회 시정 연설문과 함께 세 문서가 마치 하나의 문서처럼 취급되기도 한다.

「군사 의견서」는 러시아의 시베리아 철도가 초래할 동북아의 정세

---

3 위의 책, 203쪽. 이날 야마가타가 시정 연설에 쓰인 원고는 2개인데, 하나가 시정 방침에 대한 것이고 다른 하나가 국시에 관련된 연설문이었다. 참고로 이익선 논리는 시정 연설문에 들어 있다.
4 위의 책, 185쪽.

변화를 분석하면서 일본의 군비 증강을 촉구한 반면에 「외교 정략론」은 거시적인 대외 전략의 방향을 규정하는 이른바 '주권선'과 '이익선' 논리를 제시하였고, 시정 연설문은 「외교 정략론」의 '주권선'과 '이익선'의 논리를 일본의 외교 노선으로서 대외에 공표하였다고 볼 수 있겠다.[5] 왜냐하면 작성 시점이 시정 연설문보다 「외교 정략론」이 앞서기 때문이다. 「외교 정략론」에서는 이미 일본의 이익선을 어디로 그어야 할지를 명확하게 언급하고 있다.

> 일본 이익선의 중심은 실로 조선이다. 시베리아 철도가 완성되면 조선에 많은 일들이 발생한다는 것을 잊으면 안 된다. (그날에) 조선의 독립을 유지시켜줄 어떤 보장이 있겠는가. 이 어찌 일본의 이익선에 대해 강렬한 찔림을 느끼지 않을 수 있겠는가.[6]

야마가타가 유일하게 지목한 일본의 이익선은 조선이었다. 동시에 '이익선'에 대한 일본의 자세도 함께 엿볼 수 있다. 일본은 이익선을 적극적으로 방어할 뿐만 아니라 '늘 유리한 위치를 점해야' 하고 일본이 불리할 때는 '강력(군사력)을 사용해서 일본의 의지를 달성해야 한다'고까지 못 박고 있다. 즉 일본은 '이익선'을 확보하기 위해서는 전쟁도 불사해야 한다는 주장이었다. '이익선'에 대한 이와 같은 노골적인 언급은 조선에 대한 침략적 의도를 그대로 노출하였다고밖에 볼 수 없다. '이익선'은 메이지 시기 일본의 외교가 대외 팽창적 전략에 기반하고 있음을 보여주는 상징적 용어라고 하겠다.

더불어 야마가타는 일본의 팽창적 외교가 실현되기 위해서는 무엇보

---

5 위의 책, 196~200쪽.
6 위의 책, 197쪽.

다도 군사력 강화가 필수적이라고 강조하였다. 그는 「군사 의견서」에서 외교와 군사력을 하나로 묶어내고자 하였다.

> 일본의 외교 전략은 동양의 평화를 유지하기 위해서도 군사력을 완비해야 하고, 유사시에 국외 중립을 지키기 위해서도 군비를 완비해야 하고, 전쟁 당사국과 부득이하게 동맹을 맺을 경우에도 군비를 완비해야 한다. 외교가 복잡하게 돌아가는 시기에 당국자가 군사력에 신경 쓰지 않고 자유롭게 임기응변할 수 있는 정략(政略)을 세울 수 있도록 해야 한다.[7]

군비 증강의 이유는 주변의 평화, 전시의 국외 중립, 군사 동맹 등 여러 가지가 있지만 외교의 다양성을 보증해 주기도 한다고 하여, 강력한 군사력이 뒷받침되어야 외교 당국이 자유롭게 '정략(政略)'을 펼칠 수 있다는 점을 강조하였다. 즉 정부가 외교 정책을 실행하는 데 있어서 군사력을 직접 또는 간접적으로 활용하는 길을 열어주었다. 그 의미를 조금 역으로 풀어보면 자체적으로 군사 전략을 가지고 있는 군이 정부의 외교 정책에 관여할 수도 있다는 것을 의미하였다.

III. 의화단 사건이 초래한 일본 외교의 폭주

청일전쟁에서 승리한 일본은 1894년 4월 17일, 시모노세키(下關) 강화조약으로 아직 점령하지도 못한 대만을 식민지로 확보하였다. 대만이

---

7 위의 책, 185쪽. 이 문건이 작성된 시기는 1888년 1월이었으나 내각에 회람된 것은 1890년 3월이었다.

자국의 영토에 편입되자, 일본은 그때까지 조선만 포함하고 있던 '이익선'을 이제는 주권선이 된 대만 주변으로 확장하기 시작하였다. 새로운 이익선의 대상은 대만과 가장 가까운 푸젠성(福建省) 일대였다. 청일전쟁 이후 푸젠성을 일본의 세력권으로 확보하자는 이른바 '남진론'이 급부상한 것도 대만을 새로운 영토로 영입한 사실과 무관하지 않다.[8] 한반도를 통해 대륙으로 진출하자는 '북진론'을 대신해서 대만의 건너편 푸젠성에 발판을 만들어 남쪽으로부터 대륙 진출을 달성하자는 전략이었다. 청일전쟁 후에 조선에서 러시아의 영향력이 강화되면서 조선을 손에 넣는 것이 용이하지 않자, 새로운 영토를 기반으로 남진론이 힘을 얻게 되었다고 볼 수도 있다.

대만 총독을 역임한 육군의 가쓰라 다로(桂太郞), 고다마 겐타로(兒玉源太郞)는 적극적인 '남진론' 옹호자였고, 1900년 의화단 사건이 일어난 시기에는 야마가타 수상조차 '남진론'을 적극적으로 지지하고 나섰다.

> 속담에 두 마리 토끼를 쫓는 자는 한 마리도 잡지 못한다고 한다. 현재 각국이 공동으로 중국에서 사냥을 하고 있음에 대응해서 (일본은) 먼저 남쪽의 토끼를 쫓고 이것을 잡은 후에 다시 북방의 남은 토끼를 쫓아도 늦지 않다. (중략) 국력의 성쇠를 돌아보면서 북수남진(北守南進)의 국시를 취하여 일본의 남문 경영을 완성해야 한다.[9]

야마가타는 아직 장악하지 못한 한반도를 통해 만주로 진출하는 것보다는 일본의 새 영토 대만을 통해 중국의 남방을 공략하는 것이 유리

---

8 '남진론(南進論)'은 이미 청일전쟁 한창 중인 1894년 10월에 지식인 구가 가쓰난(陸羯南)이 『日本』에 게재한 바 있었다. 졸고, 「근대일본의 전쟁과 팽창의 논리」(『사총』 67, 2008) 참조.
9 앞의 책, 大山梓 編, 『山縣有朋意見書』, 262쪽.

하다고 보았다. 실제로 야마가타는 1900년 2월 각의에서 결정된 「일·청 철도 약정안(日淸鐵道約定案)」에 따라 청국에 푸젠, 장시(江西), 후베이 (湖北), 저장(浙江) 4개 성을 관통하는 철도 부설권 등을 요구하였다.[10] 이 철도부설권의 요구는 열강의 푸젠성 진출을 미연에 방지하는 효과를 노리면서 청국 정부에 제출되었지만, 일본의 의도는 무위로 끝나고 말 았다.[11]

야마가타가 남진론을 지지할 시기에 육군과 해군은 이미 대만에서 최단 거리에 있는 푸젠성 아모이(廈門) 항구를 점령하기 위한 군사 작전 을 준비하고 있었다. 1900년 8월 24일, 아모이에 있는 일본 사찰의 포교 지에 화재가 발생하자 대기하고 있던 해군 함정과 육군이 자국민 보호 를 구실로 아모이를 점령하였다. 하지만 일본군은 구미 열강의 즉각적 이고도 강력한 항의로 곧 철수해야만 했다. 예상치 못한 열강의 반응에 당황한 일본 정부는 우발적인 사고였다고 변명하였지만, 이미 천황의 재가까지 받은 군사 작전이었음이 밝혀졌다.[12]

한편, 의화단 사건 시기에 일본 외무성은 '이익선' 한국을 장악하고 다른 열강에 빼앗기지 않기 위해 '북진론'에 기반한 외교를 견지하고 있 었다.[13] 각국에 파견된 일본 공사들은 의화단 사건으로 촉발된 동북아시 아의 정세에 관련된 정보를 수시로 외무성에 전송하면서 대안을 모색하 였다. 이 당시 외무성 자료를 보면 일본 외무성의 위기 대처가 신속하고 즉각적임을 알 수 있다. 1900년 6월, 베이징(北京)의 외국 공관이 의화단

---

10 『日本外交文書』 33卷, 外務省, 1956, 261~264쪽.

11 위의 책, 268쪽.

12 小林道彦, 『日本の大陸政策 1895-1914』, 南窓社, 1996, 38쪽.

13 고종이 국호를 '대한국(大韓國)'으로 변경한 1897년 10월 이후는 기본적으로 '조선' 대신 '한국'으로 표기하였다.

세력에게 포위되고 의화단에 합류한 청조의 군대까지 가세하면서 톈진(天津)과 베이징의 연락은 완전히 차단되었다.

베이징의 외국 공관이 완전히 고립되는 초유의 사태에 전 세계의 이목은 중국으로 쏠릴 수밖에 없었고, 구미 열강은 급하게 연합군을 결성하여 자국민 구출에 나서야 했다. 일본 외무성 또한 극심한 무질서가 초래할 변화에 대응하기 위해 정세 분석에 여념이 없었다.

여기서는 외무성에 가장 많은 의견서를 올린 주한 일본 공사 하야시 곤스케(林權助)와 주러 일본 공사 고무라 주타로(小村壽太郎)의 사례를 통해 당시 외무성의 분위기와 외교 방침을 간략하게 살펴보고자 한다. 하야시 곤스케는 의화단 사건으로 열강의 시선이 청국에 갇혀 있는 지금이야말로 일본의 '이익선' 한국을 처리할 수 있는 절호의 기회라고 주장하였다.[14] 그는 대안을 제시하기에 앞서 대만을 근거지로 푸젠성을 '정복'하자는 '남진론'은 현실성이 약하기 때문에, 일본의 '희망'은 '조선반도'에서 채워져야 한다고 기존의 '북진론'을 견지할 것을 요구하였다.[15]

> 우선 군함을 인천에 상시 배치하여 보하이만(渤海灣)과의 연락을 취하고(만주 및 상하이上海의 전선은 언제 단절될지 알 수 없고 또 그러한 경우에 톈진과 인천 사이에 첩보선을 왕복시킬 필요가 있다), 나아가 인천을 완전히 우리의 병참 기지로 삼는 것도 가능하다. 이렇게 되면 세상의 이목을 끌지 않고 단번에 서울 이남은 자연히 일본의 세력권으로 귀속하게 되리라고 생각된다.[16]

한 마디로 인천을 손에 넣으면 한반도의 남쪽은 자연히 일본의 것이

---

14 『日本外交文書』 33卷·北清事變·中卷, 外務省, 1956, 379쪽.
15 위의 책, 379쪽.
16 위의 책, 380쪽.

된다는 주장이다. 7월 5일에 제시된 하야시 공사의 대안은 두 가지로 정리할 수 있다. 하나는 중국과 일본 사이의 첩보망을 유지하기 위해서 첩보선이 필요하고, 첩보선의 접점은 톈진과 인천이 되어야 한다는 것이다. 만주의 지상 전선은 물론이고 상하이와 나가사키(長崎)를 연결하는 해저 케이블도 안전하지 못하다고 보았다. 반면에 첩보선이 인천까지만 오면 한국에 설치된 전선을 통해 신속하게 일본까지 통신이 가능하였다. 하야시 공사는 의화단으로 중국에 혼란이 가중되면 될수록 한반도, 그중에서도 인천이 중요하다는 논지였다.

다른 하나는 한반도의 요충지인 인천을 일본의 병참 기지로 만들자는 안이었다. 이를 위해서는 항상 인천에 군함을 배치할 필요가 있지만, 병참기지는 기본적으로는 육군을 위한 시설이다. 이미 일본은 청일전쟁 시기 인천을 일본 육군을 위한 '병참주지(兵站主地)'로 활용한 경험이 있었다. 따라서 인천 병참 기지론은 육군의 움직임을 내포한 인천 점령을 의미한다고 보아야 한다. 중국의 불안한 정세를 틈타 일본의 '이익선'에 위치한 요충지를 점령하자는 발상은 외교관의 입에서 나오기 힘든 파격적인 것이었다. 무엇보다도 군을 동원해야 달성할 수 있는 목표였기 때문이었다. 물론 고노에 아쓰마로(近衛篤麿), 이누카이 쓰요시(犬養毅), 도야마 미치루(頭山滿) 등이 이끄는 동아동문회(東亞同文會)와 같은 우익 단체의 경우 한국을 점령해야 한다는 결론을 이미 내린 상태였지만 말이다.[17]

하야시 공사는 자신의 인천 점령론이 외무성에서 반향을 일으키지 못하자 7월 23일, 새로운 제안을 내놓았다. 그는 러시아가 의화단 사건

---

17 近衛篤麿日記刊行會 編, 『近衛篤麿日記』卷3, 鹿島研究所出版會, 1968, 207~208쪽. 7월 4일 회의 결과.

을 핑계로 만주에 군대를 진입시키고 있는 다급한 상황에 일본도 서둘러 일본의 이익선을 지킬 조치를 취해야 한다고 주장하였다.

> 러시아는 만주에서 자유행동을 취하고 그 점령한 지방을 러시아의 영토로 삼는 자유를 갖기에 이를 것이다. (중략) 따라서 본관은 제국 정부가 이에 대응해서 중국에 대한 정책, 특히 한국에 대한 정책을 개정하는 것이 득책이라고 본다. 따라서 좋은 기회나 필요한 시기가 도래하면 거제도를 점령할 것을 권고한다. 본관의 생각에는 일본이 한국에서 어떠한 행동을 취하더라도 그 행동이 적당한 범위 내에서 불가피하였음을 보여주면 영·미 양국은 일본의 행동을 그들의 이익에 대항하는 행위라고 여기지 않을 것이고, 러시아도 원하던 바는 아니겠지만 승락할 것이다.[18]

위 내용은 만주가 러시아의 영토로 굳어지기 전에 일본도 서둘러 '이익선' 한국을 장악해야 한다는 주장이다. 먼저 한국에 대한 하야시 공사의 인식은 10년 전에 야마가타가 선언한 일본은 '이익선'을 적극적으로 방어할 뿐만 아니라 '늘 유리한 위치를 점해야' 하고, 일본이 불리할 때는 '군사력을 사용해서라도 일본의 의지를 달성해야 한다'는 '이익선' 논리를 그대로 추종하고 있다. 심지어 그는 '이익선'을 확보하는 대안에 대해서는 외교 정책과 군사 행동을 구분하지 않을 정도로 적극적이고 폭력적인 모습을 보여주었다. 엄격히 말해 외교 정책이 군사 행동을 수단으로 달성될 때 그것을 더 이상 외교라고 부를 수 없다고 한다면, 하야시 공사는 한국에 대해 이미 외교의 선을 넘어 무력적 침략을 촉구하고 있었다.

실제로 하야시 공사는 7월 18일, 동아동문회 간부들을 만난 자리에서

---

18 앞의 책, 『日本外交文書』33卷·北淸事變·中卷, 389~391쪽.

"만주가 불온해지면 한국 국왕이 요청하는 형식으로 1개 여단을 파병하여 적당한 지역에 주둔시키면 한국은 일본의 수중에 떨어진 것과 다름 없다."고까지 장담하였다.[19] 이처럼 일부 정치가와 관료들은 외교 정책과 군사 전략을 명확하게 구분하지 않은 상태에서 '이익선' 한국과 새로운 '이익선' 중국 남부 지역에 대해 외교의 선을 넘어 폭주하는 모습을 보여주었다.

IV. '만한 교환론'의 등장

외무성 관료가 제시한 의화단 사건의 대응 방안에는 군사 행동만 있었던 것은 아니었다. 같은 시기 모스크바 주재 고무라 주타로 공사는 러시아군의 만주 진입이 한반도를 크게 압박하고 있는 현상을 외무성에 보고하면서, 이 위기를 신속하게 타개할 필요가 있다는 의견을 올렸다. 여기서 그는 만주를 러시아에 양보하는 대신에 러시아는 한국을 일본에 양보하는 이른바 '만한 교환론(滿韓交換論)'을 제시하였다.

다른 열강은 한국에 대한 이해가 중대하지 않기 때문에 한국 문제는 다른 열강과는 무관하고 러·일 양국이 처리할 문제다. (본인은) 지금이 안전하고 항구적인 기반 위에 러시아와 합의를 도출할 수 있는 절호의 기회라고 본다. 러시아의 만주 점령은 결국 기정사실로 굳어질 것이고 또 러시아와 (일본이) 충돌할 경우 한국에 대한 일본의 경제적 진출을 후퇴시키기 때문에, 최선책은 (양국의) 세력 범위를 확정짓는 것이다. 즉 러·일 양국은 각각 한국 및 만주에서 자유 수단을 보유하고 각자의

---

19 앞의 책, 『近衛篤麿日記』 卷3, 243쪽.

세력 범위 내에서 상호 통상의 자유를 보장하는 방식이다.[20]

위의 제안은 당시 러·일의 세력 범위를 정하는 '일·로 세역 협정안(日露勢域協定案)'으로 불렸으나, 핵심 내용은 러시아와 일본이 만주와 한국을 교환하자는 협상안이었다. 고무라 공사는 러시아와의 외교 협상만으로도 '이익선' 한국을 수중에 넣을 수 있다는 참신한 주장을 설파하였다. 한국 문제에 가장 깊이 관여된 나라가 러·일 양국이기 때문에 다른 열강의 눈치를 볼 것 없이 러일이 타협하면 한국이 처리될 수 있다는 것이다. 고무라는 러시아가 군사 점령한 만주는 결국 러시아의 영토로 굳어질 것이었기 때문에, 의화단 사건이 초래한 불안정한 국제 정세야말로 러일이 합의를 도출할 수 있는 아주 괜찮은 '기반'이라고 역설하였다. 고무라 공사는 협상의 조건도 구체적으로 제시하였다. 상대 세력권에서의 무역은 허용해줄 수 있지만, 각자는 자신의 세력권에 대해 언제든지 필요한 경우 물리력을 동원할 수 있는 '자유 수단'을 보유하자는 것이었다. 한마디로 조건이 필요 없는 자유로운 군사 행동을 의미하였다. 이럴 경우 만주와 한국은 주권을 상실하고 반식민지로의 전락을 피할 수 없게 될 것이다.

고무라 공사는 단지 외교 협상만으로도 한반도 전체를 손에 넣을 수 있다는 주장을 펼침으로써, 한반도 일부를 군사 장악하자는 하야시 공사보다 훨씬 강력하고 침략적인 대안을 제시하였다.

하지만 일견 논리적으로 보이는 고무라 공사의 '만한 교환론'은 치명적인 문제를 안고 있었다. 만주와 한국의 교환이 대칭적이지 않다는 점이다. 만·한 지역에서 러·일의 이익과 현재의 지위가 비대칭적이기 때

---

20 앞의 책, 『日本外交文書』 33卷, 699쪽.

문에 교환이 이루어질 경우 어느 한쪽이 손해를 봐야 했다. 먼저 한국에서 러·일의 이익은 일본이 상대적으로 우세하나, 그렇다고 절대적이지는 못하였다. 한국에서 일본이 이미 절대적인 지위를 갖고 있다면 굳이 러시아에 손을 내밀 필요도 없었을 것이다. 그만큼 '이익선' 한국은 고무라 공사가 보기에도 불안정하였다.

반면 만주에서 일본의 이익은 러시아와 비교의 대상도 되지 못하였다. 러시아는 이미 동청철도의 부설권과 뤼순(旅順)의 조차권을 보유하고 있었을 뿐만 아니라, 의화단 사건을 평계로 만주를 군사적으로 점령해가고 있었다. 일본 외무성에서도 명석하기로 소문난 고무라 공사가 자신의 논리가 지닌 비대칭성을 몰랐을 리 없었을 텐데, '만한교환론'을 가지고 러시아와 무모하게 협상하려 하였다는 사실이 놀랍기만 하다. 어쨌든 한반도가 일본의 '이익선'이라는 야마가타의 전략적 지침은 고무라의 외교에서도 그대로 관철되고 있었다. 당시 아오키 슈조(靑木周藏) 외상은 고무라에게 협상안을 즉시 추진하라고 지시하였고, 고무라는 7월 말에서 8월 초에 걸쳐 러시아 람스도르프 외상을 만났다. 하지만 고무라 공사의 노력에도 불구하고 그로부터 만족스러운 대답을 얻어내지 못하였다.[21] 10월 초, 고무라 공사는 러시아의 최고 권력자인 비테 재상을 휴양지인 얄타까지 찾아가서 반전을 노렸지만, 이것도 무위로 끝나고 말았다.[22] 이때 고무라 공사는 비테 재상에게 보다 명료하게 자신의 '만한 교환론'을 보여 주었다.

현재 일본은 한국에서 최대의 이익을 보유하고 있고 이것을 충분히 보호할 의무를 안고 있다. 러시아는 최근 만주에서 대단히 막대한 이익

---

21 위의 책, 705쪽.
22 졸고, 「義和團事件과 일본의 외교전략」, 『일본역사연구』 8, 1998, 25쪽.

을 설정해 놓고 있어서 역시 이것을 보호할 필요가 생겼다. (중략) 때문에 러·일 양국은 서로 그 중대한 이익을 보호하기 위해 행동의 자유를 획득하는 것을 목적으로 삼고, 그것을 기초로 기존의 조약을 대신하는 새로운 협상을 맺는다. 간단히 말해 현재의 상황을 기초로 서로(의 세력을) 충분히 보호할 수 있는 자유를 허용하는 것이 쌍방의 이익이 된다는 사실을 인정하는 것이다.[23]

고무라 공사는 일본이 한국에 '최대의 이익', 러시아가 만주에 '막대한 이익'을 설정해 놓음으로써 서로 교환 가능한 대칭적인 이익을 보유하고 있다고 전제하고 있다. 따라서 고무라는 러시아가 한국을 일본의 '이익선'으로 인정해주는 대신 일본도 만주를 러시아의 것으로 인정해주겠다는 맞교환을 제시하였다. 하지만 고무라 공사는 자신의 제안이 가지고 있는 두 가지 논리적 허점을 숨기고 있었고, 그 때문에 협상은 애초에 성립할 가능성이 희박하였다. 첫째는 일본의 '최대 이익'은 경제적 영향력이고 러시아의 '막대한 이익'은 군사 점령을 통해 발생하는 이익이기 때문에, 둘 사이에는 비교 불가능한 질적 차이가 있었다. 만주와 한국의 대칭적 교환을 위해서는 일본과 러시아가 보유한 '이익'의 질적 차이를 숨길 수밖에 없었다.

둘째는 합의가 이루어질 경우, 서로에게 만주와 한국에서 '행동의 자유'를 보장하자는 조건이 전혀 대칭적이지 않다는 사실이다. 고무라가 제시한 '행동의 자유'는 실질적으로 군사행동의 자유를 의미하는데, 이미 당당하게 군대를 진입시켜 만주를 점령하고 있던 러시아는 굳이 군사 행동에 대한 일본의 승인이나 보장이 필요하지 않았다. 반대로 일본에 '행동의 자유'가 보장되는 즉시, 한국은 일본에 군사적으로 장악될

23 『日韓外交資料集成』 卷8, 嚴南堂書店, 1964, 406~407쪽.

위험이 커질 수밖에 없었다. 일단 러시아가 고무라가 제시한 '이익'이 교환 가능하다고 인정하는 순간, 협상은 논리적으로 상호 '행동의 자유'를 보장해주는 결론에 이를 수밖에 없는 구조를 띠고 있었다. 자국의 이익을 극대화하는 외교관으로서 고무라의 능력을 유감없이 보여준 대목이라고 하겠다.

고무라가 주장한 '이익'의 질적인 차이를 명확하게 파악하고 있던 러시아 외무성과 비테는 주일 이즈볼스키 공사에게 이토 히로부미(伊藤博文)를 만나 러·일이 한국을 양분하여 남북한에 양국의 수비병을 파견하자는 제안을 하도록 지시하였다.[24] 예기치 못한 러시아의 역공으로 일본은 '이익선' 한국을 러시아와 반으로 나누어야 하는 고민에 빠졌다. 결국 일본은 1901년으로 넘어가면서 한국을 완전한 일본의 '이익선'으로 만들기 위해서 영국과 손을 잡고 러시아의 압박을 밀어낼 새로운 외교를 기획하게 된다. 1년간의 진통 끝에 일본은 영일동맹을 성립시킴으로써 한반도를 놓고 러시아와 정면 대결을 선택하였다. 야마가타가 만들어 놓은 '이익선' 논리는 한반도 장악에 국가의 운명을 건 전쟁까지 마다하지 않을 정도로 강력하였다고 할 수 있다.

V. 맺음말

1890년 의회 개설에서부터 1900년 의화단 사건까지 10년간 일본의 외교적 흐름을 '주권선'과 '이익선' 논리를 중심으로 살펴보았다. 정확히 1891년 2월 16일, 의회의 시정연설에서 야마가타 수상이 제시한 '주

---

24 앞의 책, 『近衛篤麿日記』 卷3, 247쪽.

권선'과 '이익선'은 일본의 외교가 가야 할 방향을 가리키는 전략적 개념이었다. 무엇보다 '주권선'과 '이익선'은 지리적으로 고정되어 있지 않고 가변적이었다. 이러한 특징은 청일전쟁에서 일본이 대만을 식민지로 획득하면서 자연히 일본의 '주권선'이 대만까지 확대되었고, 그에 따라 대만 건너편의 푸젠성은 일본의 '이익선'이 되었다.

푸젠성을 확실한 일본의 '이익선'으로 만들려는 움직임은 '남진론'을 부상시켰고 푸젠성에 일본의 세력을 부식시키려는 외교정책을 만들어냈다. 의화단 사건이 발발하였을 때 아모이 항구의 점령을 기도한 사건은 새로운 '이익선'을 실현하려는 시도의 하나였다. 즉 '주권선'의 확장은 '이익선'의 확장을 가져왔고, 메이지 시기 전쟁을 통한 영토의 확장은 '주권선' 너머 '이익선'의 확장도 동반하였다.

'주권선'과 '이익선' 논리가 보여주는 또 다른 특징은 일본은 멀리 떨어진 다른 대륙에 자국의 식민지 건설을 노리지 않고 자국과 인접한 지역, 즉 주권선을 확장할 수 있는 곳에 식민지를 획득함으로써 일본 영토의 확장을 꾀하였다는 사실이다. 류큐(琉球) 왕국의 소멸과 대만 식민지가 그러하였고 러일전쟁에서 사할린 점령 또한 직접적인 영토의 확장이었으며, 그 후 한국을 식민지화함으로써 한반도가 일본의 '주권선'에 들어오자 이번에는 만주가 일본의 '이익선'에 놓이게 되었다. 일본의 '이익선' 논리는 일본의 영토 팽창을 특징짓는 대외 전략의 기본 개념이었다고 하겠다.

.

제 1 부

홍성화
정기웅
정순일
김현우
고은미
이해진

高松塚古墳 壁畵服飾에 대한 一考察

壁畵製作年代와 被葬者를 중심으로

홍성화 _ 건국대 글로컬캠퍼스 교양대학 부교수

* 본고의 초출은 홍성화, 「다카마쓰츠카(高松塚) 벽화복식에 대한 고찰(考察): 벽화 제작
연대와 피장자(被葬者)를 중심으로」(『韓服文化』 16-3, 2013)이다.

Ⅰ. 머리말

주지하듯이 1972년 일본 나라현 아스카촌에서 발굴된 高松塚古墳은 일본뿐만 아니라 우리나라 및 중국 등 동아시아 학계의 주요 관심대상이 되었다. 그동안 우리나라와 밀접한 관련을 갖고 있다고 판단하고 있는 飛鳥문화가 高松塚古墳의 벽화에 풍부하게 남아있었기 때문에 세간의 관심을 불러일으키기에 충분했다.[1]

이후 1983년에는 부근 檜隈에 있던 키토라고분에서 벽화가 추가로 발견됨으로써 일본의 畿內 지역에서는 2개뿐인 벽화고분과 관련하여 여러 가지 궁금증이 더해가고 있는 실정이다.

그동안 高松塚古墳에서 발견된 四神圖 및 인물 벽화와 관련해서는 고구려적인 요소들이 있다는 논고가 나오기도 했다.[2] 이는 고대 한반도와 일본열도 간에 다수의 문화교류가 있었으며 특히 한반도로부터 많은 선진문화가 일본에 전해졌다는 사실을 실증해주는 것이라고 하겠다.

한편 高松塚古墳이 발굴된 이후 조성연대에 대해서는 여러 가지 추측을 해왔다. 이르게는 6세기 후반에서부터 7세기~8세기 초반에 이르기까지 다양한 견해가 제시되고 있다. 따라서 高松塚古墳의 被葬者에 대해서도 고분의 조성연대와 관련하여 여러 인물들이 제기되고 있다.

---

1 高松塚古墳에 대한 초기 논의와 관련해서는 末永雅雄·井上光貞, 『朝日シンポジウム高松塚壁画古墳』, 朝日新聞社, 1972 참조.
2 고구려와 관련한 최근의 논고로는 전호태, 「일본 고송총·키토라고분벽화와 고구려 문화」, 『역사와 경계』81, 2011 ; 門田誠一, 「高句麗古墳壁画と日本·飛鳥時代古墳壁画の比較研究」, 『고구려발해연구』16, 2003 참조.

被葬者 후보로는 천황계,[3] 고급관료,[4] 渡來系 씨족[5] 등이 거론되고 있으며 그중에서도 일본학계에서는 忍壁皇子說(705년 사망)[6]과 石上麻呂說(717년 사망)[7]이 많은 이들의 지지를 받고 있는 상황이다.

高松塚古墳의 조성연대와 관련해서는 일본의 소위 '終末期 古墳'에 대한 분석이 필요하며, 출토된 고고학적 유물 등 다양한 자료에 대한 확인이 필요하다. 하지만 그중에서도 특히 주목해야 하는 것은 인물의 服飾이 나타나고 있는 高松塚古墳의 인물 벽화에 대한 분석이라고 할 수 있다.

출토된 고고학적 유물의 경우 제작시기와 매장시기가 다를 수도 있지만 벽화의 경우는 무덤의 조성과 동시에 제작되었던 것으로서 무덤의 조성시기를 알려주는 데에 있어서 결정적인 역할을 하고 있다고 판단되기 때문이다.

특히 고대 일본의 문헌을 통해서는 服飾에 대한 규제 현황을 다수 발견할 수 있다. 때문에 고대 일본의 服飾 변천 과정을 고찰하면 高松塚古墳에 나타나고 있는 벽화의 제작 연대를 확인할 수 있게 되어 高松塚古

---

3 忍壁皇子, 葛野王, 弓削皇子, 高市皇子, 草壁皇子, 蚊屋皇子, 天武天皇 등이 거론되고 있다.
4 石上麻呂, 紀麻呂, 大伴御行 등이 대표적이다.
5 百濟王善光說과 高句麗 王族說이 있다.
6 直木孝次郎, 「高松塚古墳の被葬者-被葬者論のこころみ」, 『高松塚古墳と飛鳥』, 中央公論社, 1972 ; 王仲殊, 「高松塚古墳の年代と被葬者について」, 『橿原考古学研究所紀要』, 1982.
7 岡本健一, 「左大臣石上麻呂の数奇な生涯-「高松塚の被葬者」再考-」, 『人間文化研究』13, 京都学園大学人間文化学会, 2004 ; 秋山日出雄, 「高松塚古墳の被葬者」, 『末永先生米壽記念獻呈論文集』乾, 末永先生米寿記念会, 1985 ; 白石太一郎, 「キトラ古墳と高松塚古墳-壁画の意味と被葬者を考える」, 『歴史読本』43-9, 1998 ; 勝部明生, 「同範海獸葡萄鏡について- 高松塚古墳出土鏡の位置づけ—」, 『橿原考古学研究所論集』12, 1993.

墳의 조성연대에 대한 실마리를 찾을 수 있을 것으로 생각한다.

따라서 본고에서는 벽화 인물의 服飾 분석을 중심으로 하여 高松塚古墳의 조성연대를 추정해보고자 한다. 이를 통해 벽화의 제작연대를 추론할 수 있다면 이는 高松塚古墳의 被葬者를 확인할 수 있는 충분한 자료가 될 수 있을 것이다.

II. 高松塚古墳 壁畵服飾의 분석

高松塚古墳은 직경 18미터, 높이 5미터의 圓墳으로 길이 9尺, 폭과 높이가 4尺 정도 되는 석곽 안 벽면에 벽화가 그려져 있다. 석곽의 동벽에는 남측으로부터 남자 4인, 청룡과 태양, 여자 4인이 그려져 있으며, 서벽에는 남측으로부터 남자 4인, 백호와 달, 여자 4인이 차례로 묘사되어 있다. 또한 북벽에는 현무, 천정에는 星圖가 그려져 있다.

(사진 1) 서벽의 남자군상[8]

(그림 1) 서벽의 남자군상[9]

(사진 2) 동벽의 남자군상

(그림 2) 동벽의 남자군상

(사진 3) 서벽의 여자군상

(그림 3) 서벽의 여자군상

---

8 高松塚古墳의 벽화인물의 사진과 관련해서는 文化庁監修,『国宝 高松塚古墳壁画』,
　中央公論美術出版, 2004 참조.
9 高松塚古墳의 벽화인물의 그림과 관련해서는 (財)飛鳥保存財團 高松塚壁画館,『国
　宝 高松塚古墳壁画』, 2009 참조.

(사진 4) 동벽의 여자군상　(그림 4) 동벽의 여자군상

본장에서는 高松塚古墳에 보이는 각 인물상 복식의 세부적 고찰로서 冠과 結髮, 褶, 襴, 結紐, 長紐, 脛裳과 白袴, 左衽과 右衽을 중심으로 문헌 자료와 비교 분석하고자 한다.

1. 冠과 結髮

高松塚古墳의 인물복식과 관련된 자료를 문헌에서 찾아보기 위해서는 다음 (ㄱ)의 기록이 주목된다.

(ㄱ) 『日本書紀』 天武 11年 3月 (682년)
詔曰. 親王以下百寮諸人. 自今已後. 位冠及畢. 褶. 脛裳莫著. 亦膳夫. 采女等之等之手繦. 肩巾【肩巾此云比例】 並莫服.

통상적으로 일본에서는 推古 12년(603년) 이래 官位 12계에 의한 位冠제도가 시행되고 있었다고 한다.[10] 이것이 (ㄱ)의 기록을 통해 天武 11

年 3月에 와서 공식적으로 폐지가 된 것을 알 수 있다.

　이러한 기록을 高松塚古墳 벽화 벽면 남자의 경우와 대조하여 보면, 高松塚古墳의 인물은 모두 당시 관위제 이래 시행되었던 冠을 착용하고 있지 않은 사실을 발견할 수 있다. 大化 3년(647년) 7색의 13계 冠을 제정하였다는 규정을 보더라도[11] 벽면에 나타난 남자들의 冠은 명확하게 관위제에 의한 것이 아님을 알 수 있다. 冠은 位冠도 鐙冠도 아니어서 高松塚古墳 벽화의 인물상은 天武 11년 이후의 인물을 묘사하고 있는 것이 확실하다.

　그렇다면 (사진1)과 (사진2)에서 남자인물군이 쓰고 있는 冠은 무엇일까?

　이는 다음의 기록들을 통해 확인할 수 있다.

　　(ㄴ) 『日本書紀』 天武 11年 夏4月 (682년)
　　詔曰. 自今以後. 男女悉結髮. 十二月卅日以前結訖之. 唯結髮之日. 亦待勅旨.
　　婦女乘馬如男夫. 其起于是日也.

　　(ㄷ) 『日本書紀』 天武 11年 6月 (682년)
　　男夫始結髮. 仍著漆紗冠.

　(ㄴ)에서 보듯이 位冠 등의 제도를 금지한 다음 달, 남녀모두 서민에 이르기까지 연내에 結髮하라는 令을 내리고 있다. 그러나 結髮하는 기일과 관련해서는 다시 勅旨가 있을 것으로 하여 바로 실시가 된 것으로

---

10 물론 당시는 아직 율령제를 시행하는 단계에 들어가지 않았기 때문에 관위란 머리에 쓰는 관의 종류를 나누어 조정에 출사하는 호족과 관인을 구분하려한 것에 불과했다.
11 『日本書紀』卷 第25 孝德 大化 3年 是歲條.

보이지 않는다. 그러다가 남자의 경우는 (ㄷ)에서와 같이 結髮을 하고 漆紗冠을 착용했다는 사실을 알 수 있다. 이는 일단 관위제를 포기한 이후 位冠을 대체하여 漆紗冠을 사용했던 것으로 보인다.

漆紗冠의 자세한 형태는 알 수 없지만 벽화인물상에 나타난 흑색관의 재질이 紗일 것으로 추정되기 때문에 漆紗冠으로 판단된다. 따라서 冠을 통해서는 高松塚古墳의 벽화가 天武 11年 6月 이후에 제작되었던 것을 확인할 수 있다.

이처럼 남자 인물상과 관련해서는 結髮을 하고 漆紗冠을 착용했다는 사실을 확인할 수 있다.

하지만, 문제는 高松塚古墳 여인상의 머리 형태를 어떻게 보아야 하느냐 일 것이다. 일단 여성의 結髮과 관련해서는 다음 기록이 주목된다.

(ㄹ)『日本書紀』天武 13年 閏4月 (684년)
女年四十以上. 髮之結不結. 及乘馬縱橫. 並任意也.

(ㅁ)『日本書紀』天武朱鳥 元年 秋7月 (686년)
婦女垂髮于背 猶如故

(ㄹ)과 (ㅁ)은 여성의 경우 684년 40세 이상에게 結髮令을 완화하고, 다시 2년 후인 686년에 婦女의 垂髮을 인정하면서 완전하게 포기한다는 내용이다. 이를 통해 당시 남성의 唐風 結髮은 순조롭게 추진되었던 것에 비해 여성의 경우는 제대로 이루어지지 않았다는 것을 알 수 있다.

이처럼 여성의 結髮이 완전히 폐지가 된 것은 686년이다. 그러나 이것을 통해 벽화제작연대를 686년 이후로 보기는 어려울 것이다. 앞에서 보았듯이 여성의 경우 몇 년 지나지 않아 폐지되었던 것만을 보아도 당시 여성들에게 있어서는 結髮이 잘 지켜지지 않았을 가능성이 충분히 있기 때문이다.[12] 어쨌든 여성의 경우 남성보다 쉽게 唐風化가 이루어지지 못한 것으로 볼 수 있으며, 이후 여성에 대한 結髮令이 내려짐으로써 여성은 남성보다 늦게 結髮이 이루어졌다는 것을 확인할 수 있다.

(ㅂ)『續日本紀』慶雲 2年 12月 (705년)
令天下婦女 自非神部齋宮宮人及老軀 皆髻髮

(ㅂ)의 기록은 명확하게 여성에게 상투를 명령하는 것이어서 이는 벽화여인상의 머리모양과는 확연히 다르다는 것을 알 수 있다. 따라서 벽화는 705년을 크게 넘어가지 않는 시점에서 제작되었다고 추정할 수 있을 것이다.

2. 褶

다음으로 주목할 수 있는 것은 (ㄱ)에 나타나고 있는 天武 11年의 褶 착용금지령이다.

褶의 경우 推古 13년(605년) 閏7월에 착용 기록이 나오는데[13] 褶의 착용은 한반도 복식의 영향을 받은 것으로 추측되며 이것이 天武 11年에 정지가 된 것이다. 그러다가 大寶令 禮服을 계기로 다시 부활하게 된다.

그런데 褶과 관련해서는 다소의 논란이 있다.

---

12 增田美子,「高松塚古墳壁画の服飾と壁画の製作年代」,『古代服飾の研究-縄文から奈良時代』, 源流社, 1995, pp.184-185.
13 『日本書紀』卷 第22 推古13年 閏7月
皇太子命諸王. 諸臣. 俾著褶.

(그림 5) 懿德太子墓의 武人鎧馬俑   (그림 6) 天壽國繡帳의 인물도

우선 高松塚古墳 남자인물상의 복식에 나타나는 것을 襠으로 판단하고 이러한 모습이 大寶令의 禮服과 일치하는 것으로 보는 견해가 있다.[14] 이를 통해 벽화가 제작된 시기를 702년 정월 大寶令에 의한 禮服이 시행된 이후로 보고 있다.

그러나 高松塚古墳 벽화에 있는 남자의 복장에는 襠에 해당되는 것을 확인할 수 없다. 남자 襠의 예는 懿德太子墓의 武人鎧馬俑이나 天壽國繡帳의 인물도 등에서 袴 위에 입고 있는 것을 확실하게 확인할 수 있다.[15]

---

14 義江彰夫,「壁面人物像からみた高松塚古墳の被葬者」,『高松塚古墳と飛鳥』, 中央公論社, 1972 ; 直木孝次郎, 앞의 논문.

15 (그림5)와 (그림6)에서 남자의 襠은 확실하게 확인이 되며 이를 근거로 高松塚古墳 벽화의 남자인물상과 비교하여 보면 高松塚古墳 벽화에서 襠은 확인되지 않는다(有坂隆道,「高松塚の壁画とその年代」,『高松塚論批判』, 創元社, 1974, pp.218-221).

이를 근거로 하면 高松塚古墳 벽화의 남자인물상에서 褶은 나타나지 않으며 오히려 上衣 아래 보이는 것은 白袴로 추정된다. 따라서 이를 大寶令의 예복 착용 시기와 일치하는 것으로 보기는 어렵다. 결국 남성의 褶을 기준으로 해서 보면 高松塚古墳 남자인물상은 702년 이전의 복식인 것으로 판단할 수 있다.

또한 벽화의 여인상에서는 (그림7)에서 보듯이 褶이 나타나고 있다. 그러나 天武 11年조의 기록은 '親王以下百寮諸人'으로서 이는 여성에게 까지 해당되지 않았을 것으로 보인다.[16] 따라서 여인의 褶을 통해서 벽화의 제작시기를 판단하는 것은 무의미하다.

3. 襴, 結紐, 長紐

天武 13年 閏4月조에는 襴과 結紐, 長紐에 관한 다음과 같은 기록이 있다.

(ㅅ) 『日本書紀』 天武 13年 閏4月 (684년)
又詔曰. 男女並衣服者. 有襴無襴. 及結紐. 長紐. 任意服之. 其會集之日. 著襴衣而著長紐. 唯男子者有圭冠. 冠而著括緖褌.

통상적으로 襴이라고 하는 것은 (그림7)과 (그림8)에서 보듯이 의복하부에 별도로 끊어져 붙어있는 것으로서 高松塚古墳의 벽화에는 명확하게 남녀 모두 상의의 밑 부분에 襴으로 생각되는 횡선이 묘사되어 있다.

結紐는 襟을 고정시키기 위해 주위에 묶은 끈을, 長紐는 여성인물상의 허리 주위에 길게 묶여져 있는 끈을 말하는 것으로 추정된다.

따라서 (ㅅ)의 기록을 통해서는 남녀 모두 襴과 結紐, 長紐의 착용을

---

16 增田美子, 앞의 논문, pp.183-184.

임의대로 하라고 했지만, 會集하는 날에는 襴衣를 입고 長紐을 한다고 기술하고 있기 때문에 이를 통해 보면 벽화의 인물상은 天武 13年(684년) 이후의 것으로 해석할 수 있을 것이다.

(그림 7) 高松塚古墳의 여인상   (그림 8) 高松塚古墳의 남성상

4. 脛裳과 白袴

脛裳의 경우를 살펴보면 高松塚古墳의 인물 벽화에는 脛裳이 전혀 나타나지 않고 있음을 알 수 있다.

(ㅇ) 『日本書紀』 天武朱鳥 元年 秋7月 (686년)
勅. 更男夫著脛裳.

(ㅈ) 『日本書紀』 持統 4年 夏4月 (690년)
上下通用綺帶白袴 基餘物如常

(ㅈ) 『續日本紀』 大寶 元年 3月 (701년)
其袴者 直冠以上者皆白縛口袴 勤冠以下者白脛裳

(ㅋ) 『續日本紀』 慶雲 3年 12月 (706년)
令天下脫脛裳 一着白袴

脛裳의 경우는 앞서 (ㄱ) 天武 11年 3月(682년)에 폐지된 것을 확인할 수 있다. 이후 朱鳥 元年 秋7月(686년)에 부활하지만, 다시 持統 4年 夏4月 (690년) 조복제도를 통해 白袴가 나타나는 것을 알 수 있다.[17]

또한 大寶 元年 3월(701년)에 脛裳을 입은 것이 나타나며 이후 706년에 脛裳을 폐지하고 白袴를 입게 된다.

따라서 이를 통해 확인할 수 있는 것은 벽화의 인물상과 같이 白袴를 입고 있는 시기는 天武 11년(682년) 3월부터 天武朱鳥 元年(686년) 7월까지이며 持統 4年(690년) 4월 이후 大寶 元年(701년) 3月까지이다. 또한 701년 이후는 해당되지 않고 慶雲 3年(706년) 12월 이래 다시 착용되는 것을 확인할 수 있다.

5. 左衽

이밖에 高松塚古墳의 벽화 인물이 전원 左衽을 하고 있는 것이 주목된다. 高松塚古墳의 벽화에 나타나고 있는 左衽이 한반도의 영향이라는 견해도 있지만, 어쨌든 문헌을 통해 보면 719년부터 일본에서는 右衽令이 실시되고 있다. 따라서 벽화의 제작은 719년 右衽令이 나타나기 이전의 상태를 보여주는 것으로 판단된다.

---

17 有坂隆道, 앞의 논문, pp.222-223.

(ㅌ) 『續日本紀』 養老 3年 2月 (719년)
初令天下百姓右襟

III. 高松塚古墳의 築造年代

고대 일본의 경우 한반도의 영향을 많이 받았다. 특히 『日本書紀』에 나타난 百濟와 倭의 교류 현황에 대해서는 백제와 왜가 교류하기 시작한 4세기말~5세기로부터 양국 전반에 걸쳐 百濟가 倭에 대해 전문 지식인이나 진기한 물건을 비롯한 선진문물을 보내고 이에 대한 반대급부로서 군사를 파견하고 있는 것으로 분석된다.[18] 그러다가 奈良 시대에 이르러서는 唐의 영향을 크게 받게 된다.

따라서 당시의 복식도 기존에 한반도풍이었던 기본적인 복식에다가 唐風을 취하는 복장으로 바뀌어 가고 있었던 것으로 생각된다. 그런 의미에 있어서 高松塚古墳에서 나타나고 있는 한반도풍과 唐風의 양식은 그 과도기적인 성격을 나타낸다고 할 수 있다.[19]

앞장에서는 高松塚古墳의 축조연대를 살펴보기 위해서 우선 벽화에 나타난 인물의 복식을 문헌자료와 서로 비교 검토하였으며 이를 통해 벽화의 제작 연대를 추정해보았다.

그 결과 복식으로 본 高松塚古墳 벽화의 제작연대는 상한을 天武 13年 (684년)으로 판단할 수 있으며 그 하한은 702년경으로 해석할 수 있

---

18 洪性和, 「4~6세기 百濟와 倭의 관계-『日本書紀』내 倭의 韓半島 파병과 百濟·倭의 인적교류 기사를 중심으로」, 『韓日關係史研究』36, 2010.
19 高松塚古墳 벽화에 나타난 복식과 고구려, 당 복식에 대한 고찰은 朴京子, 「高松塚壁畵人物服飾의 服飾史的 研究」, 『生活文化研究』1, 1987 참조.

을 것이다. 물론 白袴를 통해서 보면 이 기간 중에 天武 朱鳥元年(686년)
에서 持統 4年(690년)까지와 701년 이후는 해당되지 않는다.

그런데, 주목되는 점은 이처럼 복식의 분석을 통하여 高松塚古墳 벽화
제작 시기에 대해 고찰한 내용이 기존 일본학계에서 조사된 高松塚古墳
에 대한 고고학적인 검토와 대체적으로 일치하고 있다는 것이다.

高松塚古墳은 일본의 소위 '終末期 古墳'의 최종단계로서 축조 시기가
7세기 후엽을 중심으로 하여 8세기 초엽을 크게 넘어가지 않을 것이라
고 하는 연구의 결과와도 일치하고 있다.[20]

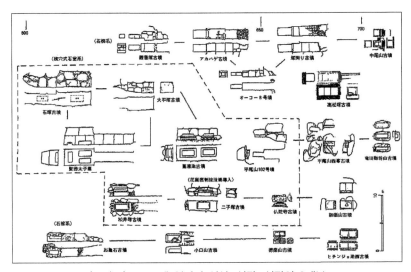

(그림 9) 終末期에 있어서 석실, 석곽, 석관의 3계보

---

20 山本彰, 「大阪における終末期古墳(横口式石槨)の調査史, 研究史」, 『古代学研究』
132, 古代学研究会, 1995.

특히 堀田啓一은 (그림9)에서 보는 바와 같이 終末期 古墳의 원류를 횡혈식석실, 횡구식석곽, 횡구식석관의 세 가지의 계보로 정리하고 이들이 700년 이후가 되면 하나로 통합되고 있는 것으로 보고 있다.[21]

그중에서 석곽계에 속하는 高松塚古墳의 상한을 680년에 두고 700년 사이의 시기에 조성되었던 것으로 판단하고 있다.

이러한 상황은 高松塚古墳이 大化 2년 薄葬令 이래의 고분으로 판단되고 있는 정황은 물론, 일본에서 文武 4년(700년)에 火葬이 시작된 이래 大寶 3년(703년) 持統을 시작으로 하여 고위급 관리들에게 火葬이 보급되기 직전의 상황과도 부합하고 있다.

이는 대략 700년을 계기로 해서 일본의 葬制가 바뀌고 있는 상황을 보여주고 있는 것이라고 할 수 있다.

다만, 高松塚古墳의 출토품 중에 海獸葡萄鏡에 대해서는 논란의 여지가 있다.

통상 海獸葡萄鏡은 중국의 수, 당시대에 제작되었던 鏡으로 알려져 있으며, 특히 高松塚古墳과 같은 형태의 鏡은 중국의 西安市 교외의 獨孤思貞墓(698년)에서 출토되었기 때문에 고분의 연대를 추정하는 데 있어서 중요한 유물로 부상했다.[22]

고분의 조성연대를 추정하는 일반적인 방법은 부장품의 형식을 중심으로 하여 비교분석하는 것이다. 따라서 만약 중국제품이 당시 唐과 일본과의 사이에 있었던 遣唐使의 왕래로 인하여 전해졌다고 가정한다면, 704년에 일본에 왔던 遣唐使에 의해 전해졌을 가능성이 있다. 이를 통해

---

21 網干善教 外, 「(特集)高松塚古墳壁画発見25周年記念シンポジウム-再度 高松塚古墳の被葬者を考える」, 『古代学研究』140, 古代学研究会, 1998, pp.12-19.

22 樋口隆康, 「海獸葡萄鏡」, 『壁画古墳 飛鳥高松塚 中間報告』, 橿原考古学研究所, 1972 ; 王仲殊, 앞의 논문.

704년 이후에 高松塚古墳이 조성되었을 것으로 추정하기도 한다.

하지만, 유물의 조성연대가 그대로 매장연대와 직결된다고 볼 수 없다. 뿐만 아니라 당시 舶載品의 유통이 공식적인 루트보다도 오히려 민간 교류에 의해 이루어졌을 가능성이 높기 때문에 海獸葡萄鏡을 통해서 정확한 高松塚古墳의 축조 시기를 추정하기는 어렵다. 海獸葡萄鏡의 경우에 있어서는 중국에서 출토되는 海獸葡萄鏡의 편년연구를 통해 제작 시기를 파악하는 연구가 선행되어야 할 것이다.

이처럼 고고학적 유물의 경우는 제작시기와 매장시기가 다를 수도 있지만 벽화의 경우는 무덤의 조성과 동시에 제작되었던 것이 확실하기 때문에 고대 일본의 문헌에 나타나는 服飾 변천 과정을 고찰하여 高松塚古墳의 조성시기를 판단하는 것이 보다 실증적인 분석이라고 할 수 있을 것이다. 특히 이상과 같이 살펴본 바에 따르면 高松塚古墳의 경우 7세기말이라고 하는 시기에 주목해야 한다고 본다.

IV. 高松塚古墳의 被葬者

기존 일본학계에서 高松塚古墳의 被葬者로 거론되는 인물로 천황계통에서는 忍壁皇子, 葛野王, 弓削皇子, 高市皇子, 草壁皇子, 蚊屋皇子, 天武天皇 등을, 고급관료 중에서는 石上麻呂, 紀麻呂, 大伴御行 등을, 渡來系 씨족에서는 百濟王善光을 들고 있다.

그중에서 일본학계의 다수 지지를 받고 있는 인물은 忍壁皇子와 石上麻呂이다. 하지만, 이들은 각각 705년과 717년에 사망했기 때문에 앞서의 분석 결과 高松塚古墳의 被葬者로는 해당사항이 없다는 것을 알 수 있다.

일부에서는 벽화에 묘사되어 있는 녹색의 蓋를 통해 大寶律令에 의하

여 一位의 신분을 가진 石上麻呂일 것이라는 견해도 있었다.[23]

하지만, 石上麻呂는 717년 3월 3일 사망할 때까지 正二位의 신분으로 一位의 신분이 아니었다.

또한 앞서의 문헌 자료와 비교 검토한 복식의 분석으로는 高松塚古墳 벽화의 제작시기를 大寶令 시행 이전으로 볼 수 있기 때문에 大寶令에 나타난 蓋의 색으로 피장자를 판단하는 것은 옳지 않다. 이를 근거로 하면 오히려 大寶令 이전에는 녹색 蓋의 사용 범위가 一位에만 한정되지 않고 더 넓게 사용될 수도 있었음을 보여주고 있다.

따라서 기존에 高松塚古墳의 피장자로 거론되는 인물 중에서 벽화 복식의 분석 시기와 합당한 인물을 찾아보면, 百濟王善光(692년 사망),[24] 高市皇子(696년 사망), 弓削皇子(699년 사망), 大伴御行(701년 사망)으로 좁혀질 수 있다.

일단 大伴御行의 사망은 701년 2월 27일이므로 조복이 변경되는 3월 과는 크게 차이가 나지 않기 때문에 제외하게 되면, 우선적으로 참고해야 할 것은 高松塚古墳의 석실에 남아있는 일부 인골을 통해 뼈와 치아를 감정해 본 결과 被葬者가 熟年 이상의 남자였다는 조사 결과이다.[25]

따라서 이를 근거로 한다면 被葬者는 熟年 이상의 고령자라는 조건에 해당되는 인물이어야 한다.

---

23 岡本健一, 앞의 논문, pp.288-289.

24 百濟王善光이 언제 사망했는지는 알 수 없다. 다만, 『日本書紀』를 통해 持統 7 年(693년) 正月15日에 百濟王善光이 正廣參으로 추증되고 있는 것을 확인할 수 있기 때문에 아마 그 직전 사망한 것으로 추정된다.

25 島五郎이 熟年이상(40~60세)으로 추정한 이후(「高松塚古墳出土人骨について(中間報告)」, 앞의 책, 橿原考古学研究所, 1972) 池田次郎은 고령자에 어울리는 것으로 추정하고 있다(「高松塚被葬者の推定年齢について-島鑑定と梅原説の検討」, 『季刊人類学』6-1, 1975).

그렇다고 한다면 일단 弓削皇子의 경우는 해당되지 않을 가능성이 높다.

弓削皇子는 태어난 일자를 알 수 없어서 정확한 사망 시의 나이를 확인할 수는 없다. 하지만, 그의 형인 長皇子의 경우 자식들의 생존 시기를 통해 715년 사망 시의 나이가 40대 중반에서 50대 초반이었던 것으로 판단할 수 있다.[26] 이러한 추정에 의해 699년에 사망한 弓削皇子는 적어도 40세를 넘지 못했을 것으로 보인다.

또 다른 후보로 天武天皇의 長男인 高市皇子의 경우는 持統 10年(696년)에 43세로 사망하였던 것을 알 수 있다. 하지만, 『延喜式』에는 高市皇子의 墓가 大和國 廣瀬郡의 '三立岡墓'인 것으로 기록되어 있다. 때문에 高市皇子가 高松塚古墳의 被葬者일 확률은 낮다.

이렇게 보면 이 시기에 사망한 고위관리 중에 특히 눈에 띄는 인물은 百濟王善光이라고 할 수 있을 것이다.[27]

百濟王善光의 경우 사망 시의 연령을 알 수는 없지만, 아들인 昌成이 天武 3年(674년)에 아버지 보다 먼저 사망하고 있는 정황 등을 통해 사망 시의 나이는 熟年 이상의 고령자일 가능성이 크다.

또한 백제 의자왕의 아들로 전하는 百濟王善光은 한반도 도래계로서 高松塚古墳이 위치하고 있는 지정학적인 요소와도 관련이 있다.

원래 高松塚古墳이 있는 檜隈라는 곳은 한반도계 도래인인 東漢氏의 본거지였다. 지금도 이곳 檜隈에는 阿知使主를 제신으로 하는 於美阿志

---

26 長皇子의 경우도 사망 시의 연령을 알 수 없지만, 자식인 智努王의 생존 시기 (693년~770년) 등을 통해 대략 연령을 추정할 수 있다.

27 今井啓一과 千田稔은 백제 계통의 도래인으로 보아 高松塚古墳의 被葬者를 百濟王善光으로 추정하고 있다(今井啓一, 「高松塚の被葬者は百済王禅光(善光)であろう-続 高松塚古墳と帰化人」, 『史迹と美術』42-8, 1972 ; 千田稔, 『飛鳥─水の王朝』, 中公新書, 2001).

神社가 있으며 최근의 발굴조사에 따라 신사의 곁에 檜前寺가 있었던 사실을 알 수 있게 되었다.[28]

대체적으로 百濟王氏는 백제유민의 중심세력이었던 百濟王善光을 중심으로 하여 성립했으며 이후 百濟王氏는 도래계를 대표하면서 일본에서 천황 질서의 관료 시스템에 동화되는 전개양상을 보이고 있다.[29]

이와 더불어 통상적으로 高松塚古墳의 벽화 제작과 관련한 인물로서는 당시 畵師로 활약했던 黃文連本實을 유력하게 보고 있다.

黃文連本實은 697년 사망한 持統의 殯宮 건립담당관이었으며 707년에는 文武의 殯宮을 만드는 데에도 참여했던 인물로 알려져 있다.

그런데, 특히 『新撰姓氏錄』 山城國諸番 高麗條에는 '黃文連 出自高麗國人 久斯祁王也'라는 기록이 있어 그가 고구려계 출신이라는 것을 확인할 수 있다.

또한 그는 唐에 다녀온 일도 있어서[30] 高松塚古墳 벽화에 나타난 고구려양식과 唐의 양식과 관련해서도 주목을 받는 인물임에 틀림없다.

당시는 고구려와 백제의 패망 후 많은 한반도계 인물이 일본으로 건너왔고 그러한 상황이 30년 정도 지난 상황 속에서 한반도계의 인물이 飛鳥 일대에서 다수 활동하고 있었던 시기와 맞물리고 있다.

이와 같은 분석으로 볼 때 高松塚古墳의 벽화고분은 한반도계 도래인에 의해 제작되었을 가능성이 높다. 또한 도래인의 본거지인 檜隈 인근

---

28 上田正昭, 「古代史のなかの渡来人」, 『古代豪族と朝鮮』, 新人物往来社, 1991, p.63.

29 百濟王氏의 성립 및 전개양상과 관련해서는 宋浣範, 「東아시아세계속의 百濟王氏의 성립과 전개」, 『百濟研究』44, 2006 참조.

30 『日本書紀』天智 10년조 (671년)에 水臬을 바친 黃書造本實이 『新唐書』에 의하면 天智 8년(668년) 당에 파견된 '賀平高麗' 일행 중의 한 사람이었을 것으로 보고 있다.

에 高松塚古墳이 위치하고 있는 것 등을 통해서도 高松塚古墳은 당시 백제 도래인의 중심세력이었던 百濟王善光의 무덤일 가능성을 높이고 있다고 할 수 있다.

V. 맺음말

지금까지 일본의 국보로 지정되어 있는 高松塚古墳 벽화 인물의 服飾을 중심으로 하여 高松塚古墳 벽화의 제작연대와 高松塚古墳의 조성 연대를 추정해보았다. 또한 이를 통해 高松塚古墳의 被葬者에 대한 윤곽을 파악할 수 있었다.

본고에서 高松塚古墳에 나타난 인물상의 服飾을 통해 살펴본 高松塚古墳의 조성 연대는 天武 13年(684년)에서 天武朱鳥 元年(686년)까지 그리고 持統 4年(690년)에서 大寶 元年(701년)까지에 해당된다는 것을 확인하였다.

이처럼 복식의 분석을 통하여 高松塚古墳 벽화제작 시기에 대해 고찰한 내용은 일본의 소위 '終末期 古墳'의 최종단계로서 7세기 후엽을 중심으로 하여 8세기 초엽을 크게 넘어가지 않을 것이라고 하는 고고학적인 검토와도 일치하고 있다.

이를 통해 보면 기존에 일본학계에서 다수로부터 高松塚古墳의 被葬者로 거론되는 인물인 忍壁皇子와 石上麻呂는 해당사항이 없다는 것을 알 수 있다.

그런데 이 시기에 해당되는 인물 중에 특히 百濟王善光이 눈에 띈다. 특히 高松塚古墳이 한반도계 도래인의 본거지인 檜隈 인근에 위치하고 있는 것을 통해서 高松塚古墳이 도래인의 무덤일 가능성은 높다고 할 수 있다.

더욱이 일본의 畿內 지역에서는 근접해 있는 高松塚古墳과 키토라고분의 2개만이 벽화고분이라는 사실은 여러 가지 측면에서 시사해주는 바가 크다고 할 수 있다. 만약 高松塚古墳의 피장자가 도래계라고 한다면 키토라고분의 경우도 도래계일 확률이 높을 수 있기 때문이다. 그러한 관점에서 보면 高松塚古墳 보다 조금 먼저 조성되었다는 키토라고분과의 관련성 속에서 百濟王昌成이 아버지인 百濟王善光 보다 먼저 사망하였다는 것은 다양한 추정을 가능케 한다.

高松塚古墳과 키토라고분과의 관련성 및 고분의 분석에 대해서는 후일의 논고로 미루고자 한다.

역병의 대유행과 조정의 대응책
天平 9(737)年 역병 사례를 중심으로

정기웅 _ 고려대 대학원 사학과 박사과정

* 본고는 정기웅, 「역병의 대유행과 조정의 대응책 -天平9(737)年 역병 사례를 중심으로-」,
『日本歷史硏究』 第53輯, 2020을 바탕으로 하여 수정·보완한 것임을 밝혀둔다.

I. 머리말

고대 중국을 비롯한 동아시아에서 유행했던 疫 혹은 疫病은 일정한 기간 같은 증상으로 국민 다수를 침해하는 유행성, 전염성 질환을 의미한다.[1] 『속일본기』에 기록된 많은 역병 가운데, 天平 9(737)년 4월부터 발생한 역병은 강력한 전염성을 동반하면서 수개월 간 감염이 계속되었고 일본 전역에 걸쳐서 유행했던 대유행병(pandemic)이었다.[2]

天平 9년의 是年條에 의하면 '近代以來 未之有也' 즉, 역병으로 죽은 사람들이 셀 수 없었고, 이제까지 이런 일은 없었다고 나온다. 그리고 일본 역사의 전개에 결정적 영향을 끼친 역사상 최대의 사건이었고,[3] 일본 열도를 휩쓸었던 미증유의 대참사였다고 강조되었다.[4] 또한, 이 역병은 높은 치사율과 강한 전염력으로 오랫동안 인류를 위협한 두창 즉, 천연두였다는 것이 정설이다.[5]

---

1 淺見益吉郎,「續日本紀に見る飢と疫と災-奈良時代前後における庶民生活の生活衛生學的概觀」,『京都女子大學食物學會誌』34, 1979, 36쪽.

2 우선 일정 지역에서 常時的으로 발생하는 지방병 혹은 풍토병(endemic). 그리고 일정한 지역에서 일정 시기 동안에 걸쳐서 돌발적으로 발생하는 유행병(epidemic). 마지막으로 전국에 걸쳐서 국민의 대다수를 동시에 침범하고, 가장 심각한 피해를 초래하는 대유행병(pandemic)으로 분류할 수 있다. 天平 9년에 발생했던 역병은 대유행병으로 분류된다(富士川游 著, 박경, 이상권 共譯,『日本醫學史』, 홍인문화사, 2006).

3 大山誠一 著, 연민수 외 옮김,『일본서기와 천황제의 창출』, 동북아역사재단, 2012, 75쪽.

4 吉川眞司,『聖武天皇と佛都平城京』, 講談社, 2018, 124쪽.

5 新村拓,『日本醫療社會史の研究』, 東京法政大學出版局, 2001, 176쪽 ; 이현숙,「역

그렇다면 당시 일본 조정은 이 역병에 어떻게 대응하였을지 주목된다. 『속일본기』에는 天平 9년 4월 이후 조정에서 시행한 여러 대책이 기록되어있다. 대부분이 神祇에 대한 제사나 기도, 불교 경전의 講讀, 轉讀 등과 같은 종교적인 대응책이고, 약의 지급, 의사의 파견과 같은 이른바 실제적인 대응책에 대한 기록은 '탕약을 지급해서 치료하였다'라고 하는 단 한 건에 불과하다.[6] 그래서 天平 9년 당시 일본 조정은 역병을 실제로 치료하려고 노력하지 않았을 것이라는 주장이 설득력을 더하고 있다. 시모야마 사토루(下山覺)도 고대 일본에서 재해가 발생했을 때, 천황, 신기관, 음양료 등의 재해 대책기관이 점을 치거나 제사를 지내는 등의 종교적인 조치만이 이루어졌고, 지방에는 이러한 조정의 재해 대응책조차 미치지 않았다고 강조했다.[7]

하지만 天平 9년 6월에 발급된 태정관부(太政官符)와 전약료감문(典藥寮勘文)에는 당시 조정이 귀족과 백성들에게 취한 실제적인 대응책들이 실려 있다. 이 두 사료를 다루었던 선행 연구는 다음과 같다. 우선 핫토리 도시로(服部敏朗)는 두 사료에 기록된 흥미로운 치료요법을 지적하는 한편, 태정관부의 적반창은 痲疹이 아닌 두창이라고 주장했다.[8] 후지가와 유(富士川游)는 두 사료의 전문을 소개하고 태정관부의 적반창은 마진이 아닌 두창이라고 결론내렸다.[9] 노자키 지카코(野崎千佳子)는 두 사료가 다른 역병에 대한 처방이며, 태정관부에 기록된 역병은 마진일

　병으로 본 한국고대사」, 『신라사학보』 28, 2013, 273쪽 ; 安田政彦 編, 『自然災害と疾病』, 竹林舍, 2017, 335쪽.

6 『續日本紀』 天平 9年(737) 4月 癸亥(19日) 條의 '給湯藥療之'.

7 上原眞人 編, 『暮らしと生業』, 岩波書店, 2006, 282-283쪽.

8 服部敏朗, 『奈良時代醫學史の硏究』, 吉川弘文館, 1945, 173-177쪽.

9 富士川游 著, 박경, 이상권 共譯, 앞의 책, 90-93쪽.

가능성이 높다고 하였다.[10] 신무라 다쿠(新村拓)는 태정관부가 전약료감 문에 기초해서 작성되었으며, 적반창은 마진과 유사하다고 주장하였 다.[11] 마지막으로 마루야마 유미코(丸山裕美子)는 태정관부는 일반 백성 을, 전약료감문은 귀족층을 대상으로 하였기 때문에 서로 관련성이 약 했으며, 두 사료에 기록된 역병 처방을 토대로 8세기 의료수준이 높았다 고 주장했다.[12]

이처럼 선행 연구는 같은 시기에 발급된 두 사료의 역병 명칭이 적반 창, 완두창으로 서로 다른 것에 주목하여, 역병의 정체가 무엇이고, 두 사료가 서로 어떤 관련이 있는지에 대해서 주로 관심을 가졌다. 하지만 일본 고대인들의 시각에서 표현된 역병의 명칭만을 가지고 그것이 현대 의 어떤 병에 해당하는지를 분명하게 특정하기는 쉽지 않다고 생각된다. 따라서 역병의 명칭을 특정하기보다는 오히려 당시에 실제로 어떤 치료 법이 사용되었고, 그 효과는 어떠했는지를 밝히는 시도가 더 의미가 있 을 것이다.

따라서 본 논문에서는 태정관부와 전약료감문에 기록된 天平 9년 역 병에 대한 대응책의 종류는 무엇이고, 어떤 특징이 있는지, 주로 두 사 료의 비교를 통해서 자세히 고찰하고자 한다.

---

10 野崎千佳子,「天平7年・9年に流行した疫病に關する一考察」,『法政史學』53, 2000, 46쪽.
11 新村拓, 앞의 책, 184쪽 ; 青木和夫 外 校注,『續日本紀 2』, 新日本古典文學大系, 1990, 571쪽.
12 丸山裕美子,『日本古代の醫療制度』, 歷史學叢書, 1998, 218쪽.

II. 天平 9년 역병의 양상

여기서는 天平 9년 역병이 일본 열도에 끼친 피해의 정도와 일본 조정의 대응책을 『속일본기』를 중심으로 살펴보고, 나아가 天平 9년 역병의 영향력이 어떠했는지도 검토하고자 한다. 『속일본기』에 기록된 天平 9년 역병 발생 및 관련 기사를 정리하면 아래의 표와 같다.

〈표 1〉 『속일본기』 天平 9년 역병 발생 및 관련 기사

	날짜	내용	대응책
1	4月 19日	大宰管內諸國 疫瘡時行 百姓多死	詔奉幣於部內諸社以祈禱 賑恤貧疫之家 給湯藥療之
2	5月 19日	詔 四月以來 疫旱並行 田苗燋萎	祈禱山川 奠祭神祇 令國郡審錄冤獄 掩骼埋胔 禁酒斷屠 賑給 大赦天下
3	6月 1日	百官官人患疫	廢朝
4	7月 5日	大倭 伊豆 若狹 飢疫百姓	賑給
5	7月 10日	伊賀 駿河 長門 疫飢之民	賑給
6	7月 23日	詔 比來 天下疫氣多發	大赦天下
7	8月 2日		僧尼淸淨沐浴 讀最勝王經 又月六齋日 禁斷殺生
8	8月 13日	詔 自春已來 災氣屢發 天下百姓死亡實多 百官人等闕卒不少	免天下今年租賦 百姓宿負公私稻 爲國家有驗神 悉入供幣之例
9	8月 15日	爲天下太平 國土安寧	於宮中一十五處 請僧七百人 令轉大般若經最勝王經 度四百人
10	9月 22日		是日 停筑紫防人 歸于本鄕 差筑紫人 令成壹伎對馬
11	10月 2日		令左右京職停收徭錢
12	10月 7日		停額外散位輸績勞錢
13	10月 20日		天皇御南苑 授從五位下安宿王從四位下 無位黃文王從五位下 円方女王 紀女王 忍海部女王並從四位下

	날짜	내용	대응책
14	10月 26日		講金光明最勝王経于大極殿
15	12月 27日		改大倭國 爲大養德國
16	是年條	是年春 疫瘡大發 初自筑紫來 經夏涉秋 公卿以下天下百姓 相繼沒死不可勝計 近代以來 未之有也	

〈표 1〉의 (16) 시년조는 '이 해 봄 쓰쿠시에서 역창이 창궐하여 여름, 가을까지 공경 이하 전국의 백성들이 셀 수 없이 연이어 죽었다'고 하는 天平 9년의 전체적인 역병 상황을 말해준다. (1)에서 (15)까지는 그 세부 사항이라고 할 수 있다. 4월 다자이후에서 역병이 창궐하여 백성이 다수 사망하자 조서를 내려 부내의 모든 신사에 폐백을 바치고, 기도하게 하였으며, 가난하고 역병이 든 집에는 탕약을 지급하였다. 하지만 역병은 계속 확산하고 旱魃까지 겹치자, 산천에 기도하고, 神祇에 제사를 지내게 하였다. 그리고 억울한 옥살이의 기록을 살피게 하고, 술과 도축을 금지하였으며, 질병에 걸린 자들에게는 賑給을 하였다. 진급은 8세기에 역병 대응책으로 19회 시행되었는데, 곡식, 면직물, 소금 등을 고령자, 홀아비, 과부 등 생활이 곤궁한 자들과 병에 걸린 자들에게 무상으로 지급하는 제도이다. 역병이 발생했을 때뿐만 아니라 천황의 즉위, 입태자 등 국가적 경사를 계기로 해서도 실시되었다.[13] 역병은 인구를 감소시킬 뿐만 아니라 병에 걸린 자들을 간호해야 하는 가족 구성원들의 노동력이 전용된다는 문제점도 발생시킨다.[14] 이처럼 역병으로 인해서 생계를

---

13 籔井眞沙美,「八世紀における賑給の意義と役割」,『度岡山大學文學部卒業論文』, 2006, 35쪽; 福原榮太郎,「天平9年の疫病流行とその政治的影響について」,『神戸山手大學環境文化研究所紀要』4, 2000, 32쪽.
14 新村拓, 앞의 책, 188쪽.

꾸려나갈 수 없게 된 백성들에게는 식량을 공급받는 것이 가장 시급한 문제였을 것이다.

그리고 (2), (4), (5)의 疫旱, 飢疫, 疫飢에서 天平 9년 역병은 기근, 가뭄과 동반해서 유행했다는 것을 알 수 있다. 통계를 보면 8세기 일본의 기근과 가뭄의 발생률은 유사 이래 가장 높았고, 같은 시기 역병의 발생률도 다른 시기에 비해 2배 이상 높았다.[15] 8세기 초반 일본 열도에서는 기온이 급격하게 낮아지는 한랭화가 진행되었는데, 한랭화는 재해, 특히 기근을 많이 발생시켜서 저항력이 약한 국민을 다수 사망케 하였다고 한다.[16] 天平 9년 역병의 경우에도 2년 전부터 계속된 극심한 기근과 가뭄이 전염의 속도를 가속화해서 단기간에 막대한 인명 피해를 초래하는 결과를 낳았다고 볼 수 있다.

天平 9년 역병을 포함해서 『속일본기』에 기록된 8세기 역병의 전체 발생 횟수를 조사해 보면 697년~713년과 732년~741년, 그리고 757년~791년에 집중적으로 역병이 발생했다는 것을 알 수 있다. 그 이유에 대해서는 우선 일정 지역에서의 역병 유행은 휴식기~빈발기~휴식기~빈발기라는 사이클을 따르기 때문에, 697년~713년까지는 역병의 빈발기를 거쳤던 결과, 714년부터는 면역력이 강해졌기 때문에 역병이 발생하지 않았다는 주장이 있다.[17] 그리고 養老 연간(717년~724년)에 역병 기록이 없는 것에 주목하여, 723년 4월에 백만 町步의 땅을 개간할 계획을 수립하고 三世一身法을 시행하는 등, 경작지가 확대되고 영양상태가 좋아진 결과 역병의 유행이 억제될 수 있었다는 주장이 있다.[18] 마지막으로 707

15 淺見益吉郎, 앞의 논문, 35쪽.
16 三宅和朗, 『環境の日本史2』, 吉川弘文館, 2013, 149-152쪽.
17 董科, 앞의 논문, 505쪽.
18 安田政彦, 앞의 책, 328쪽.

년부터 724년까지는 이른바 여성 천황이 통치하였던 시대(元明, 元正 천황)로서 정치가 퇴폐하고 일본 조정의 실책도 겹쳤던 결과, 역병이 유행은 했지만 발생 기록은 결락되고 말았다고 분석한 경우도 있다.[19]

그런데 697년부터 天平 9년 역병 발생 전까지의 역병 대응책을 분석해 보면 종교적 대책은 전무하고, 給醫藥, 賜醫藥, 給藥 등과 같이 치료제를 지원했다고 하는 기록이 대부분이다(총 27건 중 24건). 반면에 天平 9년 역병 때는 치료에 관한 기록은 탕약을 지급한 1건에 불과하고, 나머지는 모두 종교, 민생 분야에 대한 대책들이다. 특히 불교 등 종교적 기원을 통해 역병에서 벗어나고자 하는 종교적 행사가 매우 빈번했다.

이외에도 역병으로 인한 조치였는지 확실하지 않지만 (10)에서 쓰쿠시 防人을 정지한 것은 역병으로 東國 지방의 인구가 감소한 결과 쓰쿠시로 防人을 파견할 수 없었다는 것을 보여준다. 그리고 (11), (12)에서 徭錢과 續勞錢의 징수를 정지한 것은 역병으로 피폐해진 민생을 위한 조치였다고 생각된다.

또한 역병을 유행시킨 원인으로 여겨졌던 怨靈[20]에 대한 위무 의식도 이전 시기에는 볼 수 없었던 반응이었다. 즉, (13)에서 쇼무 천황은 평성궁의 南苑으로 행차하여 円方女王, 紀女王, 忍海部女王 등에게 각각 從4位下의 위계를 내렸다. 그런데 이들은 모두 8년 전에 역모의 혐의로 제거된 나가야오(長屋王)의 딸이라는 공통점이 있다. 당시 억울하게 죽은 나

---

19 Gras Alexandre, 「八～九世紀における飢疫發生記錄に關する一考察」, 『アジア遊學』 79, 2005.

20 원령은 『속일본기』 등의 사료에는 나오지 않는 단어이다. 하지만 일본에서는 유사 이래로 억울하게 죽임을 당한 자가 원령이 되어서 자신을 불행으로 몰아넣었던 인물에 대해 '다타리(祟り)' 즉 앙화를 입힌다고 하는 사고방식은 분명히 존재하고 있었다(山田雄司, 『跋扈する怨靈』, 吉川弘文館, 2007, 10쪽).

가야오의 원령이 역병을 일으켰다는 소문이 있었기 때문에 쇼무 천황은 생존해있는 그의 자녀들을 서위해서 나가야오의 원령을 위무하려고 했던 것이다.[21]

III. 태정관부의 역병 대응책

【사료 1】[22]
太政官符 ①東海東山北陸山陰山陽南海等道諸國司
令臥疫之日治身及禁食物等事柒條
一, 凡是疫病名赤斑瘡 初發之時 旣似瘧疾 未出前 臥床之苦 或三四日 或五
六日 瘡出之間 亦經三四日 支體府藏 太熱如燒 當是之時 浴飮冷水 固忍莫
飮 瘡入浴愈 熱氣漸息 痢患再發 早不療治 遂成血痢 痢發之間 或前或後 無
有定時 其共發之病 亦有四種 或咳嗽 志波夫岐 或嘔逆多歷比 或吐血 或鼻
血 此等之中 痢是寂急 宜知意能勤救治
一, 以肱巾幷綿 能勒腹腰 必令溫和 勿使冷寒
一, 鋪設旣薄 無臥地上 唯於床上 敷簀席得臥息
一, 粥饘幷煎飯粟等汁 溫冷任意 可用好之 但莫食鮮魚完及雜生菓菜 又不得
飮水喫氷 固戒愼 其及痢之時 能煮韮葱可多食 若成赤白痢者 糯粉和八九
沸令煎 溫飮再三 又糯糯粳糯 以湯饘湌之 若有不止者 用五六度 無有怠緩

21 요시카와 신지(吉川眞司)는 쇼무 천황의 이러한 敍位에 대해서, 헤이안 시대에
   서의 불교적 慰靈과 같은 의식 행위는 아직 시행되지는 않았지만, 어령(御靈) 신
   앙을 왕권에 의해서 공인시켰다고 하는 의의가 있다고 보았다(吉川眞司, 앞의 책,
   125쪽). 호소이 히로시(細井浩志)는 원령 사상은 중국의 민간신앙의 영향을 받았
   으며, 당시 헤이조쿄와 같이 인구 밀도가 높고, 정치에 관한 소문이 쉽게 퍼질 수
   있는 장소의 성립과 관계있을 것이라고 하였다(安田政彦 編, 앞의 책, 338쪽).
22 天平 9년 6월 26일 부 태정관부는 『類聚符宣抄』 卷3 疾疫에 수록되어 있다. 원
   문은 靑木和夫 外 校注, 『續日本紀2』, 新日本古典文學大系, 1990, 571쪽의 補注
   를 참고했다.

其糒春碎 勿令全釃

一, 凡此病者 定惡飯食 必宜强喫 始從患發 灸火海松幷擣鹽屢含口中 若口舌雖爛 可用良之

一, 病愈之後 雖經廿日 不得輒喫 鮮魚完生菓茱幷飮水及洗浴房室强行步當風雨 若有過犯 霍亂必發 更亦下痢 所謂勞發 兪附扁鵲 豈得禁斷 廿日已後若欲喫魚完 先能煎灸 然後可食 餘乾鰒堅魚等之類 煎否皆良 但鯖及阿遲等魚者 雖有乾腊 愼不可食 年魚者 煎灸不可喫 其蘇蜜幷豉等不在禁例

一, 凡欲治疫病 不可用丸散等藥 若有胸熱 僅得人參湯

②以前四月已來 京及畿內悉臥疫病 多有死亡 ⑦明知諸國佰姓亦遭此患 仍條件狀國傳送之 ③至宜寫取 卽差郡司主帳已上一人宛使 早達前所 無有留滯

④其國司巡行部內 告示百姓 ⑤若無粥饘等料者 國量宜賑給官物 具狀申送

⑥今便以官印印之 符到奉行

正四位下行右大弁紀朝臣 從六位下守右大史勳十一等壬生使主

天平九年六月二十六日

앞 장에서 天平 9년 역병은 4월 다자이후에서 창궐한 이후 같은 해 가을까지 전국적으로 유행하였으며, 관리부터 백성에 이르기까지 수많은 인명 피해를 가져왔다는 것을 확인하였다. 이에 조정은 대사면, 진급 등 민생 대책을 시행했고, 특히 불교를 이용한 종교적인 대책에 중점을 두었다는 것도 파악했다. 반면에 실제적인 치료를 이용한 대책은 탕약을 지급해서 치료한 것이 전부였다. 그래서 이번 장과 다음 장에서는 『속일본기』에는 나와 있지 않은 天平 9년 역병의 치료 대응책을 살펴보려고 한다.

사료1은 天平 9년 6월 26일 부 태정관부(이하 관부라고 한다)이다. '병에 걸렸을 때 몸을 다스리는 방법과 먹으면 안되는 음식 등에 관한 사항 7개 조목'이 전국 6개 道의 고쿠시(國司)를 수신자로 하여 발급되었다. 고쿠시에게는 관부를 수령하면 똑같이 베껴서 군사, 주장 이상을 사신으로 하여 다음 장소로 보내게 하고,(③) 직접 관할 지역을 순행하면서 관부의 내용을 게시하여 백성들에게 널리 알리도록 했다.(④) 그리고, 만약 곡식 등의 재료가 없어서 관부의 지침을 따를 수 없는 백성들이 있다면, 재량으로 官物을 무상 지원할 것을 명하고 있다.(⑤)

그런데 전국 五畿七道 가운데 기나이(畿內) 지역과 사이카이도(西海道) 지역은 관부의 수신지역에서 제외되어 있다.(①) 기나이 지역은 ②에서 지난 4월 이후로 역병이 심각하다고 언급하고 있으므로, 관부와는 별도로 대응책이 발표되었을 가능성이 높다.[23] 그리고 사이카이도 지역이 제외되었다는 것은, 이 지역에서 봄에는 크게 역병이 창궐하였지만, 관부가 발급된 6월 말에는 세력이 약화되었다는 것을 의미한다. 4월에 사이카이도에서 창궐했던 역병이 두 달 사이에 수도권까지 급속하게 확산하였다는 사실을 살펴볼 수 있다. 하지만 기나이와 헤이조쿄는 역병으로 인한 피해가 여전히 심각했고, 다른 지역으로의 확산도 염려되는 상황이었다.(⑦)

이와 같은 역병의 급속한 확산은 교통망의 정비와도 관련이 있다. 8세기 초반 전국 7도를 중심으로 주로 공적인 임무를 맡은 사신들이 이용하는 驛路가 완성되었다. 또한, 도성인 헤이조쿄 주변에서는 24~42미터의 도로 폭을 가진 직선도로가 만들어졌고 지방에서도 6~12미터 폭의 도로들도 등장하게 되었다.[24] 이렇게 정비된 도로를 고쿠시나 사자, 租와 庸 등의 稅를 운반하는 사람들이 빈번하게 오고 가게 되면서, 역병이 일본 전역으로 빠르게 전파될 수 있는 조건이 마련되었다.

그렇다면 天平 9년 역병으로 인한 인명 피해는 실제 어느 정도였을

---

23 丸山裕美子, 앞의 책, 219쪽.
24 이근우, 「일본 고대의 驛路와 공문서 전달 시스템」, 『한국고대사연구』 63, 2011, 12쪽.

까? 같은 해 8월 13일 조와 是年條에는 각각 '천하의 백성들이 많이 사망했다', '公卿부터 백성까지 역병으로 연이어 죽은 자들이 셀 수 없었다'라고만 적혀있어서 정확한 피해 수치를 파악하기는 힘들다. 다른 시기의 역병 사례를 봐도, '지금 천하의 역병 때문에, 태반이 사망했다'[25] 또는 '역병으로 죽은 자들이 천하에 往往 있었다'[26] 라고 하여 피해 수치가 과장되었을 가능성도 존재한다. 그런데 고쿠시가 중앙정부로 보내는 재정보고서인 正稅帳을 통해서, 公出擧에 의해 곡식을 빌렸지만, 역병으로 사망한 결과 반환이 면제되고 미납된 상황을 파악할 수 있다. 그 결과 여러 연구에서 天平 9년의 免稅率인 25~35퍼센트를 같은 해 역병의 사망률로 추정하고 있다.[27]

당시 역병의 만연에 의한 급박한 상황의 전개는 관부가 내려진 형식에서도 찾아볼 수 있다. 본래 태정관이 지방으로 명령을 하달하는 경우에는 檢校 및 천황의 御璽인 內印 날인 등 엄격한 과정을 거치도록 규정

---

25 『日本後紀』 大同 3年(808) 6月 壬子朔 條
　　當今天下困疫 亡沒殆半

26 『續日本紀』 延曆 9年(790) 12月 是年條
　　是年秋冬 京畿男女年卅已下者 悉發豌豆瘡<俗云裳瘡> 臥疾者多 其甚者死 天下諸國往往而在

27 요시카와 신지(吉川眞司)는 미국학자 윌리엄 웨인 페리스의 연구를 인용하여, 天平 9년 역병으로 전체 인구의 25~35퍼센트가 사망하였을 것으로 추산하였다(吉川眞司, 앞의 책, 124쪽). 혼조 후사코(本庄總子)는 윌리엄 웨인 페리스의 연구를 더욱 보완하고, 正稅帳의 세밀한 분석을 통해서 전체 인구 가운데 26퍼센트가 역병으로 사망했을 것으로 추정했다(本庄總子, 「日本古代の疫病とマクニール·モデル」, 『史學研究會』 103-1, 2020, 9-11쪽). 나카무라 요리아키(中村順昭)는 國司나 郡司에 의한 正稅帳 기재 내용의 조작 가능성이나 사망 이외의 이유로 인한 미납도 생각할 수 있지만, 天平 6년 이전의 正稅帳과 비교하면 반환 면제의 비율이 크게 상승하였기 때문에, 전체 인구의 3할 이상이 사망하였을 개연성이 높다고 추정하였다(中村順昭, 『橘諸兄』, 吉川弘文館, 2019, 55쪽).

하고 있다.[28] 하지만 사료1은 태정관의 도장(官印)으로 발송했다고 기록되어 있으므로,(⑥) 内印을 받기 위한 上申 절차가 생략될 만큼 급박한 상황이었다고 생각된다.

관부의 제1조에서는 적반창의 증상 및 합병증을 소개하고 있다. 즉, 적반창에 감염되면 붉은 종기(瘡), 설사, 발열, 오한 등의 증상이 나타나고, 기침, 구역질, 각혈, 코피 등의 합병증도 동반되는데, 설사가 가장 위험하다고 강조하고 있다. 특히, 적반창이 재발했을 시에 설사가 시작될 경우에는 치료가 불가능하다고 경고하고 있다. 그래서 관부의 제4조와 제6조에서는 설사를 막거나 방지하기 위해 먹어야 할 음식 및 주의 사항 등을 자세하게 언급하고 있다.

계속해서 먹어도 좋은 음식물과 먹으면 안되는 음식물을 소개하고 있다. 죽이나 끓인 곡식, 蘇蜜, 말린 전복(鰒)과 말린 가다랑어(堅魚) 등은 먹어도 좋지만, 생야채와 생과일, 생수, 얼음 등은 먹으면 안된다고 강조하고 있다. 특히 생선은 고등어(鯖), 전갱이(アジ), 年魚 등 종류별로 자세히 언급되고 있는 것이 특징이다. 음식물은 반드시 익히거나 끓인 후 먹어야 하고, 찬 음식이나 날생선은 먹지 말도록 했다는 것을 알 수 있다.

그리고 적극적인 처방으로서 인삼탕 및 설사를 할 경우, 부추와 파를 삶아 먹는 처방을 제시하고 있다. 이러한 처방은 실제로 치료 효과가 있었던 것으로 생각된다. 왜냐하면, 삶은 부추와 파가 설사에 효능이 있다는 후대의 기록이 있기 때문이다. 이 밖에도 불에 태워 숯이 된 海松이나 소금 가루를 입 안에 머금고 있을 것, 비바람이 불 때 밖으로 나가지 말 것, 수건으로 배와 허리를 감싸서 따뜻하게 할 것, 깔개가 있는 평상

---

28 이근우, 앞의 논문, 31쪽.

위에서만 앉아서 몸을 차갑게 하지 말 것 등 백성들이 일상생활에서 간단하게 실천할 수 있는 처방들도 제시되어 있다. 이외에도 냉수를 마시지 못하게 하는 등 당시 6월 말의 무덥고 습한 날씨에도 불구하고 몸을 따뜻하게 할 것을 강조하고 있다.

그렇다면 이러한 관부의 지침은 얼마나 효과가 있었을까?『속일본기』에는 天平 9년 4월부터 7월까지 역병 발생 기사가 집중되어 있고, 8월 이후에는 역병이 발생했다는 기록이 없다. 그래서 관부의 지침이 역병의 확산을 막는 데 어느 정도 효과가 있었다고 볼 수도 있다. 하지만, 이것은 관부의 지침이 효과를 발휘했다기보다는 역병이 정점을 지나서 자연히 소멸되었던 결과일 수도 있다.

『속일본기』天平 7(735)년 8월 12일 조에 의하면, 다자이후에서 역창이 창궐하여 많은 사람들이 사망하자, 神祇에 폐백을 바치면서 백성을 위해 기도하고, 관내의 모든 사찰에서 불경을 독경하게 했으며, 역창에 걸린 백성들을 진급하고 탕약을 제공했다. 같은 해 11월 17일 조에서도 疫癘가 그치지 않아서 대사면을 시행하고, 賑恤을 하였다고 적혀있다. 하지만, 이후 역병 발생 기사는 더 이상 나오지 않는다. 그리고『일본삼대실록』貞觀 8(866)년 정월 23일 조에 의하면, 전국에 역병이 발생하여 전국의 사찰에서 7일 동안 潔齋하고 불경을 전독시켰다. 이후 같은 해 5월까지 역병의 발생 및 대응이 있었다는 기사들이 이어지지만, 6월부터는 역병 발생 기사가 보이지 않는다. 또한,『속일본기』延暦 9(790)년의 是年條에도 가을과 겨울, 즉 3~4개월 동안 京畿의 30세 이하의 남녀가 완두창에 걸려 병들었다고 나온다.

이들 사료를 종합해보면, 당시 역병은 약 3, 4개월 동안 대유행한 후 소멸한다고 판단된다. 天平 9년 역병도 위 사례들과 비슷한 기간 대유행하였기 때문에 결국 시간이 지남에 따라 역병이 자연히 소멸한 것이 아닌가 여겨진다. 그리고 天平 9년 8월 이후에도 역병이 사라지길 기원하는 종교적인 대책들과 역병으로 사망한 귀족들의 명단이 나오고 있다. 따라서 역병 발생 기사가 없다는 것만으로는 역병 대책이 충분한 실효를 거두었다고 단정 짓기는 어려울 것이다.

신무라 다쿠(新村拓)는 다른 측면에서 관부의 처방을 평가했다. 역병 발생 3년 전 대지진 등의 재해가 발생했고, 기후 불순까지 겹치면서 작황이 매우 좋지 않았다. 그 결과, 같은 해 10월 쇼무 천황은 조세를 면제해준다는 조서를 내렸다. 이처럼 궁핍한 생활을 했던 백성들이 역병의 치료를 위해 필요한 품목들을 입수하지 못했을 것이라고 지적했다.[29] 하지만 사료 1의 ⑤를 보면, 각 지방의 고쿠시에게 관부를 백성들에게 고시하는 동시에 무상으로 곡식 등을 지급하도록 해서, 백성들이 지침대로 역병에 대처할 수 있게 하였다는 것을 알 수 있다.

그런데 관부는 이후에 역병을 치료하는 처방으로 자주 활용되었다. 11세기 말 당시 左大臣 미나모토노 도시후사(源俊房)는 역병과 그에 따른 설사병으로 고생하게 되면서, '天平 9년 6월 諸國 관부'의 제 4조 즉, 설사를 할 때 부추와 파를 삶아서 많이 먹으라고 하는 조목을 따르려고 하였다.[30] 그러자 典藥頭 단바노 마사타다(丹波雅忠)는 부추와 파를 복용

---

29 新村拓, 앞의 책, 186쪽.
30 增補史料大成刊行會 編, 『增補史料大成 第8卷』, 臨川書店, 1997에 실린 원문을 참고했다. 그 원문은 다음과 같다.
　『水左記』 承保 4年(1077) 8月 丙戌(9日) 條
　　晴 自去夜下痢如沃水 辛苦無極 今日彌無力 惘然臥 依皰瘡去天平九年六月被下諸國官符云 及痢之時 煮韮蔥可多食者 就此文欲服之處 雅忠朝臣誡云 雖見官符文 熱氣間不服始者 熱散後有禁忌者 仍予熱間依不服始 日來不服 而人云云 近日遇此妖有痢患之輩 雖或熱間服 始或不服者 皆服韮痢已平癒 誠相叶官符文 其驗顯然也 只可服者 今朝遂服之

하는 것은 위험하다고 경고하였지만, 결국 관부의 처방에 따라서 부추와 파를 먹었고, 이틀 후에 설사가 멈추었다. 미나모토노 도시후사는 모두 부추와 파의 덕택이라고 말하였다. 이처럼 관부는 300년이 지난 후에도, 귀족의 역병 처방으로 사용되었다. 두 번째, 무로마치 시대 귀족의 교양서인 『拾芥抄』에도 天平 9년의 관부가 역병의 치료 처방으로서 인용되었다.[31]

세 번째, 관부의 처방은 10세기 말에 편찬된 일본 의서 『醫心方』[32]에도 인용되었다.[33] 『의심방』 제14권 제57장에서는 『諸病源候論』, 『千金方』, 『葛氏方』, 『救急單驗方』, 『新錄方』 등 중국 의서들을 그대로 인용하면서 豌豆瘡의 발생 원인과 증상, 그리고 각종 치료 처방을 소개하고 있다. 그런데 이 장의 마지막에 天平 9년의 관부가 역병의 처방으로 제시되고 있다. 이 관부는 『의심방』에 수록된 유일한 일본의 처방이기 때문에, 책의 편자인 단바노 야스노리(丹波康賴)가 관부의 처방이 역병 치료에 효과가 있다고 인정하였다는 것을 알 수 있다.[34] 그리고 단바노 야스노리는 관

---

31 三宅和朗, 앞의 책, 212쪽 ; 丸山裕美子, 앞의 책, 224쪽.

32 權針博士 단바노 야스노리(丹波康賴, 912-995)가 984년에 주진하였던 총 30권의 의서이다. 당나라 王燾의 『外台秘要方』(752년 성립, 전 40권)을 모방하였으며, 여러 질병의 치료법을 육조·수·당의 의서에서 찾고, 모아서 편집하였다. 비록 『外台秘要方』을 모방하였지만, 단바노의 독자적인 시점으로 치료법을 선택하고, 편찬하였다. 또한, 인용된 여러 중국의 의서는 현재는 散逸된 것이 많기 때문에, 사료적인 가치도 매우 높다.

33 天平 9년의 관부는 『의심방』에 다음과 같이 인용되어 있다. 관부의 원본이 그대로 실린 것이 아니라 일부 역병 처방들이 생략되었다는 것을 확인할 수 있다.
今案天平九年六月二十六日下諸國管符云 凡是疫病名赤斑瘡 初發時旣似瘧疾 瘡出之間經三四日 支體府藏大熱如燒 當是之時 欲飮水 固忌莫飮 以綿能勒腹腰 必令溫和 勿使冷寒 又鋪設旣溥 无臥地上 唯於床上敷簀韛得臥息 粥饘幷煎餅粟等汁 溫冷任意可用 又糯粳糒以湯饘食之 後雜經二十日 不得敢喫魚肉果菜幷飮水及洗浴房室强行步當風雨 又鯖及阿遲等魚幷年魚不可食 但乾鰒堅魚等煎否皆良

부를 그대로 인용하지 않고, 필요한 일부 처방만 인용했기 때문에, 『의심방』에서 유일한 편자 자신의 기술이라는 것도 알 수 있다.

단바노 야스노리는 관부의 처방 가운데 살아있는 생선과 생야채, 그리고 과일을 먹지 못하게 한 것, 그리고 물을 마시지 못하게 한 것 등과 같이 『의심방』과 겹치는 내용은 인용하지 않고, 역병 명칭과 발병 초기의 증상 및 금지해야 할 사항, 몸을 따뜻하게 하는 민간요법들, 그리고 조 등의 곡식을 이용한 처방, 병이 나은 후 지켜야 할 여러 수칙 등을 인용하였다. 가장 눈에 띄는 것은, 관부는 7개의 조목 가운데 3개의 조목에 걸쳐서 설사 증상의 위험성과 이에 대한 예방 및 치료를 강조하고 있지만, 단바노 야스노리는 이를 전혀 인용하지 않았다는 점이다. 『의심방』 제11권 痢病篇에서 下痢가 그치지 않을 경우의 치료법을 따로 다루고 있고, 부추와 파를 복용하는 관부의 설사 치료법은 옳지 않다고 인식했기 때문이었을 것이다.

IV. 전약료감문의 역병 대응책

天平 9년 6월에는 역병의 치료법으로 관부와 함께 사료2 전약료감문(이하 감문이라고 한다)도 발급되었다. 전약료는 宮內省에 소속된 官司로서, 의학 교육과 천황, 中宮, 東宮 및 관인의 의료를 담당하였다.[35] 그

---

34 마루야마 유미코(丸山裕美子)는 天平 9년 6월의 태정관부가 『의심방』에 채용된 유일한 태정관부인 사실만으로도 역병 처방이 매우 훌륭했을 것이라고 주장한다(丸山裕美子, 앞의 책, 222쪽).

35 職員令 典藥寮條에 의하면, 전약료에는 頭·助·允·大屬·小屬 각 1명의 4等官과 관인의 진찰과 치료를 담당하는 醫師 10명, 針師 5명, 案摩師·呪禁師 각 2명, 의

리고 諸司, 諸道에서 상신하는 감문은 여러 분야에 대한 전문적인 지식, 선례, 전례 등을 조정의 요청을 받아서 答申한 문서를 일컫는다. 〈표 2〉는 당시 從5位下 이상의 헤이조쿄 관리들이 역병으로 얼마나 사망했는지를 분석한 결과이다.

〈표 2〉天平9년 역병에 대한 京官의 위계별 생사일람표[36]

위계	정원/(명)	사망자/(명)	생존자/(명)
正2位	1	1	0
正3位	3	3	0
從3位	3	1	2
正4位上	2	0	2
正4位下	4	2	2
從4位上	6	0	6
從4位下	12	4	8
正5位上	4	3	1
正5位下	9	4	5
從5位上	14	8	6
從5位下	34	10	24
합계	92	36	56

여기에 의하면, 天平 9년 역병으로 從5位下 이상의 귀족 92명 가운데 후지와라 4형제를 비롯한 36명이 역병으로 사망하였다. 특히 從3位 이상의 고위 귀족인 7명의 公卿 조차도, 스즈카오(鈴鹿王), 다치바나노 모로

학교육을 담당하는 醫博士·針博士·案摩博士·呪禁博士가 각 1명, 학생인 醫生이 40명, 針生 20명, 案摩生 10명, 呪禁生 6명, 전약료에 부속하는 藥園을 관리하는 藥園師 2명과 藥園生 6명, 잡무를 담당하는 使部 20명과 直丁 2명이 소속되어 있다(虎尾俊哉 編集, 『延喜式 下』, 集英社, 2017, 1021쪽).

36 福原榮太郎, 앞의 논문, 34쪽의 표를 참고함.

에(橘諸兄) 등 두 명만이 살아남았다. 이외에도『속일본기』에는 '모든 관리들(百官)이 역병을 앓아서 조회를 열지 않았다', '관리들이 적지 않게 사망했다', '공경부터 백성까지 연이어 셀 수 없이 사망했다' 처럼 역병의 피해를 입은 관리에 대한 기록이 많다. 여기서 天平 9년 역병은 특히 귀족들에게 치명적인 피해를 주었다는 것을 알 수 있다. 이러한 심각한 상황 속에서 일본 조정은 전약료에 역병 치료책을 조사하여 올리도록 지시하였던 것이다.

그런데 귀족은 일반적으로 영양 상태가 좋고, 충분한 치료를 받을 수 있는 환경에 있기 때문에, 역병에 걸리더라도 사망률은 일반 백성에 비교해서 낮아야 정상이다. 하지만, 天平 9년 正稅帳의 분석에 의한 전체 인구의 사망률과 비교했을 때 귀족의 사망률 40퍼센트는 매우 높은 수준이다. 都城이 역병의 피해를 받기 쉬운 장소로서, 다른 지역에 비해 역병의 피해가 심각했다는 것을 말해준다. 당시 헤이조쿄는 전국에서 가장 많은 5만에서 10만 명의 인구가 밀집하여, 사람에서 사람으로의 전염이 일어나기 쉬운 장소였다.[37] 또한, 귀족이 집에서 排便하면 水路를 통해서 도성 안에 뻗어있는 도랑이나 하천에 흘러들었기 때문에, 헤이조쿄는 벌레나 작은 동물이 병원균을 매개하기 쉬운 환경이었다.[38]

이와 같은 수도에서의 역병 확산은 천도의 원인이 되기도 한다. 예를 들어 和銅 3(710)년의 헤이조쿄 천도는 역병의 유행과 관련이 있다.[39] 慶雲 2(705)년 역병은 율령국가 건설 이후 최초의 역병 대유행으로서, 慶雲 4(707)년 초까지 2년 동안 전국에 역병이 창궐했다. 당시 일본 조정은

37 串田久治 編著,『天変地異はどう語られてきたか:中國·日本·朝鮮·東南アジア』, 東方書店, 2020, 94쪽.
38 串田久治 編著, 앞의 책, 94쪽.
39 串田久治 編著, 앞의 책, 96쪽.

土牛大儺, 醫藥의 지급, 神祇에 대한 기도 등 여러 대책을 시행하였다. 그런데 역병의 안정을 위해서 전국에 대사면이 이루어지고 며칠 후, 몬무(文武) 천황은 諸王과 5위 이상 신하들에게 천도에 관한 일을 협의하도록 지시했다.[40] 그리고 여러 준비과정을 거쳐 3년 후 헤이조쿄로 천도하였다. 당시 후지와라쿄(藤原京), 그리고 인접한 가와치국(河內國)을 포함한 기나이 지역의 역병 피해가 심각했다. 그리고 역병이 만연한 가운데 천도 논의가 시작되었기 때문에, 역병에 대한 공포가 천도의 원인 중 하나로 작용하였을 것으로 판단된다.

【사료 2】[41]
⑧典藥寮勘申 疱瘡治方事
傷寒後禁食 勿飲水 損心胞掌灸不能臥 大飲食病後致死 又勿食肥魚 膩魚 鱠
生魚類 鯉 鮪 蝦蛆 鯖 鯵 年魚 鱸 令泄痢不復救 又五辛食之 木精失不明
又諸生菜果 鬲上爲熱輪 又生魚食之勿酒飲 泄痢難治 又油脂物 難治 又蒜與
鱠合食 令人損 瓜與鱠合食 病後發 又飲酒陰陽腹病 必死 食生藥陰陽復病死
病癒後大忌 大食飲酒 醉飲水 汗出無忌
傷寒豌豆瘡治方 初發覺欲作 則煮大黃五兩服之 又青木香二兩 水三升 煮取
一升 頓服 又取好蜜 通身麻子瘡上 又黃連三兩 以水二升煮取八合服之 又小
豆粉 和鷄子白付之 又取月汁 水和浴之又婦人月布拭小兒
豌豆瘡滅瘢 以黃土末塗上 又鷹矢粉土干和猪脂塗上 又胡粉付上 又白蠟末付
之 又蜜付之

---

40 『續日本紀』 慶雲 4(707)年 2月 戊子(19日) 條
41 전약료감문 포창치방사는 『朝野群載』 제21권 「凶事」에 수록되어있다. 『朝野群載』는 일본 고대의 詩文, 宣旨, 官符 등의 각종 문서를 분류해서 편집한 것이다. 헤이안 시대 이후에 발급된 전약료감문은 많이 남아있지만, 8세기의 전약료감문은 매우 희귀한 것이 특징이다. 그중에서도 天平 9년 6월의 전약료감문은 가장 시기가 앞선다(丸山裕美子, 앞의 책, 213쪽). 원문은 青木和夫 外 校注, 앞의 책 571쪽의 補注를 참고했다.

右依宣旨勘申
⑨天平九年六月　日　頭

　전약료는 조정의 의뢰를 받아 疱瘡을 치료하는 처방에 관한 사항을
조사하였고, 그 내용을 보고(勘申)하였다.(⑧) 구체적으로는 역병 발생 초
기 오한 증상이 있을 때 먹지 말아야 할 음식들을 소개한「傷寒後禁食」
12가지 처방, 피부에 완두창이 발생할 때 복용해야 할 약재 및 瘡을 치
료하는 방법을 소개한「傷寒豌豆瘡治方」7가지 처방, 역병에서 벗어난
이후 피부에 남은 瘡의 흔적을 없애는 방법을 소개한「豌豆瘡滅瘢」5가
지 처방으로 구성되어 있다.
　이 감문은 전약료의 책임자인 從5位下 位階의 전약두가 작성해서 天
平 9年 6월에 上申했다.(⑨)『속일본기』에 의하면 당시 전약두는 가라쿠
니노 히로타리(韓國廣足)였다. 그런데 그는 주술로 명성을 떨친 엔노 오
즈노(役小角)[42]의 제자로서 呪術師였을 가능성이 높다.[43] 현재의 관점에
서 주술은 비과학적인 행위라고 여겨지지만, 당시에는 주술을 사용하는
치료 처방을 약을 사용하는 처방과 동등하게 여겼다는 것을 알 수 있다.
당시 전약료에서는 醫術, 針術, 案摩術을 다루었을 뿐만 아니라, 주술 치
료를 전문으로 하는 呪禁師, 주술 교육을 담당하는 呪禁博師, 그리고 주
술을 배우는 학생인 呪禁生 등이 구성원으로 포함된 것도 이를 뒷받침
한다.

42『日本靈異記』에 의하면 엔노오즈노는 孔雀明王의 진언을 닦아서 불가사의한 영
　험을 체득하였고, 人鬼와 신들을 물리치고 하늘을 날아다니는 등 무엇이든 자유
　자재로 할 수 있었다고 한다(景戒 著, 정천구 譯,『일본영이기』, 씨아이알, 2011,
　88-92쪽).
43『續日本紀』文武 3年(699) 5月 丁丑(24日) 條
　役君小角流于伊豆嶋 初小角住於葛木山 以呪術稱 外從五位下韓國連廣足師焉

그런데 『속일본기』는 天平 9년 역병을 역창이라고 하는 데 비해서, 감문에는 포창, 완두창으로 적혀 있다. 포창, 완두창은 명칭은 다르지만 둘 다 천연두에 해당한다.[44] 『의심방』에 의하면 천연두 발병 초기에는 갑자기 몸에서 오한으로 몸이 떨리는 傷寒이 나타나고, 戰慄, 고열이 동반되며 식욕이 사라지게 된다. 그리고 惡心과 구토, 두통, 인두통이 나타나고 손발 및 허리에 극심한 통증이 동반된다. 2, 3일이 지나면 일단 몸에 열은 내려가지만, 다시 발열과 함께 붉은 발진이 얼굴이나 머리, 손과 발에 나타나게 된다. 이 발진이 水疱→膿疱→痂皮→痂皮脫落으로 변화하면 사망할 확률이 아주 높아지게 된다.[45]

그리고 감문의 일부 처방은 중국 의서의 처방을 인용하고 있는 것이 특징이다. 구체적으로 「상한완두창치방」은 『천금방』을, 「완두창멸반」은 『신록방』을 일부 인용하였다.[46] 여기서 중국 의서의 처방을 있는 그대로 인용하지 않고, 적절하게 선택한 후 다시 배열한 점이 흥미롭다.[47] 『천금방』과 『신록방』은 모두 고대 중국을 대표하는 의학서. 특히 『천금방』은 7세기 후반에 孫思邈이 수와 당 초기의 의학적 성과를 집대성한 당대 최고의 의학서로 평가받고 있다.[48] 그렇다면 당시 전약료는 중국의 최신 의학서인 『천금방』을 근거로 역병 치료법을 정리해서 조정에

---

44 小田愛, 「天平 7年·9年の疱瘡流行について」, 『專修大學東アジア世界史硏究センター年報』 3, 2009, 129쪽.

45 丹波康賴撰, 槇佐知子譯, 『医心方 卷14 蘇生傷寒篇』, 筑摩書房, 1998, 497쪽.

46 丸山裕美子, 앞의 책, 215쪽.

47 丸山裕美子, 앞의 책, 217쪽.

48 『천금방』은 『千金要方』이라고도 부르는데, 『千金翼方』과 편저자는 같지만 다른 책이다. 즉, 『천금익방』은 『천금방』을 저술한 이후 손사막이 그동안의 임상경험을 바탕으로 하여 『천금방』의 부족함을 보충하기 위하여 펴낸 책이다(김기욱, 『중국의학사』, 대성의학사, 2006, 123쪽).

보고하였던 것이 된다. 전약료는 전례가 없던 역병에 대처하기 위해 중국의 최신 의학 정보까지 활용하였다는 것을 파악할 수 있다.

그렇다면 감문의 처방은 귀족들의 역병 치료에 어느 정도 효과가 있었을까. 〈표 2〉에서 알 수 있듯이 전체 귀족들 92명 중 36명이 天平 9년 역병으로 사망했는데, 감문이 발포된 이후 즉, 7월 이후에 사망한 귀족들은 7명에 불과하다.[49] 이것은 시간이 지나면서 역병의 기세가 약화된 결과 역병 사망자가 자연히 감소한 것일 수도 있고, 실제로 감문의 처방이 귀족들에게 효과를 발휘한 결과일 수도 있다. 다만, 전약료는 당시 중국의 최신 의학서의 역병 처방을 이용해서 대응하려고 했던 것은 분명하다.

V. 대응책의 비교, 검토

여기서는 각각 귀족과 일반 백성을 대상으로 작성된 감문과 관부의 역병 치료법들을 항목별로 구분한 후 표로 만들어서 두 사료의 공통점과 차이점을 보다 명확히 하려고 한다.

---

49 7월 5일에 大野王, 7월 13일에 藤原朝臣麻呂, 7월 17일에 百濟王郎虞, 7월 25일에 藤原朝臣武智麻呂, 8월 壬寅朔에 橘宿禰佐爲, 8월 5일에 藤原朝臣宇合, 8월 20일에 三品水主內親王이 각각 사망했다.

〈표 3〉 天平 9(737)년 6월 부 전약료감문과 태정관부의 비교

	전약료감문	태정관부
발급 시기	天平 9(737)년 6월	天平 9(737)년 6월 26일
제목	1. 전체 :「疱瘡治方事」 2. 세부 :「傷寒後禁食」,「傷寒豌豆瘡治方」,「豌豆瘡減瘢」	역병에 걸렸을 경우 치신 및 금식물해야 할 사항 7개 조목(臥疫之日治身及禁食物等事柒條)
역병의 명칭	疱瘡, 豌豆瘡	赤斑瘡
처방 대상	從5位下 이상의 귀족	전국의 백성들
발병 초기의 증상 및 치료	大黃 다섯 兩을 끓여서 복용할 것.	1. 처음 발병했을 때 증상은 瘧疾과 유사하다. 瘡이 나타나기 전, 병상에서 고통받는 기간이 3~6일 정도 지속된다. 2. 瘡이 나오는 데는 3, 4일 정도 걸리는데, 이때는 몸과 장기에서 큰 열이 나서 마치 불타는 것과 같다. 3. 냉수를 마시면 안 된다.
합병증		기침(咳嗽), 구역질(嘔逆), 각혈(吐血), 코피(鼻血), 설사(痢)
권장 식품	1. 靑木香 2. 上品의 꿀(好蜜) 3. 黃連	1. 죽(粥, 饘) 2. 끓인 조(煎飯粟) 3. 人參湯
금지 식품	1. 생선류 : 잉어(鯉), 다랑어(鮪), 새우(蝦蛆), 고등어(鯖), 전갱이(鯵), 연어(年魚), 농어(鱸) 2. 살지고 기름진 물고기(肥魚, 膩魚), 기름진 음식(油脂物) 3. 날생선(生魚類), 회(鱠) 4. 五辛 5. 생나물과 생과일(生菜果) 6. 마늘과 회를 같이 먹는 것(蒜與鱠合食). 7. 오이와 회를 같이 먹는 것(瓜與鱠合食). 8. 生藥 9. 음주(酒飮) 10. 과식 11. 물 마시기	1. 丸藥, 散藥 2. 활어(鮮魚完) 3. 여러 생과일과 생나물(雜生菓菜) 4. 얼음 물(喫氷), 지나친 물 마시기(飮水)
설사의 원인 및 처방	1. 특정 생선류를 먹으면 설사(泄痢)를 하게 되는데, 치료 방법이 없다.	1. 설사를 할 때에는 부추(韮)와 파(葱)를 삶아서 많이 먹을 것.

	전약료감문	태정관부
	2. 날생선을 먹고 술을 마시면 설사를 하게 되는데 치료가 어렵다. 3. 기름진 음식도 설사 치료를 어렵게 한다.	2. 만약 붉고 흰 설사를 하면 끓인 찰벼 가루나 말린 찰벼와 메벼로 끓인 죽을 먹을 것. 3. 설사가 멈추지 않을 때는 찰벼와 메벼를 곱게 갈아 만든 죽을 대여섯 번에 걸쳐 먹을 것. 4. 병세가 호전될 때, 설사가 재발하면 치료가 어렵고 혈변이 나옴. 5. 설사가 가장 시급히 치료할 증상임.
瘡의 치료법	1. 팥(小豆) 가루와 계란 흰자를 섞어서 붙일 것. 2. 생리 혈을 물과 섞어서 목욕할 것. 3. 婦人의 생리 혈이 묻은 베로 아이의 몸을 닦을 것.	
瘡의 흔적을 없애는 방법	1. 黃土를 바를 것. 2. 매의 대변가루를 돼지기름과 섞어서 바를 것. 3. 석회 가루를 붙일 것. 4. 흰 누에 가루를 붙일 것. 5. 꿀을 붙일 것.	
병이 나은 후의 수칙	금지: 과식, 음주(飮酒), 지나친 물 마시기	1. 금지(완쾌 후 20일이 지나도 금지): 물 마시기(飮水), 목욕, 성관계(房室), 비바람이 불 때의 외출 1-1. 금지 식품 : 활어, 생과일과 생나물, 고등어(鯖), 전갱이(アジ), 연어 2. 허용 음식(완쾌 후 20일이 지나야 함): 끓이고 지진 후의 魚完, 말린 전복과 가다랑어, 하급 꿀(蘇密), 鼓 3. 위의 수칙을 어겼을 시: 설사를 하게 되는데, 치료가 불가능.
기타 민간 치료법 등		1. 입맛이 없더라도 밥을 억지로라도 먹게 할 것(强喫). 2. 수건과 면 등으로 몸을 따뜻하게 할 것. 3. 평상 위에서는 깔개를 깔고 앉을 것. 4. 불에 지진 海松 및 빻은 소금을 입 안에 머금고 있을 것.

우선, 감문은 병명을 포창, 완두창으로, 관부는 적반창으로 서로 다르게 표기하고 있다. 포창, 완두창은 현대의 두창(천연두), 적반창은 현대의 마진, 홍역에 해당하므로 두 사료는 관계가 없고, 서로 다른 역병을 대상으로 하고 있다는 주장이 있다.[50] 하지만 천연두는 고대 이래로 적반창 혹은 斑瘡으로도 불렸고,[51] 『의심방』의 천연두 치료 처방법인 「치상한완두창방」에 관부가 인용되었기 때문에, 관부도 감문과 마찬가지로 천연두에 대한 처방책이라고 봐야 할 것이다.

계속해서 관부는 감문에 비해 피부에 瘡이 돋아나는 증상을 상세하게 기록하고 있다. 관부는 역병 초기에는 학질과 유사한 증상인 오한과 구토, 두통 등으로 3-6일 정도 고통을 받다가 그 후에 3-4일에 걸쳐서 피부에 瘡이 나타나는데, 이때에는 다시 불타는 것과 같은 고열을 겪게 된다고 상세히 기술했다. 하지만 감문에서는 역병의 증상을 소개하지 않고 있다. 귀족들은 역병에 대해서 많은 정보를 가지고 있었으므로 굳이 증상에 대해서 기록하지 않았을 것이다.

발병 후 권장하는 음식에도 차이가 있다. 감문은 大黃, 靑木香, 好蜜, 黃連 등의 약재를 권장하고 있지만, 관부는 죽(粥), 전(饘) 및 끓인 조 등의 곡식을 권장하고 있다. 여기서 죽은 곡식을 완전한 액체 상태로 만든 것이고, 전은 곡식을 엿처럼 점성이 있게 만든 것을 가리킨다. 그리고 당시 각 구니의 義倉에는 조가 납입되었는데,[52] 조는 수확 후에도 다른 곡식들과는 달리 최대 9년까지 보관이 가능했다.[53] 가뭄, 기근으로 식량

---

50 野崎千佳子, 앞의 논문, 45쪽.

51 小田愛, 앞의 논문, 129쪽 ; 이현숙, 앞의 논문, 282쪽.

52 『續日本紀』 靈龜 元年(715) 5月 乙亥(19日) 條
　　太政官奏 更定義倉出粟法 分爲九等 語在別格

53 三宅和朗, 앞의 책, 208쪽.

이 부족한 상황에서도 조는 백성들이 비교적 손쉽게 구할 수 있었을 것으로 생각된다.

그리고 감문에서 추천하는 대황은 『延喜式』「典藥寮式」에 의하면 정월 초에 천황이 복용하였던 元日의 御藥이었으며, 臘月의 御藥으로도 규정되어 이듬해 천황의 상비약으로 이용되었다. 또한, 대황은 天平勝寶 4(752)년 6월 신라사 김태렴이 가져온 교역 물품에 대한 구입 신청서인 「買新羅物解」에 6건의 신청 기록이 있으며, 겐쇼(元正) 천황이 병에 걸렸을 때 치료제로도 사용되었다.[54] 그리고 고묘(光明) 황후가 쇼무 천황의 명복을 빌기 위해서 東大寺 盧舍那佛에 헌납한 약재들의 목록인 「種種藥帳」에도 대황이 적혀 있다. 그리고 현재 正倉院에 남아 있는 약재들을 대상으로 과학 조사를 실시하여 산지를 분석하였는데, 그 결과 당시 대황은 중국의 서방 고산지역에서 채집 혹은 가공한 후 동방의 항구로 이동하였다는 것을 밝혀냈다.[55]

청목향은 「매신라물해」에 6건의 신청 기록이 있고,[56] 납월의 어약으로 이용되었다. 『의심방』에서는 천연두의 증상이 왕성할 때 청목향탕의 복용을 권하고 있다. 청목향탕은 청목향이 주재료가 되고 여기에 丁香, 薰陸香, 麝香 등의 여러 약재를 혼합해서 제조한다. 그리고 이 약재들은 「매신라물해」에 각각 10건, 9건, 8건의 신청 건수가 있다.[57] 正倉院에 남아있는 청목향, 정향, 훈륙향, 사향을 분석한 결과, 각각 인도 북부, 인도

---

54 三宅和朗, 앞의 책, 199쪽.

55 신카이 사키코(新飼早樹子), 「8세기 중반 신라의 대일 관계 동향과 「買新羅物解」」, 『한일관계사연구』 67, 2020, 127쪽.

56 박남수, 「752년 金泰廉의 對日交易과 「買新羅物解」의 香藥」, 『한국고대사연구』 55, 2009, 354쪽.

57 박남수, 앞의 논문, 379쪽.

네시아, 아랍, 네팔 등이 산지였다는 것이 밝혀졌다.[58] 여기서 대황, 청목향은 신라를 통해서 들여왔던 외국산 약재로서 일본 국내에서는 구하기 힘든 귀한 약재였다는 것을 알 수 있다.

이러한 약재를 활용한 역병 치료법이 관부에 없다는 것은 백성들이 약재를 입수할 수 없었다는 것을 보여준다. 그런데 관부의 치료법에 약재인 인삼으로 만든 인삼탕이 포함된 것이 주목된다. 앞서 조정에서는 天平 9년 당시 역병에 걸린 가난한 집을 대상으로 탕약을 지급한 것을 확인하였다. 그렇다면 이때 지급한 탕약이 인삼탕일 가능성이 있다. 비슷한 시기 발해사 기진몽은 인삼 30근을 일본 조정에 진상하였고,[59] 신라사 김태렴도 일본으로 인삼을 가져갔다. 따라서 발해산, 신라산 인삼은 궁중에서 일차적으로 사용하였고,[60] 일반 백성들에게도 역병 치료를 위해 탕약의 형태로 지급했을 것이다.

그리고 두 사료 모두 음식의 절제 및 취식 금지를 매우 강조하고 있다. 당시 역병은 귀신 혹은 惡神 등에 의한 神靈的 현상으로서 疫鬼에 의해 발병한다는 통설이 뿌리 깊게 존재해 왔다.[61] 天平 9년의 역병도 모함을 받아서 억울하게 자살해야 했던 長屋王의 怨靈이 저질렀다고 인식되었다.[62] 하지만 두 사료 모두 귀신이 아니라 음식을 역병의 발병 및 악화의 원인으로 지적하고 있다.

당시 견당사로서 당에 다녀왔던 야마노우에노 오쿠라(山上憶良)는

---

58 신카이 사키코(新飼早樹子), 앞의 논문, 127쪽.
59 『續日本紀』 天平 11年(739) 12月 戊辰(10日) 條
60 인삼은 『연희식』 「전약료식」에 의하면, 元日의 御藥 및 臘月의 御藥으로 이용되었다.
61 長谷川雅雄, 辻本裕成, ペトロ・クネヒト, 「鬼のもたらす病」, 『南山大學紀要』 16, 2018, 10쪽.
62 坂上康俊, 『平城京の時代』, 岩波新書, 2014, 153쪽.

"병은 입으로부터 들어온다. 따라서 군자는 음식을 절제해야 한다. 이것에 근거하여 말하자면, 사람이 질병에 걸리는 데는 반드시 妖怪를 필요로 하지 않는다. (중략) 나의 병은 모두 음식으로 인한 것이며, 나도 어떻게 할 수가 없다"[63] 라고 하였다. 이처럼 당시 지식인들은 병은 妖怪만이 아니라 음식에 의해서 발생하기 때문에 음식을 절제해야 한다고 인식하였고, 이것이 그대로 관부와 감문에도 반영되어 있다고 생각된다.

그중에서도 두 사료 모두 여러 종류의 생선을 금지 음식으로 지적하고 있다. 특히, 감문에서는 금지된 생선의 종류만 10가지이고, 생선회와 함께 먹는 合食도 금지했다. 『의심방』에도 역병의 증상인 상한이 나타날 때는 여러 생선을 먹지 말도록 정하고 있다. 예를 들어 병이 나은 후 100일 이내에는 기름기가 있는 고기(肥魚)를 먹을 수 없고,[64] 피라미(鮒), 장어, 잉어(鯉), 다랑어 등도 금지 식품으로 제시하고 있다.

『의심방』에는 傷寒病에 걸렸을 때 생선을 먹으면 소화하기가 어려워서 위장이 손상된다고 나와 있다.[65] 또한, 치명적 증상인 설사를 유발하여, 치료를 더욱 어렵게 하며,[66] 병이 치유되었더라도 3개월 이내에 피라미를 먹었을 경우에는 3년 동안 살갗의 瘡이 회복하지 못한다고 적혀있다.[67] 더구나 감문이 발포된 음력 6월 말의 덥고 습한 날씨는 생선을 쉽게 부패하게 해서, 병의 증상을 악화시키는 주범이 되었을 것이다. 그리

---

63 大伴家持 編, 최광준 譯, 『만요슈』, 국학자료원, 2018에 실린 「沈痾自哀文」에 해당한다. 그 원문은 다음과 같다.
   病從口入 故君子節其飲食 由斯言之 人遇疾病 不必妖鬼 (중략) 我病盖斯飲食所招而 不能自治者乎也

64 丹波康賴 撰, 槇佐知子 譯, 앞의 책, 515쪽.

65 丹波康賴 撰, 槇佐知子 譯, 앞의 책, 521쪽.

66 丹波康賴 撰, 槇佐知子 譯, 앞의 책, 519쪽.

67 丹波康賴 撰, 槇佐知子 譯, 앞의 책, 520쪽.

고 당시 귀족은 다양한 종류의 생선을 먹었고, 날생선, 회 등 익히지 않고 먹는 식습관을 갖고 있었다는 것도 파악할 수 있다. 또한, 이는 섬 지방인 일본의 특성을 잘 보여주는 것으로도 여겨진다.[68]

더 나아가 감문은 생선과의 合食도 금지하고 있다. 『後二條師通記』에 실린 服藥에 대한 勘文[69]에서도, 냄새가 나는 마늘과 회를 合食하면 性이 손상되고 命을 잃게 되며, 청어회와 마늘을 合食하면 열병에 걸리게 된다고 경고하고 있다.

그리고 두 사료 모두 설사의 위험성을 강조하고 있다. 특히, 관부는 설사의 증상, 위험성 및 치료법에 대하여 여러 항목에 걸쳐서 상세하게 기술하고 있다. 치료를 위해 찰벼와 메벼로 죽을 만들어 먹고, 부추(韭)와 파(葱)를 삶아서 많이 먹으라고 권하고 있다. 반면에 감문은 설사를 유발하는 생선류와 술을 경계하도록 하고는 있지만, 관부처럼 치료법을 제공하지는 않는다. 더구나 감문은 관부와는 달리 마늘, 파, 부추 등의 五辛[70]을 먹으면 눈이 정기를 잃고 어두워진다고 경고하고 있다. 여기서 두 사료가 五辛에 대해 서로 정반대의 입장인 것을 확인할 수 있다. 과연 어느 사료가 옳은 처방을 제시하고 있는 것일까?

---

68 이현숙, 「신라 약재명 목간에 대한 분석」, 『한국목간학회 정기발표회』, 2009, 4쪽.
69 谷口美樹, 「院政期における「韭」「薤」「蒜」服用の樣態」, 『富山大學敎養敎育院硏究紀要』 1, 2020, 63쪽에서 재인용했다. 그 원문은 다음과 같다.
   忠康注進勘文事令服葫蒜間 合食禁忌事 千金方云 多食葫行房 傷肝氣 令顔色
   又云 合生食之 奪人氣陶注云 性家薰臭合膾完食之 損性伐命 又云 合靑魚鮓食之
   令人發黃 穩唐詮云 合生魚勿食 損人氣
70 매운 맛이 나고, 냄새가 나는 다섯 종류의 야채를 가리키는 불교 용어이다. 구체적으로 가리키는 것에 대해서는 여러 설이 존재한다. 『令義解』 僧尼令7 飮酒條에서는 大蒜, 慈葱, 角葱, 蘭葱, 興莒라고 나온다. 그리고 大蒜, 革葱, 慈葱, 蘭葱, 興渠(『梵網經』), 蒜, 葱, 興渠, 韭, 薤(『菩薩戒義疏』), 葱, 薤, 蒜, 韭, 胡(『大藏法數』) 등의 설이 있다(佐藤信 監修, 『朝野群載卷二十二 : 校訂と註釋』, 吉川弘文館 2015, 332쪽).

「僧尼令」飮酒條[71]에서는, 僧尼가 五辛을 먹는 것을 고기와 술을 먹는 것과 마찬가지로 금지하고, 이를 어길 시 30일 동안 처벌한다고 규정하고 있다. 그런데 만약 질병의 치료를 위해서라면, 五辛을 복용할 수 있다고 단서를 덧붙이고 있다. 즉, 五辛은 승려가 반드시 피해야 하지만, 질병의 치료에는 필요한 음식이라는 것을 알 수 있다.

그리고 다른 사료에는 '부추와 마늘을 먹으면, 궁에 들어가는 것(參內)를 피해야 한다',[72] '금일 마늘을 禁忌하기 때문에 폐백을 바치지 않았다'[73] 등의 기록이 있다. 그리고 모든 신사에서는 마늘 등을 기피해야 하는 일수를 정했다는 것도 파악된다.[74] 여기서 五辛은 佛事 뿐만 아니라 궁중 및 신사에서도 기피되었다는 것을 알 수 있다. 그 이유는 五辛이 건강을 해치기 때문이 아니라, 매운맛과 강한 냄새를 가졌기 때문이었을 것이다. 감문에서 五辛을 금지한 것도 이러한 이유가 컸을 것으로 생각된다. 하지만 앞서 살펴보았듯이 左大臣 미나모토노 도시후사가 반대에도 불구하고 관부의 처방에 따라 부추와 파를 먹었고, 결국 설사병에서 나을 수 있었던 것을 보면, 부추와 파를 복용하는 관부의 처방은 역병 치료 효과가 있었다고 판단된다.

계속해서 관부는 백성들에게 환약과 산약의 복용을 금지하고 있다. 당시 백성들 사이에서는 가짜 조제약이 성행하였고, 약들을 조합한 독극물까지 제조되었다.[75] 그래서 관부는 약재들을 조합하거나 가공해서

---

71 井上光貞 校注, 『日本思想大系 3 : 律令』, 岩波書店, 1976, 218쪽에 있는 원문을 참고함.
　凡僧尼 飮酒 食肉 服五辛者 卅日苦使 若爲疾病藥分所須 三綱給其日限 若飮酒醉亂 及与人鬪打者 各還俗
72 佐藤信 監修, 앞의 책, 333쪽.
73 佐藤信 監修, 앞의 책, 333쪽.
74 佐藤信 監修, 앞의 책, 333쪽.

만드는 환약과 산약을 경계하였고, 대신 원재료들을 그대로 살린 역병 처방을 권장하였다고 생각된다. 그리고 약물을 조합하는 데에는 일정한 지식이 필요하고 위험도 따르므로 권하지 못했을 것이다.

또한, 관부와는 달리 감문에는 피부의 瘡에 바르면 좋은 품목들과 병이 나은 후 피부에 남은 瘡을 없애기 위해서 피부에 바르거나 붙여야 할 품목들을 제시하고 있다. 앞서 살펴봤듯이 天平 9년 6월은 역병뿐만 아니라 기근과 가뭄이 2년 전부터 계속되던 시기였다. 따라서 식량 부족으로 고통받던 백성들에게 삼씨(麻子), 팥의 가루, 계란 흰자, 꿀 등을 피부에 바르게 하는 감문의 처방은 무리였을 것이다. 그리고 당시 역병이 퍼지고 있는 상황에서 병이 나은 후 피부에 남은 瘡을 지우는 일은 시급한 문제가 아니었을 것이다.

그리고 감문은 관부와는 달리 부인의 생리 혈(月汁, 月布)을 활용해서 피부의 瘡을 없애는 처방도 두 건이나 기록하고 있다. 이것은 처방의 대상이 되는 귀족들에게는 백성들과는 달리 후궁이나 후처 등이 존재한다는 것을 전제로 하였던 역병 처방이라고 생각된다.

마지막으로 두 사료는 역병의 재발을 막기 위해 지켜야 할 안전 수칙에 대해서 기록하고 있다. 감문은 과식, 음주, 지나친 飮水 등을 금지하고 있고, 관부는 재발 방지를 위한 안전 수칙을 매우 상세하게 기술하고 있다. 여기에는 역병에 감염되었을 때 금지했던 음식은 물론 지켜야 할 다양한 생활 수칙도 포함되어 있다. 여기서 재발 방지를 위한 안전 수칙을 백성들에게 특히 엄격하게 강요하고 있었다는 것을 알 수 있다.

지금까지의 비교, 검토 결과 두 사료 모두 역병의 적극적인 치료는 물론, 예방과 관리, 그리고 재발 방지에도 중점을 두었다고 파악된다. 특

---

75 『續日本紀』天平 元年(729) 4月 癸亥(3日) 條의 '合藥造毒'

히, 관부는 적반창에 감염되었을 때 어떻게 몸을 관리하고, 어떤 음식물을 먹지 말아야 할지를 주로 다루고 있다. 당시 조정은 역병이 손쓸 수 없게 퍼지기 이전에 역병을 예방하고 차단하는 것이 중요하다고 여겼던 것이다.

비슷한 시기 역병 대응책인 土牛大儺와 道饗祭祀도 예방적 성격의 제례이다. 慶雲 3(707)년의 是年條에는 이 해 전국에 역병이 돌아서 土牛大儺를 시작했다고 적혀있다.[76] 고대 일본에서 土牛는 궁정으로 역귀가 들어오지 못하게 막는 일종의 결계 역할을 담당했고,[77] 대나 혹은 追儺儀는 12월 31일 밤에 方相氏, 侲子가 內裏에서 행하였던 疫鬼 추방 의식이었다. 『天地瑞祥志』에는 '12월 有司에게 명하여 대나제를 거행하게 하는데 사방의 문에 희생을 찢어 올리고 토우를 만들어 추운 기운을 보내게 한다'라고 나와 있다. 종합하면, 土牛大儺는 12월에 수도 및 궁궐의 경계에서 역병의 침입을 방어하기 위한 목적의 제례였다.

이 慶雲 3년의 土牛大儺는 신라사 김유길의 來日과 관계있다. 慶雲 2(706)년 10월 김유길이 일본에 도착한 이후,[78] 세토나이카이(瀬戸内海)를 거쳐 12월에 입경하였다.[79] 그런데 이 해에 20개의 구니에서 기근과 역병이 발생하여, 조정에서는 치료약을 제공했지만,[80] 다음 해 4월까지

---

76 『續日本紀』慶雲 3年(706) 是年 條
　　天下諸國疫疾 百姓多死 始作土牛大儺
77 小林健彦,「古代日本語に記録された地震災害情報」,『拓殖大學日本語紀要』23, 2013, 55쪽.
78 『續日本紀』慶雲 2年(705) 10月 丙子(30日) 條
　　新羅貢調使一吉湌金儒吉等來獻
79 『續日本紀』慶雲 2年(705) 12月 癸酉(27日) 條
　　是日 新羅使金儒吉等入京
80 『續日本紀』慶雲 2年(705) 12月 是年 條
　　諸國廿飢疫 並加医藥賑恤之

도 역병이 계속 유행했다. 당시 역병은 신라사의 이동 경로인 세토나이 카이에 접해있는 山陽道 지역(備前國, 安藝國)과 南海道 지역(紀伊國, 談路國, 讚岐國, 伊予國) 및 京와 畿內(河內國)에서 주로 발생했기 때문에, 김유길 등 신라사 일행이 역병을 몰고 왔을 가능성이 높다. 즉, 토우대나는 신라사가 가져온 역병이 전파되는 것을 차단하기 위한 예방적 대응책이었다.

그리고 天平 7(735)년 8월 다자이후에서 많은 사람들이 역병으로 사망하자, 조서를 내려서 나가토국(長門國)의 동쪽에 있는 모든 구니의 가미(守) 혹은 스케(介)에게 齋戒하고 道饗祭祀를 지내도록 하였다.[81] 그런데 나가토국은 혼슈의 서쪽 끝에 위치하여 큐슈와 맞닿아있는 지역으로서 사료에 의하면 아직 역병이 발생하지 않은 지역이었다. 그렇다면 道饗祭祀는 역병이 다자이후에서 혼슈로 넘어오기 전에 차단하고자 하는 목적을 가진 제례였다는 것이 확인된다.

또한 두 사료는 같은 시기에 나온 동질적인 역병에 대한 처방으로서 여러 음식에 대한 취식 금지, 설사의 위험성 강조 등 공통점이 있지만, 여러 차이점도 엿볼 수 있었다. 특히 권장하는 음식들 및 瘡에 바르거나 흔적을 없애는 처방에서 차이를 보였다. 두 사료의 처방 대상이 각각 귀족과 백성으로 달랐기 때문에 이와 같은 차이점이 발생했다고 생각된다. 즉, 경제력이 있던 귀족들은 약재를 구입할 수 있었기 때문에 약재를 이용한 처방이 많았고, 백성들은 약재를 구입할 경제력이 없었기 때문에, 곡식을 이용한 처방이 많았다. 그리고 귀족들은 피부에도 신경을 쓸 여

---

81 『續日本紀』 天平 7年(735) 8月 乙未(12日) 條
勅曰 如聞 比日大宰府疫死者多 思欲救療疫氣 以濟民命 是以 奉幣彼部神祇 爲民禱祈焉 又府大寺及別國諸寺 讀金剛般若経 仍遣使賑給疫民 并加湯藥 又其長門以還諸國守 若介 專齋戒 道饗祭祀

유가 있었기 때문에 瘡에 바르는 처방, 그리고 병이 나은 후 그 흔적을 지울 수 있는 처방까지도 필요로 했다.

마찬가지로 관부보다 감문에 금지 식품들에 대한 기록이 훨씬 많은 것은, 귀족들이 그만큼 다양한 재료의 음식을 먹을 수 있는 경제력이 있었다는 것을 가리킨다. 감문에서는 좋은 품질의 꿀인 好蜜을 먹으면 좋다고 나오지만, 관부에서는 낮은 품질의 꿀인 疏密도 좋다고 하는 처방에서도 경제력 차이가 반영되었다는 것을 파악할 수 있다.

이처럼 감문과 관부는 동일한 역병에 대한 대응책이었지만, 처방의 대상이 서로 달랐기 때문에 어느 사료가 天平 9년 역병에 효과가 좋았는지를 단정 짓기는 어렵다. 다만 앞서 살펴봤듯이 관부는『의심방』에 인용된 유일한 일본 처방책이었고, 이후 역병의 치료법으로 여러 번 활용되었기 때문에, 후대에도 그 효과를 인정받았다고 볼 수 있다.

결론적으로 天平 9년 역병 당시 일본 조정은 당의 최신 의학 서적들에 기록된 처방을 적극적으로 활용했을 뿐만 아니라, 처방의 대상을 귀족과 백성으로 나누어서 각자의 처지에 맞게 다양한 처방을 제시하는 등, 미증유의 재해에서 벗어나고자 노력하였다는 것을 파악할 수 있었다.

VI. 맺음말

天平 9(737)년 역병은 4월부터 가을까지 일본 열도에 큰 인명 피해를 입혔던 대유행병이었다. 그런데『속일본기』에는 天平 9년 역병이 창궐했을 당시 '탕약을 지급했다'라고 하는 짧은 기록 외에는 치료적인 대응책이 전무하고, 대신 기도, 불경의 독경, 전독 등과 같은 종교적인 대책들이 대부분이다. 그래서『속일본기』만 본다면 당시 일본 조정은 天平

9년 역병을 실제적으로 치료하거나 예방하는 데에는 소홀히 하였을 것으로 판단할 수 있다. 하지만 天平 9년 6월에 발포된 전약료감문과 태정관부에는 당시 일본 조정이 취했던 역병 대응책이 상세하게 기록되어 있다.

우선 태정관부는 7개의 조목에 걸쳐서 백성들이 지켜야 할 몸을 다스리는 방법 및 먹으면 안되는 음식들을 소개하고 있다. 음식물은 반드시 익히거나 끓인 후 먹어야 하고, 찬 음식이나 날 생선은 먹지 말도록 했다는 것을 파악할 수 있다. 그리고 백성들이 일상생활에서 간단히 실천할 수 있는 처방 및 역병의 가장 치명적인 증상인 설사를 막기 위한 처방책들도 다수 포함되어 있다. 당시 역병이 기록된 사료를 보면, 대략 4개월 정도 대유행한 뒤 소멸하는 사례가 종종 있었다. 天平 9년 역병도 약 4개월 정도 유행하였으므로, 관부의 효과 때문이 아니라 시간이 지남에 따라 자연히 소멸하였을 가능성도 존재한다. 하지만, 관부는 후대에 여러 번 역병 대응책으로서 인용되었다. 특히, 10세기 후반에 편찬된 『의심방』에서는 일본의 처방으로서는 유일하게 관부가 인용되었기 때문에, 후대 지식인들은 관부의 효과를 인정하였다고 판단된다.

전약료감문은, 전약료에서 從5位下 이상의 위계를 가진 귀족들의 치료 처방을 조정에 보고한 문서이다. 사료를 통해서도, 天平 9년의 역병은 특히 귀족들에게 큰 인명 피해를 입혔다고 파악된다. 감문은 모두 24개의 처방으로 이루어졌으며, 일부 처방은 『천금방』, 『신록방』 등 중국 의서를 인용하였다. 여기서 당시 전약료는 역병에 대응하기 위해서 최신의 중국 의서를 근거로 하였다는 것을 알 수 있다. 전약료감문이 발포된 이후 귀족들의 사망률은 낮아졌지만, 실제 감문의 처방이 효과를 발휘했는지는 알 수 없다.

다음으로 태정관부와 전약료감문에 기록된 여러 처방을 함께 표로 작성해서 공통점 및 차이점을 보다 명확히 하고자 하였다. 그 결과 두 사료 모두 역병에 대한 적극적인 치료는 물론이고, 예방과 관리, 그리고 재발 방지에도 소홀히 하지 않았다고 파악하였다. 그런데 세부적으로 살펴보면, 두 사료는 여러 음식에 대한 취식 금지, 설사의 위험성 강조 등의 공통점이 있지만, 권장하는 음식, 瘡에 바르거나 흔적을 없애는 처방에서는 차이점을 나타냈다. 이것은 두 사료의 처방 대상이 각각 백성과 귀족으로 달랐기 때문이었다. 즉, 경제력이 있는 귀족은 약재를 이용한 처방을 필요로 했고, 경제력이 부족한 백성들은 쉽게 구할 수 있는 곡식을 이용한 처방을 필요로 했다. 그리고 귀족들은 피부에도 신경 쓸 여유가 있었기 때문에 瘡을 지우는 처방을 필요로 했지만, 백성들은 당시 궁핍한 생활을 했기 때문에 瘡을 지우는 처방을 이행할 수 있는 여유가 없었다. 마지막으로 역병의 재발을 막기 위한 안전 수칙은 특히 태정관부에서 강조하고 있다. 여기서 귀족들보다 백성들에게 수칙을 지킬 것을 엄격하게 강요하고 있었다는 것도 알 수 있었다.

이처럼 관부와 감문은 동일한 역병에 대한 처방이었지만, 각각 귀족과 백성으로 처방의 대상이 달랐기 때문에 어느 사료가 더 역병에 효과를 보였는지는 판단하기 힘들다. 하지만 관부는 이후 여러 번 역병 처방으로 인용되었기 때문에 후대에도 그 효과를 인정받았다는 것을 알 수 있다. 결론적으로 天平 9년 역병 당시 일본 조정은 당의 최신 의학 서적에 기록된 처방을 적극적으로 활용했을 뿐만 아니라, 처방의 대상을 귀족과 백성들로 나누어서 각자의 처지에 맞게 다양한 처방을 제시하는 등 미증유의 재해를 맞아서 역병에서 벗어나고자 노력하였다는 것을 파악할 수 있었다.

9세기 일본의 당물(唐物)에 관한 기초적 검토

정순일 _ 고려대 역사교육과 부교수

* 본고의 초출은 정순일, 「9세기 일본의 당물(唐物)에 관한 기초적 연구」, 『아시아문화연구』49, 가천대학교 아시아문화연구소, 2019이다. 다만, 2019년 이후 발표된 '당물' 관련 연구 성과에 대한 추가 검토를 바탕으로 〈Ⅰ. 당물(唐物)에 관한 종래의 논의〉를 일부 수정하였음도 아울러 밝혀둔다.

Ⅰ. 당물(唐物)에 관한 종래의 논의

본 연구는 고대 열도사회에 유입된 이국문물·이국문화로서의 당물(唐物)이 가지는 성격을 밝히고 일본의 왕권(혹은 지배계층)이 당물의 '선매'(입수)와 '증여'(분배)를 통해서 얻고자 하는 바가 무엇이었는지를 고찰하는 데 목적을 두고 있다. 특히, '9세기'[1]에 초점을 맞추어 그 전후 사적 맥락 속에서 '당물' 용어가 어떻게 등장하였고 또 해당 박래품이 어떤 기능을 수행하였는지를 살펴보고자 한다.

'당물(唐物)'이라는 말의 기원은 어디에서 찾을 수 있을까. 고대의 박래품을 가리키는 용어로는 육국사에 등장하는 '신물(信物)', '원물(遠物)', '잡물(雜物)' 등이 있으나 '당물'이라는 표현 자체는 비교적 후대에 등장한다. 문헌을 검토하는 한 일러도 헤이안시대(平安時代) 이전으로 거슬러 올라가지 않는다.

'당물' 용어의 초출(初出)은 간무(桓武)천황 시대로 대동(大同)3년(808) 11월 단계[2]이다. 대상제(大嘗祭)에 봉사하는 잡악(雜樂: 아악 이외의 음악·예능을 가리킴) 전문가들이 조정의 금제를 지키지 않고 당물로 몸을 치장하였다고 하면서 다시금 금지령을 내린다는 내용이다. 이들 '당물'은 대동원년(806)에 귀국한 연력(延曆)의 견당사가 가지고간 것이라 한다. 대동3년 대상제는 헤이제이(平城)천황의 즉위에 즈음한 행사로

---

1 여기서 말하는 '9세기'란 '긴 9세기'를 가리킨다. 이 개념은 정순일, 「9세기 후반 큐슈지역의 신라인집단과 그 행방」, 『선사와 고대』 39, 2013, p.26에서 설명한 바 있으나 본고에서도 후술한다.
2 『日本後紀』 大同3년(808) 11월 11일條.

귀중품이었을 당물이 궁정에서 어느 정도 널리 퍼진 결과, 잡악 신분인 사람들에게까지 흘러들어간 것이라 생각된다.

게다가 승화(承和)6년(839)에 견당사가 귀국하였을 때에도 『속일본후기(續日本後紀)』에 '당물' 용어가 반복적으로 등장한다. 사료에 의하면 당물의 일부는 산릉 및 이세신궁에 봉납되었고, '궁시(宮市)'라 불리는 시장이 건례문 앞에 세워져 당물 교역이 이루어졌다고 한다. 결국 '당물'이라는 말은 기본적으로 '당(唐)'에서 온 물품, 견당사가 가지고 돌아온 외래품을 가리키는 말이었다고 할 수 있을 것이다. 그리고 그 물품들은 봉납을 하던, 교역을 하던 기본적으로는 조정이 관리하고 재분배하였음을 알 수 있다. 그러나 '당물'이라는 말이 사용되기 이전에도 '박래품'은 물론 존재하였다. 대동3년(808) 이전에도 견당사가 외래품을 가지고 왔다는 기록이 있으며, 당이 아닌 한반도 여러 국가, 특히 신라 및 발해에서 일본 조정으로 이동한 박래품의 기록도 적지 않게 남아 있다.

이렇듯 9세기 전반부터 사료상에 등장하는 '당물'에 관해서는 종래에 어떤 식의 논의가 이루어졌을까.[3] 일본고대사 분야의 대외관계사 연구에서 '당물'은 단지 '수입품'의 성격으로 다루어져온 측면이 강하다. 1980년대 이후, 일본열도와 아시아 제 지역의 교류사 연구는, 국가·위정자 사이의 정치적인 외교뿐만 아니라 해상(海商, 국제상인), 해민(海民), 승려, 표류민 등 다양한 이동과 교류에도 눈을 돌리게 되어 '국가(혹은 국경)의 상대화'라는 자세가 점차 정착되고 있음은 주지의 사실이다. 그와 같은 연구의 연장선에서 사람, 물품, 정보의 교류에 대한 관심이 모아져 '당물'의 역사적 의의에 대해서도 주체적으로 파악하고자 하는 견

---

3 '唐物'에 대해 직간접적으로 언급하고 있는 선행 연구에 대해서는 본고 각주에 소개하는 것을 비롯하여 참고문헌 목록의 논저들을 참고하기 바란다.

해가 나오게 된 것이다.

　에노모토 준이치(榎本淳一)는 9세기 이후에 전개되는 '동아시아' 제 지역 사이의 교역이 일본열도에 미친 영향과 그에 동반하는 대외관계의 전환점에 대해서 『겐지모노가타리』를 제재로 검토한 바 있다. '당물'에 관해서는 10세기 단계에, "문물의 면에서 말하자면 그 나라들의 초일급 품으로 구성된 회사품·공물의 교환에서 일상적인 물품을 주로 하는 교 역으로의 변화"가 일어났고, "당 왕조의 권위는 물질적인 면에서 보면 그러한 회사품으로서 일본에 보내어진 초일급품에 의해 만들어진 부분 이 크"다고 지적하였다. 한편 "일상품으로서 수입된 당물에는 좋은 것 도 있지만, 나쁜 것도 있어서 중국(한)을 상대화해가게 되었다"고 논하 였다.[4]

　이어서 호타테 미치히사(保立道久)는, 나라시대에서 헤이안시대 중엽 의 '일본'과 '동아시아' 관계사를 (1)외교사·정치사의 종합적 이해, (2)민 족복합국가론, (3)국제(國制) 이데올로기론 등 세 가지 면에서 문제제기 하고 논증하였다. '당물'에 대해서는 일본 왕권의 대외인식과 관련지어 다음과 같이 논하였다. "대외관계는 오로지 '당물'에 대한 물욕이 중심 이었다고 할 수 있을 테지만, 그와 같은(천황 개인의 이국인과의) 접촉 금기시(터부)와 빈약한 당물취미의 병존은 바깥에서 보면, 대단히 기묘 한 것으로 보였을 것이다. 헤이안시대의 천황은 무역을 독점하고 당물 을 끌어 모아, 그로써 마치 누에고치와 같이 당물에 의한 후막(厚膜)을 만들어내고, 그 내부에 싸여져 자기 폐쇄를 해버린다. 당 제국의 문명에 서 보면, 그것은 외래의 유리구슬 등을 위신재로 삼고 즐거워하면서, 형 편없는 것들로 장식한 목조주택 속에 숨어 '문명인'을 두려워하여 만나

---

4 榎本淳一,「「蕃國」から「異國」へ」,『唐王朝と古代日本』, 吉川弘文館, 2008, p.255.

려고도 하지 않는 사람들, 미개한 왕권으로 보였을 지도 모른다"는 것이다.[5]

미나가와 마사키(皆川雅樹)는, 9세기 전반에 파견된 견당사 관계의 사료를 검증하고, '당물'은 일본 왕권이 '외래품'의 선매·독점을 의식하여 사용한 말이라 지적하였다. 또 그 배경으로는 830년대 전후, 당·신라 등 동아시아 제 지역에서 '안'과 '밖'에 대한 '외래품' 관련 대응 및 활동이 확인되는 사실과 연동된다고 추론하였다. 나아가 '당물'은 바다를 거쳐 일본열도에 박래되어, 일본 측의 사람들에 의한 촉진(선매 혹은 감정·감평 등)으로 인식·판별되는 물품이었으며, 그것은 늘 권력자(천황, 막부, 다이묘 등)에 의해 장악·이용되었음을 지적하였다.[6]

한편, 일본문학연구에서 '당물'에 초점을 맞추고, 나아가 대외관계사 분야의 연구 성과를 원용한 가와조에 후사에(河添房江)의 연구도 주목된다. 가와조에는 『겐지모노가타리』속에 보이는 '당물'을 헤이안기 대외관계사와의 관련성 속에서 검토하였다. "'당물'이란, 유리호나 비색청자 등, 바다 저편에서 온 것이 분명하며 그 자체로 완결된 박재품일 뿐만 아니라, 훈물(薰物)과 같이 재료는 모두 수입품 항목이라도 가공은 이쪽(=일본)에서 이루어진 것도 시야에 넣어"야 한다고 지적하며, "당물과 당풍의 물품을 엄밀하게 구별하기보다, '화양(和樣)'(=일본풍)을 의식하고 그것에 대치하는 것으로 그들을 연속적으로 분석하는 편이 보다 생산적이다"라고 주장하였다.[7] 그 이외에도 『겐지모노가타리』에 나오는 '당물'이야기와 역사적 사실로서의 일본 대외관계사가 보여주는 역사적

---

5 保立道久, 『黃金國家—東アジアと平安日本—』, 靑木書店, 2004, p.247.
6 皆川雅樹, 「九世紀日本における「唐物」の史的意義」, 『日本古代王權と唐物交易』, 吉川弘文館, 2014, pp.24~44.
7 河添房江, 『源氏物語時空論』, 東京大學出版會, 2005, p.9.

변천을 대응시켜가면서 서술한 연구라든지,[8] 『겐지모노가타리』에 보이는 '박래 브랜드품(명품)'으로서의 '당물'을 개별적으로 고찰한 연구도 있다.[9] 뿐만 아니라 『다케토리모노가타리』, 『우쓰호모노가타리』의 견당사와 '당물'에 대해 검토한 연구 성과도 좋은 참고가 된다.[10]

이상의 연구사에서 보이는 특징은 다음의 몇 가지로 정리할 수 있을 것이다. 첫째, 문학 분야에서 당물 연구가 본격화되었으며, 주로 일본 고전문학 텍스트가 검토의 대상이 되어 왔다. 둘째, 역사학 분야의 경우, 당물에 관한 초기 연구는 당물 그 자체를 대상으로 했다기보다는 시대적 흐름을 개관하거나 다른 논제를 다룰 때 방증 자료로 삼아온 경향이 강하다. 셋째, 당물에 대한 본격적 연구가 나온 것은 상당히 최근의 일이고, 일본학계에서조차 그와 관련된 제 문제가 해결된 상태가 아니다. 따라서 해외학계에 해당하는 한국에서도 당물 연구에서 새로운 관점을 제시하는 것이 충분히 가능하다. 넷째, 당물 연구가 '동아시아'적 관점에서 시도되는 경향이 있으나, 이때 말하는 동아시아란 일본과 중국(당)을 양대 축으로 하고 있는 지역세계에 불과하다. 일본학계의 고전적 대외관계사 연구에서부터 줄곧 확인되고 있는 '중국(당) 요소 중심', '한반도 요소 경시'의 현상이 당물 연구에서도 고스란히 드러나고 있다. 따라서 신라, 발해의 물품이 열도사회로 유입되는 현상은 물론 일본에서 신라, 발해로 이동하는 물품을 면밀히 분석할 필요가 있다. 다섯째, '당물'의 유사표현에 해당하는 용어 및 '당물'과는 구별되지만 그와 마찬가지로 이국문물 내지 이국문화 요소를 가리키는 다른 용어와의 비교검토가 충

---

8 河添房江, 『源氏物語と東アジア世界』, NHKブックス, 2007.
9 河添房江, 『光源氏が愛した王朝ブランド品』, 角川選書, 2008.
10 河添房江, 「遣唐使と唐物への憧憬」, 『遣唐使船の時代—時空を駆けた超人たち—』, 角川選書, 2010.

분히 이루어지지 않은 측면이 있다.

唐物(가라모노)

'당물(唐物)'이라는 말은 9세기 이후, 박재품에 대해 사용되고 있다. 후지와라노 아키히라(藤原明衡)의 『신사루가쿠키(新猿樂記)』(11세기 후반 성립) 하치로노 마히토(八郎眞人)의 단(段)에는 부수(俘囚)의 땅(奧州)에서 기카이지마(喜界島)(奄美)에 걸쳐 교역활동을 전개한 상인인 하치로노 마히토의 이야기가 실려 있다. 하치로노 마히토가 취급한 물품은 외래품으로서의 '당물'과 국내품으로서의 '본조물(本朝物)'로 나누어 열거되고 있다. '당물' 가운데에 많은 향료·약물류(향약)이 들어지고 있다. 또한, 『신사루가쿠키』가 성립한 시기에 입송승(入宋僧) 조진(成尋)은 중국 북송의 신종 황제로부터 서장을 통해 일본에서 필요한 중국의 물품이 뭔지 질문 받았을 때 '향약, 차완(茶埦), 비단(錦), 소방(蘇芳) 등'이라고 대답하고 있다.(『參天台五臺山記』延久4년[1072] 10월 15일조) 여기에서는 '향약'(향료와 약물), '차완'(무역 도자기), '비단'(견직물), '소방'(염료의 일종)이 들어지고 있으며, 모두 일본 열도 안에서는 산출도 생산도 안 되는 것으로, 『신사루가쿠키』 하치로노 마히토의 단과도 겹친다. 또한, 겐코 법사(兼好法師)의 『쓰레즈레구사(徒然草)』(14세기 초 무렵 성립) 제120단에는 '당물은 약 외에는 모두 없더라도 괜찮다'라고 나오는데 겐코는 약을 제외한 '당물'은 불필요함을 강조하며 당시 '당물'을 진중(珍重)히 여겨 떠받드는 풍조를 비판하였다. [미나가와]

위의 내용은 최근 출판된 〈고대 일본 대외교류사 사전〉[11]의 '37. 해상(海商)과 국제교역'에서 '키워드' 가운데 하나로 다루고 있는 '당물' 항목을 한국어로 번역하여 소개한 것이다. 이는 일본 학계에서 축적된 당물 연구가 집약된 서술이라고도 볼 수 있는데, 여기서도 앞서 살펴본

---

11 鈴木康民監修, 高久健二ほか編, 『古代日本對外交流史事典』, 八木書店, 2021, p.356. 미나가와 마사키(皆川雅樹)가 해당 항목을 집필한 것으로 확인된다.

종래의 연구가 가지고 있는 특징이 그대로 답습되고 있음이 확인된다.[12]

따라서 본 연구에서는 선행연구가 남겨놓은 몇몇 과제에 유의하면서 고대 일본의 '당물'을 다각적으로 분석하고자 한다. 본 연구가 무엇보다도 주목하는 부분은 '당물' 용어의 등장이 9세기 초에 처음 확인된다는 사실이다. 이는 필자가 최근 수 년 간에 걸쳐 일관되게 검토해온 '9세기의 획기성'과 궤를 함께 하는 현상이라고 할 수 있다. 여기서 말하는 9세기란, '긴 9세기(the long 9th century)'를 의미한다. 구체적으로는 서력 770년대에서 930년 무렵까지를 가리키며 일본의 연호로는 보귀(寶龜)연간에서 연장(延長)연간까지가 이에 해당한다. 하한이 되는 930년 무렵은 한반도에서 신라가 멸망하고 고려로 교체되는 시기(935년)이며, 북방에서는 발해가 거란에 의해 무너진 시기(926년)이기도 하다. 또 중국에서는 당의 멸망(907년)부터 북송의 성립(960년)까지 5대 10국이 흥망한 변혁기이기도 하다. 한편, 상한이 되는 770년대도 동아시아 제국이 정치외교·사회경제적으로 커다란 변화를 맞은 전환기이다. 단순히 '700년대(8세기)' 혹은 '800년대(9세기)'가 아니라 '긴 9세기'와 같이 그다지 맺고 끊음이 좋지 않은 기간을 하나의 분석틀로 삼는 것은 이 시기가 가지는 동질적인 특징에 주목하고 있기 때문이다. 즉, 이전과는 다른 새로운 현상이 나타나기 시작하고, 또 10세기 이후 역사전개의 원형을 이루는 사상(事象)이 바로 이 시기부터 보이고 있는 것이다. 그 중핵은 사람들의

---

12 근년 가와조에와 미나가와가 기획한 '당물' 관련 도서가 출판되어 주목된다.(河添房江, 皆川雅樹編, 『「唐物」とは何か』, 勉誠出版, 2022) 이 책의 내용을 보는 한 본고의 문제 의식이 여전히 극복되지 않은 것처럼 보인다. 한반도 요소에 대해서는 고려, 조선의 당물이 다루어지고 있으나 고대 한반도는 여전히 경시되고 있고, 9세기 '당물' 용어 등장 이전의 외래품을 가리키는 용어에 대한 고찰이 확인되지 않는다. 역설적이게도 그렇기 때문에 '당물' 용어 성립과 고대 한반도 요소의 관련성에 대해 다루고 있는 본고의 관점은 유효하다고 할 수 있다.

활발한 국제이동(특히 해상이동)이다. 물론 사람이 국경을 넘는 행위 자체는 그보다 훨씬 이전부터 확인되며, 전혀 새로운 일이라 말하기 힘든 측면도 있다. 다만 왕권 이외의 세력·집단·개인이 주변 제국을 매우 빈번하게 왕래한 사례는 이전에 드물었던 새로운 국면임에 틀림없고, 이것이야말로 본 연구에서 말하는 '긴 9세기'를 다른 시대와 구별시켜주는 요소인 것이다.

사실 '9세기'는 열도 사회 내부의 변화라는 측면에서도 큰 의의를 지닌다. 사사키 게이스케(佐々木惠介)는 최근 연구에서 '9세기'를 어떻게 파악하는가가 일본역사 전개를 이해함에 있어 매우 중요하다고 지적한 바 있다. 고대의 최종단계, 즉 율령국가 지배가 쇠퇴하고, 지역사회에서 중세를 향한 태동이 시작되는 시기라는 것이다.[13] 해당 시기가 가지는 고대적 성격을 조금 더 부각시키느냐, 중세적 성격에 좀 더 의미를 부여하느냐에 따라 고대-중세 이행기에 대한 이해가 크게 달라지기 때문에 새롭게 조명을 받는 게 아닌가 생각된다.

이처럼 안팎으로 변화를 경험하고 있던 '9세기'에 들어 사람들의 해상왕래가 활발해지자 그에 수반하여 등장한 표현이 바로 '당물'인 것이다. 그런 의미에서 고대 일본의 '당물'은 사람들의 활발한 국제이동(해상이동)이 전제된 문화현상이라 말 할 수 있을 것이다.

본 연구에서 중요시하는 또 한 가지는 '당물'이 가지고 있는 '동아시아'적 성격이다. 기본적으로 '당물'이라 함은 일본열도로 유입된 이국문물을 가리켜 자칫 당과 일본의 양자 간에 이동한 물품으로만 이해되기 쉽다. 그러나 가령 신라인과 발해인의 해상 활동이 이른바 '당물' 유입

---

13 佐々木惠介, 「九世紀はどう捉えられてきたか―プロローグ―」, 『平安京の時代』, 吉川弘文館, 2014, pp.1-8.

에 영향을 미치는 경우 이를 단순히 당과 일본 간의 교류 양태로만 파악하기는 어렵고 그 자체를 '동아시아'적 현상으로 봐야할 것이기 때문이다.

II. 당물(唐物) 등장 이전의 박래품(舶來品): 명칭 표기 및 내용의 비교

9세기 초 당물(唐物) 용어가 등장하기 이전 시기의 외래품에 대해서는 기본적으로 다지마 이사오(田島公)의 연표를 참고할 수 있다. 이 연표에서는 일본열도를 둘러싼 물품의 이동을 '출(出)'(일본에서 외부세계로 유출)과 '입(入)'(외부세계에서 일본으로 유입)으로 표시한 후 그 상세 내역까지 기록하고 있어 실태를 파악하는 데 유용하다.[14] 이미 정밀한 연표가 존재하기 때문에 본고에서는 그를 반복하여 작성하지 않기로 한다.

박래품의 내용과 성격에 관해서는 신카와 도키오(新川登龜男)의 연구가 있어 참고가 된다.[15] 신카와는 7~8세기에 신라가 당으로 보낸 물산, 일본에 보낸 물산을 각각 면밀히 분석한 후 다음과 같이 정리하고 있다. "7, 8세기 신라는 중국(당)에 대해 시종 '방산지물(方産之物)'[16]을 지속적

---

14 田島公, 『(奈良·平安の中國磁器　別刷)日本, 中國·朝鮮對外交流史年表(稿)—大宝元年~文治元年—』, 便利堂, 1990. 여기서는 서력 701년부터 1185년까지 사람, 물품 등의 이동 현황을 시계열적으로 상세히 정리하고 있다.
15 新川登龜男, 「調(物産)の意味」, 『日本古代の對外交涉と仏敎—アジアの中の政治文化—』, 吉川弘文館, 1999; 新川登龜男, 「調と別獻物」, 앞과 같은 책 등 참조.
16 『삼국사기』新羅本紀8 聖德王 22년(723) 夏4月條에는 신라가 당에 方物과 表文을 보내는 장면이 등장하는데, '方産之物'은 그 표문 속의 표현이다.

으로 보냈고, 자국이 지니고 있는 교역의 결핍과 물산의 빈곤을 줄곧 호소했던 것에 비해, 왜 내지 일본을 향해서는 일관되게 전혀 그 자세를 달리 하였다. 당으로부터 온 증물(贈物) 내지 그 계열에 속하는 물품과, 당에서 행해진 듯한 광범위한 교역물이 다량으로 반복해서 보내어지고 있었던 것"이라 설명한다. 중국 섬서성(陝西省) 서안사(西安寺) 유적, 한국 경주 안압지 유적, 일본의 정창원 보물 등에서 보이는 동제 그릇 및 접시 등의 유사성이 그를 잘 보여준다는 것이다. 나아가 "앞으로 문제인 것은 이와 같은 물질의 미술적, 형량적, 화학적인 공통성과 전파뿐 아니라 물산으로서 역사 속에서 어떤 의미를 가지고 심적 작용을 미쳤으며 또 역사를 어떻게 형성해나갔는가 하는 점이 되지 않으면 안 된다. 단순한 물질을 살아 있는 물산으로 소생시킬 필요가 있"다고 하면서 특히 물산의 심적 작용, 즉 심리적 임팩트에 의의를 부여하고 있다.[17]

신라에서 장래된 것은 이른바 진조물(進調物)과 교역물 가릴 것 없이 신라의 선진 의식과 자부심, 그리고 당과 닮아 있다는 사실, 그래서 그에 힘입은 권력과 문화가 있고, 또 중국 이북·이서·이남에 널리 미치는 그 교역권(실은 중국을 매개로 한 간접적인 경우가 많음)을 지니고 있다는 점을 명확한 기호로서 왜(일본)에게 보여줌으로써 왜로 하여금 경악하게 하는 데에 그 유효성이 확인된다는 해석이다.[18] 신라는 물산이 가지고 있는 심적 작용을 통해 일본을 문화적·문명적으로 압도하고자 하였던 것이라 볼 수 있다.

당시 왜(일본)로 유입된 물품(물산)의 내용을 보면 구체적인 실태가 시야에 들어오게 된다. 우선 신라가 당에 보낸 것과 일본에 보낸 것에

---

17 新川登龜男, 「調(物産)の意味」, 주15)의 책, p.30.
18 新川登龜男, 위와 같음.

공통점도 있다는 점에 유의해야 한다. 가령 금(金), 은(銀), 동(銅), 마(馬), 구(狗) 혹은 포(布), 견(絹) 등이 그렇다. 약물(藥物)도 일부 공통되고 있다. 당에 종종 보내어진 해표피(海豹皮)는 왜(일본)에 보내어진 수우피(水牛皮)와 유사한 성질을 가진 것[19]이라고 볼 수 있다. 그러나 보다 중요한 것은 신라의 대당 인식과 대일본 인식의 차이가 물산의 차이를 통해 분명히 드러난다는 사실이다. 왜(일본)에만 보내고, 당에는 보내지 않았던 것이 적지 않았다. 불상, 번(幡), 기(旗)를 비롯하여 금속성 기물, 병풍, 나아가 금(錦), 능(綾), 나(羅) 등과 같은 고급 직물 그리고 공작(孔雀), 앵무(鸚鵡), 구욕(鴝鵒, 구관조) 등의 조류, 낙타 등의 동물을 대표적인 예로 들 수 있다. 이들은 설령 신라 국내에서 생산 혹은 사육된 것이 있더라도 기본적으로는 '방산지물(方産之物)'의 계열 외에 속하는 것이라 볼 수 있다.[20]

한반도가 여전히 고구려, 백제, 신라로 분립되어 있었을 시기에 열도사회로 유입된 한반도 물품은 대체로 '방물(方物)', '조(調)', '헌물(獻物)'로 표기되고 있다. 고구려에서 왜(일본)로 보낸 물품을 '방물'이라 하고 있으며,[21] 백제 및 신라와 관련해서는 '공조헌물(貢調獻物)'이라는 박래품의 명칭 표기가 다수 확인된다.[22] 이는 '조(調)'라는 것과 '물(物)'이라고 하는 것이 엄격히 구별되어 있었음을 보여준다. 그 내역과 구체상이 제시되어 있지는 않지만, 여기서의 '물'은 '조'와 별개로 증여되는 별헌

---

19 이병도, 『역주 삼국사기』 상, 을유문화사, 1996, p.213에서는 海豹는 韓國浴名에 水牛(물소)라 하고 있어 동질적인 짐승을 가리키는 것으로 생각할 수 있다.

20 新川登龜男, 「調(物産)の意味」, 주15)의 책, p.16.

21 『日本書紀』推古26年(618)8月癸酉朔條 등에서 '貢方物'과 같이 나오고 있음을 확인할 수 있다.

22 『日本書紀』白雉2年(651)6月조; 『日本書紀』白雉3年(652)4月是月조; 『日本書紀』白雉4年(653)6月조 등

물(別獻物)의 성격을 띤다고 봐도 좋을 것이다. '진조헌물(進調獻物)'도 같은 방식의 표기라 할 수 있다.[23]

반면, 같은 시기 당에서 일본으로 이동한 물품은 '신물(信物)'로 표기되고 있다. 유인원(劉仁願)이 보내는 사자로 등장하는 곽무종(郭務悰)이 일본에 외교문서 및 지참물을 전한 것을 두고 '진표함여헌물(進表函與獻物)'이라 기록하기도 하는가 하면,[24] '진서함여신물(進書函與信物)'로 표기한 사례도 있는데,[25] 전자의 '헌물'은 후자의 '신물'과 대응하고 있기 때문에 해당 물품('物')은 외교상에서 '신물'로 통용되었다고 봐도 좋을 것이다. 일본의 견당사가 당에서 받아서 일본으로 지참하는 물품도 '답신물(答信物)'이라 칭한다.[26]

이후, 신라로부터의 박래품은 그 총칭을 가리키는 경우 '조공(朝貢)', '진조(進調)', '공조(貢調)'와 같이 일관되게 상신하는 물품으로서의 '조(調)'로 표현되고 있다. 이는 외교의 실태가 어떠했든지 간에 일본(왜)이 신라에 대해 어떤 입장을 고수하고자 했는지를 단적으로 보여주는 사례라 할 수 있겠다. 천평(天平)15(743) 신라사신 김서정이 그 동안 '조(調)'라고 불러오던 것을 '토모(土毛)'라 칭한 것을 계기로 일본 측이 외교상에서 '상례(常禮)를 잃었다', '실례(失禮)이다'라는 언설을 내세우며 본국으로 귀국시키는 사건이 발생하는데,[27] 이와 같은 장면은 '조'라는 물품 호칭을 강력히 원했던 쪽이 오히려 일본이었음을 잘 보여준다.

탐라의 사신을 비롯하여, 당시만 해도 일본과는 이질적 존재였던 남

---

23 『日本書紀』天智元年(662)6月丙戌조; 『日本書紀』持統9年(695)3月己酉條 등.

24 『日本書紀』天智3年(664)5月甲子조.

25 『日本書紀』天武元年(672)3月壬子조.

26 예를 들어, 『續日本紀』寶龜9年(778)10月乙未조 등.

27 『續日本紀』天平15年(743)4月甲午조.

서제도인(南西諸島人 혹은 南島人) 및 에미시(蝦夷)로부터 이입된 물품은 '방물(方物)'이라 표기되었다. 지통(持統)2년(688) 8월 탐라왕이 보낸 좌평 가라가 '방물'을 바쳤다고 되어 있고,[28] 문무(文武)원년(697) 10월 무쓰 에미시(陸奧 蝦夷)가 지참한 것, 또 이듬해(698) 6월 에치고(越後) 국 에미시(蝦狄)가, 10월 무쓰 에미시가 가지고 간 물품도 '방물'로 나온다.[29] 문무3년(699) 7월 도래한 남도인의 물품 또한 '방물'이다.[30] 문무11년(682) 7월 단계에는 '다네인(多禰人), 야쿠인(掖玖人), 아마미인(阿麻彌人)'이 녹(祿)을 사여받은 것으로 나오는데[31] 당시 그들이 일본으로 지참한 물품 호칭은 등장하지 않지만 아마 그 때에도 '방물'로 인식되었을 가능성이 높다.

발해로부터의 박래품은 어떻게 표기되고 또 그 내용은 무엇이었을까. 필자는 별고에서 8세기 발해사신의 도일 내역과, 9세기 이후 발해사신의 도일 내역을 일람표로 정리한 바 있다.[32] 이에 따르면 발해사신이 일본으로 지참한 물품의 총칭은 '방물', '국신물(國信物)', '상공물(常貢物)', '진물(進物)' 등으로 나타난다. 그 가운데 보귀2년(771)에 일본에 도착한 발해사신 일만복 일행은 이듬해인 772년 1월 외교문서인 '표(表)'와 '방물', 그리고 '발해국신물(渤海國信物)'을 전달한 것으로 되어 있어,

---

28 『日本書紀』持統2年(688)8月辛亥조 "辛亥, 耽羅王遺佐平加羅來獻方物".
29 『續日本紀』文武元年(697)10月壬午조 "冬十月壬午, 陸奧蝦夷貢方物"; 『續日本紀』文武2年(698)6月壬寅조 "壬寅, 越後國蝦狄獻方物"; 『續日本紀』文武2年10月 己酉조 "己酉, 陸奧蝦夷獻方物".
30 『續日本紀』文武3年(699)7月辛未조 "秋七月辛未, 多禰, 夜久, 菴美, 度感等人從朝宰而來貢方物, 授位賜物各有差, 其度感嶋通中國於是始矣".
31 『日本書紀』天武11年(682)7月丙辰條 "丙辰, 多禰人, 掖玖人, 阿麻彌人賜祿各有差".
32 정순일, 「『삼한기략』의 고대사 서술과 한일관계사 인식」, 『사학연구』129, 2018, pp.84-95. 여기서는 [표. 8세기 발해사절의 도일 내역](pp.84-91) 가운데 '장래물(지참물품)' 란을 참조하면 좋을 것이다.

'신물'과 '방물' 양쪽 모두를 지참한 것으로 생각된다.

불과 얼마 되지 않지만 발해의 '방물'이 어떻게 구성되어 있는지 그 내역을 보여주는 사례도 있어 주목을 끈다. 먼저 제1차 발해사신이라 할 수 있는 신귀4년(727) 고인의 등 24명에 대해서이다. 『속일본기』에 의하면 이들은 에미시 땅(蝦夷境)에 도착하였으나 고인의 이하 16명이 살해되고, 고제덕 등 나머지 8명이 생존하여 데와(出羽) 국에 도착하였다고 한다. 생존자 가운데서는 제덕이 사절을 대표하였는데 이들이 지참한 '방물'은 '초피(貂皮) 300장(張)' 즉 담비가죽 300장이었음이 확인된다. 이어서, 천평(天平)11년(739) 발해사신의 '방물'은 '대충피(大虫皮)·비피(羆皮) 각 7장, 표피 6장, 인삼 30근, 밀(密) 3과(斛)'로 동물의 털가죽, 인삼, 꿀 등이 포함되어 있었음을 알 수 있다.[33]

주의가 요구되는 것은 752년과 768년 양 시기에 신라에서 일본으로 장래된 물품의 명칭이다. 우선, 752년 즉 천평승보(天平勝寶)4년 일본을 방문한 '신라왕자' 김태렴이 지참물품을 어떻게 지칭했는가에 대해서이다. 『속일본기』에는 김태렴 등이 '공조(貢調)'하였다고 전한다. 김태렴의 지참물은 '조'로 표기되고 있는 것이다. 그런데 같은 사료에서 김태렴이 구두 발언하는 대목을 보게 되면 그 자신이 들고 온 것을 '국토미물(國土微物)'로 부르고 있다.[34] '조'가 일본중심적인 표현이라고 한다면, '국토미물'은 신라사신이 그들의 지참품을 자기 스스로 낮추어 표현했다는 점에서 유의된다.

애당초 『삼국사기』 등 한반도 측 사료에는 김태렴의 존재를 보여주는 대응 기사가 보이지 않아 『속일본기』 기사의 신빙성 자체를 의심해

---

33 정순일, 앞의 논문, p.84 참조.
34 『續日本紀』天平勝寶4年(752)6月己丑조.

볼 여지도 있지만, 내용의 구체성이라든지 잠시 후 언급하게 될 '매신라물해(買新羅物解)'와의 관계를 고려해본다면 752년에 신라사신이 일본을 방문한 사실을 적극적으로 부정할 수는 없을 것이라 생각된다. 따라서 '조'가 일본적 중화사상을 표방한 명칭인 것과 마찬가지로 김태렴이 말한 '국토미물'이라고 하는 것도 『속일본기』의 전형적인 대(對) 한반도 인식을 보여주는 사례 정도로 평가할 수 있겠다.

왜냐하면 해당 시기 신라인에 의해 열도사회로 유입된 물품군(物品群)이 단순히 '미물'로 표현되기는 어렵기 때문이다. 앞서 언급한 '매신라물해'라고도 널리 알려진 조모입여병풍하첩문서(鳥毛立女屛風下貼文書)[35]에는 752년 신라사신이 지참한 것으로 여겨지는 다양한 물품이 등장한다. '매신라물해'는 일본 귀족들이 '신라물(新羅物)'(혹은 '염물[念物]')을 구입하기 위해 제출한 일종의 '물품구매요청서'에 해당한다. 작성 시기는 천평승보4년(752) 6월 15일에서 7월 8일까지로 되어 있으며 특히 6월 15일에서 26일 사이에 집중되어 있다. 문서에 언급된 물품의 내역은 향약(香藥, 향료 및 약재), 모제품, 다양한 불교 용품, 안료, 염료, 조도품, 거울을 비롯한 금속기 등으로 합계 약 87종에 달한다. 신라 특산품(앞서 언급한 표현대로라면 '방산지물[方産之勿]')은 물론, 동남아시아나 인도를 산지로 하는 물품, 중앙아시아로부터의 유통을 전제하지 않으면 설명되지 않는 물품 등 광범위한 교역 활동을 엿볼 수 있는 품목으로 가득 차있다.[36] 김태렴 사절단의 규모(700여명) 및 위상(사절 대표

---

35 東野治之, 「鳥毛立女屛風下貼文書の研究」, 『正倉院文書と木簡の研究』, 塙書房, 1977에 있는 '鳥毛立女屛風下貼文書釋文' 및 皆川完一, 「買新羅物解拾遺」, 『正倉院文書研究』 2, 1994 등을 참고하기 바란다.
36 상세에 대해서는 강은영, 「8세기 중후반 일본의 內政과 對新羅關係의 추이-752년 金泰廉 使行團의 來日 성격 검토를 중심으로」, 『일본역사연구』 31, 2010 참조.

가 '신라왕자'), 일본 체재 기간[37] 등을 고려할 때 이들 말고는 '신라물'을 공급할 만한 주체를 상상하기 어렵다. 그러한 '신라물'을 두고 가치가 떨어진다거나 그저 '국토미물'이라 말하기 어려운 이유이다.

다음으로, 신호경운(神護景雲) 2년(768) 좌우대신(左右大臣) 이하에게 '대재면(大宰綿)'을 지급한 이유에 대해서이다. 사료에는 '신라교관물(新羅交關物)'을 사기(혹은 살 수 있게 하기) 위해서라고 되어 있다.[38] 그 무렵 이노우에(井上) 내친왕(內親王)에게도 '대재면 1만둔(大宰綿一万屯)'을 사여[39]하고 있는데 그 이유가 기재되어 있지 않지만 '신라교관물' 구입과 완전히 무관하다고 보기는 어려울 것이다.

바로 앞에서 일본의 귀족(내지 지배층)이 구입·구매하는 물품으로서 '신라물'과 '신라교관물'에 대해 살펴봤는데, 해당 물품 구매 시 교환가치로 활용되는 것은 '면(綿)'을 비롯한 섬유제품이었음을 알 수 있다.

---

37 『속일본기』를 바탕으로 752년 당시 김태렴 일행의 행적을 정리하면 다음과 같다. ①閏3月22日: 신라왕자 金泰廉·貢調使·送王子使 등 700여명이 배7艘에 분승하여 일본방문/ ②閏3月28日: 사신을 大內(천무~지통 릉), 山科(천지 릉), 惠我(응신 릉), 直山(원명 릉) 등 陵에 파견하여 新羅王子의 내조來朝 사실을 보고/ ③4月9日: 東大寺 大仏開眼式 거행/ ④6月14日 : 신라왕자 일행 가운데 370여명은 효겸천황에게 拜朝하고, 調를 일본의 조정에 전달. 이 때 김태렴은 "제가 스스로 준비한 국토미물"이라고 하며 進上/ ⑤6月17日: 일행은 朝堂에서 열린 연회에 출석/ ⑥6月22日: 大安寺·東大寺에 참배, 예불/ ⑦7月24日: 難波館으로 돌아가 있었는데, 勅使가 파견되어 와서 絁·布·酒肴를 전달. '매신라물해'의 작성이 집중되는 시기(6월15일~26일)는 태렴 일행이 平城京에 체재했음이 분명한 ④~⑥의 단계를 포함하고 있어 양자의 관련성이 인정된다.

38 『續日本紀』神護景雲2年(768)10月甲子조 "甲子, 充石上神封五十戸, 能登國氣多神廿戸, 田二町, 賜左右大臣大宰綿各二万屯, 大納言諱·弓削御淨朝臣清人各一万屯, 從二位文室眞人淨三六千屯, 中務卿從三位文室眞人大市, 式部卿從三位石上朝臣宅嗣四千屯, 正四位下伊福部女王一千屯, 爲買新羅交關物也".

39 『續日本紀』神護景雲2年(768)10月庚午조.

'신라교관물' 구입 명목으로 대재면(大宰綿)이 수 만 둔(屯) 지급되었지 만 '매신라물해'에 보이는 '신라물' 구입에 대한 지불 수단도 '견(絹), 면 (綿), 시(絁), 사(絲)'(그 가운데 주로 '면')이다. 흥미로운 사실은 지금까 지 살펴보았던 외부세계로부터의 박래품에 대해 일본 조정이 반대급부 로 제공한 물품 또한 '견, 면, 시, 사'와 같은 섬유제품이라는 점이다. '녹 물(綠物)', '사물(賜物)'로 표현되는 것의 내역이 그러하다는 의미이다. 심지어 사망한 자를 위로하기 위해 전하는 '부물(賻物)'의 내용도 크게 다르지 않다.[40]

일찍이 요시카와 신지(吉川眞司)는 국제 교역품으로서의 면에 대해 고찰한 바 있다.[41] 고대 일본에는 두 가지 현물 화폐적인 물품이 있었으 며 동일본과 키나이는 '포(布) 경제권', 동해[42] 연안과 큐슈 지역은 '면 (綿) 경제권'을 구성하고 있었다고 규정할 수 있다고 한다.[43] 또한 율령 체제 하에서 '면경제권'을 정책적으로 유지했다고 보여지는 곳이 큐슈 지역이었다고 하며, 다자이후의 재정은 강한 완결성을 가졌고 면에 의 해 운영되는 체계였다고 설명한다. 다자이후에 진상된 조용(租庸)의 면 은 합쳐서 연간 약 36만 둔(중량으로 치면 약 9만근)에 이르는 막대한 양이었는데 이것들은 다자이후의 경상비로 충당하는 것 외에 외국 사신 에 대한 증여나 국제 교역에도 사용되었다는 것이다.[44] 앞서 살펴본 박

---

40 예를 들어, 『續日本紀』神龜3年(726)7月戊子條에서는 "故贈贈物黃絁一百疋, 綿百 屯"이라 하여 시 100필, 면 100둔이 贈物로서 贈賜되고 있다.

41 요시카와 신지(吉川眞司), 「국제교역과 고대일본」, 『7~10세기 동아시아 문물교 류의 제상 (일본)』, 재단법인 해상왕장보고시념사업회, 2008, pp.18-24.

42 일본에서 '일본해'라고 부르는 바다를 가리킨다. 일본에서 東海라고 하면 도카 이, 즉 태평양 연안 지역을 지칭하기에 특기하여 오해를 없애고자 한다.

43 요시카와 신지(吉川眞司), 위의 논문, pp.20-21.

44 요시카와 신지(吉川眞司), 위의 논문, pp.21-22.

래품에 대한 반대급부가 면을 비롯한 섬유제품으로 되어 있는 사실도 이와 같은 경제 시스템과 밀접하게 연동되는 것이라 생각할 수 있다.

III. 9세기 당물(唐物)의 실태와 성격

'당물'의 어의 및 개념 정의에 대해서는 단순한 '수입품'으로 취급되어온 경향이 강하다.[45] 헤이안(平安) 시대 일송 무역 연구의 선구자라 할 수 있는 모리 카쓰미 또한 '당물은 즉 (일본의) 수입품'이라 서술하고 있다.[46] 나아가 '당물' 용어가 실제로 존재했던 시기냐 아니냐를 떠나서 당 문화 이입 실태의 전체상으로 파악한다고 규정하고 나라시대의 유입 문화 일체를 '당물'로 바라보는 시각도 존재한다.[47] 그러나 본고에서도 검토하였듯이 9세기 이전의 박래품을 '당물'이라고 표기한 예를 찾아보기 어렵다. 오히려 이들 외래물품의 표기는 '조', '별헌물', '방물', '신물'과 같이 특정 국가(지역) 명칭과 분리되어 사용한 경우가 많았고, 함께 사용되는 경우로는 '발해국신물', '신라교관물', '신라물', '남도헌물(南島獻物)' 등을 대표적 사례로 꼽을 수 있다. 이와 같은 물품을 일괄하여 '당물'로 부를 수 있을 것인지 아닌지는 일종의 연구 자세 혹은 방법론의 차원이라 하겠다. 분명한 것은 그와 같은 명명 방법이 곧바로 당시의 박래품 실태를 잘 보여준다고 말하기는 어렵다는 사실이며, '당물' 용어는 엄연히 헤이안 시대 이후에 등장하는 점이다.

---

45 皆川雅樹, 『日本古代王權と唐物交易』, 吉川弘文館, 2014, p.6.
46 森克己, 『新訂 日宋貿易の研究(新編森克己著作集第1卷)』, 勉誠出版, 2008, p.145.
47 森公章, 「奈良時代の「唐物」」, 『唐物と東アジア─舶載品をめぐる文化交流史』, 勉誠出版, 2011, p.38.

그런 의미에서 『일본국어대사전(日本國語大辭典)』(제2판, 소학관[小學館] 발행)의 '당물' 항목이 보다 실태에 가까운 설명을 하고 있는지도 모르겠다. 이 사전에서는 "헤이안 시대에는 박래품에 대해 〈화물(貨物)〉, 〈잡물(雜物)〉, 〈방물〉, 〈토물(土物)〉, 〈원물(遠物)〉 등 여러 가지 표현은 이루어지지만 〈당물〉은 중국 제품 혹은 중국 경유의 수입품에 사용되었고, 발해나 신라에서 온 수입품에 사용되지 않았다. 또, 사서, 기록 이외의 자료에서도 〈당물〉을 중국과 무관계한 박래품에 사용한 예가 없기 때문에 헤이안 시대에서는 박래품 일반을 가리키는 말이 아니라 문자대로의 의미로 사용되었다고 생각된다"고 설명하고 있는 것이다.

한편, '당물'을 좁은 의미에서 보다 구체적으로 정의하려는 연구자들의 노력도 있었다. 먼저, 다지마는 "'당물'이란 '당인화물(唐人貨物)' 또는 '당국화물(唐國貨物)'의 약칭으로 추정된다"고 설명한 바 있다.[48] 이에 대해 미나가와는 승화(承和)의 견당사가 귀국 때에 가지고 돌아온 것이 '신물요약(信物要藥)'으로 되어 있는 점을 보면 당-일본 사이에서 '신물'의 증답 가운데 '화물' 등이라고 하는 표기는 찾기 어렵다고 의문을 표한 뒤,[49] "'당물'이라는 말은, 당초는 견당사와 밀접한 관계에 있었으며 그것은 열도 내(헤이안 경)에서 활용될 때에 사용되었고, 나아가 일본 왕권이 선매·파악해야 하는 외래품임을 의도하여 사용한 것이었다"고 정의한다.[50] 비록 일본 중세를 대상으로 한 것이지만 세키 슈이치(關周一)의 '당물'에 대한 정의는 하나의 좋은 참고가 될 만하다. 그는 "당

48 田島公, 「大宰府鴻臚館の終焉―8世紀~11世紀の對外貿易システムの解明―」, 『日本史研究』 389, 1995, p.28.
49 皆川雅樹, 「九世紀日本における「唐物」の史的意義」, 『日本古代王權と唐物交易』, 吉川弘文館, 2014, p.44의 주4)에서 설명하고 있다.
50 皆川雅樹, 위의 논문, p.43.

물이라는 말을, 중국대륙, 한반도, 류큐 등에서 온 수입품(박래품)으로 정의하여 사용한다"고 하면서 "구체적으로는 회화(唐繪), 서적, 견직물, 향료, 약종, 공예품, 도자기, 금속기 등을 들 수 있다"고 정리한다.[51]

이상과 같이 선행 연구에서 다양하게 설명되고 있는 '당물'이지만, 결국 논점은 (가)헤이안 시대 이전의 외래품을 '당물'로 부를 수 있는가, (나)헤이안 시대 이후 '당물'이라 표기하지 않은 박래품 일체를 '당물'로 불러도 괜찮은가, (다)'당물'이라는 말은 어디에 근원을 두고 있으며, 어떠한 역사적 문맥에서 두 글자 성어(成語)로 사용되기 시작하였는가(혹은 '당물'과 유사한 표현은 없는가, 있으면 양자 간의 관계를 어떻게 해석해야 하는가)로 좁혀질 수 있을 거라 생각한다. 이들 문제를 따져보면 자연스레 (라)'당물'의 활용(소비) 실태는 물론 해당 박래품의 성격에 대해서도 논할 수 있을 것이다.

우선 (가)에 대해서이다. 이 문제를 둘러싸고는 본고에서 이미 충분히 고찰한 바 있기 때문에 재론하지 않는다. 헤이안 시대 이전의 외래품이 일본을 기준으로 했을 때 모두 외부세계에서 들여온 물품 즉, '수입품'을 가리킨다는 면에서는 일치하지만, 그 명칭은 실로 다양하며 각각 다른 맥락에서 사용되고 있음이 확인되었다. 이것을 '당물'로 부를지 말지는 연구자의 태도 및 시각의 차이라는 것도 앞서 언급한 대로이다.[52]

다음으로 (나)에 대해서이다. 앞서 소개한 다지마 이사오의 '연표'가 물품의 명칭 및 내용을 일목요연하게 정리하고 있지만, 9세기 이후의 박

---

51 關周一, 「唐物の流通と消費」, 『國立歷史民俗博物館研究報告』 92, 2002, p.89. 아울러, 카마쿠라 시대의 당물에 대해서는 최근 개최된 특별전의 도록이 참고가 될 것이다. 神奈川縣立金澤文庫編, 『唐物—中世鎌倉文化を彩る海の恩惠—』, 神奈川縣立金澤文庫, 2017.
52 예를 들어, 9세기 당물의 연장선에서 파악하는 것은 방법론적으로 가능할 것이다.

래품도 엄연히 다양한 방식으로 그 명칭이 표기되고 있다.[53] 신라와 관련해서는 사신의 공식적인 왕래가 도절되다시피 했기 때문에 8세기 단계보다 사례가 현저히 줄어들지만, 818년에는 신라인 장춘 등이, 또 820년에는 신라인 이장행 등이 각각 동물을 진상하는 등[54] 신라(계) 사람들에 의한 물품 유입은 지속된다. 824년에는 노토(能登)국에 신라금(新羅琴) 2면 등이 표착하였는데 이를 조집사(朝集使)를 통해 진상하였다는 기록이 보인다.[55] 이는 이들 표착물을 일종의 진귀한 외래품으로 취급하고 있는 자세를 잘 보여준다. 또한 조집사를 통해 중앙에 보고했다는 점에서 왕권이 비록 표착한 물품일지라도 희귀하고 특이한 것이 있으면 우선적으로 파악하고 관리하였던 모습을 엿볼 수 있다.[56] 나아가, 입당승(入唐僧) 에운(惠運)이 작성한 『안상사가람연기자재장(安祥寺伽藍緣起資財帳)』[57]에도 신라(계) 물품의 유입 흔적이 보이고 있어 '당물'과 별개의 박래품으로서 존재했음이 확인된다. 발해와 관련해서는 9세기 이후에도 나라시대와 마찬가지로 '방물(方物)', '신물(信物)', '발해국신물(渤海國信物)', '별공물(別貢物)' 등의 명칭 표기로 나타난다. 홍인14년(823)에 도착한 발해사신은 발해왕의 '신물'과 고정태 증의 '별공물'을 지참하는데 이 때 '거란대구(契丹大狗), 위자(猥子)' 각 2마리도 함께 진상되

---

53 田島公, 주12)의 연표를 참조할 것. 9세기 이후에는 많은 입당승, 입송승의 귀국으로 불교 관련 박래품 사례가 급격히 늘어난다. 불상, 경전을 비롯하여 물품의 내역에 대해도 상세히 알 수 있다.

54 『日本紀略』弘仁9年(818)春正月丁酉조; 『日本紀略』弘仁11年(820)5月甲辰조.

55 『日本紀略』天長元年(824)4月丙戌조 "丙戌, 能登國所漂著新羅琴二面, 手韓鉏二隻, 剗碓二隻, 附朝集使進上".

56 906년에 오키국이 '新羅賊船'의 '帆柱'가 표착한 사실을 중앙에 보고한 것도 같은 맥락으로 이해할 수 있다. (『日本紀略』延喜6年(906)7月13日조)

57 『平安遺文』1-164번 문서.

었다. 이는 후에 일본의 왕권이 신천원(神泉苑)에서 원내의 사슴을 쫓는 의례에 활용된다.[58] 동물을 비롯한 박래품이 열도사회 내에서 어떻게 소비되는지를 잘 보여주는 사례라고 하겠다. 이렇듯 헤이안 시대 이후 신라와 발해와 관련된 박래품은 호칭 및 내용 양면에서 후술하는 '당물'과 구별되고 있었음을 알 수 있다.

이어서 (다)에 대해서 살펴보자. '당물'이라는 말은 어디에 근원을 두고 있으며, 어떠한 역사적 문맥에서 두 글자 성어로 사용되기 시작하였을까. 또 '당물'과 유사한 표현은 없을까, 만약 있다면 양자 간의 관계를 어떻게 해석해야 좋을까. 본고의 서두에서도 한 차례 언급했듯이 '당물' 용어의 초출(初出)은 간무(桓武) 재위기인 대동3년(808) 11월 단계[59]이다.(〈표 1〉의 하이라이트 표시 부분) 대상제(大嘗祭)에 봉사하는 잡악(雜樂) 전문가들이 조정의 금제를 지키지 않고 당물로 몸을 치장하였다고 하면서 다시금 금지령을 내린다는 맥락에서 처음 등장하는 것이다. 이 기사 자체가 외국과의 교류를 전하는 것은 아니지만 여기에 보이는 '당물'은 대동 원년(806)에 귀국한 연력(延曆)의 견당사가 귀국 시 지참한 것이라 볼 수 있다. 대동3년 대상제는 헤이제이(平城) 즉위에 즈음한 행사로 당시에도 귀중품이었을 '당물'이 궁정에서 어느 정도 널리 퍼진 결과, 잡악 신분인 사람들에게까지 흘러들어간 것이라 유추할 수 있다. 즉, '당물'이라는 말은 '당국신물', '대당신물'과의 연관성이 상정되는 것이다.

〈표 1〉에서 확인되는 것처럼 승화6년(839)에 견당사가 귀국하였을 때에도 '당물' 용어가 반복적으로 등장한다. 사료에 의하면 당물의 일부

---

58 『日本紀略』天長元年(824)4月丙申조; 『日本紀略』天長元年4月辛丑조.
59 『日本後紀』大同3년(808) 11월 11일條.

는 산릉 및 이세신궁에 봉납되었고, '궁시'라 불리는 시장이 건례문 앞에 세워져 당물 교역이 이루어졌다고 한다. 결국 '당물'이라는 말은 기본적으로 '당'에서 온 물품, 그중에서도 견당사가 가지고 돌아온 외래품에서 사용되고 있음을 알 수 있다. 그리고 그 물품들은 산릉/신라에 봉폐를 하던, 교역을 하던 기본적으로는 조정(왕권)이 관리하고 재분배하였음을 알 수 있다.

아래의 〈표 1〉를 보는 한 '당물'이라는 말은 그에 앞서 사용된 '당국신물', '당국물(唐國物)', '대당신물'의 약칭 내지 그것들이 공식적으로 정착된 용어라 생각할 수 있을 것이다. 이는 앞서 소개한 미나가와의 '당물'에 대한 정의와도 부합한다.[60] 다만, 미나가와가 "'당물'이란 '당인화물' 또는 '당국화물'의 약칭으로 추정된다"라는 다지마의 설명에 대해, 당-일본 사이에서 '신물'의 증답 가운데 '화물' 표기는 찾기 어렵다고 한 점에 대해서는 재고의 여지가 있다. 물론 그것이 외교의 일환으로 오고간 '신물'은 아닐지라도 '당국화물' 및 당인화물' 표기 사례가 존재하기 때문이다. 전자는 842년 훈야노 미야타마로(文室宮田麻呂)의 사적 교역이 발각되는 장면에서 등장한다.[61] 미야타마로는 신라인 장보고가 '당국화물'을 구해주는 대가로 이미 '시(絁)'를 지불했는데 장보고의 사망으로 해당 물품을 받을 수 없게 되었으니 일본에 와있는 장보고 부하(이충 일행)의 '잡물'이라도 압류해달라 요청하는 과정에서 왕권으로부터 '허가받지 않은' 국제교역을 스스로 실토하고 만 것이다.[62] 당시 장보고 세력이 신라-일본 사이뿐만 아니라 신라-당, 당-일본 사이를 오가는

---

60 전게 주49), 50) 참조.

61 『續日本後紀』承和9年(842)正月乙巳조.

62 이 사건에 대한 기본적인 이해에는 渡邊誠,「文室宮田麻呂の「謀反」」,『日本歷史』 687, 2005 등을 참고하기 바란다.

등 광범위하게 활동한 점을 고려해보면 '당국화물' 또한 당에서 들어오는(혹은 당에서 제작한) 물품을 지칭한다고 봐도 좋을 것이다.

〈표 1〉 唐(隋)-日本 간 贈進物의 명칭 (9세기 초까지)[63]

서력	연호	월일	명칭	발신	출전
608	推古16	8.12	國信物 物	隋 隋	日本書紀 日本書紀
664	天智3	5.17	獻物	唐	日本書紀
672	天武元	3.21	信物	唐	日本書紀
753	天平勝宝5	10.15	國信物	-	唐大和上東征伝
754	天平勝宝6	3.10	唐國信物	唐	續日本紀
778	宝龜9	10.23	國信(物) 答信物	日本 唐	續日本紀 續日本紀
779	宝龜10	5.3 5.25	信物 信物	唐 日本	續日本紀 續日本紀
805	延曆24	6.8 7.14 7.16 7.27	國信(物) 答信物 答信物 國信 唐國物	日本 唐 唐 日本 唐	日本後紀 日本後紀 日本後紀 日本後紀 日本後紀
807	大同2	1.17 1.27 8.8	唐國信物 大唐信物 唐國信物	唐 唐 唐	類聚國史, 日本紀略 類聚國史, 日本紀略 類聚國史, 日本紀略
808	大同3	11.11	唐物	未詳	日本後紀
818	弘仁9	11.10	答信物	唐	日本逸史, 公卿補任
833	天長10	12.3 12.18	唐物 唐物	未詳 未詳	續日本後紀 續日本後紀
839	承和6	8.25 10.13 10.25 12.13 12.22	信物 唐物 唐物 唐物 唐物	唐 唐 唐 唐 唐	續日本後紀 續日本後紀 續日本後紀 續日本後紀 續日本後紀

후자인 '당인화물'은 다자이 쇼니(大宰少貳) 후지와라노 다케모리(藤原岳守)가 '대당인화물(大唐人貨物)'을 검교하였을 때 『원백시필(元白詩筆)』(원진과 백거이의 시집)을 입수하게 되어 닌묘(仁明) 천황에게 진상하였더니 천황이 매우 기뻐하였고 종5위상(從五位上)으로 승진할 수 있었다는 맥락에서 나온다.[64] 공식 사절(당의 견일본사 혹은 일본의 견당사)이 아닌 당상인(唐商人)의 일본 입항이 전제되지 않고서는 설명이 안 되는 내용이다. 가상(嘉祥)2년(849) 8월에는 '대당상인(大唐商人)' 53명이 많은 '화물'을 지참하였다는 기록[65]이 있는데 이 또한 '당인화물'의 한 종류로 볼 수 있을 것이다.

이상을 종합하면, '당국화물' 및 '당인화물'이란 당으로부터의 박래품이면서 견당사가 아닌 신라상인, 당상인 등 당시 동아시아 해역을 왕래하며 교역하던 국제상인에 의해 이입된 것이라는 설명이 가능하다. 이는 '당물' 용어의 성립 과정이 비단 견당사만이 아닌 신라상인, 당상인과 같은 교역 담당자와의 관련성 속에서 이해될 수 있을 가능성을 시사한다.

끝으로 앞서 제시한 (라)의 문제 즉, '당물'의 활용(소비) 실태와 해당 박래품의 성격에 대해 검토해보자. 일본열도로 유입된 '당물'은 실제로 어떤 방식으로 활용(소비)되었을까? 〈표 2〉를 통해 그 일단을 확인할 수 있지만 가장 눈에 띠는 것이 주요 신사(신궁) 및 산릉 봉폐(奉幣)에 사용되고 있다는 사실이다. 연력24년(805)에는 '당국물'이 야마시나(山科)·

---

63 皆川雅樹, 앞의 논문, p.29의 <表1>을 바탕으로 수정·보완하여 작성. <표>에서는 설명의 편의상 하한을 839년으로 하고 있으나, 그 후에도 '唐物' 표현은 사료에 보이고 있다. (예: 唐物使, 唐物御覽 등)
64 『日本文德天皇實錄』仁壽元年(851)9月乙未조.
65 『續日本後紀』嘉祥2年(849)8月乙酉조.

고다하라(後田原)·스도(崇道) 천황의 능(陵)에 헌상되었다. 각각 덴지(天智)·고닌(光仁) 천황 그리고 사와라(早良) 친왕의 능을 가리킨다. 이어서 대동2년2(807) 단계에도 '당물'을 활용한 신사, 산릉 봉폐가 이루어진다. '당국채백(唐國綵帛)'이 가시이 궁(香椎宮)에 바쳐지는 것을 시작으로 '당국신물'이 여러 산릉에,[66] 뒤이어 이세 대신궁에 헌상됨을 확인할 수 있다.[67] 승화연간도 마찬가지다. 입수된 '당물'이 이세 대신궁을 시작으로 고다하라(고닌)·야시마(八嶋, 스도[崇道])·야마모모(楊梅, 헤이제이[平城])·가시와바라(柏原, 간무) 천황릉에 봉폐되며,[68] 후일 나가오카(長岡) 산릉(간무천황의 황후=후지와라노 오토무로[藤原乙牟漏]의 능)에 추가로 헌상된다.[69] 〈표 2〉에는 포함되지 않았으나, 천장(天長)10년(833)에도 산릉 봉폐가 이루어졌음을 찾을 수 있다.[70]

'당물'은 신하에게 분배되기도 했다. 연력24년(805)에 견당사에 의해 이입된 '당국답신물(唐國答信物)'이 친왕 이하~참의(參議) 이상 및 내시(內侍)에게 '당국채백'이라는 형태로 지급되고 있으며,[71] 대동2년(807)에는 참의 이상 공경 대신에게 '대당신물능금향약 등(大唐信物綾錦香藥等)'이 나누어지고 있다.[72] 승화6년(839) 단계가 되면 건례문(建禮門, 헤이안경[平安京] 내리[內裏]의 남쪽 정문) 앞에서 내장료의 관인 및 내시들이 '당물'을 교역할 수 있게 허가하고 있다. 이를 '궁시(宮市)'라고 한다.[73]

---

66 『日本紀略』大同2年(807)正月辛丑조; 『日本紀略』大同2年正月丙午조.

67 『日本紀略』大同2年(807)8月癸亥條

68 『續日本後紀』承和6年(839)12月辛酉조.

69 『續日本後紀』承和6年(839)12月庚午조.

70 『續日本後紀』天長10年(833)12月乙酉조; 『續日本後紀』天長10年12月庚子조.

71 『日本後紀』延曆14年(805)7月辛卯조.

72 『日本紀略』 大同2年(807)正月丙辰조.

73 『續日本後紀』 承和6年(839)10月癸酉조.

<표 2> 활용 단계 별 '당물(唐物)' 표기의 변화[74]

연도	당에서 들어올 때	이세 신궁 헌상 (가시이 궁 헌상)	산릉 헌상	신하에게 '분배' 시
延曆24(805)	(唐國)答信物	- (-)	唐國物	唐國綵帛
大同2(807)	(不明)	唐國信物 (唐國綵帛)	唐國信物	大唐信物綾錦香藥等
承和6(839)	信物要藥等	唐物 (-)	唐物	唐物

　그런데 이상과 같은 신사, 산릉 봉폐 및 분배 행위에 있어서 '건례문' 이라는 공간이 담당한 역할이 매우 주목된다. 천장연간의 산릉 봉폐 때 천황은 바로 이 건례문 앞에서 사신들로 하여금 '당물'=폐백을 나누어 주고 출발시키고 있는 것이다. 승화연간도 마찬가지이다. 이세 대신궁 봉폐 때에도 여러 산릉에 폐백을 바칠 때에도 건례문에서 의례를 행한 뒤 사신들을 보내고 있는 것이다. 더욱 흥미로운 점은 승화6년(839) '궁시'가 열린 것도 건례문 앞이었다는 사실이다. 이국에서 들어온 귀중한 '당물'이 일본 국내로 분배·유통될 때에 그 출발점을 건례문으로 하고 있다는 사실은 이 의례의 공간이 지배층 내에서의 상하 질서를 정례적으로 확인하는 기능을 하고 있었음을 암시한다. 특정한 공간에서 '당물' 이 사망한 천황의 영령 및 각 신사의 제신(祭神)들에게, 나아가 신하들에게 '배분'되면서 지배 질서를 한층 공고히 하는 '심적 작용'이 일어났던 것은 아닐까 생각된다.

　이 지점에서 유의해야 할 것은 이러한 외래품의 활용(소비) 양상이 '당물'의 사례에서만 유일하게 찾아지는 게 아니라는 사실이다. 실제로 이와 유사한 사례는 시대를 거슬러 올라가도 얼마든지 발견할 수 있다.

---

74 皆川雅樹, 앞의 논문, p.29의 <表2>를 바탕으로 수정·보완하여 작성.

몬무(文武) 재위 기에는 '신라공물(新羅貢物)'을 여러 신사와 산릉에 바친 일이 있고,[75] 남서 제도에서 진상된 '남도헌물(南嶋獻物)'을 이세 대신궁 등의 여러 신사에 봉폐한 바 있다.[76] 또, 천평연간에는 '발해(군)신물[渤海(郡)信物]'을 여러 능묘 및 신사에 바친 적이 있다.[77]

사실 주요 산릉 및 신사에 봉폐하는 행위는 외국과의 관계, 그 가운데서도 신라와의 관계에서 중요한 의미를 지닌다. 『속일본기』 천평9년(737) 4월 을사 삭(朔)조에서 이세 신궁(伊勢神宮), 대신궁(大神社), 지쿠시 스미요시(筑紫住吉), 하치만(八幡) 2사(社) 및 가시이 궁(香椎宮)에 봉폐하면서 '신라 무례(新羅无禮)'를 보고하고 있으며, 아울러 『속일본기』 천평승보4년(752) 윤3월 을해조에서는 '신라왕자' 김태렴이 내조해왔다는 사실을 오우치(大内, 덴무·지토), 야마시나(山科, 덴지), 에가(惠我, 오진), 나오야마(直山, 겐메이) 등 역대 천황릉에 보고하고 있는 장면에서 알 수 있듯이 신라의 '복속' 내지 '저자세'를 기원하는 일종의 정치적·이데올로기적 의례였던 것이다. 그렇게 보았을 때, '남도'와 '발해'로부터의 박래품을 신사와 산릉에 폐백으로 바치는 행위 또한 같은 맥락에서 해석할 수 있을 것이다. 좀 더 나아가서 생각해보면, 9세기 단계의 '당물' 봉폐라는 것도 현실의 국제 질서에서는 관철하기는 어려우나 일본 국내 정치에서는 의례적 행위를 통해 구현할 수 있는 중화의식의 표출이었을지도 모른다. 다른 한편으로, '당물'이라는 진귀한 박래품을 왕권이 우선적으로 입수한 후 국내 정치적 맥락에서 소비하고, 또 신하들에게 재배분하는 행위가 헤이안 시대에 들어 돌출적으로 혹은 갑작스럽게 탄생한 것이 아니라, '남도', '신라', '발해' 등에서 들어오는 희귀하고

75 『續日本紀』文武2年(698)正月戊寅조; 『續日本紀』文武2年正月庚辰조.
76 『續日本紀』文武3年(699)8月己丑조.
77 『續日本紀』天平2年(732)9月丙子조.

가치 있는 물품을 장악·통제·배분했던 고래로부터의 메커니즘이 후대에도 연속한 것일 뿐이라는 해석도 가능하리라 본다.

이상에서의 검토를 토대로 정리해보면, 9세기 일본에서 '당물'이 등장하게 된 사실이 완전히 새로운 의미를 지닌다기보다 그 이전까지 다양한 형태로 나타났던 박래품 명칭 표기의 수렴과 정착이라는 의미를 뛰어넘기는 어려운 게 아닌가 한다. 일본의 왕권은 '당물' 등장 이전에도 이국물품에 대해 끊임없이 희구하였으며 그 입수를 열망하였다. 왕권은 이국물품을 통일적·체계적으로 파악하고자 했다. 그것이 공식적인 사절을 통한 입수이든 국제 상인에 의한 이입이든, 심지어 표착에 의한 습득이든 모든 종류의 박래품에 대한 정보를 조집사 등의 활용으로 중앙에 집중시켰고 효율적으로 통제·관리하려고 했다. 습득된 박래품은 산릉·신사에서의 제사, 국가 의례, 정치적 공간에서 주로 '위신재'의 역할을 수행했으며, 권력과 지배질서의 기반이 되는 분배 기능에 활용되었다. 이러한 의미에서도 나라 시대까지의 다양한 박래품과 9세기 이후의 '당물'이 지니는 성격 사이에는 '변화와 단절'보다 '유지와 연속'이 인정된다고 평가할 수 있을 것이다.

IV. 맺음말을 대신하여:
당물(唐物) 연구의 전망과 과제

모든 것이 연속하고 '당물'이라는 명칭만 바뀌었다는 본고의 고찰이 다소 지나치게 비추어질 수도 있다. 그렇다면 문제는 왜 이 시기에 군이 '당물'이라는 명칭 표기가 시작되고 본격화되었는가 하는 점이다. 9세기의 획기성에 유의할 수밖에 없다. 특히 9세기 초부터 830년대까지 동아시아 해역의 어떠한 요소가 박래품에 대한 인식 전환을 촉진하였는가를 밝혀내는 게 과제라 하겠다. 이와 관련해서는 이미 여러 논자들이 검토를 행한 동아시아 각 지역(국가)의 외래품 선호 현상이 주목된다.

『유취삼대격(類聚三代格)』권18·천장8년(831) 9월 7일 태정관부에 보이는 것처럼 신라상인이 왔을 때 '선상잡물(船上雜物)'을 '간정(簡定)'하여 '적용지물(適用之物)'을 선매하겠다는 일본 왕권의 의지라던가, '토물(土物)'(일본 국산품)보다 '당물'을 선호하는 모습은 같은 시기 신라와 당에서도 유사한 형태로 나타나고 있다. 신라의 경우, 『삼국사기』권33·잡지2, 색복·기거·기용·거사조의 서문에서 '토산지비야(土產之鄙野)'(신라 국산품)를 싫어하고 '이국지진기(異國之珍奇)'(외래품)만 좋아하는 사치 풍조가 잘 전해지고 있다. 이에 홍덕왕9년(834) 사치 금지 조치를 발령한 것이다. 당의 경우는 대화연간(大和年間, 827~835년)의 검소령에서 역으로 읽어낼 수 있는 대외교역 및 외래품에 대한 통제 및 관리의 강화가 유의미한 실마리를 제공할 것이다. 여기서의 핵심은 외국 브랜드 선호 현상의 '대전제'가 되고 있는 국제 상인의 활발한 교역 활동이라고 할 수 있다. 추후 이 점에 유의하면서 '당물' 명칭 표기의 등장 배경을 보다 구체적으로 설명해나갈 수 있으면 한다.

또 한 가지 흥미로운 대목은 외래품 감별 능력에 대한 문제이다. 일본 건당사행에는 '감국신(監國信)'이라는 조공 물품의 관리를 맡은 책임자가 함께 하였다. 대표적인 인물로는 하루미치노 나가쿠라(春道永藏)를 들 수 있다. 나가쿠라는 승화 건당사의 일원이었다가 정관(貞觀)2년(860)에 종5위하(從五位下) 조주정(造酒正)을 거쳐 내장조(內藏助)에 서임되기도 하는 인물인데, 여기서 말하는 내장조(內藏助)는 내장료(內藏寮)의 관리로 그 직장(職掌)이 천황가의 재산관리, 보물의 보관 및 하달 등 천황가 관계의 출납 사무이다. 또 대외교역에서 얻어진 조달품도 관리하고 있는데 나가쿠라의 '감국신' 경험 내지 외래품 감별 능력과 무관하지 않을 것이다.[78] 육국사에도 '감사(監使)'라고 불리던 국신물과 별공물 관리 담당자가 산견되는데,[79] '감국신'과 유사한 존재이다. 한편, 877년 발해사 양중원이 일본에 왔다가 귀국 조치되는 일이 발생하는데, 이 때 통역이었던 가스가노 야카나리(春日宅成)는 발해 사절단이 가지고 왔던 '대모주배(玳瑁酒盃)', 즉 바다거북 등껍질로 만든 진귀한 술잔을 습득할 수 없음에 안타까워하며, 저런 '진귀한 보물'(珍寶)은 당에서도 본 적이 없다고 말한다.[80] 희귀하고 값어치 있는 물품에 대한 견식을 소지하였다고 볼 수 있는 대목이다. 결국 이러한 인물군이 지닌 감정능력(鑑定能力)은 왕권의 외래품 독점·선매·소비·분배에 중요한 역할을 했을 것이므로 금후 면밀히 검토해볼 가치가 있다.

마지막으로는 '당물사(唐物使)'와 '당물어람(唐物御覽)'에 대해서이다. 이 둘은 본고에서 말하는 '긴 9세기'의 끝자락에 등장하여 후대까지 이어진다. 이들에 대한 분석은 9세기 후반~11세기의 대외교역제도와 '당물'과의 관련성을 이해하도록 돕는다. 본고의 고찰이 '당물' 등장 이전 시기부터 존재하였던 다양한 박래품과 9세기 '당물'의 연속성을 확인하는 작업이었다면, 이들에 대한 관심은 그 이후의 변화 양상을 전망할 수 있게 해준다. '당물' 용어 등장 당초에는 주로 권위를 드높이거나 혹은 분배하는 기능을 수행하였다면 시간이 흐를수록 귀족들의 당물 취미를 충족시켜주는 사치품으로서의 성격이 짙어지는 점을 앞으로의 연구를 통해 지적할 수 있을 것이다. 특히 일본 왕권에 의한 '당물'의 선매 및

---

78 『入唐求法巡禮行記』卷1·開成4년(839) 2월 20일조.
79 『日本後紀』延曆24年(804)6月乙巳조 등.
80 『日本三代實錄』元慶元年(877)6月25日甲午조.

증어에 주목함으로써 단순한 '수입품'의 성격으로 위치 규정하던 종래의 교역사 연구와는 달리 '당물사', '당물어람'의 시스템 등이 정치사·문화사는 물론 왕권론과도 연결되어 있음을 밝히는 작업이 후속되어야 할 것이다.

고려 문종의 의사파견 요청과 여일관계

김현우 _ 교토대학 대학원 문학연구과 일본사학 박사과정 수료

* 본고의 초출은 김현우, 「고려 문종의 의사파견 요청과 여일관계」, 『일본역사연구』
41, 2015이다.

Ⅰ. 서론

고려 문종이 일본에 자신의 중풍을 치료할 의사를 요청한 것은 1079년 11월의 일이다. 이 사건은 한국 측 사료에서 전혀 보이지 않으며, 상대국이었던 일본 측 사료에서만 그 전말을 파악할 수 있다는 것이 특징이라고 할 수 있다. 그리고 의사파견 요청이라는 사실 하나만으로 본다면 일본에 의사를 요청한 최초의 사례이기도 하다.

이 사건에 대하여 한국의 선행연구에서는 고려 전기의 대일관계사의 주요 사건으로 취급하여 왔다.[1] 일본에서는 고려와 일본의 관계가 우호적으로 전환되는 사건으로 언급하였다.[2] 다만 이 사건을 중점적으로 다

---

1 박용운, 『고려시대사』 상, 일지사, 1985, pp.328~330; 민병하, 『한국사대계』 4, 삼진사, 1973, pp.90~91; 노계현, 『고려외교사』, 갑인출판사, 1994, pp.125~128에서 고려와 일본간의 관계를 언급하면서, 특이할만한 일 또는, 교섭의 한 가지 사례로 말하고 있다.

2 문종의 의사 파견 요청 사건을 다루고 있는 연구는 다음과 같다. 森克己, 「日·宋と高麗との私獻貿易」, 『朝鮮學報』 14, 1959에서는 거절의 이유가 고려에 대한 악감정이 있어서가 아니라 오히려 고려에 대해서 호의를 가지고 있었다고 언급하였다. 靑山公亮, 「高麗國よりの來牒に對する日本政府の態度」, 『日麗交涉史の硏究』, 1955에서는 외국의 사건에 대한 일본의 불간섭주의의 사례로 인용하고 있다. 일본에서 출간된 李領의 저서인 『倭寇と日麗關係史』, 東京大學出版會, 1999에서는 이 사건에 간략히 언급하면서 의사파견 요청을 거부하였으나, 고려와 일본의 교역에 악영향은 없었다는 정도로 기술하고 있다. 石井正敏, 「日本と高麗」, 『海外視點 日本の歷史』 5, 1987에서는 고려와 일본이 고려전기에 있었던 여러 사건 중에서 양국이 가장 우호적인 관계가 될 수 있었던 사건으로 들고 있으며, 고려와 일본의 관계에 대해서는 적대적인 시각을 가지던 시기에서 점차 우호적인 시기로 변화하는 과정에서 보이는 가장 큰 사건으로 인식하고 있다. 田島公, 「三, 高麗との關係」, 『古文書の語る日本史』, 筑摩書房, 1991에서는 일본의 외교정책이 소극

룬 오쿠무라 슈지(奧村周司)는 고려가 일본에 보내는 국서에 보이는 용어에 집중하여, 고려가 문종의 시기에 독자적인 세계관을 지니고, 그것을 일본에 대하여 투영한 것으로 파악하였으며, 일본 귀족층이 여전히 이시모다 쇼가 이야기한 '소제국'의식을 가지고 있었음을 보여주는 사례라고 언급하였다.[3]

오랜 기간, 문종의 의사파견에 대한 연구는 진행되지 않고 있었으나, 최근에 들어 일본의 연구자 시노자키 아츠시(篠崎敦史)가 문종의 의사파견 요청에 대한 논문을 발표하였다.[4] 그는 송과 일본에 보낸 의사 파견 요청 사신들에 대한 비교분석을 하며, 고려가 일본에 의사파견을 요청한 것은 거란이 송으로부터 의사를 파견 받는 것에 대하여 반발하여 의사의 왕래가 단절되는 경우를 상정한 것이라는 주장을 하였다.[5] 시노자키씨의 주장에도 일리는 있지만, 필자는 문종의 의사파견 요청에는 숨어있는 다른 의도가 있었다고 생각된다.

그간의 연구에서도 지적된 것처럼 문종의 의사파견 요청 사건은 여일관계에 있어서 중요한 전환점 중에 하나이다. 그러나 한 가지 간과하고 있는 것이 있다. 그것은 의사를 요청한다고 하는 전례가 없는 사건임에도 불구하고 의사 파견 요청이 가지는 본질적인 부분에 대한 연구가

적이었다는 것을 들고 있다. 또한 이 사건은 고려와 일본 간의 우호관계 속에서 발생하였다고 하였다. 田村洋幸, 「高麗における倭寇濫觴期以前の日麗通交」, 『經濟經營論叢』28-2, 1993에서는 大宰府의 관인들은 고려와 통교하는 상인들을 중시하였지만, 일본조정은 여전히 쇄국적이었다는 것을 보여주는 사건이라고 하였다. 위와 같은 연구는 일본 정부의 태도나 양국 대외관계의 성격에 대해서만 언급하고 있는 것이 특징이라고 할 수 있다.

3 奧村周司, 「医師要請事件にみる高麗文宗朝の對日姿勢」, 『朝鮮學報』 117, 1985.
4 篠崎敦史, 「高麗王文宗の「医師要請事件」と日本」, 『ヒストリア』 248, 2015.
5 篠崎敦史, 각주 4의 논문, p.14.

결여되어 있다는 점이다. 또한 문종이 의사를 요청한 것이 일본뿐만 아니라 중국의 송에 대해서도 이루어졌다고 하는 점에서 의사 파견 요청이 가지는 보다 본질적인 부분에 접근과 이해가 필요할 것으로 생각된다. 본고에서는 이러한 점에 착목하여, 의사요청이 처음으로 있었던 송과의 교섭에서 의사요청에 대한 본질을 유추해본 뒤에 이를 일본과의 교섭에 대입하여, 의사 파견 요청이 가지는 보다 본질적인 모습에 접근해보고자 한다.

II. 문종의 의사파견 요청과 대송(對宋)외교

고려 문종(재위 1046~1083)은 기본적으로 고려를 대외무역의 전성시대로 이끈 왕으로 알려져 있다. 그중에서도 송과의 국교재개는 1018년 거란의 제2차 침입에 의해 단절된 이래 50여년 만에 이루어 진 것이었다. 송과의 국교 단절의 과정에서 알 수 있듯이 고려가 송과의 국교를 재개하기 위해서는 거란(요)이라는 장애물이 존재했으며, 이것은 문종이 즉위한 이후에도 유효한 장애였다는 사실을 『고려사』의 기록에서도 쉽게 유추할 수 있다.

【사료1】『高麗史』卷8, 世家8, 文宗12年 8月條(1058)
乙巳, 宋商黃文景等, 來獻土物, 王欲於耽羅及靈巖, 伐材造大船, 將通於宋, 內史門下省上言, 國家結好北朝, 邊無警急, 民樂其生, 以此保邦, 上策也, 昔, 庚戌之歲, 契丹, 問罪書云, 東結構於女眞, 西往來於宋國, 是欲何謀, 又尙書柳參, 奉使之日, 東京留守, 問南朝通使之事, 似有嫌猜, 若泄此事, 必生釁隙, 且耽羅, 地瘠民貧, 惟以海産, 乘木道, 經紀謀生, 往年秋, 伐材過海, 新創佛寺, 勞弊已多, 今又重困, 恐生他變, 況我國文物禮樂, 興行已久, 商舶絡繹, 珍寶日至, 其於

中國, 實無所資, 如非永絶契丹, 不宜通使宋朝, 從之

【사료1】에서와 같이 문종은 1058년 송 상인 황문경이 내방했을 당시, 송과의 국교를 재개할 의사를 표명했으나 신하들은 1018년에 있었던 거란침공의 명분이 송과 통교하고 있는 것에 있었다는 것을 상기시키며 반대하였고 문종은 신하들의 의견을 따를 수밖에 없었다. 3차(혹은 4차)에 걸친 거란의 침공을 효과적으로 막아냈던 고려이지만, 고려의 영토가 전장이 되어 상당한 피해를 입었기 때문에 거란이 재침공할 가능성의 존재는 문종에게 있어서 상당한 부담으로 존재하였다.

또한 1058년경 동북아시아의 정세를 살펴본다면, 문종이 거란을 자극하는 것은 옳지 못한 것이었다. 거란은 일찍이 1004년에 전연의 맹(澶淵의 盟)으로 송과 유리한 입장에서 휴전 상태에 들어갔으며, 1038년에 건국된 서하(西夏)와 송이 전쟁상태로 돌입하자 거란은 1042년 송을 압박하여 전연의 맹을 더욱 유리하게 개정하여, 송과의 관계에서 우위를 확립하였다. 한편, 서하와는 1044년에 첫 충돌 이후, 1048년부터 3차례에 걸친 서하 원정을 거쳐 1053년에는 서하의 항복을 받아내기에 이르러 동북아시아에서의 패권을 확립한 상태였다.[6] 따라서 문종은 동북아시아의 패권국 거란을 자극하지 않기 위해 송과의 국교재개를 포기하여야 했던 것이다.

이러한 동북아시아 국제 정세는 1067년 송의 신종(神宗)이 즉위하면서 내정개혁과 적극적인 대외정책을 실시함으로써 변화가 나타나기 시작하였다.

신종은 내부사정이 안정적이지 않았던 서하공략을 우선하여 거란을

---

6 田村實造, 『中國征服王朝の研究』 上, 京都大學東洋史研究會, 1964, pp.211~224.

자극하지는 않았으나, 화평정책을 취한 것도 아니어서, 거란을 견제할 세력으로 고려와 여진을 이용하고자 하였다. 따라서 소극적이던 고려와의 국교재개에 적극적인 자세를 취하였다. 그 과정에서 송은 상인을 통해 1068년부터 고려에 국교재개를 위한 교섭을 시작하였으며, 1071년에 고려의 사신이 송에 입공함으로서 고려-송의 교류가 재개되었다.

송 신종의 의향을 전달받은 문종은 이것을 기회로 송과의 국교재개에 적극적인 자세를 취하게 되었다. 문종이 송과의 국교재개를 원한 이유는 무엇보다 국왕주도의 교역을 통한 이익확보가 아니었을까 생각된다. 선행연구의 지적대로 송 상인을 통해 왕성한 문물의 교류가 이루어지고 있는 상황[7]에서 거란의 위협이 있음에도 불구하고 정식 국교를 통해 교류를 하고자 함은 국왕주도의 교역에서 얻어지는 이익에 있었을 것이라고 생각한다.[8] 국왕주도의 교역이라 함은 형식적으로 조공무역의 형식으로, 상인들을 통해 얻는 문물확보와는 달리 상질의 문물을 국왕 명의로 직접 받는 것으로, 그 문물을 이용하여 하사 등의 형식을 통해 간접적 왕권강화의 효과도 기대할 수 있는 부수적 이익도 존재하였을 것이다.

한편, 문종은 송과의 교류를 재개하고 입공(入貢)을 하게 되었으나, 거란이 송과의 정식 국교체결에 대해 불만을 표시하며 또 다시 위협을

---

7 김영제, 「北宋 神宗朝의 對外交易 政策과 高麗」『東洋史學硏究』115, 2011, pp.219~220. 공식적으로 송 상인이 고려에 도항할 수 없었지만, 복건을 중심으로 한 많은 수의 송 상인들은 관청의 묵인 하에 고려에 도항하여 왔다고 서술하고 있다.
8 김영제, 「교역에 대한 宋朝의 태도와 高麗海商의 활동」『歷史學報』213, 2012, pp.311~314. 이 논문에서는 문종이 송과의 수교를 한 이유는 송이 공식적 교역을 제안했기 때문이며, 이로 인해 많은 고려해상이 중국에 진출하는 것이 가능했다고 지적하고 있다. 고려 해상의 진출로 인한 이득도 있지만, 입공 즉 조공무역으로 인한 이익도 있었음을 충분히 고려할 수 있다.

가할 우려가 있었으므로, 이를 효과적으로 무마할 수 있는 방법을 동시에 강구하였을 것이라고 생각된다. 그 방법은 1071년 이후의 고려와 송의 관계기사에서 찾아낼 수 있으므로, 사료들을 살펴보면서 유추해보고자 한다.

【사료2】『高麗史』卷9, 世家9, 文宗26年 6月條(1072)
庚戌, 宋, 遣醫官王愉·徐先, 來,

【사료3】『高麗史』卷9, 世家9, 文宗27年 8月條(1073)
丁亥, 遣太僕卿金良鑑·中書舍人盧旦, 如宋, 謝恩兼獻方物, 宋醫王愉·徐先等, 還,

【사료4】『高麗史』卷9, 世家9, 文宗28年 6月條(1074)
丙子, 宋楊州醫助教馬世安等八人, 來,

【사료5】『宋史』本紀15, 神宗2, 熙寧7年條(1074)
是歲, 高麗入貢, 涪井, 長寧夷十郡及武都夷內附.

【사료6】『宋史』列傳246, 外國3, 高麗文王徽, 熙寧7年條(1074)
往時高麗人往反皆自登州, 七年, 遣其臣金良鑑來言, 欲遠契丹, 乞改塗由明州詣闕, 從之, 郡縣供頓無舊準, 頗擾民, 詔立式頒下, 費悉官給, 又以其不邇華言, 恐規利者私與交關, 令所至禁止, 徽間遺二府甚厚, 詔以付市易務售縑帛答之, 又表求醫藥, 畫塑之工以教國人, 詔羅拯募願行者,

【사료7】『高麗史』卷9, 世家9, 文宗30年 8月條(1076)
丁亥, 遣工部侍郎崔思諒, 如宋, 謝恩, 兼獻方物,

【사료8】『高麗史』卷9, 世家9, 文宗32年 4月條(1078)
辛未, 宋明州教練使顧允恭, 賚牒, 來報帝遺使通信之意, 王曰, 敢期大朝, 降

使外域, 寡人, 一喜一驚, 凡百執事, 各揚爾職, 館待之事, 罔有闕遺, 勤謹著能者, 當行超擢, 怠劣有過者, 別論貶黜。

【사료9】『高麗史』卷9, 世家9, 文宗32年 7月條(1078)
秋七月乙未安燾等還王附表謝之且自陳風痺請醫官藥材, 時與宋絶久燾等初至王及國人欣慶除例, 贈衣帶鞍馬外所贈金銀寶貨米穀雜物無筭, 將還舟不勝載請以所得物件貿銀王命有司從其請, 燾睦性貪嗇日减供億之饌折價貿銀甚多時人云, 自呂侍郎端使還之後不見中華使久矣, 今聞其來瞻仰峻節不圖所爲如是

위 사료들은 1071년 이후부터 1078년까지의 고려와 송의 관계기사의 일부분이다. 양국 관계기사는 1078년에 비교적 많이 발견되는데 이것은 1078년에 이르러 고려와 송이 정식으로 국교를 맺게 되었기 때문이 아닌가 한다. 기존 학설에 의하면 고려와 송의 국교가 재개되는 것을 1071년으로 보고 있다.[9] 그러나 사료8의 기사를 보면 송의 황제가 상인이 아닌 사신을 보내 통교의 뜻을 전달하는 모습이 나타나고, 이를 받아들인 문종이 사신을 파견한다. 또한 그 후 송에서 정식 사절을 파견하게 되어 국교정상화가 완료되었다는 인상을 보여주고 있다. 그렇다면 1071년의 입공은 무엇을 의미하는 것일까.

1071년과 1078년 사이의 사료들을 살펴본다면 그 해답을 찾을 수 있다고 생각한다. 사료2부터 사료7까지의 주된 내용은 고려가 송에게 의사와 약을 요구하고 송은 이에 응하여 의사와 약을 보내주고 고려는 그에 대한 보답으로 사신을 파견하는 형태의 왕래가 3회에 걸쳐 반복되고 있다는 사실을 알 수 있다. 1071년에 국교가 정상화되었다고 한다면, 그

---

9 金冑賢,『高麗時代對外關係史史研究』, 경인문화사, 2004; 盧啓鉉,『高麗外交史』, 갑인출판사, 1994; 朴龍雲,『高麗時代史』上, 일지사, 1985; 閔丙河,『韓國史大系』4, 삼진사, 1973; 近藤一成,「文人官僚蘇軾の對高麗政策」,『史滴』23, 2001.

이후의 사신 교류가 의사의 왕래만 존재하는 것은 의문을 가지고 살펴 보아야 할 것이라고 생각된다.

문종이 병의 치료를 명목으로 대외적으로 의사파견을 요청한 것이 사료 상으로 확인되는 것은 사료9의 1078년(문종32년) 7월의 『고려사』 기사이다. 이 기사에서 문종은 자신의 병을 치료하기 위해 송의 황제에 의사를 보내줄 것을 요청하고 있다. 이 요청이 문종의 병을 고치기 위해 최초로 요청한 의사라고 한다면, 이전의 3회에 걸친 의사 왕래가 가지는 의미는 무엇인지, 또한 정식 의사 요청을 1078년에 이르러서야 한 이유 는 무엇인지에 대하여 고찰해보아야 할 것이다.

위의 물음에 대하여 먼저 생각해보아야 할 것은 문종이 언급한 풍비 증에 걸린 시기는 언제인가이다. 풍비증은 손과 발에 마비가 오는 중풍 의 일종으로 거동이 불편한 증세이다.[10] 그런데 사료 상에서 문종이 풍 비의 증세가 있음을 알 수 있는 한국 측 사료는 사료9가 최초이며, 의사 를 보내준 송의 사료에서도 고려왕이 병이 들었다고 언급하는 것은 이 와 같은 시기이다.

【사료10】『宣和奉使高麗圖經』 卷二, 世次, 王徽

亨弟徽, 熙寧四年(1071)以權知國事復脩方貢, 七年(1074)九年(1076)使人荐 至, 神宗皇帝嘉其忠藎, 元豐元年(1078), 命左諫議大夫安燾爲國信使, 起居舍人 陳睦副之, 自明州定海絶洋而往, 時徽病風痺, 僅能拜命, 且乞醫藥, 上覽其奏從 之, 三年四年遣使來朝,

【사료11】『宋史』 列傳二四六, 外國三, 高麗文王徽, 元豐元年條(1078)

元豐元年, 始遣安燾假左諫議大夫, 陳睦假起居舍人往聘, 造兩艦於明州, 一日

---

10 한글학회, 풍비2項 『우리말 큰 사전』, 어문각, 1994. -뇌척수의 이상으로 인해 몸과 팔다리가 마비되어 감각과 동작에 장애가 있는 병-

凌 虛致遠安濟, 次日靈飛順濟, 皆名爲神舟, 自定海絶洋而東, 旣至, 國人歡呼出
迎, 徽具 袍笏玉帶拜受詔, 與燕, 睦尤禮, 館之別宮, 標曰順天館, 言尊順中國如
天云, 徽已病, 僅能拜命, 且乞醫藥,

사료10과 사료11은 1078년의 정황을 보여주는 중국 측의 사료로서
문종이 자신의 병을 직접 언급하며 의사를 요청한 것이 기록되어 있으
며, 왕 자신의 병을 이유로 의사를 요청하는 행위가 이루어진 것은 1078
년의 요청이 최초라는 것을 보여주고 있다. 그렇다면, 이전의 의사왕래
를 어떠한 관점으로 보아야 할 것인가. 사료2와 3을 연속해서 살펴보면
먼저 의사가 파견되어 오고 난 뒤에 고려는 의사가 송으로 돌아갈 때
함께 감사의 사절을 파견하는 것을 볼 수 있다. 송의 기록에서는 이를
입공으로 표현하는데, 상인이 아닌 중앙의 관료 중에서 파견했다는 점
에서는 사절단에 해당할 수 있겠으나, 고려가 사신을 파견한 목적은 어
디까지나 회례사(回禮使)이었다는 점에 주목해야 한다.[11] 즉, 이는 고려
가 송에 사신을 파견한 이유는 정식 입공 사절이 아니라 의사 등을 파견
해 준 것에 대한 예를 표현하기 위한 사절단이라는 표면적 이유가 존재
하였다는 것이다. 물론 이들은 송에 입공하는 사절단이라는 것이 분명
하지만, 표면적 이유가 존재한 사절단이었다는 점이 중요하다.

고려가 송에 사신을 파견하면서 이러한 표면적으로 회례사의 성격을
보여주는 것은 다름 아니라 거란에게 침략의 명분을 주지 않기 위함이
라는 것은 쉽게 유추할 수 있는 부분이다. 이는 문종 초부터 고려 조정
에서 지적되어 온 문제였으며, 송 신종의 국교재개의 제스처에 응하려

11 기존의 연구에서는 1071년에서 1078년 사이의 입공을 회례사로 보는 견해는 없
   으나, 사료7 등에서 확인되고 있는 것처럼, 회례사의 성격을 가지고 있었다고
   보는 것이 타당하다고 생각된다.

는 고려가 거란의 책망으로부터 벗어나기 위해 마련한 방법이라고 보는
것이 타당하다고 생각된다.

고려와 송의 국교재개에 대한 지금까지의 연구 성과는 고려 문종이
최초로 입공한 1071년을 국교재개의 해로 인식하고 있다.[12] 특히, 곤도
가즈나리(近藤一成)의 논문에 따르면, 1071년의 고려의 입공은 1068년에
송 상인을 통해 서로의 국교재개에 대한 의향을 교환한 이후에 이루어
진 것으로 이것이 고려의 사신 파견재개로 보았다.[13] 이처럼 고려가 그
동안 단절되어 있던 사신을 다시 보내게 되었다는 것을 국교재개의 기
준으로 삼는다면, 1071년의 입공은 그 시작으로 볼 수 있다. 그러나 국
교재개는 쌍방의 사신교환이 전제되어야 한다고 생각한다. 더욱이 조공
책봉관계도 아니었던 두 국가의 국교재개를 고려의 단 한 차례의 입공
으로 재개되었다고 판단하기에는 다소 이른 감이 있다고 생각한다.

1071년 이후의 양국의 교류에 대한 사료를 본다면, 송에서는 여전히
송 상인들만 고려에 왕래하고 있으며, 의사 파견이 아닌 사신단의 파견
은 사료9와 11에서처럼 1078년이 되어서야 처음으로 사료 상에 나타난
다. 고려 또한 그토록 원하던 송과의 교역이 재개되었음에도 불구하고
1078년까지 만7년 간 사신의 파견이 세 차례에 불과하였다는 것[14]과,
1078년 이후 1079년에 송에서 고려교역법이 만들어지고[15] 난 이후에 고
려와 송의 교역이 송의 재정에 압박을 가할 정도로 활발하였다는 점을
볼 때,[16] 1071년에 양국의 국교가 완전히 재개되어 그에 따른 교역이 재

---

12 각주 9의 논문들.
13 近藤一成, 각주 9의 논문, pp.10~12.
14 본문 사료3, 5, 6, 7.
15 『宋史』本紀15, 神宗2, 元豐2年正月條. 二年春正月乙亥, 罷岢嵐, 火山軍市馬, 丙
   子, 詔立高麗交易法」

개되었다고 보기에는 어렵다고 생각된다. 고려와 송의 관계가 국교가 회복되어 통교가 가능하게 되었다면, 조공책봉관계는 아니더라도 거란과의 사신왕래처럼 적어도 정식사절의 파견이 1~2년에 한 번 이상은 있어야 한다고 보는 것이 자연스러울 것이다.

따라서, 1071년과 1078년 사이에 있었던 고려의 입공 사절은 본격적인 교역재개를 위한 사전 교섭이 아니었을까 추측하게 한다. 고려와 송의 국교재개를 둘러싼 인식에는 사료 상에서도 1071년으로 보는 관점과 1078년으로 보는 관점이 존재하는데,[17] 첫 접촉이 아닌 정식재개라는 점을 중시한다면, 1078년의 각 국의 사신이 교환된 1078년으로 보는 것이 타당하다고 본다. 사료10의 『선화봉사고려도경』의 기록을 보면, 3회의 고려 측의 입공을 가상하게 여긴 송이 이에 답하고자 사신을 파견했다라고 기록되어 있는데, 이는 앞선 3차례의 입공이 국교재개를 위한 사전 교섭단계에 해당했음을 보여주며, 사전 교섭이 마무리되어 송이 국교재개의 첫 사신을 파견한 것으로 이해된다. 그리고 이러한 첫 사신교환의 때에 문종은 자신의 병을 이유로 의사를 정식으로 요청하였다.

왕이 병에 걸렸다는 정보는 대외적으로 한 국가의 약점에 해당하는

---

16 『宋史』 列傳97, 蘇軾傳. 「杭僧淨源, 舊居海濱, 與舶客交通, 舶至高麗, 交譽之, 元豐末, 其王子義天來朝, 因往拜焉, 至是淨源死, 其徒竊持其像, 附舶往告, 義天亦使其徒來祭, 因持其國母二金塔, 云祝兩宮壽, 軾不納, 奏之曰, 高麗久不入貢, 失賜予厚利, 意欲求朝, 未測吾所以待之厚薄, 故因祭亡僧而行祝壽之禮, 若受而不答, 將生怨心, 受而厚賜之, 正墮其計, 今宜勿與知, 從州郡自以理之, 彼庸僧猾商, 爲國生事, 漸不可長, 宜痛加懲創, 朝廷皆從之, 未幾貢使果至, 舊例使所至吳越七州, 費二萬四千餘緡, 軾乃令諸州量事裁揎, 民獲交易之利, 無復侵撓之害矣

17 1071년으로 보는 관점의 사료로는 『要錄』의 인용을 통해 나증(羅拯)의 권유로 입공하였다고 하는 『續資治通鑑長編』 302, 元豐元年 正月 乙丑條이다. 나증의 권유는 그가 파견한 상인 황신(黃愼)이 문종에게 입공을 권유한 것이다. 『高麗史』 卷8, 世家, 文宗22年 7月 辛巳條.

것으로 쉽게 유출되어서는 안 되는 기밀 정보에 해당하는 것이다. 그러나 고려는 이를 송에게 정식으로 알렸다는 점에서, 그간의 사전교섭을 통해 송을 완전한 우방국으로서 인식하고 있다는 것을 표현한 것으로 볼 수 있다. 또한 정식 사절단 교환에서조차 의사파견을 요청한 것은 1078년의 단계에 있어서도 고려가 거란을 강하게 의식하고 있었음을 볼 수 있다.

문종대에 있어서 거란은 여전히 동북아시아의 패권을 장악하고 있었기 때문에 문종은 송과의 정식 사절단 교환이 이루어진 1078년 이후에도 1079년, 1080년의 송 의사의 내방과 1079년과 1080년에 회례사가 파견[18]되는 것을 볼 때, 거란의 문책에 대비하여 송과의 사신교환의 목적이 의사파견과 회례사 파견에 있다는 명분을 유지한 것으로 보인다.

문종의 병에 관해서 몇 가지 덧붙여 본다면, 문종이 걸렸다고 말하는 풍비증은 거동이 불편한 병세이다. 그러나 문종의 병세는 그리 깊지 않았을 것으로 보인다. 그 이유는 문종이 이후에도 서경방문[19]과 팔관회 개최[20]를 진행한다는 점과, 문종의 사망은 다른 병 혹은, 노환으로 인해 사망했을 것으로 보여지기 때문이다.[21] 따라서 의사파견 요청은 병세의 치료 목적보다도 문종이 생각한 하나의 외교수단으로서의 성격이 강했다고 볼 수 있겠다.

문종의 의사 외교는 의사를 매개로 하여, 회례사라는 형식을 빌려 국

---

18 『高麗史』 卷9, 世家 文宗33年 7月 辛未條; 『高麗史』 卷9, 世家 文宗34年 7月 丁卯條; 『宋史』 列傳246, 外國3, 元豐2年條; 『宋史』 本紀16, 神宗3, 元豐3年正月條.

19 『高麗史』 卷9, 世家 文宗34年 9月 丙戌條; 『高麗史』 卷9, 世家 文宗34年 11月 己亥條.

20 『高麗史』 卷9, 世家 文宗33年 11月 戊寅條.

21 『高麗史』 卷9, 世家, 文宗37年 5月 丙子條. 「丙子, 王不豫.」

교가 성립하지 않은 국가에 사신을 파견하는 구실로 이용되어 왔음을 알 수 있다. 물론 송과의 관계에서는 거란에 대한 방비책으로서의 성격이 강하게 나타나고 있으나, 그 전체적인 방식의 틀은 송 이외의 국가에도 유용하게 사용할 수 있는 방식으로 문종에게 인식되었을 것이다.

Ⅲ. 대일교섭과 의사파견 요청

고려와 일본의 관계에 대한 연구는 실상 고려의 대몽항쟁이후에 한정되어 있다. 고려 삼별초에 의한 원군요청,[22] 몽골의 일본침입에 동원되어 두 차례에 걸쳐 일본과 전쟁을 수행한 고려, 이후에 발생한 왜구의 고려 침탈 등으로 고려시대의 여일관계는 굵직한 사건이 많은 고려 중·후기에 몰려있다. 따라서 고려전기에 있어서 여일관계에 관한 연구는 단편적으로 몇몇 연구자에 의해 진행되어 왔다.[23] 이번 장에서 언급할 문종의 의사파견 요청사건에 대해서도, 심층적으로 연구한 논문은 극히 적은 것이 사실이다.[24]

문종의 의사파견 요청에 대하여 선구적 업적을 남긴 오쿠무라 슈지

---

22 삼별초가 강화도에서 진도로 내려간 후 일본에 보낸 원군 요청으로, 일본에『高麗牒狀不審條條』라는 제목의 사료가 남아있으며, 한국에서는 이를 검토한 유영철,「「고려첩장불심조조」의 재검토」『한국중세사연구』1, 1994가 있다. 일본에서는 石井正敏,「文永八年來日の高麗使について -三別秒の日本通交史料の紹介-」,『東京大學史料編纂所報』12, 1978 등의 연구가 있다.

23 李鉉淙,「高麗와 日本과의 關係」,『東洋學』7, 1977; 羅鐘宇,「高麗前期의 對外關係史研究 -日本과의 關係를 中心으로-」,『國史館論叢』29, 1991; 南基鶴,「고려와 일본의 상호인식」,『日本歷史研究』11, 2000 등이 있다.

24 김영제, 각주 7의 논문, 2012의 논문이 한국에서 가장 최근에 이 사건을 언급한 연구이며, 일본에서는 篠崎敦史, 각주 4의 논문, 2015가 최근의 연구성과이다.

(奧村周司)는 각주 3의 논문에서 언급한 바와 같이 이 사건에서는 독자적 세계관을 구축한 고려와 일본이 의사파견을 둘러싸고 자타인식(自他認識)의 충돌이 발생하였다. 특히 고려에 있어서의 일본의 위치와 일본에서의 고려의 위치가 정면으로 배치되고 있음을 보여주고 있다. 그러나 이러한 인식은 의사파견에 대하여 거절의사를 표현할 때 나타나는 것으로, 본 사건으로 인해 나타나는 전체상에 대한 이해는 아니다. 본 장에서는 문종이 일본에 의사파견을 요청한 목적과 파견가부를 둘러싸고 보여지는 일본 조정의 대고려인식에 대하여 살펴보고자 한다.

문종의 의사파견 요청의 서신이 일본의 다자이후(大宰府)에 도달한 것은 1079년 11월의 일로, 고려교역법이 성립하여 송과의 교섭이 일단락된 해의 일이다.

【사료 12】『朝野群載』卷二〇, 承曆三年十一月條.
　　　高麗牒
　　高麗國禮賓省牒　大日本國大宰府
　　當省, 伏奉聖旨訪聞, 貴國有能理療風疾醫人, 今因商客王則貞廻皈故鄉, 因編通牒, 及於王則貞處說示風疾緣由, 請彼處, 選擇上等醫人, 於來年早春發送到來, 理療風疾, 若見功效, 定不輕酬者, 今先送花錦, 及大綾中綾, 各一十段, 麝香一十臍, 分附王則貞, 賚持將去知大宰府官員處, 且充信儀, 到可收領者, 牒具如前, 當省所奉聖旨, 備錄在前, 請貴府, 若有端的能療風疾好醫人, 許容發送前來, 仍收領正麝香者, 謹牒,

　　　當承曆　三年
　　　己未年　十一月　　日牒　少卿林檗[25]

25　檗의 글자에 대해 近藤剛,「『朝野群載』所收高麗國礼賓省牒狀について」『中央史學』34, 2011은, 이는 문서 작성법상 旣와 木의 두 글자로 봐야 한다고 설명하였다. 다만, 본고에서는 國史大系本 그대로 사용하였음을 일러둔다.

生
卿崔
卿鄭

【사료13】『朝野群載』卷二〇, 承曆四年三月五日條.
大宰府解　　　　申請官裁事
　　言上高麗國牒壹通狀
　右, 商人往反高麗國, 古今之例也, 因玆去年當朝商人王則貞, 爲交關罷向彼州
高麗國之間, 禮賓省牒壹通, 相副綿綾麝香等所送也, 是則聞醫師經廻鎭西之由牒
送旨, 件則貞所申也者, 異國之事, 爲蒙　裁定, 未撿知件綿綾麝香等, 何況不請
取, 先相副件牒狀, 言上如件, 謹解,
　　　承曆四年三月五日正

　위의 사료12는 고려의 예빈성이 일본의 다자이후에 보낸 첩장이며,
사료13은 이를 받은 다자이후가 일본 조정에 고려의 요구에 대한 의사
를 묻는 문서이다. 먼저 사료12의 내용을 간략하게 간추려 본다면, 고려
가 일본 상인 왕칙정(王則貞)[26]의 편에 중풍치료에 유능한 의사를 보내
달라는 예빈성첩과 예물을 보내며, 효험이 있다면, 그 예를 표하겠다는
내용이다. 이에 대해 사료13은 다자이후가 예빈성첩을 살펴본 결과 외
국의 일로서 다자이후가 단독으로 판단할 사안이 아니기 때문에 조정에
의사를 묻는다는 내용이다.
　사료12의 내용을 간단히 나눠본다면, 고려와 일본을 왕래하던 상인

---

26 이 인물에 대해서는 일본인이 고려에서 왕씨성을 하사받아 왕씨를 칭하고 있다
　는 설과 중국계 일본인설, 일본의 지방 호족 출신이라는 등의 여러 가지 이론(異
　論)이 존재하고 있으나, 여기서는 한자음인 왕칙정으로 통일하여 표기한다. 門田
　見啓子, 「大宰府の府老について-在廳官人制における-(上)」『九州史學』84, 1985,
　p.12; 山內晋次, 『奈良平安期の日本とアジア』, 吉川弘文館, 2003, pp.85~86.

에게 국서를 전달하게 한다→의사의 파견을 요청한다→의사가 파견된 다면 크게 사례하겠다로 3분류가 가능할 것이다. 즉, 이 예빈성첩은 송이 고려에 상인을 통하여 국서를 보낸 것과 고려가 국서에 대해 화답할 때에 의사파견을 요청한 것이 합쳐져 있는 문서라고 할 수 있다.

따라서, 의사파견이 성사된다면, 사료12의 마지막 부분에서 표현하고 있듯이 크게 사례한다고 하여, 회례사의 파견을 암시하고 있는 것으로, 고려 문종이 송과의 교섭에서 이용했던 의사의 요청과 회례사를 통한 외교방법을 사용하고 있음을 보여주고 있다. 즉, 문종이 일본에게 원하는 것은 정식 국교의 체결과 공식무역이라고 볼 수 있을 것이다.

고려에게 있어서 일본은 고려의 후방에 존재하는 나라로서 그 관계는 군사적 측면에서 굉장히 중요한 위치를 점하고 있다. 따라서 고려 건국 초부터 일본에 몇 차례의 사신을 파견하여, 국교 채결을 도모하였으나, 일본은 고려가 신라의 후계나라로 신뢰할 수 없다는 입장을 고수하며 거부해 왔다.[27]

이러한 일본의 태도를 변화시키기 위해 고려는 동여진족의 일본 북큐슈 약탈 사건 당시에 포로들을 극진히 대우하며 인식개선에 힘쓰기도 하였다.[28] 또한 이후에도 고려는 일본인이 표류하여 올 때마다, 극진히

---

27 『小右記』寬仁三年八月三日條裏書 大宰府解.「但新羅者元敵國也, 雖有國号之改, 猶嫌野心之殘, 縱送虜民不可爲悅, 若誇勝戰之勢僞通成好之便.」

28 『小右記』寬仁三年八月三日條裏書 內藏石女等解由進申文事「石女等一類卅余人各給驛馬進金海府之途中十五箇日每驛以銀器供給, 其勞尤豊, 官使仰云, 偏非勞汝等, 只奉尊重日本也者, 着金海府之後, 先以白布各充衣裳, 兼以美食給石女等六月卅个日之間令安置彼府, 爰對馬判官代長岑諸近爲尋訪彼[被力]追取賊徒之母・妻・子等, 到來高麗國, 聞母子之死□□〔亡欲力〕歸, 仍爲證據申請虜女十人, 離岸之日彼朝公家充給歸粮料白米參斗・干魚卅隻, 兼給酒食, 但金海府所召集之日本人並三百余人, 是三个所軍船所進也, 殘二个所人等來集之後, 差使可返進之由, 且言上如件.」밑줄 친 부분에서 고려는 일본인 포로들을 극진히 대접하면서, 그

대우하며, 일본에 돌려보내주면서, 일본의 경계심을 푸는 데 힘써왔다. 그 연장선상에서 문종은 일본에 의사파견을 요청하는 서신을 보낸 것이다.

즉, 사료12의 예빈성첩은 정식사절을 파견하기 어려운 국가에 상인을 통하여 국서를 전달하고, 의사의 파견이라는 명목을 내세워 그 친선을 도모한다고 하는 의사외교의 전반부를 잘 보여주고 있다고 할 수 있을 것이다.

이에 대하여 사료13을 보면, 다자이후는 이 국서가 외국의 일이라고 하여, 외교에 관련된 사안임을 간파하고 있다. 다자이후의 기능에 대해 언급할 때에는 기본적으로 규슈(九州)와 쓰시마(對馬島), 이키(壹岐)를 관할하며, 외교창구의 역할을 담당하고 있다라고 설명한다.[29] 이는 틀린 표현은 아니지만, 외교 면에서 있어서는 조금 다르다. 사무역과 일본인의 해외 도항에 관련하여서는 다자이후가 독자적 판단으로 이를 처리하지만, 외국 정부와의 교섭은 어디까지나 중앙 정부인 다조칸(太政官)이 행하는 것으로 다자이후는 다조칸에서 지시가 내려올 때까지 외국 사절의 체류와 편의를 제공하는 기관에 불과하다.

따라서 이번 문종의 요청에 대해서도 다자이후는 그 문서의 내용을 파악하여 다조칸에 보고하고, 그 지시를 기다리는 태도를 취한 것이다.

이유에 대해 일본을 존중하기 때문이라고 언급하여, 일본이 가지고 있던 고려에 대한 적대인식을 아래로부터 바꾸려는 노력을 보여주고 있다. 이 부분에 대한 보다 구체적인 해석은 별도의 논문을 작성 중에 있다. 각주 2의 논문들도 조금씩 다루고 있지만 도이의 침입사건을 중점적으로 다룬 논문으로는 森克己,「日羅交渉と刀伊賊の來寇」,『朝鮮學報』37·38, 1966; 村井章介,「一〇一九年の女眞海賊と高麗·日本」,『朝鮮文化研究』3, 1996; 石井正敏,「『小右記』所載「內藏石女等申文」にみえる高麗の兵船について」,『朝鮮學報』198, 2006; 有川宣博,「刀伊の入寇」,『海が語る古代交流』はかた學3, 1990; 이창섭,「11세기 초 동여진 해적에 대한 고려의 대응」,『韓國史學報』30, 2008 등이 있다.

29 『律令』職員令, 大宰帥條;『令集解』職員令, 大宰帥條.

그러나 고려는 이러한 다자이후의 기능에 대해 오해를 하고 있었던 것으로 생각된다. 그 이유는 예빈성첩의 수신처가 다자이후이며, 문서의 내용 또한 의사의 거주지가 다자이후의 관할이며, 의사파견에 대한 판단의 주체가 다자이후인 것으로 보고 있었다는 것이다. 즉, 고려는 일본과의 교섭을 먼저 다자이후와 하려고 했다는 것을 알 수 있다.

그러나, 외국 정부와 관련된 사항은 다자이후가 판단하는 것이 아니었기 때문에 다자이후는 고려의 예물을 봉인하고, 이에 대한 사항을 기록하여 다조칸으로 보내게 되었다. 이를 보고 받은 일본 조정은 1080년 4월 19일이 되어서야 첫 심의를 가지게 되었다.

【사료14】『水左記』承曆四年四月十九日條
壬子, 晴, 巳剋許, 外記兼孝來云, 今日可參陣定給之, 諸卿所催申也, 被申故障之人有其數者, 未四點着束帶參內, 此間春宮大夫・皇后宮大夫・皇太后宮大夫・源中納言・左衛門督・皇太后宮權大夫・宰相中將師忠・左兵衛督俊實朝臣等參入, 予令藏人弁伊家奏之, 前日所奉之伊勢事, 今日可定申候也者, 人々着陣, ■宰相□□書定文…(伊勢神宮에 대한 것)…春宮大夫被定高麗國礼賓省牒送申請医人□□□, 春宮大夫定申云, 如外記勘文者, 事趣雖同其例, 非□遣医師, 事頗可憚, 然而彼國爲我朝所攝殊以致忠節, 若不被遣, 似無其義須, 先召問則貞, 隨彼申旨, 被定行也, 而往還程遠, 日月□過, 且選遣何事之有哉, 予申云, 如牒狀者, 依王則貞之□申請之旨, 已見件狀者, 慥被搜問則貞, 隨彼申狀, 可被■定行歟,

【사료15】『水左記』承曆四年八月七日條.
丁酉, 晴, 今日以後三箇日博陸御物忌也, 今日釋奠祭也, 上卿左衛門督, 左大弁參入云々, 又有宴座, 題云, 德治民心, 序文章生基親云々, 藏人弁伊家來下宣旨二枚, 一枚, (伊勢神宮에 관한 선지), 一枚, 高麗國牒送申醫師事, 仰以王則貞陳狀令定申, (後略)

사료14는 현재 확인 되는 사료 중에서 다자이후의 보고서를 전달받은 일본 조정이 고려 예빈성첩에 대한 심의를 행한 첫 번째 사료로서 우선 왕칙정을 심문하여 보고 파견의 가부를 결정할 것을 결정한 것이다. 이 심의는 진노사다메(陣定)라고 하는 회의에서 이뤄진 것으로, 본래 진노사다메는 다조칸에서의 의결하지 않은 것 중에서 몇 가지를 일본 공경들이 점심이후에 궁궐의 사콘노진(左近陣)에 모여 있을 때 의논한 것으로, 정책결정의 회의는 아니었으나, 지방관 평가와 외교 사안에 대해서는 정책 결정의 회의로서 파악되고 있다.[30]

사료15는 첫 심의로부터 약 4개월이 지난 8월 7일의 사료로서, 천황으로부터 선지가 내려와 왕칙정의 심문기록을 가지고 파견의 가부를 정할 것을 명한 사료이다. 즉, 4개월의 시간동안 다자이후는 왕칙정과 고려 예빈성첩에서 왕칙정이 고려 조정에 언급한 사안에 대해 조사하여 보고한 것이다.

먼저 사료14에서 주목할 것은 도구다이부(春宮大夫) 후지와라노 요시나가(藤原能長)[31]의 발언이다. 요시나가는 고려가 일본에 충절을 지키려 왔다라고 언급하고 있는데 이는 이전까지의 일본 귀족들의 대고려인식과는 정반대의 것이라는 점이다. 즉, 일본 조정에 있어서의 대고려인식이 변화가 나타나고 있을 보여주는 것이라고 할 수 있다.

물론, 일본 조정 특히 귀족들의 인식 전체가 고려에게 우호적으로 변화하였다고 단정 지을 수는 없다. 왜냐하면, 요시나가의 발언에서 게키캄몬(外記勘文)이라고 하는 자문보고서의 내용을 유추해보면, 같은 선례

---

30 美川圭,『院政の研究』, 臨川書店, 1996, pp.42~45. 또한 위와 같은 안건의 진노사다메에 대한 결재권은 攝關에게 있다고 서술하고 있다.

31 『公卿補任』承曆4年條. 8월 14일 이전에는 權大納言 겸 春宮大夫. 이후에는 內大臣 겸 春宮大夫.

라고 하더라도 의사 파견에 대한 내용이 아니다라고 한 것으로 보아, 판단을 유보하고 있는 내용이었을 것이다.

고려와 일본 관계에 있어서의 선례를 검토했다면, 파견에는 부정적인 인식이 존재하였을 것이다. 왜냐하면 양국의 관계에 있어서 일본은 고려에 대한 요구를 늘 거절하여 왔다. 또한 그 거절의 이유에는 고려가 신라의 계승국으로 신뢰할 수 없다는 것이 그 배경에 있었다. 따라서 선례를 검토하는 단계에서는 고려를 신뢰하지 않고 오히려 경계심을 보이는 것이 주류였다고 보는 것이 타당할 것이다.

그럼에도 불구하고, 요시나가는 변화된 대고려인식을 보여주고 있으며, 요시나가의 주장대로 왕칙정을 심문하여 파견의 가부를 결정하는 것으로 진행되었다는 것이다. 즉, 문종이 의사파견을 이용한 외교를 추진한 시점은 일본 조정의 대고려인식의 변화도 함께 보여지던 시기였다. 문종이 이러한 일본 조정의 변화를 정확하게 인지하였는지는 알 수 없지만, 왕칙정과 같은 일본 상인들을 통해, 다자이후와 그와 연계된 일본 조정의 인식변화상을 어느 정도 전달받았다고 해도 이상하지는 않을 것이다.

다음으로는 일본 조정에서의 파견찬반을 둘러싼 회의의 내용을 살펴보도록 하겠다.

【사료16】『帥記』承曆四年閏八月五日條.

甲子, 雨下…(前略)…次官間注王則貞事, 左大弁定申可遣医人之趣, 右衛門督定申不可遣由, 左衛門督同左大弁, 予定申云, 權事旁依多疑, 召上付送高麗國牒狀本朝商客王則貞被覆問了, 但大宰府解云, 彼國伝聞大宰府有良医, 可被渡送之由, 所牒示也者, 而今不覆問其旨, 頗不審也, 抑高麗之於本朝也, 歷代之間久結盟約, 中古以來朝貢雖絶, 猶無略心, 是以若有可牒送者, 彼朝申牒, 本朝報示, 今当斯時, 爲療病痾申請医人之, 其由給盡被裁許乎, 若於可遣者, 除上臈医之外

可選一兩歟, 獨向異土可多心鬱之故也, 且又可被召問雅忠朝臣, 又申請之後漸歷
居諸, 彼病若平瘉者, 奈渡遣何, 仍今度大宰府送牒, 被問彼病痾体並瘉否, 重隨
申請可渡遣歟, 兩個之議可隨勅定, 又所送大宰府方物等納否之條忽難定申, 其由
者, 天慶年中高麗國使下神秋連陳狀, 彼國王愁忽被停朝貢之事者, 以年方物可准
朝貢者, 忽乖前議可難容納歟, 然則被尋彼例, 可被量行歟, 又彼國牒狀多有三通
云々, 今有一通, 偏爲送大宰府牒狀歟, 被尋如此例等可被牒送歟, …(後略)

【사료17】『水左記』承曆四年閏八月十一日條.
…(前略)…仰云高麗國申請醫人條, 依有事疑召上付送牒狀商量□王則貞覆問
已了, 而於大宰府如陳狀者, 醫師聞經□鎭西之由彼國所牒示也, 又於官如陳申
狀者, 醫師聞在皇□由所語彼國也者, 陳申之旨已有相違, 重令問則貞,
<宮內廳書陵部所藏本>

사료16은 왕칙정에 대한 심문보고서가 조정에 올라오고 난 뒤인 윤8
월 5일의 기사로, 먼저 산기(參議) 겸 사다이벤(左大辯) 후지와라노 고레
후사(藤原伊房)와 곤노추나곤(權中納言) 겸 사에몬노카미(左衛門督) 후지
와라노 사네스에(藤原實季)는 파견에 찬성을 산기(參議) 겸 우에몬노카
미(右衛門督) 미나모토노 도시아키(源俊明)는 파견불가의 의견을 내세우
고 있다. 거기에 당 사료의 저자인 곤노추나곤(權中納言) 겸 고고구곤노
다이부(皇后宮權大夫) 미나모토노 쓰네노부(源經信)는 고려 첩과 왕칙정
의 주장에 의문점이 많다면서 파견한다면 누구를 파견할지, 문종의 병
세가 위중한지 아닌지, 보내온 예물을 어떻게 처리해야할 지에 대해 묻
고 있다.

사료17은 윤8월 8일의 진노사다메의 기록으로 고려 첩이 말하는 규
슈의 의사에 대해 고려의 첩과 왕칙정의 말이 다르므로 다시 왕칙정을
재심해야한다고 말하는 사료이다.

이 두 사료에서 알 수 있는 사실은 고려가 파악하고 있는 규슈에 중

풍치료에 뛰어난 의사의 존재에 대하여, 왕칙정은 그런 의사가 있는지 모른다는 것이다. 따라서 의사소재에 대한 문제가 발생한 것이다. 이것은 고려 문종이 파견해 달라는 의사가 명분에 불과한 것이었음을 보여주는 한 단면이라고 생각된다. 그 이유는 고려가 파악하고 있는 의사는 소문에 의한 것으로 왕칙정이 모르는 것으로 보아, 왕칙정이 소문의 제공처가 아니라는 점이다. 즉, 떠도는 풍문에 대해 진위를 판별하지도 않고 파견을 요청한 것이다. 오히려, 문종의 병을 치료하기 위한 목적이 더 중요했다면, 일본 조정에 다자이후에 있다고 하는 의사가 있다고 들었지만 아니라면 중풍치료에 뛰어난 의사를 추천하여 파견해달라고 하는 것이 더 자연스러운 요청이었을 것이다.

사료17에서 주목할 부분은 밑줄 친 부분으로 당 사료의 저자인 미나모토노 쓰네노부의 발언으로 고려와 일본은 오랜 기간 맹약을 맺어온 나라이며, 잠시 조공이 끊어졌지만, 약은 마음을 품지 않았고, 알려야 할 일이 있다면, 항상 첩을 보내 일본에 알려왔다라고 주장하는 부분이다. 이 인식은 앞서서 나타난 후지와라노 요시나가의 발언과 같은 맥락으로, 고려에 대한 변화된 인식을 보여준다. 또한 발언에서 의사 파견에 대한 문제를 심의하는 곳에서 양국의 소원해진 관계를 언급한 것은 의사 파견이 단순한 인재의 파견이 아니라 양국 관계의 개선을 염두에 두고 있었다는 것을 추론할 수 있다. 따라서 문종의 국교재개 의도에 대해서도 미나모토노 쓰네노부는 어느 정도 파악하고 있었다고 볼 수 있다.

【사료18】『水左記』承曆四年閏八月十四日條.

　　癸酉, 晴, 已剋許權左中弁匡房朝臣來云, 率分勾当事了者, 今日陣定也, 未終着束帶參內, 先之右府被參, 相次右近大將, 春宮權大夫, 皇后宮權大夫, 新中納言, 右衛門督, 左宰相中將, 左兵衛督, 左京大夫, 左大弁, 右兵衛督等參入, …(仁王

會에 관한 것)…此間新中納言, 右衛門督, 宰相中將, 兩兵衛督等參博陸, …
(姬宮와 宋의 商人에 관한 것)…, 又高麗國申請医人事遣乎否, 若可遣者, 以
一人可遣歟, 將差遣二人歟, 又付王則貞可差遣歟, 相副別使可遣歟, 又可遣返牒
奈何, 被下本牒狀兩度定文問日記等, 先定申…(宋의 商人에 관한 것)…, 又高
麗医事人々云, 於不遣者頗似無議歟, 可選遣也, 若可遣者, 須遣雅忠朝臣也, 然
而如前定申, 道之棟梁也, 搖遣異境可有其憚, 至于遣自余輩者, 若不得其療治之
驗者, 爲朝尤可爲恥辱者, 不被差遣何事之有乎, 若爲如定申者, 以大宰府返牒可
被遣也, 府雖有名医, 世已及澆季, 或寄事衰老申不堪由, 或亦称可難渡蒼海之旨,
然者不能差遣之趣注載彼牒狀可被遣□, 或亦申云, 俊通忠康間一人被差遣何事
之有哉, 予申云, 事趣大略同右大將定申, 但至于医師條者俊通忠康之間可被左右
歟, 新中納言申云, 事趣同前, 若可被遣医人者, 自大宰府□官人一人相副王則貞
可被遣歟, 但爲如不達天聽, 只以自府遣之趣, 可被令知彼國也者, 事了及曉更
人々退出,

【사료19】『帥記』承曆四年閏八月二十二日條.
　辛巳, 天陰雨下, …, 殿上宣云, 自內被仰云, 可遣高麗醫事, 如上達部定, 爲
問雅忠遣召之處, 日來稱所勞由, 今日又令召, 申云, 已腦腫物, 只今難參者, 若
可然者, 自是可遣問者, 可遣行家歟如何, 申云, 自殿遣問者, 行家朝臣何事候乎,
次召行家, 遣雅忠許了, 新中納言別當祗候, 行家歸參申云, 雅忠朝臣令申云,
件事先例不候, 今隨付商客牒狀忽不可渡遣歟, 猶可遣者俊通罷向歟, 又可罷向人不
候之中, 二人猶罷向者, 俊通定致向背歟, 是皆衆人所知也者, 殿下遣召伊家, 被
奏雅忠申旨已了, 予此間罷出了,

　사료18과 19는 의사파견을 둘러싼 진노사다메의 내용을 보여주는 사
료이다. 왕칙정의 주장이 받아들여진 것인지는 알 수 없지만, 일본 조정
의 귀족들은 파견을 염두해 두었던 것으로 보인다. 왜냐하면, 파견불가
의 의견도 존재하고 있었지만, 파견의 형식과 파견의사의 수, 답장의 형
식 등의 세부적인 협의 내용들이 주를 이루기 때문이다.

　다만, 여기서 확인할 수 있는 것은 만약 의사가 파견되어 효험을 얻

지 못했을 경우의 걱정도 공존하고 있어 주저하는 듯한 인상을 보여주고 있으며, 사료19에서의 파견의사로 추천되고 있는 단바노 마사타다(丹波雅忠)가 상인에 의해 전달되어 온 요구에는 따르기 싫다고 하여 외교의례가 갖추어지지 않았음을 비판하고 있다.

여기서 한 가지 덧붙이자면, 단바노 마사타다는 후에 일본의 명의 중한 사람으로 추앙받는 사람으로 후대의 기록에는 고려 문종이 단바노 마사타다를 초빙하려 했다는 기록이 보인다.[32] 그러나 이것은 후대의 미화로, 문종의 의사파견 요청은 특정인을 지목하지 않았던 것으로, 의사파견은 명분에 불가했던 것이다.

단바노 마사타다가 지적한 외교의례의 문제에 대한 원인을 굳이 따지자면, 일본의 그간의 태도에 의한 것이다. 그간 일본은 고려의 여러 형태의 외교 사절에 대해 항상 다자이후에서 되돌려 보냈으며, 요구는 항상 거절하여 왔다. 심지어 동여진족의 일본 침입 당시, 포로의 송환사가 일본에 입국할 당시 다자이후 상륙도 안 된다고 펄펄 뛰기까지 하였다.[33] 따라서 고려는 일본과 통교회복을 위해서, 정상적인 사절의 파견으로는 불가능하였기 때문에 송과의 국교재개시에 유효했던 상인의 편에 의사전달 및 의사파견 요청과 의사파견에 대한 회례사파견이라는 방편을 이번에 사용했던 것이다. 오히려 단바노 마사타다의 발언처럼 외교의례가 갖춰지지 않아서 가고 싶지 않다는 것은 일본이 거절할 때 쓰는 표현에 가깝다.[34] 따라서 단바노 마사타다의 발언의 의미는 자신은

---

32 「國史丹波雅忠傳」, 『續群書類從』 31上, 雜部, 『醫略抄』 中, 「承曆中高麗王妃疾, 王附商舶牒太宰府, 以厚幣求雅忠, 朝廷不許」

33 『小右記』 寬仁 3年 9月23日, 24日條.

34 森公章, 『古代日本の對外認識と通交』, 吉川弘文館, pp.348~350, 1999. 다자이후에는 국서개봉권이 성립하여 국서의 문구에 문제가 있으면 그 자리에서 사신을

가고 싶지 않다는 표현에 불과한 것이었다. 이것은 자신이 아니라 고레무네노 도시미치(惟宗俊通)를 파견하는게 어떻겠는가로 제안하는 것에서 더욱 여실히 알 수 있다.

따라서 윤8월 22일의 시점에서는 고려 예빈성첩이 상인에 의해 전달되었다는 외교의례에서 벗어난 것이 일본 조정 내에서는 큰 문제가 되지 않았다고 볼 수 있다. 또한 부담이 존재하지만 의사를 파견하는 것이 어떻겠는가 하는 것이 이 당시의 일본 조정의 중론이었다고 볼 수 있다.

【사료20】『水左記』承曆四年閏八月二十三日條.
壬子, 陰雨, …, 先之博陸以書狀被示給云, 高麗申醫事, 被問雅忠朝臣之處, 申云, 此朝未見如此之事, 雖不遣何事候哉, 若尙可遣者可遣□□者, 何樣可侍哉, 可然者示合西隣相公可給子細也, 又□此小兒所惱只同樣侍, 尤不便也者, 予答申云, 如仰示合彼相公晚頭可參啓也, 小兒御事極以不便也者, 酉剋許參博陸, 語給云, 高麗申醫師事, 依御氣色問雅忠朝臣之處, 申云, 此朝未承如此之事, 不遣何事候哉, 若尙可遣者□差遣俊通歟者, 件醫遣召之條依難思慮, 中心祈請一寢之間, 夢中故宇治□高麗國中醫不可□□由者, 仍思止了也者, 今日季御讀經始也, 予不參,

【사료21】『水左記』承曆四年閏八月二十四日條.
癸未, 陰, 終日雨風, 午剋以後殊甚, 巳剋許博陸以書狀被示給云, 高麗申請医人事, 不可遣之由定了, 仍其由返牒可作之旨匡房朝臣奉仰了, 又小兒可渡所不侍, 爲之如何, 師仲朝臣宅何事侍哉, 今日雖物忌夕方可參鴨院也者, 予答申云, 被仰旨委承了, 高麗返牒尤可然之事也, 小兒渡給所事能々令相計給可令左右給歟, 晚頭參入可承今日, 也者, 未終匡房朝臣來, 相逢言談, 陳可作高麗返牒之旨, 良久退出了, …(後略)

돌려보내기도 하였다.

그러나 하루가 지난 윤8월 23일 의사파견에 대한 중론은 큰 전기를 맞이하게 되었다. 그것은 간파쿠(關白) 후지와라노 모로자네(藤原師實)의 발언이 있고 나서이다. 후지와라노 모로자네는 사다이진(左大臣)을 겸하고 있어서 본래 진노사다메에 참여할 수는 있지만, 간파쿠는 진노사다메에 참가하지 않기 때문에 회의 중에는 발언하지 않고, 의사 파견에 대한 자문을 단바노 마사타다에게 구할 것 정도의 중립적 발언을 하여왔다.

사료20에서 후지와라노 모로자네는 단바노 마사타다의 자문을 듣고 난 후 잠시 잠이 들었는데 일어나서는 꿈에서 아버지인 후지와라노 요리미치(藤原賴通)가 나타나 고려에 의사를 파견하면 안 된다고 하였다고 의사 파견 거부의 방침을 정했다. 그리고 사료21에서 그 결정을 공경들에게 전하고 거부의 답장을 오에노 마사후사(大江匡房)에게 작성하도록 명하였다.

꿈에서 후지와라노 요리미치가 나타나 보내면 안 된다고 했기 때문에 파견 거부의 방침이 내려진 것에 대해 고찰해보고자 한다. 그간 일본 조정의 중론은 부담이 있으나 파견하는 것으로 모아지고 있었다. 물론 진노사다메의 회의는 정책결정의 장소가 아니라 자문의 성격이 강하기 때문에 반드시 이를 받아들일 필요는 없었으나, 후지와라노 모로자네는 단바노 마사타다의 자문을 듣고 난 뒤 치료 실패라는 부담을 가지고 파견하는 것에 상당한 정치적 부담을 느낀 것으로 보인다. 따라서 꿈에서 나왔다는 후지와라노 요리미치를 이용하여 파견 거부를 결정한 것으로 보인다.[35] 또한 거절의 명분을 아버지 후지와라노 요리미치에게서 빌어온 것은 그간의 셋쇼·간파쿠(攝政·關白)직의 계승을 둘러싸고 가문 내에

---

35 실제로 꿈에 나타났는지 안 나타났는지는 꿈이라는 특성 상 확인할 길이 없다. 그러나 파견의 가부를 결정하는 데 있어서 후지와라노 모로자네가 후지와라노 요리미치의 권위를 필요로 했다는 것은 지적할 수 있다.

서 분열이 일어남으로 인해 그 결과 간파쿠 권위가 상당히 실추되어 있어서 공경들의 의견을 정면에서 반박하는 것에 대한 정치적 부담을 느꼈기 때문이라고 볼 수 있다.[36]

【사료22】『水左記』承曆四年九月四日條.

癸巳, 晴, 未時許參博陸直衣, 此間右大將被參, 相次皇后宮權大夫, 右衛門督參入, 頃之右相府被參, 議定高麗牒狀仰詞也, 匡房朝臣注出牒□乖禮度之事, 一牒字下不注上字事, 一不封函紙事, 一不注年號注巳未年事, 一年月下唯注日不注一二事, 一稱聖旨事, 聖旨者宋朝所稱也, 如本朝□□□歟, 非蕃國所可稱, 一不差使事, 長德三年符云, 須專國信先達大府何脅斷練漂流之客以爲行李, 啓牒之信事乖被制云々, 永承六年金州返牒云, 專行李以贍信禮, 而便附商船□數缺云々, 事了人々退出,

【사료23】『朝野群載』卷二○, 承曆四年十一月三日條.

日本國大宰府牒　　　高麗國禮賓省　　　　　作者江匡房
却廻方物等事

牒, 得彼省牒稱, 當省伏奉聖旨, 仍收領正麝香者, 如牒者, 貴國犯霧露於燕寢之中, 求醫療於鼇波之外, 望風想德, 能不依依, 抑牒狀之詞, 頗睽故事, 改處分而曰聖旨, 非蕃王可侔, 宅逗迦陬而跨上邦, 誠彝倫攸斁, 況亦託商人之艇, 寄殊俗之單書, 執圭之使不至, 封函之禮旣, 虧雙魚猶難達鳳池之月, 扁鵲何得入鷄林之雲, 凡厥方物, 皆從却廻, 今以狀牒, 牒到准狀, 故牒,

承曆四年　　月　　日

---

36 고산조(後三條), 시라카와(白河) 천황기에 있어서의 섭관가의 정치적 약화에 대해서는 이미 많은 연구가 있다. 그중에서도 元木泰雄, 『院政期政治史硏究』, 思文閣出版, 1996, pp.68~69에서는 섭관가의 섭관직 계승 분쟁이후 섭관의 정치적 권위의 쇠퇴를 지적하고 있으며, 정책결정에 있어서 추진력이 약화되었음을 지적하고 있다.

간파쿠의 결정에 의해 결국 의사 파견은 거절로 결론이 났다. 이에 따른 파견 거부의 이유를 담은 반첩이 작성되게 되었다. 사료22는 거절의 이유를 나열한 것인데, 문서가 작성법에 맞지 아니하며, 사용해서는 안 되는 단어를 사용했으며, 연호표기가 잘못되어 있다는 외교문서로서의 잘못을 지적하고, 이를 상인에게 전달하게 하였으므로 외교의례에 어긋난다는 점을 말하고 있다. 하지만 최후에 작성된 사료23을 보면, 결국 크게 두 가지만 지적하고 있다. 바로 성지라는 표현과 상인으로 하여금 전달한 부분이다.

앞서 언급한 바와 같이 이 부분은 의논 초기에는 전혀 문제시 되지 않던 부분이었다. 심지어, 고려가 충절을 지키러 왔다고 표현할 정도였다. 일본에서 문제로 삼지 않았던 이유는 문서에서 성지를 받는 주체는 일본이 아니라 고려 예빈성이었기 때문이기도 하다. 하지만 거절의 명분이 없었던 일본 조정은 결국 문서양식과 외교의례의 잘못됨을 지적할 수 밖에 없었고, 잘못된 의례에는 응할 수 없다는 표시로 굳이 돌려줄 필요가 없었던 고려의 예물도 돌려보냈다고 생각된다.

이로써 약 1년간에 걸친 의사 파견 요청에 대한 일본의 논의는 종료되고, 문종의 의사외교는 실패로 끝을 맺게 되었으나, 일본 국내에 있어서 고려에 대한 인식이 변화하였음이 표면으로 드러나게 되었다. 다음 장에서는 의사 요청 사건 이후의 양국의 변화상에 대해 다루도록 하겠다.

Ⅳ. 일본의 대고려(對高麗)인식 변화

일본의 의사파견 거부로 인해 문종의 의사외교는 실패로 끝나게 되어, 일본과의 국교재개 및 공적교류를 기대했던 문종의 시도는 좌절되었다. 비록 실패로 끝나게 되었으나, 문종도 의도하지 못했던 성과를 얻게 되었다. 그것은 변화된 대고려인식이 표면으로 노출되었다는 것이었다. 앞서 서술한 기존의 연구 성과에서도 지적되었듯이 문종의 의사파견 요청 사건이 고려와 일본의 관계에 있어서 큰 전환점이 되어 왔다는 것은 큰 이견이 없다. 따라서 본 절에서는 인식의 변화상을 구체적으로 서술하고 여일관계에서 있어서의 이 사건의 중요성을 부각시켜보고자 한다.

일본의 초기 대고려인식은 신라 계승국으로 압축할 수 있다. 그것은 바로 고려는 신라를 계승한 국가로 일본에게 있어서 적국(敵國)이라는 인식이다. 이 인식의 출발은 신라의 삼국통일 당시 백제의 편에 서서 신라와 싸웠기 때문에 발생한 것이나, 이후에 외교마찰[37]을 거쳐, 신라해적사건[38]으로 인해 완성된 인식이다. 이 인식은 고려가 후삼국을 재통일한 이후에도 지속되어, 일본은 고려를 신라의 계승국으로 인식하고 있었다.

이러한 일본의 고려인식은 결국 여러 차례에 걸친 고려의 대일본외교에 영향을 주어, 고려는 일본의 인식을 바꾸기 위해 노력을 하게 되었고, 1019년 동여진족이 일본을 침략했을 때에는 포로들을 극진히 대접함으로서 고려가 일본의 우방국이라는 인식을 심어주기 위해 노력했다.[39] 이러한 노력은 의사파견 요청사건이 있을 때까지의 60년간에 걸쳐

---

37 신라와의 외교마찰은 양국이 서로 上國을 칭함으로서 발생한 것으로, 이로 인해 신라와 일본은 단교하였다. 일본은 신라의 상인조차 입국을 불허하게 되었고, 귀화인이나 표류민을 받아들이지 않고 전부 돌려보내게 되었다. 『類聚三代格』 寶龜5年 5月 17日 太政官符 應大宰府放還流來新羅人事; 承和9年 8月 15日 太政官符 應放還入境新羅人事.

38 신라해적사건은 신라의 해적이 하카타를 습격하여 정세를 훔쳐간 사건으로 사건 자체가 조작이라는 의견도 있으나, 사실 여부와 관계없이, 일본은 신라를 완전한 적국으로 인식하는 계기가 되었다. 『日本三代實錄』 卷16, 貞觀11年 6月 15日條.

39 각주 28의 사료.

<표 1> 1019~1079년 사이의 일본 관계 기사 목록

일시	종류	출전
1029/7/28	고려 표류민 송환	『高麗史』 현종20년 7월 을유조
1031/2/19	고려 표류민 송환	『小右記』 長元4년 2월 19일조
1034/3	고려 표류민 송환	『日本紀略』 長元7년조
1036/7/16	고려 표류민 송환	『高麗史』 정종2년 7월 임진조
1039/5/10	일본인 귀화	『高麗史』 정종5년 5월 경자조
1048/5/2	일본의 고려력 입수	『扶桑略記』 永承3년 5월 2일조
1049/11/29	고려 표류민 송환	『高麗史』 문종3년 11월 무오조
1051/7/10	고려 첩 일본 도착	『百練抄』 永承6년 7월 10일조 『水左記』 承曆4년 9월 4일조 『帥記』 承曆4년 윤8월 25일조 『同』 동년 9월 2일조
1051/7/11	고려 죄인 송환	『高麗史』 문종5년 7월 기미조
1056/10/1	일본 사신 고려도착[40]	『高麗史』 문종10년 10월 기유조
1060/7/27	고려 표류민 송환	『高麗史』 문종14년 7월 계축조
1073/7/5	일본상인 고려도항	『高麗史』 문종27년 7월 병오조
1073/11/12	팔관회 참석	『高麗史』 문종27년 11월 신해조
1074/2/2	일본상인 고려도항	『高麗史』 문종28년 2월 경오조
1075/윤4/5	일본상인 고려도항	『高麗史』 문종29년 윤4월 병신조
1075/6/22	일본상인 고려도항	『高麗史』 문종29년 6월 임자조
1075/7/10	일본상인 고려도항	『高麗史』 문종29년 7월 경오조
1078/9/1	고려 표류민 송환	『高麗史』 문종32년 9월 계유조
1079/9/	고려 표류민 송환	『高麗史』 문종33년 9월조
1079/11/5	일본상인 고려도항	『高麗史』 문종33년 11월 기사조
합계 20건	표류민 송환 9회/ 무역 7회/ 국서 발송 1회/ 기타 3회	

40 『高麗史』에는 사신의 대표의 이름이 후지와라노 요리타다(藤原賴忠) 으로 되어
   있으나, 확인되는 동명의 일본인은 989년 사망한 從一位 關白 太政大臣으로 시
   기적으로 맞지 않는 인물일 뿐만 아니라, 당시 일본의 분위기를 반영한다면, 이
   러한 인물이 고려에 사신으로 가는 일은 있을 수조차 없다. 따라서, 이 인물은
   동명이인이거나 『高麗史』의 인명표기 오류일 것이다. 동시에 일본 측 기록에
   사신을 파견한 기록이 없는 것으로 보아 이들은 다자이후나 쓰시마의 관원이

고려에 대한 인식의 변화를 보여, 일본이 빈번하게 표류한 고려인을 귀환시키는 사료가 나타나게 되고, 일본 상인이 고려를 왕래하게 되는 현상까지 나타나게 되었다.[41]

표 1을 보면 문종대에 이르러 일본 상인들이 고려에 건너오기 시작하는데, 이는 일본의 입장에서 살펴볼 때에 큰 변화라고 할 수 있다. 기존에 보이던 일본의 태도를 다음 사료를 통해 살펴보도록 하겠다.

【사료24】『小右記』寬仁三年八月三日條裏書 大宰府解
(前略)謹檢案內, 異國賊徒刀伊高麗其疑未決, 今以刀伊之被擊, 知不高麗之所爲, 但新羅者元敵國也, 雖有國號之改, 猶嫌野心之殘, 縱送虜民不可爲悅, 若誇勝戰之勢僞通成好之便, 抑諸近所爲先後不□[當力]也, 越渡異域, 禁制素重, 況乎賊徒來侵之後, 誠云, 以先行者爲與異國者, 而始破制法而渡海, 無書牒而還, 若以將來虜者優而無坐其罪, 恐不後憲, 愚民偏思法緩輒渡海, 爲懲傍輩禁候其身, 須待高麗國使申上其案內, 然而來不難知, 旬日欲移, 下民之言誠雖難信, 境外云爲非可默爾, 仍注在狀言上如件, 謹解,
　　　　　　　　　寬仁三年七月十三日

위의 사료에서 알 수 있는 것은, 첫째, 일본인은 해외에 도항할 때에 반드시 조정이나 다자이후의 허가를 받아야만 하였다는 것이며, 그 허

무역을 위해 고려에 건너왔을 가능성이 높으며, 만약 실제 사신이라면 개경으로 상경했을 것이지만, 이들은 상경하지 않고 금주에서 머물다 돌아갔으므로 무역을 위한 상객이었을 것이다.

41 일본 상인이 고려에 도항한 것은 1019년 이전에는 단 한 차례도 존재하지 않는다. 가장 큰 이유로는 일본에는 허가 없이 다른 나라로 갈 수 없다는 渡海制가 존재했기 때문이다. 도해제의 존속과 유지에 대해서는 이견이 존재하지만, 도해제가 일본 상인들로 하여금 대외무역에 적극적으로 나서지 못하게 하는 원인은 되었다. 이에 대해서는 森克己,『日宋貿易の研究』, 國書刊行會, 1975; 山內晋次,『奈良平安期の日本とアジア』, 吉川弘文館, 2003외의 많은 연구가 있다.

가가 쉽게 나지 않기 때문에 무단 도항을 하였다는 것이다. 둘째, 고려에 대한 경계심이다. 침략의 가능성에 대해 항상 염두해 두고 있는 모습이다. 그런데, 표 1에서 보이듯 문종대에 이르면 일본 상인들이 거의 매년 고려에 도항하고 있음을 알 수 있다. 따라서, 이는 적어도 1019년 이후 다자이후에서는 고려에 대한 적개심이 점차 누그러졌으며, 1056년을 기점으로 대고려무역에 힘을 쓰고 있었다는 것을 알 수 있다.

그 연장선상에서 볼 때 의사파견 요청사건은 일본에서 부분적으로 변화하기 시작했던 대고려인식이 중앙에 침투하여 표면화하게 된 사건으로 바라볼 수 있을 것이다. 특히, 고려와 관계를 가진 다자이후의 관인이나, 상인만이 아니라, 후지와라노 요시나가의 발언처럼 중앙의 귀족들 사이에서도 변화가 일어나고 있었다는 것을 보여준 사건이었다. 따라서 의사파견이 거부되었음에도 불구하고 양국의 관계는 악화되지 않고 오히려 발전하는 모습을 보여준다.

그것은 의사파견 요청사건을 기점으로 일본 상인의 고려에 도항횟수가 증가하여 거의 매년 도항할 정도로 더욱 융성하고 있다. 즉, 의사파견요청을 거부했다는 사실이 고려와 일본의 관계에 있어서 아무런 영향을 주지 않았다는 것이다. 여기에 한 가지 덧붙인다면, 일본은 고려의 국서에 대해 거절의 의사를 표현할 경우 표 2[42]와 같이 규슈와 산인도(山陰道·일본 中國지방에서 동해에 연한 지역)에 경고요해(警固要害)를 발령하여, 한반도로부터의 침입을 경계했었으나, 이번에는 그리하지 않았다는 사실이다. 여기에는 고려에 대한 인식이 우호적으로 변했다는 것도 있겠지만, 이 거부가 고려의 반감을 사 관계가 악화될 것이라는 예

---

42 拙稿,「10세기 일본의 정치적 상황과 한일관계」,『동아시아 세계 속의 한일관계사』상, 제이엔씨, 2010, p.265에서 재인용

<표 2> 한반도 관련 사건과 일본의 경고요해 발령

서력	주제	대응	경고요해
929	후백제사 도착	요청을 거부, 다자이후 경고요해 발령	○[43]
935	신라인 살해에 대한 것	경고요해를 지시한 관부발급	○[44]
937[45] 939	고려첩에 대해 고려광평성첩 도착	알 수 없음 사신을 되돌려 보냄	○[46]
972	남원부사, 김해부사의 사신도착	알 수 없음, 고려의 서신에서 연호가 다름 을 이상하게 여김	×
997	고려첩에 일본을 욕하는 문구가 있음	송의 계략일지도 모른다고 여겨 다자이후 의 송인을 추방하도록 함[47]	○[48]

43 『扶桑略記』 廿四 醍醐 延長七年 五月廿一日(929) 「廿一日, 太政官符太宰府,
新羅人張彦澄等資粮從放歸, 并令文章博士修太宰對馬返牒書狀案下遺, 太宰牒略
云, 潘固致計, 自成警關之勤, 人臣無私, 何有逾境之好, 故猥存交通, 春秋遺加眨
之誠, 曲求面觀, 脂粉絶爲容之勞也, 輝品早歸, 區陳旨意, 何亦彦澄重到, 頻示唔
言, 空馳斷金之情, 未廻復圭之慮, 爰守典法, 卽從却歸, 云々, 對馬牒略云, 前救溺
頂之危, 適成援手之慮, 非是求隣好, 唯爲重人生云々, 其濫放之旨, 同府牒, 其大
貳書略云, 納貢之礼, 蕃王所勤, 輝品先來, 已乖□例, 彦澄重至, 猶有蹇違, 縱改
千万之面, 何得二三其詞, 所贈方奇, 不取依領, 人臣之義, 已無外交云々, 對馬守
書, 且絶私交, 不受贈物」

44 『日本紀略』 後篇2, 朱雀 承平 5年 12月 30日條(935) 「卅日庚寅 賜官符太宰府 殺
害新羅人事」;『西宮記』 7, 臨時, 外記政「承平五年十二月卅日 昨日依無政 賜太宰
可警固官符…(後略)」

45 937~939년의 고려첩에 대해서는 그 횟수에 이견이 있다. 3회라는 설과, 1회라는
설이 있다.(石上英一, 「日本古代10世紀の外交」, 『日本古代史講座』 7, 1982, p.132;
장동익, 『日本古中世高麗資料硏究』, 서울대학교출판부, 2004, pp.66~67. 전자가
3회 후자가 1회)

46 『本朝世紀』 天慶 2年 6月 21日條(939) 「六月廿一日 辛卯 政 請印書中 相模權助橘
是茂 武藏權助小野諸興 上野權助藤條朝臣等 可追捕件國々群盗官符 上野符捲引
漏也 外記申此由於上卿 請結政印 又下東海 東山道 丹波國并山陽 西海等府國 祈
佛神可勤警固官符五通捺印 件官符依去十五日三所虹事○其條アリ 御占之處 自東
西方可奏兵革之由也」

47 『小右記』 長德 3年 6月 13日條.

상을 하지 않았다는 점도 있었을 것이다.

일본의 고려 적국관은 고려 성립 후 100여년이 지난 시점에서야 사라지기 시작했고, 문종의 의사외교는 일본이 고려에 대한 인식이 변화하였음을 깨닫게 해준 계기가 되었다고 할 수 있다. 이렇게 변화한 우호적 인식은 몽골의 일본원정과 왜구의 고려침략이 발생하기 전까지 유지되어 약 200여 년에 걸쳐 왕성한 교류를 지속하게 한 원동력이 되었다.

V. 결론

이상으로 문종의 의사파견 요청 사건에 대하여 살펴보았다. 송과의 교섭에서 의사파견 요청은 거란의 반발에 대처하고자 하는 문종의 외교전략으로 사용되었다. 또한 의사파견에 예를 표하는 회례사의 형식을 빌어 송에 사신을 파견함으로써 거란의 반발을 회피하고, 국교재개를 위한 사전 교섭을 원활이 진행할 수 있었다.

문종은 송에서의 고려교역법 성립으로 송과의 교섭이 일단락되자 일본과의 교섭을 위해 당시 고려와 일본을 왕래하던 일본 상인 왕칙정을 이용해 의사 파견을 요청하게 된다. 이는 고려가 건국 초부터 일본과의 관계 회복을 위해 여러 차례에 걸쳐 사신과 국서를 보내는 과정에서 일본의 거센 거부 반응을 경험하였기 때문에 이를 회피하고자 이용한 외교전략이었으며, 예빈성첩에서도 나타나있듯이 의사파견이 이루어질 경우 송과의 교섭에서도 나타난 회례사의 파견을 내비춰, 의사 요청의 본

---

48 『小右記』長德 3年 6月 12日條(997) 「十二日甲辰 勘解由長官^{源俊賢}云 高麗國啓牒 有使辱日本國之句 所非無怖畏者 前丹波守^{藤原}貞嗣朝臣來云 大貳藤原有國消息徵 城六个國人^{城內國々々}兵 令警固要害 又高麗國使日本人云」

질이 일본과의 국교 회복에 있었음을 알 수 있었다.

　의사 파견 요청을 내세운 이 외교 전략은 일본에 있어서도 유효하여, 파견을 둘러싸고 일본 조정의 귀족들로 하여금 변화한 대고려인식을 이끌어내는 것에 성공하였으며, 논의 초기에는 파견이 이루어지는 듯하였다. 그러나 간파쿠 후지와라노 모로자네가 꿈에서 아버지인 후지와라노 요리미치가 반대하였다는 것을 앞세워 파견을 거절하게 되었다.

　비록 의사파견을 통한 사신 왕래에는 실패하였으나, 표면으로 드러난 우호적인 대고려인식을 바탕으로 일본은 적극적으로 고려와의 교류를 진행하였으며, 고려시대를 통틀어 고려와 일본이 가장 우호적인 관계를 갖게 되는 중요한 사건이 되었다.

　본고에서는 약간의 언급을 하였지만, 일본에게 있어서 이 사건은 여일관계에서만 전환점을 가지는 사건은 아니다. 이 사건으로 말미암아 수면 아래로 내려가 있던 일본 국내정치에 있어서의 구조적 문제점이 드러나게 되었고, 이는 천황과 간파쿠 간의 갈등으로 이어지게 되었다. 이 부분에 관하여는 좀 더 연구를 진행한 뒤에 별도의 논고로 언급하고자 한다.

송의 조공정책 전환과
'고려상인'·'일본상인'의 등장

고은미 _ 성균관대 동아시아학술원 부교수

* 본고는 Go, Eunmi, "A Shift in Song Tribute Policy and the Emergence of the Terms "Koryŏ Merchants" and "Japanese Merchants"", *Sungkyun Journal of East Asian Studies* 18-1, 2018을 수정·보완한 것이다.

Ⅰ. 머리말

7세기 중반에 전성기를 맞이한 당(唐)은 책봉관계에 기반한 국제질서를 형성하였다. 주변국 군주가 중국 황제에게 신하의 예를 갖추고 중국 황제가 주변국 군주의 영토와 지위를 인정하는 책봉체제(册封體制) 하에서는 각국의 군주만이 타국과 외교관계를 가질 수 있었고, 무역도 조공(朝貢)이라는 형식을 통해서만 가능했다. 그러나 당의 국제적 지위가 하락하는 8세기 중반이 되면 조공을 명목으로 하는 국가 간의 공무역만이 아니라 사무역도 허용되게 되었다. 조공사절단의 일원으로만 해외를 왕래할 수 있었던 상인들이 독자적으로 무역에 종사할 수 있는 기반이 형성된 셈이다.

당이 멸망한 이후 분열되어 있던 중국을 통일한 송(宋)도 강력한 유목국가들의 존재 때문에 국제관계에서 주도적인 위치를 확보하지는 못했다. 자국을 중심으로 한 일원적인 책봉체제를 구축할 수 없었던 송 역시 공무역만이 아니라 사무역도 허용하였고, 이러한 상황은 명이 건국되어 조공 이외의 무역을 금지하는 정책으로 전환하는 15세기 초까지 이어진다.[1]

송대에는 해상을 왕래하는 무역선을 관리하기 위해 무역관리기구인 시박사(市舶司)를 설치하여 운영하였다. 시박사의 존재는 사무역을 허용

---

1 榎本涉, 『東アジア海域と日中交流 -九~十四世紀-』, 吉川弘文館, 2007, 3쪽; Von Glahn, Richard, "The Ninbo-Hakata Merchant Network and the Reorientation of East Asian Maritime Trade, 1150-1350", *Harvard Journal of Asiatic Studies* 74, 2014, 249-250쪽.

하는 정책과 함께 송이 자국은 물론 외국을 거점으로 활동하는 무역선의 자유로운 왕래도 허용했다는 이미지를 낳았다. 그러나 송이 중국상인의 해외무역을 본격적으로 허가한 989년부터,[2] 일관되게 외국선박의 무역도 허가한 것은 아니었다. 본고에서는 적어도 1141년까지 송이 외국을 거점으로 활동하는 선박의 경우 조공선만을 받아들였다는 사실을 지적하고자 한다. 이는 북송시기까지는 조공관계가 여전히 중요한 역할을 담당했다는 평가[3]와도 일맥상통한다.

이러한 송의 정책에는 조공관계가 내포하는 경제적 불이익을 감수하더라도 주변국을 조공체제에 편입시켜 자국의 국제적 안전을 보장받으려는 의도도 작용하였다.[4] 그러나 남송기가 되어 영역이 축소되고 경제적 기반이 취약해지면서 조공에 기반한 국제교류는 점차 폐기되었다. 송이 조공형식에 구애받지 않으면서 외국선박의 무역도 허용되었다. 이러한 송의 정책 변화로 송상인들이 주류이던 동중국해에 '고려상인'과 '일본상인'도 등장하게 되었다. 본고에서는 12세기 중반경에 확인되는 이러한 정책 변화를 '고려상인'·'일본상인'의 등장과 그 배경이라는 측면에서 살펴보고자 한다.

---

2 藤田豊八, 「宋代の市舶司及び市舶條例」, 『東洋學報』7-2, 1917, 183쪽; 『宋會要輯稿』職官44-2, 端拱2年(989) 5月조.

3 金成奎, 「宋代 朝貢秩序의 再編과 그 樣相」, 『歷史學報』185, 2005, 147쪽.

4 Fairbank, Jonh K, *Trade and diplomacy on the China coast: the opening of the treaty ports, 1842-1854*, Cambiridge: Harvard University Press, 1953, 31쪽.

II. '고려상인'·'일본상인'의 등장

동중국해에 처음으로 등장한 해상세력은 9세기의 장보고(張保皐)로 대표되는 신라계 해상이었지만, 이들의 활동이 확인되지 않는 10세기 이후에는 중국계 해상이 주도적인 역할을 담당하였다. 그러나 원래부터 신라계 해상은 당에 거주하던 신라인이 중심으로 당해상(唐海商)과 협력하여 무역에 종사하고 있었기 때문에, 중국계 해상의 등장이 민족적인 세력교체를 의미하는 것은 아니었다. 신라계 해상이 모습을 감춘 이후 그들의 지식이나 인맥은 중국계 해상에게 계승되었던 것이다.[5] 이후 동아시아 삼국 간의 교류는 중국계 상인이 주도하게 되었다.

그러나 12세기 후반이 되면 송의 사료에 '고려상인'·'일본상인'이 등장하기 시작한다. 즉 표류민이나 국가사절로서 송에 도착한 것이 아니라 무역 자체를 목적으로 한 '고려상인'이 처음으로 송의 사료에 등장하는 시기가 1159년인데, '일본상인' 역시 거의 같은 시기인 1160년대에 등장하고 있는 것이다.[6]

이들은 송과의 무역에 종사했던 고려계나 일본계의 인물을 지칭하는 것으로 인식되어, 여송무역이나 일송무역에 중국계만이 아니라 고려계나 일본계 상인이 활동했다는 근거로 제시되었다. 모리 가쓰미(森克己)는 12세기 후반부터 송의 사료에 '일본상인'이 등장한다는 점을 근거로, 그 이전까지 송상이 중심이었던 일송무역에 일본인이 주체로 출현했다고 주장하였다.[7] 한편, 여송관계에서도 양국 간의 무역을 주도한 주체가

---

5 榎本涉,「新羅海商と唐海商」, 佐藤信·藤田覺 編,『前近代の日本列島と朝鮮半島』, 山川出版社, 2007, 88-90쪽.

6 榎本涉,「宋代の「日本商人」の再檢討」,『史學雜誌』110-2, 2001, 52쪽 주 1)·58쪽 주 80).

송상이었다는 점은 인정하면서도, 송 사료에 '고려상인'이 등장하는 사실은 송과의 무역에 고려해상도 활동한 근거로 제시되었다.[8]

그러나 21세기 들어 일본에서 현대의 민족국가적 관점으로 '고려상인'·'일본상인'을 파악한 기존의 인식을 비판하고, 해당 시대의 사료에 기반하여 역사 개념을 재정립한 연구가 등장하였다.[9] 즉, '고려상인'이나 '일본상인'이란 고려나 일본의 의뢰를 받아 송에 내항한 상인을 지칭하는 말로, 그들의 민족적 출신은 대부분 중국계로 기존의 송상인들과 근본적인 차이는 존재하는 않는다는 것이다.

그 결과, '일본상인'의 등장을 상인의 민족적 교체라는 측면에서 파악하던 시각은 후퇴하고, 일본의 사회세력과 송상이 결합한 측면에 주목하는 연구가 주류를 이루고 있다.[10] 즉 '일본상인'의 등장을 일본사회의 변화와 연관 지어 평가하고 있는 것이다. 또한 일본에서 '고려상인'·'일본상인'에 대한 재평가가 이루어지면서, 한국에서도 '고려상인'을 고려인으로 평가하는 시각을 전면적으로 재검토할 필요성이 대두되었다.[11]

이러한 에노모토 와타루(榎本涉)의 연구는 '고려상인'·'일본상인'에서 연상되는 근대적 민족개념에서 탈피해서 당시의 사료에 근거하여 양

---

7 新編森克己著作集編集委員會 編, 『新編 森克己著作集 第1卷 日宋貿易の硏究』, 勉誠出版, 2008, 初出 1948, 209-232쪽.

8 김상기, 「해상의 활동과 문물의 교류-예성항(禮成江)을 중심으로-」, 국사편찬위원회 편, 『국사상의 제문제』4, 1959, 60-63쪽; 백승호, 「高麗 商人들의 對宋貿易活動」, 『역사학연구』27, 2006, 123-130쪽.

9 앞의 논문, 榎本涉, 「宋代の「日本商人」の再檢討」.

10 佐伯弘次, 「大陸貿易と外國人の居留」, 川添昭二 編, 『よみがえる中世1—東アジアの國際都市博多』, 平凡社, 1988; 大庭康時, 「博多綱首の時代」, 『歷史學硏究』756, 2001; 村井章介, 「看板としての寺社造營料唐船」, 『東アジアのなかの日本文化』, 放送大學敎育振興會, 2005.

11 李鎭漢, 『高麗時代 宋商往來 硏究』, 景仁文化社, 2011, 10-11쪽.

국 상인의 성격을 명확히 했다는 점에서 획기적이라고 할 수 있다. 또한 당시 동아시아의 교역을 담당하고 있던 송상의 무역형태에 대해서도 많은 시사점을 주지만, 아직 해결되지 않은 과제를 내포하고 있는 것도 사실이다.

왜냐하면 '고려상인'·'일본상인'이 등장하기 이전부터 송상인은 고려와 일본을 왕래하며 교역하고 있었고, 양국 지배층의 의뢰를 받아 물품을 수입한 사례 역시 확인되기 때문이다. 예를 들어 1089년경에는 고려가 송상에게 불경의 조판을 의뢰하여 수입한 사례가 확인된다.[12] 일본에서도 1116년경에는 일본의 사찰에 소속되어 무역에 종사하던 송상이 존재하고 있었고,[13] 1026년에서 1151년에 걸쳐 송상이 고위 귀족에게 자신의 명부(名簿)를 바치고 귀속(歸屬) 관계를 맺고 있는 사례도 확인된다.[14] 자신의 이름이 쓰여진 명부를 바치는 행위는 타인의 제자나 종자(從者)가 되거나 적에게 항복하는 경우에 행해졌는데, 이는 자신의 일신을 타인의 권력하에 두는 것을 의미했다.[15]

이러한 사례들은 115·60년대 이전부터 고려나 일본 측의 의뢰를 받고 무역에 종사하는 송상인들이 존재했다는 것을 보여준다. 그러한 상인들이 특정 시점부터 '고려상인'이나 '일본상인'으로 불렸다면, 그 원

---

12 蘇軾, 「乞禁商旅過外國狀」, 『蘇軾文集』卷31.

13 川添昭二, 「海にひらかれた都市―古代·中世の博多―」, 川添昭二 編, 『よみがえる中世 1―東アジアの國際都市博多』, 平凡社, 1988, 19쪽; 林文理, 「博多網首の歴史的位置―博多における權門貿易―」, 大阪大學文學部日本史研究室 編, 『古代中世の社會と國家』, 清文堂出版, 1998, 576-580쪽; 服部英雄, 「日宋貿易の實態―『諸國』來着の異客たちと、チャイナタウン『唐房』―」, 『東アジアと日本』2, 2005, 35쪽.

14 『小右記』万壽3年(1026) 6月 26日조; 「爲房卿記」寬治5年(1091) 7月 21日조, 『大日本史料』3-2; 『宇槐記抄』仁平元年(1151) 9月 23日조.

15 中田薫, 「『コムメンダチオ』と名簿捧呈の式」, 『法制史論集 第二卷』, 岩波書店, 1938, 935-941쪽.

인이 무엇인지를 밝혀야 할 필요가 있다. 다음에서는 이러한 의문점을 바탕으로 '고려상인'·'일본상인'이 등장한 역사적 배경을 살펴보고자 한다.

Ⅲ. 송의 선박파악방식 변화

에노모토 와타루는 송이 특정 상인을 '일본상인'이라고 평가한 이유를 당시의 무역관행과 연관 지어 설명하고 있다. 즉, 당시 무역선을 파견하는 데는 거대한 물적·인적자원이 요구되었고, 이를 위해 권력층이나 거대사찰의 출자가 필요했는데, 이렇게 일본의 권력층이나 사찰의 의뢰를 받고 파견된 선박을 송에서는 '일본선(倭船, 日本船)'으로 평가하고 그 선박의 책임자를 '일본상인'이라고 불렀다는 것이다. 또한 그는 자신이 분석대상으로 삼은 것은 선장급 상인들로, 해당 선박에 승선한 선원이나 상인들 중에 고려계나 일본계의 인물이 포함되어 있었다는 사실을 부정하는 것은 아니라는 점도 지적하고 있다. 그렇다면 '고려상인'이나 '일본상인'의 등장에는 상인의 파악방식이 아니라 선박을 파악하는 방식이 더욱 핵심적인 요소였다고 할 수 있다. 따라서 우선 송이 자국을 오가는 선박을 어떻게 파악하고 있었는지를 명확히 할 필요가 있다. 그를 위해 다음의 사례를 살펴보고자 한다.

1141년 11월 23일 송은 수출금지품이었던 동전의 밀반출을 막기 위해, 모든 선박의 출항에 앞서 무역업무와 관련이 없는 관리 한 명을 파견하여 직접 선박의 화물을 점검하게 하고, 그 후에 또 다른 관리 한 명을 파견하여 재점검하게 한 후 해당 선박이 출항할 때까지 지켜보도록 하는 법을 제정하고 있다.[16] 여기서 점검의 대상이 되는 모든 선박은

'販蕃'과 '外蕃進奉人使回蕃船'의 두 종류로 나누어져 있다. 즉 당시 송에서 출항하는 선박은 중국에서 외국으로 무역하러 나가는 선박(販蕃)과 외국조공사절의 귀국선(外蕃進奉人使回蕃船) 두 종류로만 구분되었던 것이다. 이를 통해 당시 송에서는 해상을 왕래하는 선박을 무역선과 조공선으로 나누고, 중국을 근거지로 활동하는 선박에만 무역을 허용하고 있었던 것을 알 수 있다.

다만 중국을 근거지로 활동하는 선박에는 중국상인만이 아니라 외국상인의 선박도 포함되어 있었다. 송 국내에는 무역항을 중심으로 다수의 외국인이 거주하면서 자국과 송 간의 무역에 종사하고 있었다. 이들은 번방(蕃坊)이라는 외국인거주지를 형성하여 활동하고 있었는데, 1114년에는 외국계 상인중 중국에 거주하여 다섯 세대가 지난 경우를 상정한 법률도 제정되고 있어 이들이 송초부터 중국에 거주하고 있었다는 사실을 알 수 있다.[17] 이처럼 외국계 상인들이 중국에 거주하게 되면서 대외무역은 더욱 활발해졌다. 예를 들어, 남비국(南毗國; 현재 인도의 코지코드)은 멀리 떨어진 곳에 있어서 그곳의 선박은 가끔씩만 송에 내항했으나, 남비국 출신의 상인부자(父子)가 천주(泉州)에 거주하게 되면서 많은 선박들이 남비국을 방문하게 되었다고 한다.[18]

---

16 "諸舶船起發<販蕃及外蕃進奉人使回蕃船同>. 所屬先報轉運司, 差不干礙官一員躬親點檢, 不得夾帶銅錢出中國界. 仍差通判一員<謂不干預市舶職事者, 差獨員或差委淸彊官>覆視. 候其船放洋, 方得回歸", 『宋會要輯稿』職官44-23, 紹興11年(1141) 11月 23日조. 사료에 < >로 표시한 부분은 割註를 의미한다.

17 『宋會要輯稿』職官44-9, 政和11年(1114) 5月 18日조. 송조정은 10세기말부터 외국상인이 국내의 무역항에 거주하면서 무역에 종사하는 것을 장려했다고 보는 주장도 있다(Heng, Derek, *Sino-Malay Trade and Diplomacy form the Tenth through Fourteenth Century*, Athens, OH: Ohio University Press, 2009, 41쪽).

18 『宋史』卷489 列傳248 外國5 南毗國.

중국을 기반으로 활동하는 외국 상인에 대해 송은 중국 상인과 같은 방식으로 무역을 관리하고 있었다. 즉 외국 상인 및 시박사가 있는 주(州)의 상인이 해외에 나가 무역하고자 하는 경우에는 관청이 화물·탑승자·목적지 등을 검사하여 무역허가서를 교부하고, 선박에 탑재한 도난 방지 도구나 병기수에 대해서는 숫자를 헤아려서 장부에 기록했다가 돌아오는 날 점검하여 조금이라도 결손이 있어서는 안 되고, 만일 파손되거나 없어진 경우에는 반드시 선박 탑승자 전원의 보증서를 제출받고 면죄한다는 규정이 확인되는 것이다.[19] 해당 규정의 목적은 무기류의 해외 유출을 막기 위한 것이었지만, 이러한 규정을 통해 중국 상인처럼 외국 상인도 외국에 나가서 무역하고자 하는 경우에는 관의 검사를 받아 무역허가서를 발급받아야 했음을 알 수 있다. 또한 출국하여 무역을 끝내고 돌아오면 시박사에 무역허가서를 반납하도록 규정되어 있었다.[20]

따라서 중국에 거점을 둔 무역선은 해외로 출항하기 전에 시박사에서 무역허가서를 발급받아야 했고, 무역을 마치고 귀항한 후에는 그것을 반납해야 했다. 이러한 무역선과는 달리 송이 발급한 무역허가서의 제한 없이 입출국이 가능했던 선박은 '外蕃進奉人使回蕃船' 즉 일종의 조공선 밖에는 없었다고 할 수 있다. 따라서 무역선과 조공선은 무역허가

---

19 "勘會, 諸蕃·舶州商客, 願往諸國者, 官爲撿校. 所去之物及一行人口之數, 所詣諸國, 給與引牒, 付次捺印. 其隨船防盜之具·兵器之數, 並量曆抄上, 候回日照點, 不得少缺. 如有損壞散失, 亦須具有照驗一船人保明文狀, 方得免罪", 『朝野群載』卷20 異國, 崇寧4年(1105)의 李充公憑. 『朝野群載』가 좋은 사본에 기반하여 간행된 것은 아니어서 李充公憑도 해독하기 어려운 부분이 많다. 그러한 단점을 보완하기 위해 모리 기미유키(森公章)가 여러 사본을 비교한 교정문을 제시하고 있으므로 사료 인용 및 해석은 그의 논문을 참조하였다(「宋朝の海外渡航規定と日本僧成尋の入國」, 『成尋と參天台五臺山記の硏究』, 吉川弘文館, 2013, 89-95쪽).

20 "廻日公據, 納在舶州市舶司", 『朝野群載』卷20 異國, 崇寧4年(1105)의 李充公憑.

서를 소지했는가 여부에 따라 구분되었다.

그러나 송에서 조공선으로 인정받기 위해서는 그를 입증할 증거서류가 필요했다. 이를 일본의 대외담당기관이었던 다자이후(大宰府)의 조공사신이라고 주장한 주량사(周良史)의 사례를 통해 살펴보자. 1026년 송의 명주(明州)[21]에는 주량사라는 인물이 도착하여 다자이후 장관의 명을 받아 일본의 특산품을 조공하고자 한다는 뜻을 전했으나, 그는 일본 측 표문(表文; 중국황제에게 바치는 외교문서)을 지참하지 않았기 때문에, 송은 그의 조공을 받아들이지 않았다.[22] 다만 조공품이라고 바친 물품에 대해서는 원하는 경우 관에서 정한 가격으로 대가를 지불하고, 만일 원하지 않으면 물품을 반환한 후 설득하여 일본으로 돌려보내고자 했다.

그러나 해당국의 표문이 없다고 모두 조공이 거부당하지는 않았는데, 그러한 사례가 다음에서 확인된다. 1079년에 희하로경략사(熙河路經略司)[23]가 보고하기를, 우전국(於闐國)의 사신이 와서 특산물을 바치고자

---

21 현재의 寧波. 명주는 1194년에는 승격하여 慶元府가 되지만, 본고에서는 혼란을 피하기 위해 북송 때부터의 명칭인 명주로 통일했다.

22 "明州言：「市舶司牒，日本國太宰府進奉使周良史狀，奉本府都督之命，將土産物色進奉. 本州看詳，卽無本處章表，未敢發遣上京. 欲令明州只作本州意度諭周良史，緣無本國表章，難以申奏朝廷. 所進奉物色如肯留下，卽約度價例迴答. 如不肯留下，卽卻給付，曉示令迴.」從之"，『宋會要輯稿』職官44-4，天聖4年(1026) 10月조. 주량사는 송과 일본 간을 왕래하며 무역에 종사하던 송상과 일본인 여성 사이에서 태어났다. 986년에 일본에서 태어나 어린 시절을 중국에서 보낸 후 1020년에 부친을 따라 일본에 갔는데 그 후에는 일본을 거점으로 활동하면서 당시 일본의 최고권력층과도 교류하고 있었다(山崎覺士, 「海商とその妻―十一世紀中國の沿海地域と東アジア海域交易―」, 『歷史學部論集』1, 2011).

23 熙河路(현재의 甘肅省 지역)의 군사행정을 담당하던 기관. 송대에는 지방을 監督단위인 路로 나누어 여러 가지 면에서 府·州를 감독했다. 다만 路는 감독단위로 행정단위는 아니기 때문에, 행정구역에 해당하는 府·州는 직접 중앙정부에 소속되어 있었다(宮崎市定, 「宋代官制序說」, 佐伯富, 『宋史職官志索引』, 東洋史

하는데 국왕의 표문이 없어 법으로는 마땅히 받아들일 수 없기에 이미 사신에게 돌아가도록 설득했다고 하였다. 이에 조정에서는 만일 조공을 바치겠다고 강력히 주장하면 허락하도록 했다.[24]

그러나 우전국이 국왕의 표문을 지참하지 않고 조공하는 것을 금지하는 명령이 내려진 것은 그 전해인 1078년이었다. 그에 따르면 송 조정은 앞으로 우전국이 입공하는 경우, 실제로 국왕의 표문과 특산물을 가져오는 경우에만 상경하는 것을 허락하였다. 또한 상경인원도 50명을 넘어서는 안되고 당나귀나 말의 숫자도 상경인원에 준하며 나머지는 상경을 허가하지 않고, 단지 희주(熙州)에 머물게 하여 사람을 시켜 관리하고 규정에 따라 매매를 허락하였다.[25] 이를 통해 우전국은 1078년 이전부터 국왕의 표문을 지참하지 않고 조공하는 경우가 있었고, 송 측도 표문을 지참하지 않은 조공을 받아들였다는 사실을 엿볼 수 있다.[26]

이러한 사례는 송이 조공형식을 갖추지 않고 입국한 외국인이라도 그들을 가능한 한 조공사절로 대하려고 했다는 사실을 보여준다. 이러

研究會, 1963, 33-34쪽).

24 "熙河路經略司言, 於闐國來貢方物, 而無國主表章, 法不當納, 已諭使去. 詔如堅欲奉貢, 可聽之", 『續資治通鑑長編』卷300, 元豊2年(1079) 10月 戊申조 외국사신이 국경지역의 州縣에 도착하면 모두 숙소에 안치하고 해당지역의 軍政長官이 관리하였다(李雲泉, 『朝貢制度史論─中國古代對外關係體制研究』, 新華出版社, 2004, 53쪽).

25 "詔, 熙河路經略司指揮熙州, 自今於闐國入貢, 如實惟齎國王表及方物, 聽發赴闕, 仍毋得過五十人, 驢馬頭數准此, 餘勿解發, 止令熙州安泊, 差人管勾, 依條許令賣買", 『續資治通鑑長編』卷295, 元豊元年(1078) 12月 乙丑조.

26 1078~1098년 사이에 북송정부는 조공에 대한 관리를 강화하여, 조공사신은 반드시 해당지역 군주의 표문을 지참해야 상경하는 것을 허락하고 조공간격이나 하사품 등에 관해서도 제한을 두었다. 이러한 상황은 북송 초기의 조공유치정책에 따라 서역사신이나 상인들이 표문을 지참했는지 여부와 상관없이 상경했던 것과는 대조된다(앞의 책, 李雲泉, 『朝貢制度史論』, 51쪽).

한 태도는 유학을 위해 송에 입국한 일본승려들을 황제가 접견하는 경우 조공의례에 따랐던 사례에서도 드러난다.

10세기말에서 11세기말까지 성지 순례를 위해 입송했던 조연(奝然), 적조(寂照), 성심(成尋), 쾌종(快宗), 계각(戒覺) 등의 승려들은 조공의례에 따라 황제를 알현하였고, 그들의 방문은 '조공'이라고 표현되고 있다.[27] 물론 그들은 통상적인 조공사절과는 달랐기 때문에[28] 조공사절과 동등한 자격으로 황제와 알현한 것은 아니고, 조공사절에 동반하여 황제를 알현하는 외국승려를 대상으로 한 알현의례에 따랐다.[29] 이처럼 국가적 사명이 아니라 승려가 종교적인 순례를 위해 송을 방문한 경우에도 해당 승려를 조공사절의 일부로 대우한 사례는 외국과의 교섭을 조공관계로 포괄하고자 하는 북송의 정책을 반영한 것이라고 보인다.

다만 앞에서 언급한 승려들은 모두 일본에 내항한 송상의 선박에 탑승하여 송에 건너가고 있어, 조공선을 파견하지 않더라도 송상의 선박을 이용하여 일본이나 고려의 승려나 상인이 송과 자국을 오가며 활동하는 것은 가능했다고 판단된다. 따라서 상인의 민족적 출신에 주목한다면 '고려상인'이나 '일본상인'이 등장하기 이전부터 고려계나 일본계의 상인이 송과 고려·일본을 오가며 활동했을 가능성은 존재하는 셈이다.

그러나 선박에 대해서는 사람과는 다른 태도를 취했다. 적어도 1141년까지 외국을 거점으로 활동하는 선박의 입항을 허용하는 경우, 송은

---

27 石井正敏, 「入宋巡礼僧」, 荒野泰典·石井正敏·村井章介 編, 『アジアのなかの日本史 V 自意識と相互理解』, 東京大學出版會, 1993, 267-273쪽.

28 물론 이들 승려들이 통상적인 조공사절과 다르다는 점은 중국 측도 인식하고 있었다(위의 논문, 石井正敏, 「入宋巡礼僧」, 273쪽).

29 廣瀬憲雄, 「入宋僧成尋の朝見儀礼について―五代北宋の外交關係と僧侶―」, 『東アジアの國際秩序と古代日本』, 吉川弘文館, 2011, 280-290쪽.

해당 선박을 조공선박으로 취급하였다. 이는 1080년에 기존의 무역 관련 규정을 집대성한 '元豊市舶條'에서도 확인되는데, 여기에는 중국에서 출발하는 무역선에 대한 규정이 대부분을 차지하고, 외국에서 들어오는 선박에 대해서는 조공선에 대한 규정만이 확인된다.[30] '元豊市舶條'가 완전히 전해지지 않아 현재까지 단편적으로 남아있는 조문(條文)을 통해 그 전모를 유추할 수밖에 없는 상황인 점을 감안하더라도, 외국선과 관련해서는 조공선에 관한 규정만 전해지고 있는 상황은 당시 선박의 왕래상황과 관련하여 시사하는 바가 크다고 판단된다.

따라서 외국이 조공형식을 취하지 않고 송과 무역하기 위해서는 송상에게 교역을 위탁하는 방식 외에는 없었다고 보인다. 이처럼 송상에게 교역을 의뢰하는 경우, 송상은 송에 돌아와서 출국 이전에 발급받았던 무역허가서를 시박사에 반납하고, 송에서 교역을 끝낸 후에는 다시 새로운 무역허가서를 발급받아 의뢰국에 돌아가거나 위탁받은 물품을 해당 국가로 향하는 다른 선박에 위탁하는 방식을 택했을 것이다. 그 결과 해당 교역이 외국의 요청으로 이루어진 경우에도 그것이 무역선을 파악하는 방식에 영향을 미치는 일은 발생하지 않았다.

그러나 이처럼 선박을 송 국내에서 출발하는 무역선과 외국에서 오는 조공선으로만 파악하던 방식은 13세기 전반에는 이미 변화된 것이 확인된다. 그러한 변화를 다음의 사례를 통해 확인해 보자.

1225~27년에 편찬된 명주의 지방지인 『寶慶四明志』의 기록에 따르면, 양절로(兩浙路)에 있던 5개의 시박무(市舶務)[31]는 광종(光宗, 재위

---

30 章深, 「北宋"元豊市舶條"試析—兼論中國古代的商品經濟」, 『廣東社會科學』1995-5, 1995.

31 무역업무를 담당하는 市舶은 송초에는 市舶司만 존재하고 市舶務는 없었으나, 1080년에 市舶司를 路단위로 전환하면서 각 州에는 시박사의 하급기관인 市舶

1189~1194)이 즉위한 직후에 상선(賈舶)이 감포(澉浦)로 입항하는 것을 금지하여 항주시박무를 폐지시켰고, 영종(寧宗, 재위 1194~1224)이 즉위한 후에는 상선이 강음군(江陰軍) 및 온주(溫州)·수주(秀州)에 입항하는 것도 금지하여 3개 시박무 역시 폐지되어, 중국의 상인 및 고려·일본이나 외국에서 중국에 도착한 사람들은 오직 명주에서만 입항하거나 출항할 수 있었다고 한다.[32] 5개의 시박무 중 4개를 폐지하여 명주시박무만 존속하게 된 경위를 설명하고 있는 것이다. 그런데 여기서 주목되는 것은 양절로의 시박무로 들어오는 선박들을 모두 상선 즉 무역선으로 보고, 세부적으로는 중국 거점 상인들의 무역선과 고려·일본 및 여러 외국에서 중국에 내항한 무역선으로 구분하고 있는 점이다.

1141년에는 선박의 성격에 따라 무역선과 조공선으로 구분했던 데

務나 市舶場을 설치했다. 송대에 市舶司가 설치된 주요 지역은 兩浙路·福建路·廣南路였다. 항로상 兩浙路는 고려·일본을 오가는 선박을, 福建路·廣南路는 동남아시아 방면을 경유하는 선박을 관리하는 구조였다. 그중에서 福建路의 泉州와 廣南路의 廣州에 설치된 市舶司는 대체로 송말까지 존속했으나, 兩浙路市舶司는 다음과 같은 변천과정을 거치고 있다. 兩浙路에서는 북송의 초기부터 杭州와 明州에 市舶司가 설치되었고, 1113년에는 秀州의 華亭縣에, 1131년에는 溫州에 市舶務가 설치되었다. 그러나 1132년에 杭州와 明州가 金軍의 공격을 받아 파괴되었기 때문에, 兩浙路市舶司를 金軍의 침략을 받지 않던 秀州의 華亭縣으로 옮겼다. 그 후 杭州와 明州에 市舶司가 다시 설치되지는 않고 市舶務가 설치되는데 그쳐, 兩浙路市舶司의 지휘·감독을 받았다. 또 1145년에는 江陰軍에 市舶務가 증설되어 兩浙路의 市舶務는 4개소로 증가했다. 그러나 1166년에 秀州의 華亭縣에 있던 兩浙路市舶司는 폐지되어 市舶務가 되었기 때문에, 兩浙路에는 5개소의 市舶務만 존재하게 되었다(이상의 내용은 石文濟, 「宋代市舶司的設置與職權」, 『史學彙刊』1, 1968, 55-75·87쪽; 『寶慶四明志』卷6, 「市舶」을 참조하여 정리하였다).

32 "光宗皇帝, 嗣服之初, 禁賈舶至澉浦, 則杭務廢, 寧宗皇帝, 更化之後, 禁賈舶泊江陰及溫·秀州, 則三郡之務又廢, 凡中國之賈·高麗與日本諸番之至中國者, 惟慶元得受而遣焉", 『寶慶四明志』卷6, 「市舶」.

반해, 1220년대에는 모든 선박을 무역선으로 보고 단지 해당 선박이 어디를 거점으로 활동하고 있는지에 따라 구분하고 있다. 즉 송을 거점으로 활동하는 있는가 외국을 거점으로 활동하고 있는가로 구분하고 있는 것이다. 그리고 그 구분의 기준이 된 것 역시 송에서 발급한 무역허가서의 지참 여부였다고 판단된다. 이러한 변화는 무역선과 조공선으로 구분하던 기존의 방식이 모든 선박을 기본적으로 무역선으로 파악하는 방식으로 전환된 것과 연관되어 있다. 그렇다면 이러한 전환이 발생한 배경을 다음에서 살펴보고자 한다.

IV. 송의 조공정책 전환

송이 외국의 조공선을 유치하는 정책을 편 것은 건국초기부터 확인된다. 987년 5월 송은 조서(詔書)를 지참한 환관 8명을 4개의 선단으로 나눠 동남아시아의 각국에 파견하여 조공할 것을 권유하고, 향약(香藥)·무소뿔·상아·진주·용뇌(龍腦) 등을 구입했다. 각 선단은 국가명을 쓰지 않은 조서를 3장씩 가지고 가서, 현지에서 해당 국가명을 써넣은 후 각국에 전달했다.[33] 이를 통해 중국을 통일한 송이 각국에 조공을 권유한 사실을 알 수 있다.

그러나 앞에서 지적한 것처럼 송은 일원적인 책봉체제를 구축하지는 못했다. 10세기 이후의 동아시아에서는 중국 측의 세력위축과 주변민족의 상대적 신장으로 종래와는 다른 복잡하고 다면적인 국제관계가 형성되었던 것이다.[34] 예를 들어, 고려와 하국(夏國)은 모두 송과 거란에 동

---

33 『宋會要輯稿』職官44-2, 雍熙4年(987) 5月조.

시에 책봉 내지는 거기에 준하는 관계를 맺는 소위 '兩屬' 관계를 유지하였다. 이렇게 주변국을 자국을 중심으로 한 일원적인 질서 속에 위치 짓는 일이 어려워지자, 송은 주변세력이나 국가를 자국에 대한 위협 정도나 이해관계의 크고 작음, 지리적으로 멀고 가까움 등에 따라 여러 개의 등급으로 구별하여 서로 다르게 대하고 관리하는 방식을 채택하였다.[35] 예를 들어 송대에는 당대와는 달리 외국사절이 체류하는 시설을 국가 및 지역별로 구분하였고, 황제를 알현하는 규정도 거란·하국·고려·교지(交趾; 현재의 베트남 북부) 별로 별도의 규정이 제정되었다.[36]

　이처럼 송은 상대적으로 힘이 약화된 국제환경 속에서도 자국 중심의 조공질서를 유지하기 위해 주변국을 등급화하여 다르게 대우했을 뿐아니라, 해외번객(海外蕃客; 외국상인)이나 제만(諸蠻; 소수민족)의 조공도 인정하는 정책을 폈다.[37] 예를 들어 외국사신이 동일한 날에 황제에게 입국인사나 귀국인사를 하는 경우 하국, 고려, 교지, 해외번객, 제만의 순서로 인사한다라는 규정이 확인된다.[38] 여기에는 해외번객이나 제만 역시 조공 주체로 보는 송의 시각이 반영되어 있다. 그중에서 해외번

34　김성규,「高麗 前期의 麗宋關係—宋朝 賓禮를 중심으로 본 高麗의 國際地位 試論—」,『國史館論叢』92, 2000, 36-40쪽.

35　章深,「宋朝與海外國家的貢賜貿易」,『學術研究』1998-6, 1998, 62쪽.

36　앞의 논문, 김성규,「高麗 前期의 麗宋關係」, 53-58쪽.

37　김성규,「皇帝入朝儀禮를 통해 본 宋代 '外國'의 國際地位—'西南蕃夷'와 '海外進奉蕃客'을 중심으로—」,『中國學報』61, 2010, 224-225쪽.

38　"凡蕃使見辭同日者, 先夏國, 次高麗, 次交趾, 次海外蕃客, 次諸蠻",『宋史』卷119 志72 禮22 賓禮4 契丹夏國使副見辭儀. 한편 政和年間(1111~18)에는 고려사신에 대해 夏國보다 높은 대우를 하고 있어, 송의 군사적 상황에 따라 고려의 지위에 변화가 있었다는 사실을 알 수 있다(앞의 논문, 김성규,「高麗 前期의 麗宋關係」, 51-53쪽). 다만 송이 夏國·高麗·交趾 등의 국가들을 海外蕃客이나 諸蠻과는 구별하여 대외관계를 맺고 있었다는 점에는 변함이 없다.

객의 대상이 되는 지역은 송과 국경을 접하지 않은 동남아시아나 인도 및 이슬람 지역에 분포하는 국가들이었다.[39] 다음에서 예로 들 포희밀(蒲希密)도 해외번객에 해당한다.

993년에는 대식국(大食國)[40]의 부추장(副酋長) 이아물(李亞勿)이 조공해왔다. 이때, 대식국의 선주(舶主) 포희밀(蒲希密)은 광주(廣州)에 도착하기는 했지만 노쇠하고 병들어 수도에 까지 올라가지 못해, 공물을 이아물에게 위탁하여 헌상하였다. 포희밀은 그 표문(表文)에서 광주번장(廣州蕃長)의 권유로 조공하러 온 사실을 설명하면서 준비해 온 비단과 약물 등을 진상하였고, 이에 대해 송조정은 포희밀에게 칙서를 내리고 비단 두루마기, 은기(銀器), 한 묶음의 비단 등을 하사했다.[41]

이러한 사례에서 송이 외국정부는 물론 외국상인들에게도 조공을 장려하여 그들의 표문과 공물을 받아들였고, 그에 대한 답례로 칙서와 하사품을 내린 것을 알 수 있다. 여기서 보이는 조공이라는 것은 형식적인 것으로 실제로는 무역에 지나지 않았지만,[42] 송이 외국에 대해서는 물론 외국상인에 대해서도 조공형식을 취하도록 했던 것을 알 수 있다. 즉 송과의 교역에 종사하는 당사자들에게 조공형식을 취하게 하여 조공질서

---

39 앞의 논문, 김성규, 「皇帝入朝儀禮를 통해 본 宋代 '外國'의 國際地位」, 227쪽.
40 송대의 大食에는 두 가지 의미가 있어서, 넓은 의미로는 이슬람교도를 널리 大食人, 이슬람교 국가들을 大食諸國이라고 부른 반면, 좁은 의미로는 아랍인에 한정해 사용하는 경우도 있다(藤善眞澄 譯注, 『諸蕃志』, 關西大學出版部, 1990, 158-159쪽).
41 『宋史』卷490 列傳249 外國6 大食國. 당시 동남아시아 방면에서 오는 선박들이 주로 도착하는 廣州에는 해외 각국의 사람들이 거주하는 지역인 蕃坊이 있어 蕃長 한 명을 두어 번방을 관리했는데, 번장의 임무 중에는 외국상인의 조공을 유치하는 것도 있었다(朱彧, 『萍州可談』卷2). 포희밀의 사례는 번장이 외국상인에게 조공을 권유한 예이기도 하다.
42 桑原隲藏, 『蒲壽庚の事蹟』, 平凡社, 1989, 初出 1923, 92-93쪽 주 8).

에 편입시켰던 것이다.[43]

이에 반해 고려나 일본처럼 기존에 조공관계를 맺고 있던 국가에 대해서는 각국 조정에 공식적인 조공을 촉구하였다. 1068년에는 송의 황제가 고려는 송대초부터 매우 성실히 조공하였다가 그 후에 끊어진 지 오래되었는데, 지금의 군주가 현명하다고 하니 사람을 시켜 설득하도록 하라고 하였다. 이에 송인 황진(黃愼)이 와서 황제의 의사를 전하였고, 이를 계기로 1071년 8월에는 고려가 조공하여 1030년 이후 40여 년간 단절되었던 조공이 부활하게 되었다.[44]

한편 일본에 대해서도 송은 1117년 상인 손준명(孫俊明)·정청(鄭淸) 등에게 위탁하여 문서를 보냈다.[45] 거기에는 일본은 겸손을 미덕으로 삼고 진귀한 산물이 풍부한 나라로, 전에는 중국에 조공한 적도 있었으나 지금은 오랫동안 오지 않고 있는데, 다시금 조공할 것을 촉구하는 내용이 쓰여 있었다.[46] 그러나 일본의 경우에는 송이 요구하는 조공관계에 편입되는 것을 거부하여 국가 간의 공식적인 외교관계가 수립되지는 않았다.[47]

---

43 송대에는 정규의 조공사절인지 단순한 무역상인인지 구별하기 어려운 사례가 많지만, 조공의 형식만 갖추면 사절로서 우대를 받았기 때문에 많은 외국상인이 조공을 명목으로 내항했다고 한다(앞의 책, 李雲泉, 『朝貢制度史論』, 47쪽; 楊富學·陳愛峰, 「大食與兩宋貿易關係硏究」, 『宋史硏究論叢』9, 2008, 313-315쪽). 해당 연구들은 우대를 받기 위해 조공형식을 취했다고 설명하고 있지만, 조공형식을 취하지 않으면 무역 자체가 불가능했을 가능성도 염두에 두어야 한다.

44 『高麗史』文宗22年(1068) 7月 辛巳조; 『皇朝編年綱目備要』熙寧4年(1071)조.

45 『師守記』貞治6年(1367) 5月 9日조.

46 "鳥羽院元永元年, 宋國附商客孫俊明·鄭淸等書曰, 矧爾東夷之長, 實惟日本之邦, 人崇謙遜之風, 地富珍奇之産, 囊修方貢, 歸順明時, 隔濶彌年, 久缺來王之義, 遭逢熙旦, 宜敢[敦]事大之誠, 云々", 『善隣國寶記』元永元年(1118)조.

47 Bielenstein은 일본 측이 승려들을 공식적인 외교사절로 송에 파견했다고 지적하

이처럼 외국과의 관계를 조공관계로 포괄하려는 송의 태도는 경제적 득실에 관계없이 자국의 정치적 권위를 높이려는 의도에서 비롯되었다. 그러나 재정 곤란과 함께 이러한 태도를 유지하는 것이 어려워졌다. 송 조정은 재정에 부담이 되는 조공을 제한하기 위해 조공사절에 대한 엄격한 기준을 적용하기 시작했다.[48] 또한 조공회수를 제한하거나, 각지에 도착한 외국사신을 수도까지 올라오지 못하게 하고 해당지역에서 접대하고 돌려보내거나, 수도에 올라오는 사신의 수를 제한한 사실이 확인된다.[49]

이러한 상황은 남송기가 되어 재정곤란이 심각해지자 더욱 강화되었고, 조공보다는 무역을 권하는 방향으로 전환되었다고 보인다. 방대한 관료기구 및 거액의 군비지출을 유지하기 위해 무역을 중시하게 되면서 명목뿐으로 실익이 없는 조공은 부차적인 지위로 전락하게 된 것이다.[50] 남송의 통치자는 외국의 조공을 촉구하지 않았을 뿐 아니라, 조공품의 수납을 거부하거나 일부만을 조공품으로 인정했고 조공사절의 입경을 제한하거나 나아가서는 조공무역의 규모를 축소하여 조정의 재정지출을 줄이고자 했다.

이러한 제한은 효종(孝宗) 때에 특히 강화되었다. 1162년 등극한 효종은 등극한 직후에 명령을 내려 외국의 조공을 금지하고 있는데, 그 내

고 있다(Bielenstein, Hans, *Diplomacy and trade in the Chinese world 586－1276*, Leiden, Boston: Brill, 2005, 106쪽). 그러나 그들은 일본조정에서 공식적으로 파견한 인물들이라기보다는 송조정에서 일본사신이라고 판단한 인물들이었다. 구체적으로는 성지순례를 위해 입송했던 일본승려들의 사례(Ⅲ)를 참조하기 바란다.

48 주 26) 참조
49 河原由郎,「北宋期、香藥(南海貿易品)の國家財政における意義」,『宋代社會經濟史研究』, 勁草書房, 1980, 160쪽.
50 앞의 책, 李雲泉,『朝貢制度史論』, 48쪽.

용은 다음과 같다. 자신이 등극한 이래로 외국의 조공이 이어지고 있다. 선제(先帝)는 겸손하여 외국의 조공을 받아들이지 않았는데, 자신은 재덕(才德)이 부족하니 역시 조공을 받을 수 없다. 앞으로 조공을 하려는 외국의 사절에 대해서는 관할 지역에서 잘 설득하여 돌려보내고 조정에 보고하는 것을 금지한다는 것이었다.[51]

이를 통해 효종이 외국의 조공사절을 수도에 맞아들여 접대하는 것을 꺼렸을 뿐 아니라, 조공사절의 입국을 중앙에 보고하는 것까지 금지했다는 사실을 알 수 있다. 이는 외국인이나 외국선박의 입항을 조공형식으로 받아들이던 방식으로부터의 커다란 전환이었다. 이처럼 외국의 조공을 금지하는 효종의 태도가 지속되고 있는 것은 1164년과 1172년에도 확인된다.[52]

송이 이러한 태도를 보인 결과, 외국의 조공은 감소하기에 이르렀다. 고려는 1164년에 조공사절을 파견한 것을 마지막으로 더 이상 공식사절을 파견하지 않았다.[53] 대식(大食)의 조공 역시 남송기가 되면 급격히 줄어들어 1168년 이후 확인되지 않는다.[54] 960년에 시작된 점성(占城; 현재의 베트남 중남부)의 조공도 1176년을 최후로 확인되지 않는다.[55]

---

51 "孝宗登極, 詔曰：「比年以來, 累有外國入貢, 太上皇帝沖謙弗受, 況朕涼菲, 又何以堪！自今諸國有欲朝貢者, 令所在州軍以理諭遣, 毋得以聞。」", 『宋史』卷119 志 72 禮22, 紹興32年(1162)조.

52 『宋會要輯稿』蕃夷7-49, 隆興2年(1164) 6月 21日조; 蕃夷7-51, 乾道9年(1173) 1月 6日조

53 송이 金을 두려워하여 고려와 단교했다는 견해도 있으나(吳曉萍, 『宋代外交制度 研究』, 安徽人民出版社, 2006, 5쪽), 다른 지역의 사례까지 참조하면 조공에 소극적인 정책의 결과로 판단된다.

54 앞의 논문, 楊富學·陳愛峰, 「大食與兩宋貿易關係研究」, 306-314쪽.

55 張祥義, 「南宋時代の市舶司貿易に關する一考察―占城國の宋朝への朝貢を通して 見た―」, 『青山博士古稀記念宋代史論叢』, 省心書房, 1974, 266-273쪽.

물론 13세기에도 여전히 송에 조공한 국가는 존재하지만, 송조정은 해당 국가에 대해 앞으로 사자를 파견하여 조공하지 않도록 설득하고 있다.[56] 이를 통해 송이 외국의 조공을 금지하는 태도는 13세기에도 지속되었다는 것을 알 수 있다.

이렇게 외국의 조공에 소극적인 자세를 취하면서 한편으로는 외국선박의 무역을 허용하게 되었다고 판단된다. 외국에서 오는 선박도 더 이상 조공 형식을 갖출 필요가 없어진 셈이다. 앞에서 언급한 1220년대의 사례처럼 입항하는 선박을 모두 무역선으로 간주하는 상황은 이러한 송의 조공정책 변화 및 그 결과를 반영한 것으로 판단된다.

송의 이러한 정책변화는 입송승을 대하는 태도에서도 확인된다. 북송기에 송을 방문한 일본승은 황제를 알현하고 사호(師號; 높은 지위의 승려에게 주는 칭호)·자의(紫衣)를 하사 받는 등 조공사절의 일부로 대우를 받은 데 반해, 1167년 이후로 확인되는 입송승은 황제와의 알현이 전혀 확인되지 않는다.[57] 해당 변화 역시 자국에 입국하는 사람들을 조공에 준하여 파악하던 방식을 폐기한 데서 비롯된 것으로 판단된다.

이러한 정책전환은 효종의 발언에 따르면 선제인 고종(高宗, 재위 1127-1162) 때부터 시작되었다는 것을 알 수 있다. 그 정확한 시점까지는 단언할 수 없지만, 1141년에는 선박을 조공선과 무역선으로 나누고 있는 사실에서 판단하자면 그 이후 그러한 정책전환이 발생했다고 할 수 있다.

조공의 형식조차 포기하면서 모든 선박을 기본적으로 무역선으로 파악하는 기반이 마련되었다. 그러한 상황하에서 고려나 일본의 의뢰를

---

56 『宋會要輯稿』蕃夷4-99~101, 慶元6年(1200) 8月 14日·開禧元年(1205) 8月 23日조.
57 榎本涉, 『僧侶と海商たちの東シナ海』, 講談社, 2010, 144-145쪽.

받아 왕래하는 무역선도 더 이상 송의 무역허가서를 발급받아 동중국해를 항해할 필요성이 사라지게 되었다. 이제 동중국해를 왕래하는 선박은 중국에서 출발하여 고려나 일본에 갔다가 돌아오는 방식만이 아니라, 고려나 일본을 시발점으로 중국에 갔다가 돌아오는 방식의 무역도 가능해지게 되었다. 송은 후자를 '고려선'이나 '일본선'으로 파악하였고 그들의 선장은 '고려상인'이나 '일본상인'으로 불렸던 것이다. 따라서 12세기 중반에 송의 사료에 등장하는 '고려상인'이나 '일본상인'은 송의 조공정책 변화를 반영하여 등장했다고 할 수 있다.

V. 맺음말

본고에서는 적어도 1141년까지 송 조정이 중국을 거점으로 활동하는 선박에만 무역을 허용하고 외국을 거점으로 활동하는 선박의 경우 조공선만을 받아들였다는 사실을 지적하였다. 이러한 상황은 국제적 지위의 하락에도 불구하고, 송이 자국을 중심으로 한 조공체제를 유지하고자 노력한 결과였다. 그러나 재정 위기가 심화되는 남송시기가 되면 조공체제가 가져오는 경제적 부담 때문에 송 조정은 가능한 한 조공을 금지하는 정책으로 전환하기에 이른다. 이렇게 외국의 조공을 장려하지 않는 정책을 실시하면서, 송은 외국선박의 무역도 허용하게 되었다. 그 결과 송은 선박을 그 성격에 따라 무역선과 조공선으로 구별하던 방식에서 모든 선박을 무역선으로 파악하고 그 출발지가 중국인가 외국인가에 따라 구별하는 방식으로 전환하였다.

이러한 송의 정책전환을 반영하여 송상인이 주도하고 있던 동중국해의 무역에 '고려상인' 혹은 '일본상인'이 등장하였다. 그러나 '고려상인'

혹은 '일본상인'이란 고려나 일본 지배층의 의뢰를 받아 송에 내항한 상인을 지칭하는 말로, 그들의 민족적 출신은 대부분 중국계로 기존의 송상인들과 근본적인 차이는 존재하는 않았다. 다만 기존의 송상인들이 중국에서 출발하여 고려나 일본에 갔다가 돌아오는 사이클로 무역에 종사하고 있었다면, '고려상인' 혹은 '일본상인'은 역방향의 사이클로 무역에 종사하고 있었다. 이것은 송이 외국에서 온 선박에게도 무역을 허가하면서 가능해진 것으로, '고려상인' 혹은 '일본상인'의 등장은 송의 조공정책 전환과 밀접하게 연관되어 있다.

본고는 이러한 검토를 통해 송대가 초기부터 모든 무역선의 자유로운 왕래가 가능했다는 기존의 통설을 수정하려고 시도했다. 무역관리기구의 존재나 무역장려정책은 송정부가 자국은 물론 외국을 거점으로 활동하는 무역선의 자유로운 왕래도 허용했다는 이미지를 낳았다. 그러나 외국에서 온 선박이 조공형식을 취하지 않고도 무역을 할 수 있게 된 것은 송조정이 조공 관련 정책을 전환한 12세기 중반 이후였다. 그 이전까지 송조정은 외국과의 교섭을 조공관계로 포괄하려는 정책을 실시하고 있었고, 그 때문에 무역선의 왕래는 제한을 받았다.

17세기 말 朝日關係의 변화와 對馬藩
'亂後의 餘威의 쇠퇴'에 관한 재고로부터

이해진 _ 동국대 문화학술원 HK연구교수

* 본고는 이해진, 「17세기 말 朝日關係의 변화와 對馬藩」, 『日本歷史研究』 49,
  2019를 수정·가필한 것이다.

I. 머리말

에도시대 쓰시마번(對馬藩)의 유학자 아메노모리 호슈(雨森芳洲)는 저서인 『交隣提醒』(1728)에서 다음과 같이 이야기하였다.

옛 왜관 시절까지는 朝鮮 亂後의 餘威가 있었기 때문에, 조선인에게 무리한 요구를 밀어붙여도 역관들이 어려워한 나머지 중간에서 한양에 적절히 둘러대어 성사되기 어려운 일도 성사되게끔 하였다. 따라서 난 폭함을 통해 원하는 바를 얻는 것이 조선인을 제어하는 良策이라고 사람들은 여겼다. 새 왜관이 건립되고 나서는 餘威도 점차 옅어져 무리하게 원하는 바를 얻기 어려운 형세가 되었다. 그러나 위세가 옅어졌다는 사실을 알지 못한 채, 우리 쪽의 방법이 좋지 못했다고만 사람들은 여겨 竹島一件 때까지도 위협과 공갈로써 원하는 바를 얻는 것을 방침으로 삼았다. 하지만 7년이 지나도 일이 성사되지 못했을 뿐 아니라 도리어 주군의 평판에 지장을 끼치는 꼴이 되어버렸기에 30년 전부터는 위와 같은 유풍도 사라졌으니, 지금은 좌우간 다행이다. (후략)[1]

이미 여러 선행연구[2]들이 언급한 바 있는 위 사료에서 호슈는 초량왜관(草梁倭館)의 건립(1678) 이전까지는 쓰시마번이 조선에 무리한 요구

---

1 雨森芳洲 著, 田代和生 校注, 『交隣提醒』, 平凡社, 2014, 107~108쪽.
2 長正統, 「日朝關係における記録の時代」, 『東洋學報』 50-4, 1968; 泉澄一, 『對馬藩 藩儒雨森芳洲の基礎的研究』, 關西大學出版部, 1997; 池內敏, 『大君外交と「武威」: 近世日本の國際秩序と朝鮮觀』, 名古屋大學出版會, 2006; 장순순, 「17세기 조일관계와 '鬱陵島 爭界'」, 『역사와 경계』 84, 2012; 田代和生, 「『交隣提醒』が語る近世日朝關係の實態」, 주1) 편저 등.

를 하여도 대체로 성사되었지만, 이후에는 '亂後의 餘威'가 옅어져 조선의 외교 자세가 달라졌다고 이야기하였다. 그럼에도 불구하고 쓰시마번은 이러한 변화를 간과한 나머지 죽도일건(竹島一件, 1693~99)[3] 때에도 같은 방침을 관철하다가 크게 낭패를 보았다고 한다. 초량왜관의 건립으로부터 약 반세기 후에 『交隣提醒』을 집필한 호슈의 눈에는 17세기 말 가시화된 일본의 '餘威'의 쇠퇴가 조일관계에 변화를 가져다준 원인으로 비추어진 것이다. 참고로 호슈가 조일관계의 성격이 변화한 기점으로 보았던 초량왜관의 완공은 에도막부의 5대 쇼군 도쿠가와 쓰나요시(德川綱吉)의 치세(1680~1709)가 시작된 시기와 대체로 일치한다.

근세 일본이 "무위(武威)의 국가를 중핵으로 하는 존대(尊大)한 국제질서관"인 '일본형 화이의식(日本型華夷意識)'을 지니고 있었음을 논한[4] 아사오 나오히로(朝尾直弘)는 17세기 후반이 되면 국내외적 평화가 확실시됨에 따라 "천하의 통합이 완성된 이래로 무위는 현실상에서 동결되었으며, 이와 반비례하듯 무위는 국가의 심벌로서 의례화의 길을 걷게되었다"[5]고 논하였다. 또한 해당 시기 '문치주의(文治主義)'로의 전환이 이루어진 결과, 무위의 후퇴와 의례 중시 등의 양상이 나타났다는 지적도 있다.[6] 호슈가 말한 '餘威'의 쇠퇴는 바로 이러한 변화와도 관계가 있

---

3 에도시대의 일본은 현재의 울릉도를 '다케시마(竹島)' 혹은 '이소타케시마(磯竹島)'라고 불렀다. 또한 현재의 독도(일본명 다케시마)는 당시 '마쓰시마(松島)'라고 불렀다(池內敏, 『竹島: もうひとつの日韓關係史』, 中公新書, 2016, 'はしがき'). 이하 본 논문에서는 사료상 표현에 따라 현재의 울릉도를 '죽도(竹島)'라고 칭하고자 한다.

4 朝尾直弘, 「鎖國制の成立」, 『朝尾直弘著作集』 3, 岩波書店, 2004(1970 初出), 310~311쪽.

5 朝尾直弘, 「東アジアにおける幕藩體制」, 『朝尾直弘著作集』 8, 岩波書店, 2004 (1991 初出), 216쪽.

6 高埜利彦, 「18世紀の日本」, 『岩波講座日本通史 近世3』, 岩波書店, 1994.

는 것처럼도 보인다.

그러나 아사오의 견해에 대하여 야마모토 히로후미(山本博文)는 무위의 논리란 문화적 우위에서 비롯된 화이의식과는 별개의 것임을 지적한 뒤, 근세 초기부터 막부는 무위의 외교를 포기하였기 때문에 에도시대에는 이른바 '허상으로서의 무위'만 존재하였을 뿐이라고 주장하였다.[7] 그리고 이케우치 사토시(池內敏) 또한 무위로 대변되어왔던 일본 중심주의적 발상은 무가(武家)의 외교를 추진한 브레인 집단의 자긍심에서 유래한 것으로, 오히려 갖추고 있지 못한 것이었기 때문에 더욱 강조되는 성질을 지니고 있었다고 논하였다. 게다가 호슈가 말한 '餘威'에 담긴 사고에 관해서도 힘의 논리로 의사를 관철하는 방식이 더 이상 통용되지 않는 현실 속에서 도리어 그것을 동경하는 염원에 가까운 것이었다고 평하였다.[8]

이처럼 근세 일본의 대내외적 정체성으로 주목받아온 무위의 허구성을 지적하는 의견들은 17세기 말 조일관계 변화의 배경을 고찰하는 데에 중요한 전제를 제시하고 있다. 그것은 바로 일본의 무위는 '허상'이자 '갖추고 있지 못한 것'이었기에 '餘威'의 쇠퇴 또한 인식상의 문제로 파악해야 하며, 따라서 조일관계 전환의 직접적인 원인이 되었다고 할 수 없다는 사실이다. 야마모토와 이케우치의 지적에 따라 『交隣提醒』의 서술을 다시금 되새겨보면, 변화의 원인을 '餘威'의 쇠퇴에 두는 호슈의 인식은 17세기 말 조선의 외교 자세 강경화 및 안정을 우선시하는 막부의 외교 노선에도 불구하고 '난폭함을 통해 원하는 것을 얻는' 방법을 견지한 쓰시마번의 과거 방침을 아쉬움으로 바라본 시선이었다. 다시

7　山本博文,「武威の構造」,『鎖國と海禁の時代』, 校倉書房, 1995, 182·191쪽.

8　池內敏, 주2) 저서, 85·152쪽.

말해 사료 속에서 등장하는 '亂後의 餘威의 쇠퇴'란 17세기 말 조일관계 변화의 직접적인 원인이라기보다는 오히려 해당 시기의 변화상을 한 마디로 구체화하기 위한 호슈의 수사적 표현이었다고 보아야 할 것이다. 오히려 해당 시기 조일관계의 시대적 성격은 무위 혹은 '餘威'라는 인식을 지니고 있던 주체들의 입장, 그리고 과거의 방식이 더 이상 통용되지 못하게 된 외교적 실태, 즉 주체들 간의 관계 변화상에서 그 특징을 찾아야만 할 것이다.

한국 측 연구들은 호슈의 발언에서 엿볼 수 있는 17세기 말 조선의 대일 외교 자세 전환의 배경에 주목하였다.[9] 자세히 설명하자면, 임진왜란 이후 평화와 안정의 유지를 대일관계의 기조로 삼았던 조선은 병자호란으로 인해 청(淸)의 조공국으로 편입된 뒤, 중국 내의 대항 세력과 결탁할 것을 경계한 청으로부터 다양한 외교적 압박을 받는 상황이었다. 이러한 가운데 조선은 북변(北邊)의 정세에 주의를 기울이면서 일본에 대해서는 방어적인 자세를 취하게 되었다. 그러나 1670년대에 삼번(三藩)의 난이 진압 국면에 접어들고 중국 내부의 통치나 주변국과의 조공질서가 안정을 맞이하면서부터 조선은 청과의 외교적 긴장을 완화할 수 있었으며, 이와 더불어 대일관계를 한층 능동적으로 추진해나갈 여유를 얻었다고 한다.

한편 위의 사료에서 조일관계의 변화를 초래한 '餘威'의 주체는 일본 전체를 가리키고 있지만, 조선의 직접적인 교섭 상대는 양국 관계의 중계자인 쓰시마번에 해당한다. 실제로 17세기 말 조선이 취한 대일 강경책의 대표적인 사례로서 선행연구가 거론한 계해약조(癸亥約條)의 체결

---

9 김태훈, 「肅宗代 對日政策의 전개와 그 성과」, 『한국사론』 47, 2002; 장순순, 주 2) 논문 등을 참조.

(1683)[10]과 죽도일건의 처리[11]는 후술하듯이 모두 쓰시마번을 대상으로 한 것이었다.

근세 일본의 외교권은 에도 막부가 장악하고 있었지만, 엄밀히 말하자면 당시 조선의 대일외교 상대는 막부만이 아니었다. 임진왜란 이전부터 조선은 무로마치 막부의 쇼군과 '적례(敵禮)'적 교린 관계를, 일본 서부의 영주들인 '거추(巨酋)' 및 쓰시마와는 '기미(羈縻)'적 교린 관계를 맺고 있었으나, 이후 후자 중에서는 쓰시마만이 남아 조일외교의 중재를 맡게 되었다.[12] 이러한 역사를 지니고 있던 쓰시마는 에도시대에 이르러서도 막번제국가의 한 '번(藩)'으로서 막부를 대변하여 조선과의 외교를 전담하는 정치적 역할을 이어갔으나, 경제적으로는 여전히 조선과

---

10 계해약조의 체결과정을 검토한 선행연구는 長正統, 「路浮稅考: 肅宗朝癸亥約條の一考察」, 『朝鮮學報』 58, 1971; 田代和生, 「草梁倭館の設置と機能」, 『近世日朝通交貿易史の研究』, 創文社, 1981; 尹裕淑, 『近世日朝通交と倭館』, 岩田書店, 2011, 제1·2장(1997·1998 初出); 허지은, 「17세기 조선의 왜관통제책과 조일관계: 癸亥約條(1683)의 체결과정을 중심으로」, 『한일관계사연구』 15, 2001; 장순순, 「조선후기 대일교섭에 있어서 尹趾完의 通信使 경험과 영향」, 『한일관계사연구』 31, 2008 등이 있다.

11 죽도일건(울릉도 쟁계)에 관한 대표적 연구는 川上健三, 『竹島の歷史地理學的研究』, 古今書院, 1966; 池內敏, 주2) 저서, 제Ⅲ부(1998~2005 初出); 同, 『竹島問題とは何か』, 名古屋大學出版會, 2012; 內藤正中·金炳烈, 『史的檢證 竹島·獨島』, 岩波書店, 2007; 홍성덕, 「17세기 후반 한일 외교 교섭과 울릉도: 안용복 피랍·도일 사건을 중심으로」, 『독도·울릉도 연구: 역사·고고·지리학적 고찰』, 동북아역사재단, 2010; 이계황, 「일본인의 울릉도 도해와 조·일 외교교섭」, 『일본역사연구』 33, 2011; 장순순, 주2) 논문; 同, 「17세기 후반 '鬱陵島爭界'의 종결과 對馬島(1696년~1699년)」, 『한일관계사연구』 45, 2013; 윤유숙, 『근세 조일(朝日)관계와 울릉도』, 혜안, 2016 등이 있다.

12 손승철, 『조선시대 한일관계사 연구: 교린관계의 허와 실』, 景仁文化社, 2006(1994 初出), 51~76쪽; 민덕기, 『前近代 동아시아 세계의 韓·日관계』, 景仁文化社, 2007(1994 初出), 35~37쪽 참조.

의 무역에 크게 의존하고 있었다. 이와 같은 복잡한 사정에 처해있던 쓰시마번이 막부와 반드시 동일한 입장을 지니고 있었다고는 볼 수 없다.

이러한 문제의식 하에 본 논문에서는 근세 조일관계를 단지 국가 간의 관계가 아니라 조선·쓰시마번·막부 삼자간의 관계로서 조망하여, 사료상의 '餘威'의 쇠퇴라는 표현이 대변하는 17세기 말 조일관계 변화의 구체적인 양상과 이를 야기한 역사적 조건을 재고하고자 한다. 먼저 쓰나요시 정권기의 막부·쓰시마번 관계, 그리고 양자가 지닌 조선 외교 방침과 현실 인식을 1682년 통신사의 접대를 둘러싼 의논으로부터 살펴보겠다. 다음으로 17세기 말 조선·쓰시마번 관계의 쟁점이 된 계해약조의 체결과 사무역 개편 과정을 확인한 뒤, 조선의 외교 자세 변화에 대한 쓰시마번 측의 인식을 검토하고자 한다. 마지막으로 해당 시기 최대의 외교적 사건이었던 죽도일건의 양상을 재고하겠다. 죽도일건의 전모에 관해서는 이미 다수의 연구가 분석한 바 있지만(주11) 참조), 본 논문에서는 해당 사건에 작용하였던 조선·쓰시마번·막부 세 주체 각각의 입장을 그려내는 데에 힘을 기울이고자 한다. 나아가 후세에 이르러 형성된 쓰시마번의 역사서술을 통해 해당 사건이 어떠한 모습으로 번 측의 기억에 남겨졌는지를 살펴보겠다. 마지막으로 이러한 작업을 통해 근세 조일관계사 속에서 17세기 말이라는 시기가 지닌 역사적 의의를 고찰하고자 한다.

II. 1682년 통신사의 도일

1. 조일외교에 대한 쓰나요시 정권의 입장

로널드 토비(Ronald Toby)는 쓰나요시의 쇼군 취임을 축하하기 위한 1682년의 통신사(天和通信使)와 류큐 사절의 도일은 청조(淸朝)에 의한 중국 전토의 최종적인 정복(1683)과 시기적으로 일치하며, 이후에 이어지는 도쿠가와 시대 대부분의 이상적인 외교 의례를 표현한 사례로서 주목할 가치가 있음을 강조한 바 있다.[13] 토비의 지적과 같이 17세기 말은 동아시아 국제질서의 평화가 확실시된 시기였으며, 더욱이 17세기 초에 전란을 맞이했던 동아시아 각국이 내부적 안정에 접어든 시기였다. 이러한 사실을 전제로 본 절에서는 쓰나요시 정권의 첫 조선 외교 의례이자 조선 관계에 대한 막부의 방침이 여실히 드러난 행사라 할 수 있는 1682년 통신사의 접대 과정에 주목하여 당시 조일관계에 대한 막부 측의 입장을 밝히고자 한다.

통신사가 쇼군 알현을 마친 후 에도에 머무르고 있던 1682년 9월 4일, 막부의 다이로(大老) 홋타 마사토시(堀田正俊)는 통신사 접대의 실무를 진행하고 있던 쓰시마번주 소 요시자네(宗義眞)를 자택으로 초대하였다. 그리고는 요시자네에게 이번 통신사에 대한 막부의 방침이 이전과는 다름을 다음과 같이 전달하였다.

---

13 ロナルド・トビ 著, 速水融・永積洋子・川勝平太 譯, 『近世日本の國家形成と外交』, 創文社, 1990, 141쪽. 그밖에 1682년 통신사에 관한 선행연구는 三宅英利, 「綱吉政權の成立と通信使」, 『近世日朝關係史の研究』, 文獻出版, 1986; 箕輪吉次, 「天和 二年(1682)의 朝鮮通信使」, 『아시아문화연구』 6, 2002; 同, 「壬戌年 信使記錄의 集書」, 『한일관계사연구』 50, 2015 등이 있다.

(A) 일본과 조선의 통교에 관한 마음가짐은 선대 쇼군께서 행하신 바와 당대 쇼군의 생각에 차이가 있습니다. 이 점을 모르신다면 봉공이라고 생각해서 하신 일도 도리어 쇼군의 마음에 차지 않게 되어 바람직하지 못할 것입니다. 다이토쿠인(臺德院)〔2대 쇼군 도쿠가와 히데타다(德川秀忠)〕님 시기의 일은 모르겠습니다. 다이유인(大猷院)〔3대 쇼군 도쿠가와 이에미쓰(德川家光)〕님 대의 행적은 들은 바도 있고, 또한 기록을 통해 생각해보아도 대체로 매사 조선에 강요하는 방식으로, 일본에 위광(威光)을 부여하고자 하는 모습이었습니다. 이에 따라 일전에 닛코(日光) 참배 등을 둘러싸고 분쟁이 있어, 선대 쓰시마노카미(對馬守)〔쓰시마번 2대 번주 소 요시나리(宗義成)〕가 봉공이라 여기며 고생해서 일을 마무리 지었다는 사실을 들었습니다. 이번 쇼군께서는 애초에 그러한 생각이 없으십니다. 따라서 이번에는 닛코 참배도 실시하지 말라고 하신 것입니다. 이유를 자세히 말씀드리자면 이국인이 〔쇼군 가문〕 선조의 사당에 가고 싶어 할 리가 없기 때문에, 억지로 참배를 지시할 필요도 없을 것이라는 뜻에서 중지하게 되었습니다.

(B) 이번에 조선에 보낼 답서 속에 '我'라는 글자가 있습니다. 이전부터 이와 같은 글자는 한 자씩 올려서 써 왔지만, 이번에는 내려서 쓰도록 지시하셨습니다. 이에 書衆들이 "그렇게 하신다면 조선을 높이는 꼴이 될 것입니다"라고 이야기했지만, 쇼군께서는 "우리가 禮를 다하기만 한다면 저쪽에서 어떻게 생각하든 상관없으므로 꼭 내려서 쓰도록 하라"고 지시하셔서 그대로 작성했습니다.[14]

위 사료의 (A) 부분은 닛코 참배의 폐지 과정을 고찰한 야마구치 가

---

14 「自延寶九年至天和二年信使來聘集書」, 『天和信使記錄』(東京國立博物館 소장본, ゆまに書房 마이크로필름 참조). 본 절과 다음 절에서 인용할 해당 사료((A)~(E))는 본래 줄 바꿈이 없이 동일한 단락으로 계속 이어져 있으나, 설명상 편의를 위해 단락을 나누고 알파벳 기호를 기입했다.

요(山口華代)가 이미 주목한 바 있으나, 이어지는 (B) 이하에도 조선 외교에 대한 막부의 방침이 등장하기 때문에 다음 절까지 할애하여 전체를 재검토하고자 한다. 야마구치의 지적에 따르면 본 기사는 오로지 쓰시마번 에도 저택에 보관되어 있던 사료군인 도쿄국립박물관 소장본에만 남아있으며, 다른 계통의 통신사기록에는 보이지 않는다고 한다.[15] 또한 미노와 요시쓰구(箕輪吉次)[16]가 설명한 바와 같이 본 사료는 통신사 영접과 관련하여 번주 및 그 주변인만이 알고 있던 사실이자 공식기록에 남기는 것이 꺼려지는 내용을 정리한 일종의 대외비적 성격을 지니고 있다.

위 사료에서 홋타는 먼저 이전까지 통신사가 세 차례에 걸쳐 수행했던 닛코 참배를 이번부터 폐지하게 된 이유를 언급하였다(A). 이 내용을 통해 야마구치는 이국인의 형식적인 참배에 회의적이었던 쇼군 쓰나요

---

15 山口華代,「近世日本の外交儀禮と東照宮信仰: 對馬藩の東照宮勸請を中心に」, (松原孝俊 編)『グローバル時代の朝鮮通信使研究: 海峽あれど國境なし』, 花書院, 2010, 146쪽. 보다 상세히 설명하자면, 본 기사를 포함하여 홋타를 방문한 정황을 기록한 6개조의 내용은「天龍院樣御內所之御覺書」로 정리하여 당시 요시자네와 동행하였던 가로(家老) 히라타 나오에몬(平田直右衛門)에게 맡겨두었으나, 이후 1710년(寶永7) 2월에 기록의 소실에 대비하고자 통신사기록에 추가로 옮겨 적었다고 한다(「自延寶九年至天和二年信使來聘集書」). 이와 관련하여『江戶藩邸每日記』(東京大學史料編纂所 소장)를 참조하면, 1710년 2월 시점에 히라타는 에도 가로로서 번주가 부재중인 에도 저택의 업무를 총괄하고 있었다. 당시 에도 저택에서는 막부 측이 통신사 영접의 전례를 물어온 것에 대한 답서를 준비하였는데, 이를 위해 기존에 에도 저택에서 소장하던 통신사기록을 조회할 때 히라타가 6개조의 내용을 자체적으로 추가한 것으로 보인다. 이러한 까닭에 다른 사료군인 국사편찬위원회 소장본『天和信使記錄』의「御內所集書」조항들을 정리한 미노와의 표에서는 주14) 사료의 내용을 찾아볼 수 없다(箕輪吉次, 주13) 2015 논문).

16 箕輪吉次, 주13) 2015 논문.

시의 의향이 닛코 참배의 폐지에 크게 작용했으며, 그 이유는 닛코 참배를 강행해 양국 사이에 알력이나 지장을 초래함으로써 막부의 권위가 떨어질 것을 우려했기 때문이었다고 말하였다. 또한 "이에미쓰 시대의 대조선정책은 조선에 '강요'해 일본의 '위광'을 표명하는 것을 우선시하는 인식이 보이나, 위의 발언에서는 비판적인 자세가 보인다"라고 지적하며, 막부의 "대조선관계에 큰 전환이 확인된다"라고 하였다.[17]

그러나 머리말에서 소개한 야마모토의 연구는 이에미쓰 정권의 외교방침도 조선과의 단교를 초래할 선택지를 회피하는 현실적인 정책을 통해 무위의 내실을 버리고자 하는 것이었으며, 통신사의 닛코 참배 또한 "어디까지나 국내를 향한 퍼포먼스"에 지나지 않았다고 지적하였다.[18] 게다가 1663년에는 쓰시마번 측이 막부에 '곤겐(權現)〔이에야스〕50주기(週忌)'를 기념하는 통신사의 초빙을 건의하였으나, 4대 쇼군 이에쓰나(家綱)가 유예하여 결국은 좌절에 이르는 일도 있었다.[19] 즉 이에미쓰 정권에 비하여 그 후대부터 이미 통신사와 도쇼구 의례를 연결짓는 막부의 정책이 적극성을 상실한 상황이었음을 알 수 있다. 따라서 쓰나요시 정권의 닛코 참배 폐지는 홋타의 이야기 속에 과거의 외교 방식에 대한 단절의식이 보이는 것과는 별개로, 실제로는 기존 외교 노선의 연장선상에서 무위의 포기라는 방침을 한층 명확히 선언한 것이었다고 평가할 수 있다.

이어서 홋타는 조선에 보낼 회답 국서(國書)에 관한 쓰나요시의 뜻을 전하였다(B). 이전까지는 국서에 쇼군 자신을 뜻하는 '我'라는 문자를

---

17 山口華代, 주15) 논문, 138~139쪽.

18 山本博文, 주7) 논문, 182~184·198쪽.

19 李晽鎭,「十七世紀後半の日朝關係と對馬藩: 權現堂送使の新設交涉を中心に」,『史林』100-4, 2017, 49~50쪽.

자존(自尊)하는 형식으로 한 자 올려 쓰는 전례(擡頭)가 있었으나, 이에 대하여 쓰나요시는 답서를 작성하는 담당자인 書衆들의 반대에도 불구하고 내려서 쓸 것을 지시하였다고 한다. 게다가 그 이유로서 쓰나요시는 "우리가 禮를 다하기만 한다면 저쪽에서 어떻게 생각하든 상관없다"라고 훈시하였다고 한다. 상대국의 인식 여하를 불문하고 외교 의례상의 겸양을 통한 '禮'의 충실한 실천에 고심하는 이러한 쓰나요시의 자세로부터 야마모토가 지적한 "禮의 질서를 통해 국내지배의 계속을 도모하는" 막부의 방침[20]이 대외관계에도 그대로 적용되고 있었음을 알 수 있다.

토비의 설명과 같이 조일 양국의 군주는 서로를 '전하(殿下)'로 칭하면서 경의를 표하는 국서를 교환하고 있었으며, 이는 양국의 대등한 관계를 상징하는 외교 의례였다.[21] 이와 관련하여 이케우치 또한 1635년부터 시작된 외교문서 상의 '대군(大君)'호 사용에 담긴 막부의 의지는 조선을 아래에 두는 것이 아니라 양국의 대등한 위치를 지향하는 것이었음을 지적한 바 있다.[22] 위 사료에 보이는 국서 작성에 관한 쓰나요시의 의견은 이처럼 막부가 이전 시대부터 지니고 있던 과제인 대등 외교의 체현을 넘어, 유교 덕목의 하나이자 동아시아 세계의 보편적 가치인 禮를 외교 의례상에 적용하려는 시도였다는 점에서 그 의의를 찾을 수 있다.

한편으로 상대국의 인식 여하를 따지지 않는다는 쓰나요시의 훈시를 고려하면, 조선 외교에 임하는 위와 같은 방침은 오히려 국내를 대상으로 막부의 권위를 높이는 데에 그 본의가 있었다고 보인다. 단 그 수단이 닛코 참배의 효과로서 기대되는 이국에 대한 과시가 아니라, 국서 교

---

20 山本博文, 주7) 논문, 201쪽.
21 ロナルド・トビ, 주13) 저서, 144~147쪽.
22 池內敏, 주2) 저서, 제1·2장.

환이라는 외교 의례상에서 상대국에 존중을 표하는 방법으로 모색되었다는 점에 주목할 필요가 있다. 이처럼 쓰나요시 정권은 전 세대와의 단절이라는 자기 인식하에 무위의 포기와 禮의 충실한 실천을 조일외교상의 지침으로서 실무자인 쓰시마번 측에 명확히 전달한 것이다.

2. 막부·쓰시마번 관계의 변화

한편 홋타는 앞 절의 (A)와 (B)에 이어서 다음과 같은 이야기를 요시자네에게 전하였다.

(C) 답례품 중에 武具를 더해도 되는지 귀하〔요시자네〕께서 물어보셨기에, 급히 무구 중에서 장창 100자루를 더했습니다. 이에 관하여 "이러한 일은 미리 쓰시마노카미〔요시자네〕와 상담했어야 할 일이다. 임무를 맡겨둔 한에는 모두 합심하여 매사 마음 편히 상담하도록 하라"고 쇼군께서 말씀하셨습니다. 쓰시마노카미의 입장에서 본다면 몹시 감사한 말씀입니다.

(D) 선대 쓰시마노카미 시절에는 조선에 보낼 서계 초안을 미리 열람해달라고 청원이 있었지만, 로주(老中)들이 꺼려서인지 미리 열람하지 않았습니다. 귀하로부터는 청원은 없었지만, 마음 편히 여기라는 뜻에서 이번에는 미리 열람하도록 지시하셨습니다. 이전에는 로주들이 선대 쓰시마노카미에 대하여 다소 소란이 있었던 가문이라 여겨서인지 꺼려했습니다. 일본·조선의 통교에는 나름의 내막도 있다고 여겨집니다만, 지금은 쇼군께서 그렇게 생각하시지 않는 것 같기에 한층 다행입니다.

(E) 이번에 (통신사가) 니시노마루(西之丸)[쓰나요시의 적자(嫡子) 도쿠마쓰(德松)의 거처]에 가서 예를 올리는 일에 관해서도 담당자들이 잘못 생각한 바가 있었던 모양입니다. 대체로 일본·조선의 통교에 관하여 의견이 있으시다면 어떤 일이든 상관없이 저에게 들려주시기 바랍니다. 쇼군께 아뢰어야 할 일은 말씀드리겠습니다. 필요 없는 일은 저만 듣도록 하겠습니다. 어렵게 생각하지 마시고 말씀해 주시기 바랍니다.[23]

위와 같이 홋타는 통신사에 대한 답례품 준비(C)와 쓰나요시의 적자 도쿠마쓰 알현 절차[24]에 관하여 사전에 의견 교환이 충분히 이루어지지 않은 점(E)을 들면서, 쇼군의 지시가 있었으니 앞으로 조선 통교에 관련한 사항을 본인과 상담하도록 권하고 있다. 막각(幕閣) 내에 조선 통교와 관련된 제반 사항을 전담하는 '조선어용로주(朝鮮御用老中)'[25]가 임명된 것이다. 이후 요시자네는 조선어용을 충실히 수행할 것을 서약하는 기청문(起請文)을 홋타와 마키노 나리사다(牧野成貞)을 수신자로 하여 제출하였다.[26]

단 이에 관해서는 쓰시마번의 자율성을 침해받게 되었다는 측면보다는 오히려 조선 통교가 쓰시마번의 사적인 일이 아니라 막부로부터 직

---

23 「自延寶九年至天和二年信使來聘集書」.
24 쇼군 알현 다음날인 8월 28일에 통신사는 니시노마루에 있는 쓰나요시의 적자 도쿠마쓰를 알현하기로 되어 있었다. 그러나 당일 어린 도쿠마쓰를 대신해 홋타가 배례를 받기로 정해졌음이 전해지자 통신사들은 반발하였으며, 논쟁 끝에 결국 아무도 앉지 않은 빈자리에 배례하는 것으로 합의하여 마무리되었다(小川和也, 「天和度朝鮮通信使と大老·堀田正俊の「筆談唱和」: 東アジアにおける儒學と近世日本の領主思想」, 『日韓相互認識』 5, 2012).
25 조선어용로주에 관해서는 허지은, 「근세 막번체제 속의 쓰시마번」, 『일본역사연구』 43, 2016; 古川祐貴, 「對馬宗家と朝鮮御用老中」, 『日本歷史』 831, 2017 참조.
26 「自延寶九年至天和二年信使來聘集書」.

접 지시받은 '御用'임을 공인받았다는 점에 더 주목해야 할 것이다. 당시 쇼군의 소바요닌(側用人)이던 마키노를 수신자로 하여 기청문을 제출한다는 사실은 조선어용을 충실히 수행할 것을 간접적으로나마 쇼군에게 맹세한다는 것을 의미한다. 또한 홋타 이후의 조선어용로주는 쓰시마번 측이 먼저 요청하면 막부 측이 로주들 중에서 후임자를 지정하는 형식으로 임명되었다. 따라서 조선어용로주의 임명은 막부보다도 쓰시마번 측이 더욱 필요성을 느끼고 있던 일이었음을 알 수 있다. 더욱이 이후의 소바요닌이자 막부 제일의 실력자였던 야나기사와 요시야스(柳澤吉保)는 쓰시마번 측으로부터 후임 조선어용로주의 신속한 임명을 부탁받자 "조선어용과 나가사키(長崎) 방면 일은 이국(異國) 관계 사항이기 때문에 중대사이며, 쇼군께서도 중요하게 생각하고 계십니다"라고 답하였다. 그리고는 조선어용로주 임명 전까지는 자신에게 상담을 청하도록 하여[27] 막부 또한 쓰시마번이 수행하는 조선어용을 중시하고 있음을 전하기도 하였다.

이처럼 1682년 통신사의 도일을 계기로 막부로부터 명실상부 공인된 '조선어용'이라는 특수한 역할은 당시 무가 사회 내에서 쓰시마번이 차지하는 위상과도 관계되는 일이었다. 이와 유사한 사례로 1670년대 말에 쓰시마번은 막부에 대한 헌상 의례상에서 번주 소 가문의 가격(家格)을 '10만 석 이상'으로 인정해줄 것을 청원하여 승인받았다.[28] 앞서 설명

27 古川祐貴, 주25) 논문, 26쪽.
28 소 가문이 주장한 '10만 석 이상' 가격에 관해서는 藤實久美子, 「武鑑とその板元: 江戶前中期を中心に」, 『地方史研究』 234, 1991; 古賀直美, 「武鑑にみる對馬宗家の家紋の變遷と「十萬石以上之格」について」, 『東風西聲』 2, 2006; 越坂裕太, 「近世前期における獻上と大名家格秩序: 宗家の「十萬石以上格」創出に注目して」, 『日本歷史』 856, 2019; 이해진, 「對馬宗家의 '10만 석 이상' 家格과 朝鮮製 銅燈籠」, 『일본역사연구』 59, 2022 등을 참조.

한 바와 같이 17세기 후반부터 일본에서는 이른바 '문치주의'의 경향이 짙어지는 가운데, 무가 사회에서는 다이묘(大名)의 관위와 가격에 중요한 가치를 부여하고 있었다.[29] 쓰시마번의 사례 또한 막부 권력에의 접근과 무가 사회 내에서 자신들이 지닌 상대적 위신을 중시한 결과라 할 수 있다.

이후 쓰시마번은 조선어용뿐만 아니라 다른 안건에 관해서도 정식 보고에 앞서 조선어용로주에게 조언을 구하는 형식을 취함으로써 막부와의 관계를 수월하게 풀어갔으며, 게다가 조선어용이라는 특수한 역할을 근거로 막부에 재정원조 등의 특별대우를 요청하기도 했다. 이와 같은 막부·쓰시마번 관계의 재정립 또한 쓰나요시 정권기에 이루어진 하나의 변화라고 할 수 있다.

한편 앞의 사료에서 주목할 점은 홋타가 '선대'의 '소란', 즉 번주 소 요시나리(宗義成)와 가신 야나가와 시게오키(柳川調興) 사이의 주종간 대립을 발단으로 그동안 쓰시마번이 조선과 일본 사이에서 자행해 온 국서 개작이 폭로된 야나가와 잇켄(柳川一件)을 언급하는 부분(D)이다. 선행연구는 1635년 야나가와 잇켄의 결착을 통해 "조선 외교의 지휘계통이 쇼군-로주-소씨(宗氏)로 一本化되었다"[30]고 논하였다. 그러나 홋타의 발언으로부터는 야나가와 잇켄 이후 로주들이 오히려 쓰시마번의 사정을 감안하여 조선에 보내는 서계(書契) 내용의 사전 검토 등 불필요한

---

29 高埜利彦, 주6) 논문.
30 荒野泰典,「大君外交體制の成立」,『近世日本と東アジア』, 東京大學出版會, 1988 (1981 初出), 208쪽. 단 이와 같은 야나가와 잇켄의 통설에 대하여 최근 이케우치는 수 편의 논문을 통해 비판을 가하였다(池內敏,「「柳川一件」考」,『歷史の理論と敎育』 152, 2019; 同,「「柳川一件」の歷史的位置」,『通信使·譯官使とその周邊』 1, 2020 등).

간섭을 최대한 피해왔다고 쓰나요시 정권 측이 인식하였음을 확인할 수 있다. 그렇지만 홋타는 지금까지와는 달리 금후에는 조선 통교에 관한 보고 체계를 정비하겠다는 쇼군의 뜻을 전하면서 이는 "쓰시마노카미의 입장에서 본다면 몹시 감사한 말씀"이라고 말하였다.

또한 홋타는 과거에 있었던 "일본·조선 통교의 내막", 즉 야나가와 잇켄의 심의가 한창이던 때 폭로되어 외교적 사단을 일으킨 쓰시마번의 국서 개작 등 막부에 알려지지 않은 조일관계의 속사정에 관해서도 현 쇼군인 쓰나요시는 크게 신경을 쓰지 않는다는 사실을 전하였다. 이를 통해 17세기 초반 국서 개작의 발각으로부터 이어져 왔던 막부에 대한 쓰시마번 측의 긴장감이 어느 정도 해소되었음을 짐작할 수 있다. 실제로 이로부터 얼마 후 쓰시마번은 『柳川調興公事記錄』을 집필[31]하여 금기시되어왔던 야나가와 잇켄의 기억을 승리자의 입장에서 번의 역사로 재정리하였다.

---

31 해당 기록의 오쿠가키(奧書)에는 번주 요시자네가 1683년에 적었다고 하는 편찬의 취지가 수록되어 있으나, 동시에 쓰가루(津輕)에 유배되어 있던 야나가와 시게오키(柳川調興)가 이듬해인 1684년에 사망하였다는 사실도 같은 필체로 이어서 기재하였다. 이 사실에 주목한 이케우치는 『柳川調興公事記錄』은 시게오키의 죽음을 계기로 정리된 '사건에 관한 소 가문 측의 正史'라고 평하였다(池內敏, 주30) 2020 논문, 65쪽 주9) 참조). 즉 이케우치의 견해에 따르면 실제 기록 편찬은 시게오키의 사후에 이루어졌으나, 마치 시게오키가 죽기 전에 편찬이 완료된 것처럼 보이기 위한 편자 측의 의도가 반영된 것이라 할 수 있다.

III. 조선·쓰시마번 관계의 변화

1. 계해약조의 체결과 사무역 개편

17세기 초반부터 여러 차례 조선과 쓰시마번 사이에서 이루어진 왜관 이전 교섭[32]은 1667년의 밀무역 사건[33]을 계기로 전환을 맞이하였다. 쓰시마번은 왜관의 위치가 밀무역 단속에 불리한 상황이라고 막부에 보고하여 이전을 승인받았다. 이어서 조선에 대하여서는 밀무역 단속의 미흡함을 문제 삼으면서 왜관 이전 요청이 막부의 지시라고 칭하며 강하게 밀어붙였다. 그럼에도 교섭이 난항을 빚자 쓰시마번은 왜관의 무사들이 경계구역을 넘어 시위하는 '난출(闌出)'을 일으키는 등 온갖 방법을 써가며 조선 측을 닦달하였다. 이처럼 왜관을 둘러싼 갖은 문제가 심화하는 가운데, 조선도 왜관의 부지 이전을 통한 효율적인 일본인 관리를 위하여 요청을 승인하는 쪽으로 방침을 전환하였다. 이 과정에서 쓰시마번의 무리한 교섭 방법이 조선 측의 반감을 산 것은 당연한 일이었다.

그리고 1609년의 기유약조(己酉約條) 체결을 통해 쓰시마번은 임진왜란 이후 중단되었던 무역 권리를 조선으로부터 다시금 인정받아 외교·무역선인 세견선(歲遣船) 20척을 파견하여 공무역(公貿易)을 수행할 수

---

32 왜관 이전 교섭에 관한 대표적인 연구로는 田代和生, 주10) 논문; 尹裕淑, 「草梁 倭館への移館と倭館の造營·修理·改建」, 주10) 저서(2003년 初出) 등이 있다.

33 1667년 밀무역 사건에 관한 대표적인 연구로는 荒野泰典, 「小左衛門と金右衛門: 地域と海禁をめぐる斷章」, (網野善彦 編)『海から見た日本文化』, 小學館, 1992; 윤유숙, 「17세기 朝日間 日本製 武器類의 교역과 밀매」, 『史叢』67, 2008; 酒井 雅代, 「寬文拔船一件からみる日朝關係」, 『歷史評論』 743, 2012 등이 있다.

있었으나, 이는 전쟁 이전에 비하면 축소된 규모였다. 이러한 손해를 만회하기 위하여 쓰시마번은 17세기 전반기 동안 조선 측과 끊임없이 교섭을 벌여 규정 외의 세견선인 수도서선(受圖書船)을 증설해나가는 방법을 취하였다. 그러나 17세기 중반부터 무역 지출에 경제적 부담을 느낀 조선은 쓰시마번 측의 거듭된 요청을 거절함과 동시에, 기존에 허락한 수도서선도 줄이겠다는 뜻을 누차 피력하였다. 그 결과 17세기 후반에 이르면 쓰시마번의 세견선 증설 시도는 한 차례도 성공을 거두지 못하는 상황이 되었다.[34]

그러자 쓰시마번은 1670년대부터 인삼 무역의 확대 등 점차 사무역(私貿易)을 중시하는 방향으로 무역 방침을 선회해 나갔다. 그러나 조선은 1680년에 상고정액제(商賈定額制)를 실시하여 왜관에서 이루어지는 거래에 참여하는 조선 측 특권 상인의 수를 제한하는 등 사무역에 대해서도 규제를 시행하였다.[35]

그 외에도 쓰시마번에 대한 조선의 강경한 외교 자세는 1682년 통신사의 사행 중에 실시된 교섭에서도 확인할 수 있다. 통신사 정관(正官) 윤지완(尹趾完)[36]은 쓰시마 체류 중에 다음과 같은 조선 측의 세 가지 요구사항을 번 측에 전달하였다. 이는 ①규정 외의 별차왜(別差倭) 파견은 불가하다는 점, ②왜관의 경계를 정하고 푯말을 세우는 7가지 조건 (1678년에 협의한 무오절목[戊午節目][37])을 확약할 것, ③왜관에 많은 수

---

34 쓰시마번이 수행하였던 조선 무역의 전체상에 관해서는 田代和生, 주10) 저서 참조. 또한 17세기 후반 쓰시마번이 추진하였던 세견선 증설 교섭에 관해서는 李昡鎭, 주 19) 논문; 유채연, 「조선시대 兒名圖書에 관한 고찰」, 『한일관계사연구』 62, 2018 등을 참조.

35 田代和生, 주10) 저서, 229쪽; 정성일, 『朝鮮後期 對日貿易』, 신서원, 2000, 76~77쪽.

36 통신사행 중에 윤지완이 수행하였던 교섭과 그 성과에 관해서는 장순순, 주10) 논문 참조.

의 다이칸(代官)을 보내면 폐해가 많고 매매의 이익을 도모하는 일이 많으니 개정할 것이었다.[38] 그리고는 요구사항을 들어주지 않으면 일전에 왜관에서 있었던 난출 사건과 같은 쓰시마번 측의 비행을 쇼군에게 직접 고할 수밖에 없다고 엄포를 놓았다.[39] 여기서는 조선이 막부와 쓰시마번을 별개의 상대로 인식한 채 대일 외교에 임하고 있었음을 알 수 있다.

결국 쓰시마번은 통신사의 귀국 때 가로들이 서명한 문서로 위의 세 가지 요구사항을 수락하겠다는 뜻을 전달하였다. 이 중 ①별차왜의 문제는 당시 쓰시마번이 갖가지 명목으로 정례화되지 않은 사신을 추가로 파견하여 외교교섭의 창구로 삼고, 나아가 체류비용도 수령해 갔기에 금지하려 한 것이었다. 이에 대하여 쓰시마번 측에서는 과거 부득이한 사정으로 파견한 것이기에 양해를 구하고, 향후 규정 외의 사절을 별도로 보내지 않겠다고 이야기하였다. 단 표류민 호송의 경우는 상황에 따라 예외로 취급할 것을 요청하였다.[40] ②에 관해서는 양측의 교섭을 거쳐 이듬해 5개 조항으로 개편된 계해약조가 체결[41]되었으며, 조문을 세

---

37 계해약조의 조항이 무오절목을 계승하였다는 사실에 관해서는 허지은, 주10) 논문 참조.
38 洪禹載, 『東槎錄』, 壬戌年(1682) 7월 4일·10월 21일.
39 『肅宗實錄』, 壬戌年(1682) 11월 7일.
40 洪禹載, 『東槎錄』 壬戌年(1682) 10월 27일.
41 각 조항의 내용은 다음과 같다. ①금표(禁標)를 세워 경계를 정하고 난출·범월(犯越)한 자는 죄로 다스린다. ②路浮稅(倭債)는 주는 자와 받는 자 모두 같은 죄를 적용한다. ③개시 때 왜관의 각 방에 잠입해 밀무역을 행하는 경우 쌍방 모두 죄로 다스린다. ④五日次 雜物을 지급할 때 일본인은 조선인 하급 관리를 구타하지 말 것. ⑤쌍방 모두 죄를 지은 자는 관문 밖에서 형을 집행할 것. (부가 조항) 경계 너머로 외출이 필요한 경우는 관수(館守)의 허락을 얻어 표찰을 지니고 역관들의 거처가 있는 곳까지 출입할 수 있다.

운 고찰(高札)이 왜관 내에 세워졌다.[42] 다만 왜관 통제가 조선이 계획한 대로 효과를 발휘하였다고 말하기는 힘들다. 제IV장 1절에서 다룰 죽도 일건의 처리 과정을 비롯하여 그 후에도 쓰시마번 측이 여러 차례 조직적인 난출 사건을 일으켰기 때문이다.

조선 측의 마지막 요구사항인 ③다이칸의 감원 또한 쓰시마번은 수용하였다. 왜관의 다이칸은 주로 무역 매매와 관련된 교섭과 결제, 또는 조선 측이 지급한 각종 물품의 수령·재촉 등 경제적인 면을 담당하기 위한 관리였기 때문에 쓰시마번의 무역 경영에서 중요한 위치를 점하고 있었다.[43] 이전까지 다이칸은 총 20인이 왜관에 파견되었으나, 쓰시마번은 윤지완의 요구를 받아들여 1683년에 그 수를 절반으로 줄일 것을 결정하였다. 그 대신 쓰시마번은 사무역만을 관할하는 쇼바이가카리(商賣掛, 후일의 모토가타야쿠[元方役][44]) 10인을 새로이 임명해 왜관에 파견하였으며, 기존의 다이칸 10인은 공무역 및 문서관리를 전담하게 하였다. 이로써 공무역은 다이칸이, 그리고 사무역은 모토가타야쿠가 분장하는 체제가 확립되었다.

쓰시마번이 운영하는 조선 무역에 대하여 막부는 기본적으로 불간섭의 자세를 취하였으며, 특별한 상납 의무도 부과하지 않았다. 이러한 가운데 왜관에서 매월 일정한 횟수로 이루어지는 사무역은 진상(야나가와

---

42 다음 절에서 다룰 「賀島兵介言上書」의 제29조는 왜관 내에 약조의 조문을 적은 고찰(高札)을 세운 일이 "오랫동안 쓰시마의 해가 될 것"이며, "가로들이 어떤 생각을 품은 것인지는 모르겠지만, 이제 와서 돌이킬 수 없는 형국이니 지극히 유감인 일이라고 모든 사람이 한탄한다"라고 비판하였다(瀧本誠一 編, 「賀島兵介言上書」, 『日本經濟大典』12, 啓明社, 1928, 596쪽).

43 田代和生, 주10) 저서, 189~191쪽.

44 모토가타야쿠에 관해서는 田代和生, 「元方役の設置と私貿易の藩營化」, 주10) 저서 참조.

잇켄 이후는 봉진[奉進])·회사(回賜)나 공무역과는 달리 일반적으로는 특정 물품을 제외하면 규모에 제한이 없었기 때문에,[45] 실로 시장의 논리에 따라 이익을 얻을 수 있는 수단이었다. 본래 사무역은 쓰시마번이 전매하는 것 이외의 상품에 대한 무역권을 지정된 상인들에게 넘기는 대신 세를 징수하는 방식으로 이루어졌으며, 상인들은 왜관에서 일본산 은(銀)으로 생사나 인삼 등을 매입하여 일본 국내에 되파는 중계무역으로 이익을 얻었다.

그런데 쓰시마번은 모토가타야쿠의 설치를 통해 과거 상인들에게 분배되던 사무역 이익을 번이 직접 장악할 수 있게끔 체제를 개편한 것이다. 모토가타야쿠에 관하여 다시로 가즈이(田代和生)는 계해약조의 체결과 연관성이 있음을 언급한 바 있으나,[46] 구체적으로 어떠한 요인이 직접적인 계기가 되었는지는 지적하지 않았다. 그러나 통신사 윤지완의 세 가지 교섭 사항 가운데 다이칸 수의 감원 요구가 모토가타야쿠의 설치로 이어졌음을 확인할 수 있었다.

17세기 후반에 다방면에 걸친 체제 개편[47]을 진행하던 쓰시마번은 재정 확충의 필요성을 절실히 느끼고 있었으며, 이를 위해 무역 수익을 증진할 방안을 모색하고 있었다. 그러나 조선의 완강한 대응으로 공무역의 확충이 불투명해진 상황 속에서 모토가타야쿠의 신설은 사무역 수익을 번이 직접 거두어들임으로써 재정 확충을 도모함과 동시에, 다이칸 수의 감원을 요구한 조선 측의 압박을 표면적으로 무마하기 위한 전환

45　田代和生, 주10) 저서, 66~71쪽.

46　田代和生, 주10) 저서, 229~231쪽.

47　17세기 후반 쓰시마번의 번정 양상에 관해서는 伊東多三郎,「對馬藩の研究」(一)(二),『歷史學研究』69·79, 1942; 檜垣元吉,「對馬藩寬文の改革について」,『史淵』62, 1954; 森山恒雄,「對馬藩」,『長崎縣史』藩政編, 吉川弘文館, 1973 등을 참조

위복의 방편이었다고 할 수 있다.

이러한 가운데 쓰시마번은 17세기 말에 사무역의 활황을 맞이하며 조선 무역의 전성기를 누릴 수 있었다.[48] 이후 때때로 1686년 막부의 은 수출액 제한이나 1689년 조선의 인삼 수출 금지 등과 같은 제약이 있었으나, 쓰시마번은 암암리에 조선 측 상인들과 거래를 지속함으로써 사무역의 규모를 유지해나갔다.[49] 그러나 1695년에 막부는 80%였던 기존 은화(게이초은[慶長銀])의 품위를 64%로 줄이는 개주(改鑄) 방침을 선포하였다. 이러한 겐로쿠은(元祿銀)의 주조로 인하여 은을 대가로 조선으로부터 생사·인삼을 수입해 중계무역을 수행하던 쓰시마번은 큰 경제적 타격을 입을 수밖에 없었다.

2. 조선의 강경책에 대한 쓰시마번 내의 인식

본 절에서는 조선의 강경책에 직면한 쓰시마번 내부의 인식을 파악하기 위하여 번사(藩士) 가시마 효스케(賀島兵介)가 1687년에 집필한 『賀島兵介言上書』(이하 「言上書」)[50]에 주목하고자 한다. 본래 규슈(九州) 북단에 있던 쓰시마번 영지인 다시로(田代, 현재의 사가현[佐賀縣] 도스시[鳥栖市] 인근)의 다이칸으로서 농정에 종사하던 가시마는 업무능력을 인정받아 1687년 번 당국의 감찰역인 오메쓰케(大目付)에 임명되었다. 이후

---

48 쓰시마번이 수행한 사무역 추이에 관해서는 田代和生, 「貿易帳簿からみた私貿易の數量的考察」, 주10) 저서; 정성일, 「조·일 사무역 규모논쟁」, 주35) 저서 참조
49 막부의 은 수출 제한은 실제 조선무역 상에서 준수되지 않았으며, 조선의 인삼 수출 금지 조치에도 불구하고 해당 시기 쓰시마번의 인삼 수입량은 밀무역을 통한 보완으로 오히려 증가 추세를 보였음이 밝혀진 바 있다(田代和生, 주10) 저서, 269~270·289~290쪽 참조).
50 瀧本誠一 編, 「賀島兵介言上書」, 『日本經濟大典』 12, 啓明社, 1928.

그가 번주와 가로들의 실정(失政)을 상소한 것이 본「言上書」로, 총 34개 조에 걸친 통렬한 번정 비판[51]으로 인해 번주의 노여움을 사 가시마를 영구 칩거에 이르게 만든 문제의 저작이기도 하다.

선행연구들은 조선 관계에 관한「言上書」의 내용이『交隣提醒』에 보이는 호슈의 의견과 유사성을 보이고 있음에 주목하였다. 그 개략을 설명하자면 ①'餘威'의 외교에 대한 재고, ②외교에 관한 기록의 중요성, ③성신(誠信) 외교의 참된 의미에 대한 고찰이다.[52] 이를 통해 비록 가시마는 처벌 후 쓰시마번의 정치 중심에서 배제되었다고 하더라도 그의 사상은 호슈, 그리고 제Ⅳ장에서 다룰 스야마 도쓰안(陶山訥庵) 등 쓰시마번 유학자들의 인식과 이어지는 면이 있으며, 따라서 이후의 조선 외교에도 적지 않은 영향을 남겼음을 알 수 있다.

다만 가시마의 견해가 당시 쓰시마번 전체의 여론을 대변한다고는 할 수 없으며, 어디까지나 당시 현실에 대한 하나의 시각에 지나지 않았다는 점에는 유의해야 한다. 실제로「言上書」의 제출로 인해 가시마가

---

51 「言上書」의 조항별 내용을 간략히 소개하면 다음과 같다. 서문에서 먼저 오메쓰케라는 직분 하에 간언을 올리는 취지를 아뢴 뒤, 제1조는 현재 번주가 정무에 신경을 쓰지 않아 번정이 혼란하고 가로에게 모든 것을 위임해 둔 상황을 비판하고 있으며, 제2조는 당시 재정이 궁핍해진 배경을 논하였다. 이어서 이러한 상황을 극복하고자 시작된 재정 절감책의 폐해들을 제3~11조에서 열거하였다. 다음으로 제12~21조에서는 법도가 바로 서지 않은 현실을 지적하고, 가로들에서부터 시작된 '편애의 사심(詏賮之私)'이 그 근본적인 이유임을 개탄하였다. 제22~23조는 가신들에게 지급하는 영지 및 부조금에 격차가 커 하급 무사들이 곤궁에 빠져있는 현실을, 제24~25조는 불황·태풍으로 인한 조닌(町人)과 백성들의 곤궁을 지적하는 내용이다. 이어서 제26~34조는 당시 번 당국의 조선관계 정책들을 비판하고 개선안을 제시한 뒤, 마지막으로 충심을 다해 간언함을 재차 강조하며 글을 맺고 있다.

52 泉澄一, 주2) 저서, 437~439쪽; 岩方久彦,「雨森芳洲の研究:『交隣提醒』と賀島兵助の「言上書」との比較を中心に」,『日本文化研究』27, 2008.

처벌받으면서 그의 의견은 번으로부터 묵살되었다. 이러한 사실을 먼저 염두에 두고 본 절에서는 「言上書」에 담긴 가시마의 동시대적 인식을 살펴보고자 한다.

「言上書」 제26조에서 가시마는 당시의 조일관계에 관하여 다음과 같이 이야기하였다.

> 一. 이전에는 조선이 성신을 다하고 우리도 예의 바르게 행동하였기에, 조선에서 후히 접대하고 구하지 않던 물건도 보내주어 우리가 사양하곤 했습니다. 그런데 언제부터인지 매사 올바르게 행하지 않고 요구만 많아졌으니, 조선도 誠信이 옅어져 御用의 일도 들어주지 않겠다며 되도록 막고자 합니다. 그러나 <u>조선은 우리나라에 거스르기 힘든 형세이기 때문에 강하게 요구한 일은 부득이하게 뜻을 굽히고 따랐지만</u>, 지금은 과거의 약조에 있는 일조차 소략하게 취급하고 작은 일도 쟁론에 이르러 매사 좋지 못하게 됩니다. (후략)[53]

위 사료를 통해 선행연구는 가시마의 현실 인식이 호슈의 '성신외교론'과 상통하는 면이 있음을 논하였다. 그리고 밑줄 친 대목에 주목하여 호슈가 말하는 이른바 '餘威'의 외교가 통용되던 '古倭館' 시절의 정세를 떠올리게 한다는 점을 이야기하였다. 사료에서 가시마는 조선과 쓰시마번 모두 성신을 다하였던 과거와는 달리, 언제부터인가 쓰시마번 측의 요구가 많아지자 조선도 성신의 마음가짐이 옅어져 어용(御用), 즉 조일 양국 사이의 외교와 관련된 사항조차 쉽사리 들어주지 않게 되었음을 지적하고 있다.

이처럼 17세기 후반에 가시화된 쓰시마번에 대한 조선의 대응 자세 변화는 동시대에 집필된 가시마의 저술로부터도 확인할 수 있다. 단 가

---

53 瀧本誠一 編, 「賀島兵介言上書」, 『日本經濟大典』 12, 啓明社, 1928, 594쪽.

시마는 쓰시마번 측의 거듭되는 요구를 조선의 강경한 외교적 대응을 초래한 근본적인 원인으로 파악하고 있다는 점에서 『交隣提醒』에 담긴 호슈의 견해와는 약간의 차이를 확인할 수 있다. 그리고 여기에 등장하는 쓰시마번 측의 무리한 '요구'를 가시마는 아래의 「言上書」 제30조에서 다시 거론하였다.

> 一. 근래는 약조 외의 御用을 매번 요청하여 들어주기 어렵다고 이야기해도 이것저것 말을 하며 빈번히 요구해왔기에, 조선의 조정이 주군[요시자네]은 사리사욕이 깊고 의리를 모른다고 말합니다. 특히 移館을 요청하여 원하는 대로 이전하였지만 눈에 보이는 어떠한 이익도 없고 도리어 처음 館보다 불편해졌으니, 조선의 수십만 민력을 허비하고 공사 인부 수백 인을 소진시킨 일이 주군의 마음가짐에 성신이 열어졌기 때문이라며 심히 원망한다 합니다. 따라서 지금은 어떠한 가벼운 御用을 이야기해도 쉽사리 허용해주지 않고, 약조 상의 물품도 되도록 덜고자 한다고 합니다.[54]

위와 같이 가시마는 여러 '御用' 중에도 특히 왜관 이전 교섭이 조선에 대하여 번주가 신용을 잃고 원망을 사게 된 가장 큰 계기가 되었다고 이야기하였다. 그 결과 조선이 '御用'은 물론이거니와 약조로 책정한 물품, 즉 공무역으로 허락한 수량마저 줄이려 한다고 개탄하였다.

한편 앞 절에서 이야기했듯 쓰시마번은 이 무렵 모토가타야쿠를 신설하여 사무역 체제의 개편을 추진하였다. 그러나 이에 대해서도 가시마는 사무역 수익을 번이 거두어들이게 된 결과, 번 내의 상인들이 조선에서 수익을 얻지 못하게 되어 도시가 쇠퇴하고 가신들도 곤궁해져 버렸다고 질타하였다.[55] 그에게는 사무역 체제 개편이 번주가 이익을 탐하

---

54 瀧本誠一 編, 「賀島兵介言上書」, 『日本經濟大典』 12, 啓明社, 1928, 596쪽.

여 아랫사람들의 생계 수단을 빼앗은 행위로 비춰진 것이다. 게다가 가시마는 조선 무역의 이익에 크게 의존하는 번 당국의 재정 방침에 대해서도 "장사의 利不利는 정해져 있지 않다"고 하는 "교역의 당연한 이치"를 인지하지 못한 결과라고 비판하였다.[56] 막부의 겐로쿠은 주조 정책이 끼친 영향으로 조선 무역이 타격을 받게 되면서 쓰시마번의 재정이 파국에 이르렀다는 사실을 감안한다면, 결과론적으로는 가시마의 의견이 적중하였다고 보아야 할 것이다.

가시마는 본래 농정을 주업으로 삼았던 다시로의 다이칸 출신이었다. 따라서 영지 내부의 경제적 안정을 최우선시하는 입장을 「言上書」 곳곳에서 피력하였다. 반면 번주를 비롯하여 가로(家老) 등 당시 쓰시마번 내에서 요직을 차지하였던 이들은 영지의 재정 문제보다는 막부와의 관계 구축과 다이묘 사회 내에서의 상대적 위치를 높이는 일에 주안점을 두었다.

번 당국과의 견해 차이는 조선관계에 대한 인식에서도 마찬가지였다. 제Ⅳ장에서 다룰 죽도일건의 처리 중에 가시마는 조선에 성신을 다해야 한다는 내심을 토로하였던 스야마의 주장에 서신을 통해 지지의 뜻을 표하였다(「竹島文談」). 그러나 번 내의 여론은 조선에 대한 강경 노선이 주도하였으며, 가시마와 스야마의 의견은 공감을 얻지 못한 채 소수파에 머물러 있었다.

55 瀧本誠一 編, 「賀島兵介言上書」, 『日本經濟大典』 12, 啓明社, 1928, 592~593쪽 (제24조).
56 瀧本誠一 編, 「賀島兵介言上書」, 『日本經濟大典』 12, 啓明社, 1928, 561쪽(제2조).

IV. 竹島一件의 처리를 둘러싼 각 주체의 입장

1. 조일외교에 대한 입장 차이

앞에서 이야기한 대로 쓰나요시 정권은 조선 외교의 방침과 관련하여 이전 시대와의 단절을 선언하였으며, 닛코 참배에 기대되었다고 하는 '威光'의 과시에도 회의적인 자세를 보였다. 머리말에서 소개한 야마모토의 표현을 빌려 이야기하자면, 쓰나요시 정권은 '허구로서의 무위'를 재차 포기한 셈이라고 할 수 있다.

반면 쓰시마번에게 조선어용이라는 역할은 막부로부터 번의 중요성을 인정받기 위한 수단으로서 기능하였다. 당시 상황을 보여주는 일례로, 『交隣提醒』에서 호슈는 "덴나 연간(1682)의 〔통신사〕 기록에는 일본 내부에서의 사신 왕래나 각지에서의 접대 내역은 적혀 있지만, 조선인과 논담한 사항은 니시노마루에서 도쿠마쓰님께 배례하는 일과 관련하여 도리에 어긋난 바가 있었던 중대사를 비롯해 한 건도 적혀있지 않다"[57]고 개탄하였다. 통신사 접대라는 외교상의 최대 행사에서조차 쓰시마번은 조선 측 사절의 동향보다는 막부 및 다른 다이묘들과의 관계에 주안점을 둔 것이다.

이러한 양자의 입장이 그대로 반영된 사례가 바로 죽도일건[58]이었다. 1693년에 울릉도에서 안용복 등이 일본 돗토리번(鳥取藩) 어민에게 피랍된 후, 쓰시마번은 막부의 지시에 따라 조선인의 죽도 도해 금지를 요청하기 위한 사절을 파견하였다. 그러나 조선과의 교섭은 회답 서계의 내

---

57 雨森芳洲 著, 田代和生 校注, 平凡社, 2014, 72쪽.
58 본 절에서 다루는 죽도일건의 경과에 관해서는 주11) 선행연구들의 설명 및 『竹島紀事』(일본 國立公文書館 內閣文庫 소장)를 참조하였다.

용을 둘러싸고 교착 상태에 빠지고 말았다. 조선의 회답 서계 초안에는 쓰시마번 측이 서계에서 언급한 적이 없는 '鬱陵島'라는 단어가 있었기 때문에, 그 삭제 여부를 둘러싸고 논쟁이 벌어졌기 때문이었다. 게다가 번 측의 요구로 수정된 두 번째 회답 서계는 본래 조선의 '鬱陵島'에 해당하는 '竹島'에 일본인이 먼저 '犯越'한 것이 사건의 발단이라고 설명한 뒤, '貴州〔쓰시마번〕' 사람들은 모든 사실을 파악하고 있으면서 죽도를 일본의 땅이라고 주장하며 조선 어민의 잘못을 논하는 것은 "誠信의 道에 어긋난다"라고 힐문하는 내용이었다.[59]

조선 측의 통찰대로, 본디 쓰시마번 내에서는 죽도가 조선의 울릉도라는 사실을 인지하고 있었지만, 번의 가신인 다키 로쿠로에몬(瀧六郎右衛門)이 "이번에 〔죽도를〕 일본의 섬으로 확정할 방법이 있을 것입니다. 논쟁은 일본이 충분히 이길만한 논쟁입니다"[60]라고 호언장담하는 등 죽도를 일본의 땅으로 편입시킬 절호의 기회로서 해당 사건을 이용하려 하는 의견이 지배적이었다. 그러나 조선과의 교섭 방법을 둘러싸고 번의 가신들이 논쟁한 결과, 결국은 교섭의 진척 상황을 막부에 보고하여 새로이 지침을 받도록 건의한 스야마의 의견이 번 당국의 승인을 받았다.

다만 막부에 대한 쓰시마번의 보고는 일찍이 죽도가 조선 땅이었을지 몰라도 오랜 세월 일본에서 도해해온 것을 지적하지 않다가 이제야 이야기를 꺼낸 것은 조선의 불찰임을 강조한 뒤, 앞으로의 교섭 지침을 요청하는 방향으로 이루어졌다. 그리고는 향후 조선 측에 파견할 사신은 선례보다 많은 인원을 파견하고, 유사시에는 "평소 일본인이 다니지 못하도록 예전에 합의한 곳까지도 넘어가서 〔조선의〕 관리들과 대담

---

59 『竹島紀事』, 甲戌年(1694) 9월, 禮曹參判 李畬 書契.
60 『竹島紀事』, 元祿8년(1695) 정월 9일.

할"[61] 계획임을 이야기하였다. 쓰시마번은 교섭이 순조로이 풀리지 않는 다면 조정과의 중재를 독촉한다는 명목으로 왜관의 무사들이 난출을 벌 여서라도 사건을 마무리하겠다는 의사를 막부 측에 피력한 것이다.

그런데 쓰시마번으로부터 죽도가 조선의 울릉도일지도 모른다는 보 고를 받은 당시의 조선어용로주 아베 마사타케(阿部正武)는 조일 양측의 도해를 모두 용인하는 방안이 어떠할지를 되물었다. 이러한 대응은 당 시 상황을 충분히 이해하지 못한 채 일단 상대국과의 외교적인 마찰을 피하고자 하는 방법이었으나, 쓰시마번은 죽도가 밀무역의 온상이 될 우려가 있음을 들어 동의하지 않았다. 이에 아베는 일본인이 죽도에 도 해하게 된 유래에 관하여 돗토리번 측에 다시 사정을 물은 뒤, 처음의 입장을 철회하고 죽도에 관한 분쟁을 더 이상 확대시키지 않도록 쓰시 마번 측에 다음과 같이 지시하였다.

竹島에 관해서는 본래 상세히 알지 못합니다. 호키(伯耆)에서 건너가 고기를 잡아왔다고 하여 마쓰다이라 호키노카미(松平伯耆守)〔돗토리번 주 이케다 쓰나키요(池田綱淸)〕님께 물어보았더니, 이나바(因幡)·호키에 속하는 곳도 아니라고 합니다. (중략) 거리를 물었더니 호키에서는 160 리 정도이나, 조선까지는 40리 정도라고 합니다. 그렇다면 조선의 鬱陵 島일지도 모릅니다. 행여나 일본인이 거주한다던가 우리가 취한 섬이 라면 이제 와서 반환하기 어려운 일이겠지만, 그러한 증거도 없으니 우리 쪽에서 왈가왈부하지 않는 편이 어떻겠습니까. (중략) 전복을 잡 으러 갈 뿐인 무익한 섬인데, 이 일에 구애되어 수년 이래의 通交가 단 절되는 것도 옳지 못합니다. 威光이니 혹은 武威를 빌려 원하는 바를 얻는다고 하더라도, 근거도 없는 바를 강하게 주장하는 것은 불필요한 일입니다.[62]

61 『竹島紀事』, 元祿8년(1695) 11월 28일.

이어서 "일본인이 [죽도에] 건너가지 않도록 하라는 것이 쇼군의 뜻" 인지를 재차 물어온 쓰시마번 측에게 아베는 그러하다고 대답한 뒤, "본래 우리가 취한 섬이 아닌 이상 돌려준다는 말은 이치에 맞지 않다"라고 답하였다. 여기에서 아베의 입을 통해 전해진 막부 측의 결정은 '威光' 혹은 '武威'를 기반으로 상대국을 압박함으로써 누릴 수 있는 국위의 선양보다 외교상의 우호와 안정을 추구한다는 1682년 통신사 도일 때의 방침이 그대로 적용된 것이라 할 수 있다.

이후 쓰시마번은 일본인의 죽도 도해를 금지한다는 막부의 결정을 조선이 파견한 문위행(問慰行)을 통해 구두 형식으로 전하였으나, 이에 대한 답변으로 조선에 서계를 통한 감사의 뜻을 요구하였다. 더욱이 이 과정에서 회답 서계의 문구를 둘러싸고 조선 측과 재차 논쟁이 벌어지자 대규모의 난출 사건을 벌여 또다시 외교 분쟁을 일으켰다. 막부의 뜻과는 정반대로 쓰시마번이 "武威를 빌려" "근거도 없는 바를 강하게 주장하는" 외교를 끝까지 거듭한 결과였다.

이처럼 죽도일건의 해결 과정에서 막부의 지시는 쓰시마번의 자의적인 판단이 반영된 채로 조선에 전해지고 있었다. 그러나 쓰시마번은 이러한 사실이 막부에 알려지는 것을 원하지 않았다. 쓰나요시 정권기에 이르러 국서 개작의 전과(前科)로 인한 긴장이 해소되었다고는 해도, 쓰시마번이 조일관계에 월권을 행사하였다는 사실이 알려진다면 그와 유사한 사단이 벌어질 우려가 있었으며, 적어도 막부의 신임을 잃어버리고 말 것이기 때문이었다.

1696년에 쓰시마번주와 관련하여 돗토리번에 소송할 일이 있다며 안용복이 두 번째로 도일했을 때, 막부 측은 일단 그들의 이야기를 듣고자

---

62 『竹島紀事』, 元祿9년(1696) 정월 9일.

하여 쓰시마번에 통역 파견을 요청하였다. 그러나 안용복의 도일이 죽도와 관련된 일임을 짐작한 쓰시마번은 일본과 조선은 예로부터 규약을 맺어 어떠한 일이든 쓰시마의 중개를 거쳐 왔으며, 다른 곳에서 직접 통교한 선례가 없음을 막부 측에 이야기하였다. 그럼에도 불구하고 이를 허락한다면 앞으로 쓰시마번의 중개를 거치지 않은 직소(直訴)가 빈발하여 조선어용의 수행이 곤란해질 것이니, 안용복은 돗토리에서 바로 송환하거나 혹은 표류민의 절차에 따라 나가사키(長崎)로 보내 쓰시마번에 인계해야만 하며, 소송을 반드시 들어야 한다면 쓰시마번주를 통해 보고하도록 건의하였다. 이러한 쓰시마번의 입장을 고려하여 막부는 안용복을 돗토리에서 바로 송환할 것을 결정하였다.[63] 비록 안용복이 지난번 귀국 때 조정에 밀고하여 쓰시마번을 모함한 적이 있다는 사실은 막부에 보고해두었지만, 그의 진술을 막부가 직접 접했을 때 또다시 어떠한 파문을 일으킬지 모르는 일이었다. 따라서 쓰시마번은 '조선어용'의 전례를 들어 쓰시마번을 거치지 않은 채 안용복이 막부 혹은 돗토리번 측과 접선하는 것을 차단한 것이었다.

야마모토는 류큐와 사쓰마번(薩摩藩)의 사례를 통해 "막부의 무위나 위광을 내세우는 발언들은 번의 이익 추구 논리로서 인지시키고 재생산해나간 것이었다"라고 논하였다.[64] 죽도일건의 사례를 보아도 무위의 발현을 자제하도록 지시하였던 막부의 입장과는 달리, 쓰시마번은 도리어 조선에 강압적인 태도를 견지하여 죽도가 일본의 땅임을 스스로 인정하게끔 하는 방안을 취하고자 하였다. 그러나 이러한 번 당국의 입장에 대하여 스야마는 "다른 나라의 섬을 억지로 취하여 일본의 막부에 바치는

---

63 池內敏, 주2) 저서, 309~312쪽.
64 山本博文, 주7) 논문, 202~206쪽.

것이기 때문에 불의라고 할 수 있지만 충공(忠功)이라고는 할 수 없다"[65]고 한탄하였다.

조일관계 상에서 우호와 안정을 최우선시하였던 막부와 마찬가지로, 조선 또한 처음에는 "우리의 경계인 울릉도"와 "귀국의 경계인 죽도"라는 문구를 병기한 서계로 회답하여 분쟁을 원만히 해결하려는 모습을 보였다. 그러나 교섭이 진행됨에 따라 조선은 쓰시마번의 의도를 의심하기 시작하였다. 더욱이 귀국한 안용복으로부터 쓰시마번이 죽도에 관한 서계를 보내온 것은 "장차 江戶에서 공을 과시하기 위한 계략"[66]으로, 실제 막부의 뜻과는 크게 다르다는 진술을 듣고 본 사건에 쓰시마번의 자의가 작용하고 있음을 확신한 뒤부터 강경 대응으로 선회해 나갔다. 그 결과 조선은 수정한 회답 서계에 죽도가 곧 울릉도임은 "귀주(貴州)〔쓰시마번〕 사람들 또한 모두 알고 있는 일"이라고 명시하여 막부에 쓰시마번의 의도를 넌지시 알리고자 하였다. "이 사건은 필경 일본의 막부와 조선의 조정을 설득하여 양국 간에 좋은 결과로 정리되게끔 하는 것은 쉬우나, 전 번주님〔요시자네〕과 가로(家老)들까지 설득하여 이 사건을 적합하게 마무리 짓는 것은 어렵다고 생각한다"[67]라는 스야마의 개탄은 이처럼 죽도일건의 처리 과정에서 조일관계의 세 주체가 지닌 각각의 입장을 여실히 보여주는 발언이라고 할 수 있다.

65 瀧本誠一 編, 「竹島文談」, 『日本經濟大典』 8, 啓明社, 1928, 457쪽.
66 『肅宗實錄』, 甲戌年(1694) 8월 14일.
67 瀧本誠一 編, 「竹島文談」, 『日本經濟大典』 8, 啓明社, 1928, 459쪽.

2. 『朝鮮通交大紀』에 담긴 후세의 기억

죽도일건의 패착을 비롯해 조선과의 교섭이 불리하게 진행되는 상황 속에서 기록의 부족을 통감한[68] 쓰시마번은 『善隣通書』를 편찬하는 등 조일관계 관련 기록을 대대적으로 정리하는 작업에 착수하였다.[69] 그 결과 17세기 후반부터 18세기 초를 경계로 쓰시마번의 사료가 비약적으로 증가하는 이른바 '기록의 시대(17세기 후반~19세기 중기)'[70]가 도래하였다. 더욱이 이 시기에는 1686년에 스야마가 『宗氏家譜』의 편찬을 달성하는 등, 쓰시마 스스로의 역사를 재정리하는 작업도 이루어졌다. 이 시기에 이루어진 쓰시마번의 역사서술은 조일관계의 과거와 현재, 그리고 양국 사이에 놓인 자신들의 위치를 재고하는 과정이었다고 평가할 수 있다.

한편 1725년에 쓰시마번의 가신 마쓰우라 가쇼(松浦霞沼)가 집필한 『朝鮮通交大紀』는 죽도일건 관계 기사 속에서 앞 절에 인용한 아베의 발언을 다음과 같이 수록하였다.

> (A) 죽도라는 땅이 이나바에 속해 있다고 해도, 또한 우리나라 사람이 거주한 적은 없습니다. (중략) 지금 그 지리를 따져보건대 이나바에서 떨어진 거리가 160리 정도, 조선에서 떨어진 거리가 40리 정도

---

68 죽도일건 이전에도 가시마는 「言上書」 제27조에서 "조선에서는 (중략) 이전부터 있었던 일은 크든 작든 모두 상세히 기록해두고 옛일을 아는 이들도 많으므로, 매사 쟁론이 있을 때는 확실한 증거를 갖춰 이야기합니다. 그러나 우리에게는 그러한 상세한 기록도 옛일을 기억하는 이도 없기에 필시 패하거나, 이길 만한 일도 무리하게 이기곤 했습니다."라고 하여 기록의 중요성을 강조한 바 있다 (瀧本誠一 編, 「賀島兵介言上書」, 『日本經濟大典』 12, 啓明社, 1928, 595쪽).

69 池內敏, 주2) 저서, 322쪽.

70 長正統, 주2) 논문.

입니다. 이곳이 본디 조선 영토의 경계임은 의심할 바 없어 보입니다〔似たり／あらす〕. (B) 國家〔일본〕가 만약 兵威로써 임한다면 무엇을 원한다 한들 얻지 못하겠습니까. 다만 쓸모없는 작은 섬 때문에 이웃 나라로부터 우호를 잃을 뿐이니 득이라 할 수 없습니다. 더욱이 본디 그곳〔죽도〕이 본디 저들로부터 취한 것이 아니라고 한다면, 지금 이를 되돌려준다는 말 또한 해서는 안 될 것입니다. 다만 우리나라 사람이 가서 고기를 잡는 것을 금할 뿐입니다.[71]

일부 선행연구는 위의 사료를 인용한 19세기 막부의 외교 사료집인 『通航一覽』의 기사로부터 "막부는 죽도가 이나바에 속한다는 인식을 지니고 있었다"(A)[72] 혹은 "막부가 조선에 대하여 '兵威'의 우위를 강조하고 있다"(B)[73]고 주장한 바 있으나, 이케우치가 바로잡은 바와 같이 이는 『通航一覽』이 『朝鮮通交大紀』의 기사를 그대로 인용하면서 오류를 답습했기 때문에 벌어진 착오이다.[74] 실제로 앞에서 인용한 『竹島紀事』의 내용과 비교해보면 도리어 아베는 "이나바·호키에 속하는 곳도 아니라"는 사실을 돗토리번으로부터 확인했다고 말하였다. 참고로 두 사료를 비교하면 1차 사료로부터 발췌한 『竹島紀事』 쪽이 더 실제에 가깝다할 수 있다.

게다가 (B)에는 일본이 '兵威' 즉 무위의 발현을 통해 죽도를 취할 수있음이 확실하지만, 그러하지 않았다는 내용이 적혀 있다. 그런데 『竹島紀事』의 기술에서 아베는 武威 혹은 威光을 앞세운 외교를 통해 원하는

---

71 松浦允任 著, 田中健夫·田代和生 校訂, 『朝鮮通交大紀』, 名著出版, 1978, 285쪽.
72 內藤正中, 「鬱陵島と因伯: 鳥取縣の日朝關係史」(Ⅰ), 『北東アジア文化硏究』 2, 1995, 14~15쪽.
73 이계황, 주11) 논문, 108쪽.
74 池內敏, 주2) 저서, 396쪽.

바를 얻는다 한들, 그처럼 "근거도 없는 바를 강하게 주장하는" 교섭 방법은 바람직하지 못하다고 쓰시마번 측에게 이야기하였다. 요컨대 『竹島紀事』에 수록된 아베의 발언이 武威의 발현을 통한 죽도 획득의 실현 가능성을 '가정'하던 것에 비하여, 위 사료에서는 '확신'을 담은 문장으로 변모하였음을 지적할 수 있다.

다나카 다케오(田中健夫)의 해제에 따르면, 현존하는 『朝鮮通交大紀』의 사본류는 甲·乙·丙의 세 계통으로 분류할 수 있다고 한다. 이 중에서 甲 계통(國立公文書館 內閣文庫 소장본 등)에는 乙 계통(현 長崎縣對馬歷史硏究센터 소장본 등)과 비교했을 때 저자의 사견 등 외교 실무자 이외에는 불필요한 내용이나 쓰시마번 측에 불리하게 해석될 여지가 있는 부분이 삭제되었기 때문에, 다나카는 甲 계통을 '官府 제출본'이라고 판정하였다.[75] 이에 따르면 乙 계통은 쓰시마번 내의 전래본을 모체로 한 것임을 추측할 수 있다. 위 인용문은 甲 계통의 기술을 번역한 것이며, 표기가 엇갈리는 부분은 괄호 안에 원문을 〔甲/乙〕 순서로 병기하였다.

그중 주목되는 곳은 甲·乙의 두 계통이 전혀 다른 단어를 사용한 물결선 부분이다. 甲 계통(막부 제출본)의 '似たり(~라고 보인다)'와는 달리, 乙 계통(쓰시마번 내 전래본)에는 'あらす(~라고는 할 수 없다)'라고 표기되었다. 乙 계통의 표기에 따라 원본의 내용을 의역해보자면, "죽도 땅은 〔일본의〕 이나바에 속해 있다고 하는데…… 조선 영토의 경계라 함은 의심하지 않을 수 없습니다. 일본이 만약 兵威로써 해결에 임한다면, 무엇을 원한들 얻지 못하겠습니까…… 더욱이 죽도가 〔본래 조선의 영토라고는 할 수 없기에〕 그들로부터 취한 것이 아니라고 한다면, 지금

---

75 田中健夫, 「『朝鮮通交大紀』解題」, 주71) 편저, 7~14쪽. 덧붙여 丙 계통은 甲·乙 두 계통 일부가 각각 공존하는 사본류이다.

또한 죽도를 되돌려준다는 말도 해서는 안 될 것입니다……"이라는 반대의 의미가 된다. 즉『朝鮮通交大紀』乙 계통의 기사에 담긴 아베의 발언은 일본의 땅으로 편입된 죽도를 이 시기에 막부가 은혜를 베풀어 조선에 양도한 것이라는 이야기이다.

단 乙 계통에만 기록된 저자의 按文에는 "당시 적절히 이 사건의 시말을 명백히 막부에 아뢰고, 또한 저 나라에 고하여 그 전후가 명백하지 못하였던 과오를 바로잡아 (중략) 그후 천천히 막부의 명으로 그 경계를 확정하고 우리나라 사람들이 왕래하는 것을 금하여야 했다"[76]라는 기술이 있다. 즉 죽도의 이력을 잘 알고 있는 쓰시마번이 시시비비를 따져 막부와 조선의 오해를 바로잡은 뒤, 사건을 원만히 마무리했어야 한다는 주장이다. 따라서 저자가 의도적으로 사실관계를 날조한 것이라고 보기는 힘들다.

그렇다면『朝鮮通交大紀』의 저자는 무엇을 오인한 것일까. 해당 사료 속에서 막부 측은 죽도의 내력을 올바르게 파악하고 있지 못하였으며 게다가 조선에 대한 兵威의 우위를 자부하는 모습을 보였으나, 실상은 그렇지 않았다. 즉 당시 조선외교에 대한 막부의 사전 지식과 입장이 실제와 다르게 묘사되었다는 점이 사료의 가장 큰 오류라고 할 수 있다. 그리고 쓰시마번 측의 이러한 오해를 담은『朝鮮通交大紀』(甲 계통)가 19세기에 막부가 기존의 외교 관계 문서를 정리하여『通航一覽』을 편찬하는 가운데 인용됨으로써 외교 통사(通史)에 편입된 것이다.

게다가 乙 계통에 기술된 이른바 '죽도 양도'론은 쓰시마번이 죽도 도해 금지 요청을 두고 조선 측과 자의적으로 교섭하였다는 사실에 대한 막부의 추궁 및 조선의 항의를 차단할 목적으로 짜낸 '죽도 공도(空

---

76 松浦允任 著, 田中健夫·田代和生 校訂,『朝鮮通交大紀』, 名著出版, 1978, 289쪽.

島)'론이 발전한 것으로, 죽도일건의 종결 후인 1699년에 쓰시마번이 사건의 처리 과정에 있었던 조선 측의 '오해'를 해명하기 위해 발송한 외교문서에서 처음으로 등장한 인식이었다.[77] 즉 乙 계통의 기술은 죽도일건 이후 시간이 지나면서 번 내에서 차츰 일반화된 '죽도 양도'론이 마치 사실처럼 인식되어 후세의 역사서술에 투영된 결과로 보인다.

IV. 맺음말

이상과 같이 본 논문에서는 일본이 지니고 있던 '亂後의 餘威'가 쇠퇴함으로써 조일관계의 성격이 변한 시기라고 일컬어졌던 17세기 말의 양상을 조선·막부·쓰시마번이라는 세 주체가 처한 상황 및 각자의 입장을 중심으로 재고하였다.

동아시아 세계의 국내외적 평화가 지속되는 가운데 막부가 무위를 앞세운 외교를 포기한 것은 앞선 시기부터 이어져 온 경향이었지만, 17세기 말 막부는 통신사 접대 중에 무위의 억제와 외교 의례(국서 작성)상에서의 '禮'의 적용을 신정권의 외교 방침으로서 제시하였다는 데에 특징이 있다. 또한 통신사 접대 과정에서 막부는 조선과의 외교적 안정을 우선시하는 자세를 보였으며, 이를 중개하는 쓰시마번의 역할을 '조선어용'으로서 공인하였다. 비록 세부적인 외교 의례의 추진 및 전례의 숙지에 관하여 쓰시마번의 보조가 필요한 상황이었을지라도, 쓰나요시 정권은 조선외교에 대한 나름의 의식을 지니고 실현에 옮기려 하였다고

---

77 이훈, 「울릉도쟁계(元祿竹島一件)와 근세 일본의 '죽도' 인식」, 『한일관계사연구』 78, 2022 참조.

평가할 수 있겠다.

그다음 통신사가 파견된 1711년에는 아라이 하쿠세키(新井白石)의 주도하에 쇼군의 외교적 호칭을 '大君'에서 '國王'으로 '복호(復號)'하는 등 '적례'의 이념에 입각한 제반 개혁이 이루어졌다.[78] 선행연구들은 주로 하쿠세키의 개혁이 지닌 변화라는 측면에 주목하지만, 예에 입각한 외교를 기조로 삼았다는 면에서 새로운 국서 작성 방침을 제시한 쓰나요시 정권과의 연속성을 찾을 수 있다. 그리고 그다음인 1719년 통신사 때에는 막부가 하쿠세키의 개혁안을 철회하고 다시금 "덴나(天和)[1682년]의 구례(舊例)로 돌릴 것"[79]을 천명하였다. 이처럼 1682년 통신사는 18세기 이후 통신사 의례의 전형이 되었다는 점에서 외교사적 의의를 찾을 수 있다.

다음으로 17세기 말에 대청관계 안정에 따라 대일관계에 능동적으로 대처할 여유를 얻은 조선은 계해약조의 체결과 사무역 규제 등 쓰시마번에 대한 통제책을 펴나갔다. 이러한 조선의 외교 자세 강경화는 쓰시마번 내의 동시대적 인식에서도 확인할 수 있었다. 당시 가시마는 쓰시마번의 과도한 외교·무역 관련 요구가 조선의 誠信을 잃어버리게 만든 직접적인 원인이 되었다고 번 당국에 반성을 촉구하였다.

조선의 규제에 직면한 쓰시마번은 표면적으로 순응하는 모습을 보임과 동시에 사무역 수익을 번이 직접 거두어들일 방안으로서 모토가타야쿠를 신설하였다. 이후 쓰시마번은 사무역의 활황을 맞이하여 경제적 전성기를 구가하였으나, 머지 않아 막부가 실시한 화폐 개주의 여파로

---

78 1711년 통신사의 도일 때 이루어진 아라이 하쿠세키의 빙례 개혁에 관해서는 宮崎道生, 『新井白石の研究』, 吉川弘文館, 1958, 제1편 제2·3장; 민덕기, 주12) 저서, 제7·8장 등을 참조.

79 三宅英利, 주13) 저서, 438~439쪽.

인해 무역 수지에 타격을 입고 재정난에 빠지기 시작하였다. 즉 17세기 말은 쓰시마번의 경제적 기반이었던 조선 무역 판도의 분기점에 해당하는 시기였으며, 이는 18세기 이후 번의 재정 상황이 조일·막번관계에 중요한 변수로 작용하였다는 점에서 의의를 지닌다.

애초에 조일관계에 임하는 막부와 쓰시마번의 입장은 일치하는 것이 아니었다. 외교적 안정을 지향했던 막부와는 달리, 쓰시마번은 무역 이익의 창출 혹은 막부에 대한 봉공 과시를 위하여 때때로 조선 측과 무리한 교섭을 벌였다. 죽도일건의 처리 과정에도 울릉도를 일본의 영토로 편입시키고자 획책한 쓰시마번과는 달리, 막부는 조선과의 외교적 안정을 우선시하는 모습을 보였다. 1682년 통신사 때와 마찬가지로 쓰시마번은 막부의 외교적 의중을 잘못 넘겨짚은 나머지 조선에 대한 무리한 교섭을 진행하려 하였지만, 막부는 기존 방침을 180도 선회하여 일본인의 죽도 도해를 금지하는 지령을 통해 사건을 마무리하려 하였다.

일본 측에서 제시한 조선인의 죽도 도해 금지 요청에 대하여 두 차례 작성한 회답 서계의 내용에서 알 수 있듯이, 조선도 막부와 쓰시마번의 외교적 입장이 일치하지 않는다는 사실을 파악하였으며, 이에 맞춰 적절한 대응을 펴나갔다. 즉 이른바 '적례'적 교린에 임하는 조선의 방침은 외교적 안정을 추구하는 쓰나요시 정권의 노선과 크게 다르지 않았다. 반면 쓰시마번의 자의적인 입장에 대해서는 경계를 보이고 강경히 대응하는 등 '기미'적 교린에서는 때때로 엄단을 취하는 모습을 보였다.

한편 후세에 집필된 쓰시마번의 기록인 『朝鮮通交大紀』는 일본이 兵威를 통해 조선으로부터 죽도를 빼앗을 수 있었지만 그렇게 하지 않은 것이라는 인식을 담고 있다. 게다가 해당 사료의 일부 계통은 일본의 땅으로 편입된 죽도를 막부가 시혜를 베풀어 조선에 양도한 것처럼 서술하였다. 이처럼 후일에 정착한 쓰시마번의 기억 속에서 당시의 막부(쓰나요시 정권)가 지닌 조선 인식과 외교 방침은 다소 왜곡된 형태로 자리하였다는 사실을 확인할 수 있었다.

이러한 쓰시마번의 역사 인식 내지는 담론이 이후의 조일관계와 막번관계에 어떠한 영향을 끼쳤는지에 관해서는 추후의 고찰을 기하고자 한다.

제 2 부

송완범
이세연
한상문
위신광
박 완
이형식

7세기 왜국의 外征과 內戰의 '戰後처리', 그리고 일본의 탄생

송완범 _ 고려대 글로벌일본연구원 교수

* 본고의 초출은 송완범, 「7세기 왜국의 外征과 內戰의 '戰後처리'와 일본의 탄생」, 『日本思想』 33호, 2017이다. 원래 본고의 구상 발표는 고려대 박물관(2015.11.21)에서 한 것으로 기억하는데, 이는 당시 조명철 교수께서 일본사학회의 회장과 본교 박물관장을 맡고 있었기 때문이었다. 그리고 보니 이 글이 조 교수의 퇴임 논총에 실리는 데 적잖은 인연이 있는 듯하다. 조 교수께는 일본사를 공부해야겠다고 생각한 1980년대 중반의 학부 때 이래 90년대의 도쿄(東京)에서의 유학시절은 물론, 귀국해서 지금에 이르기까지 어언 약 40년 동안 헤아릴 수 없는 인연을 맺고 있다. 가까운 미래에 한국사회는 '초고령사회'를 맞게 된다. 그 동안의 은덕에 감사드리며 퇴임 이후로도 오랫동안 조 선배님의 건강과 학문의 동행을 충심으로 기원하는 바이다.

Ⅰ. 머리말

2015년 11월의 일본사학회 월례발표회의 전체주제는《일본사 속의
전후처리》였다. 그 자리에서 발표한 본인의 주제는「‘白村江싸움’과 전
후처리, 동아시아세계의 재편-遺民의 문제를 중심으로-」였다. 발표의 기
회를 빌려 그 동안 생각해온 고대 동아시아 속의 유민(遺民)에 대한 정
리와 함께 최근의 글로벌한 환경 속에서 발생한 ‘난민(難民) 사태’라는
새로운 지견을 근거로 본고를 구상하게 되었다.[1]

먼저, 기존의 세계 체제의 붕괴와 함께 아노미 상황에서 발생하는 유
민의 문제는 전 지구적 규모의 문제로서 우리의 일상과도 매우 밀접한
관련을 맺고 있다. 기억에도 새로운 2016년 11월 9일(8일 미국 현지시
간)에 치러진 미국 대통령선거에서 제45대 대통령으로 도널드 트럼프가
당선되었다. 이번 선거는 막상막하의 접전이었는데 백인 저소득층의 강
력한 지지가 트럼프 대통령을 만든 승인 중의 하나였다 한다.

그럼 왜 백인 저소득층은 기괴한 언사와 여성을 경시하는 언동에도
불구하고 트럼프를 지지했던가. 그것은 바로 백인 저소득층의 일자리가
감소한 원인에는 미국 밖으로부터의 이민(移民)과 ‘좋았던 미국사회’를
위협하는 난민들의 존재가 있었다고 믿었기 때문이다. 아울러 2016년

---

1 본고의 발표 이후 관련하는 성과는 다음과 같다. 졸고, 「東國의 백제계 씨족」,
충남역사문화연구원 해외백제문화재자료집4『일본 속의 백제: 혼슈(本州), 시코
쿠(四國)지역(유적·유물 개관/상세/논문 편)』, 원디자인, 2019; 동, 경인한일관계
연구총서25『동아시아세계 속의 일본율령국가 연구-百濟王氏를 중심으로-』, 경
인문화사, 2020 참조.

봄, 여름만 해도 유럽에서는 IS[2]에 의해 발생한 것으로 추정되는 무차별적인 테러가 끊이지 않고 발생했다.[3] 최근의 테러 용의자들 중에는 중동의 시리아 내란으로 말미암은 '시리아 난민'의 자격을 가진 사람이 다수 있어, 향후 '시리아 난민'의 유럽 수용은 물론 미국의 난민 수용에도 큰 장애 요소로 떠오를 것 같다고 한다. 이를 두고 매스컴에서는 "유럽 난민 사태"의 영향이라고 부른다.[4]

이렇듯 전쟁과 분쟁을 통한 기존 질서의 붕괴 이후에는 유민(遺民; 군주나 조정이 멸망한 후에 남은 백성 혹은 망국의 백성), 유민(流民; 고향을 떠나 방랑하는 유랑민), 기민(棄民; 국가의 보호로부터 버림받은 사람), 난민(難民; 전쟁이나 이념 갈등으로 인해 발생한 재화(災禍)를 피하

---

2 이슬람국가 혹은 이슬람 극단주의 무장조직(지하디스트; 이슬람전사)을 부르는 말로, 그들은 2011년 3월부터 본격화한 시리아내전을 계기로 힘을 키워왔고 그 전신은 이라크·레반트이슬람국가(ISIL)와 이라크·시리아이슬람국가(ISIS) 등이다.

3 3월22일; 벨기에의 수도 브뤼셀의 국제공항에서 발생한 자폭테러로 13인 사망, 한 시간 후 지하철에서 자폭테러로 20인 이상 사망; 7월14일; 프랑스 니스에서 프랑스혁명기념일 행사 중의 군중 대열에 트럭이 난입하여 84인 이상 사망; 7월18일; 독일 바이에른 주의 달리는 열차 안에서 남성 한명이 도끼와 칼로 승객을 습격하여 6명 부상; 7월22일; 독일 뮌헨 주의 쇼핑몰에서 남성 한 명이 총을 난사하여 적어도 9명이 사망하고 다수 부상; 8월20일; 터키 남부의 어느 결혼식장 부근에서 어린이에 의한 자폭테러로 51인 사망하고 69인이 부상.

4 유럽난민사태(영어:European migrant crisis, European refugee crisis)는 2015년 들어 지중해 또는 남동유럽을 통해 유럽연합(EU) 내로 망명하는 난민과 이민자가 급증하면서 발생한 위기이다. 2015년 11월 기준 유엔난민기구(UNHCR)의 자료에 따르면, 2015년 초부터 지중해에서 유럽으로 도착한 난민의 국적은 시리아가 52%로 1위이고, 아프가니스탄이 19%, 이라크가 6%였다. 또한 "유럽난민사태"라는 용어의 사용은 2015년 4월 유럽으로부터 지중해를 통해 오던 난민 2,000명을 태운 난민선 5척이 한꺼번에 난파되어 약 1,200명 이상이 한꺼번에 사망한 사건이 발생하면서 널리 쓰이게 되었다. 요컨대 '유럽난민사태'는 2015년을 경계로 본격적으로 시작되었다고 한다.

기 위하여 다른 나라나 다른 지역으로 가는 사람)의 존재가 발생한다. 여기서 언급한 용어들에 대한 전반적인 이해는 다음과 같다. 전란 등에 의해 유민(遺民)이 발생한다. 그들은 사정에 따라 유민(流民)이나 기민(棄民)화 되기도 한다. 나아가 그들이 대규모 난민(難民)화 되는 경우는 문제가 걷잡을 수 없게 됨을 의미한다. 이중 본고에서는 문제의 시작 단계인 유민(遺民)의 존재에 주목하고자 한다.

660년의 백제의 멸망 이후 663년에는 동아시아세계의 구성원들이 모두 엉겨 붙었던 '백촌강 싸움'이라는 국제 전쟁이 있다. 이 국제전쟁의 발생으로부터 불과 10년이 경과되지 않은 시기에 발생한 일본고대 최대 규모의 내란인 '임신의 난'은 왜국에서 일본으로의 지각변동을 불러일으켰다. 본인은 이전에 '백촌강싸움'과 '임신의 난'을 통해 동아시아세계와 고대일본이 재편되는 결과를 초래했다고 서술한 적이 있다.

전자의 '백촌강싸움'은 동아시아에서의 일본이 갖는 지정학적 특성에 의한 '예방전쟁'의 특성을 갖는다고 했다.[5] '백촌강싸움'이 당시의 왜가 국운을 걸고 뛰어든 '총력전'이었다면, 대규모 외정에서 참담한 패배를 맛본 왜국 내부는 어떠한 환경에 사로잡혀 있었던 것일까? 다시 말해 '백촌강싸움' 이후 왜국 내부의 '전후처리'의 전모가 궁금했다. 그 결과, 후자에서 다룬 일본 고대 최대의 내전이라고 말해지는 '임신의 난'은 '백촌강싸움'이라는 국제전쟁의 '전후처리' 과정 속에서 생긴 내부모순이 충돌한 것이 아니었을까 하는 결론을 얻게 되었다.[6]

그럼, 본고의 키워드인 '전후처리'의 문제로 돌아가 보자. '전후처리'의 실상은 무엇일까를 생각할 때, 전쟁의 결과로 발생한 망국의 백성 즉

---

5 졸고, 「백촌강싸움과 왜」, 『한국고대사연구』 45집, 2007 참조.
6 졸고, 「'임신의 난'과 日本」, 『史叢』 83호, 2014 참조.

유민(遺民)을 어떻게 관리할 수 있는지가 중요한 과제라는 인식에 다다르게 된다. 다시 말해 망국이 생겨날 때 망국민, 즉 유민의 처리가 전후처리의 핵심사항이라는 것이다. 이러한 망국민, 유민의 처리에 주목하는 일은 이 문제가 비단 고대만이 아니라, 현재의 지구촌의 문제를 생각함에 있어서도 매우 중요한 것이기에 더더욱 그렇다.

한편 모국 혹은 조국이 멸망해 돌아갈 곳이 없는 사람들을 종래의 '도래인'이나 '귀화인'으로 부르기에는 적합하지 않다는 의미에서, 7세기 후반에 일본열도로 넘어온 사람들을 앞의 시기의 사람들과 구별하여 '한반도유민'으로 부르기로 한다.[7] 그렇다면 '한반도유민' 중에는 백제와 고구려의 멸망에 동반한 '백제유민'과 '고구려유민'의 존재가 있었을 것이다.

이상의 지견을 바탕으로 본론의 Ⅱ장에서는 먼저 7세기 중반 백제와 고구려의 멸망과 '백촌강싸움'을 전후한 다양한 정치적 성향을 갖는 동아시아적 규모의 유민의 발생에 대해, Ⅲ장에서는 '임신의 난'에 이르는 치열한 외교전의 결과와 왜국 내에서의 유민의 이합집산과 활용에 대해, 그리고 Ⅳ장에서는 왜국의 실질적인 전후처리의 핵심이란 결국은 유민의 배치와 재배치를 통한 율령국가의 유민처리로 귀결되었음을, 마지막 Ⅴ장의 결론에서는 이상을 요약하기로 한다.

이렇게 하는 것에 의해 '백촌강싸움'이라는 국제전이 초래한 동아시아적 범위의 유민 처리와, '임신의 난'이라는 고대 최대의 내전을 거친 왜국 내의 한반도유민의 이합집산과 활용의 문제로 말미암은 유민 처리가 구별될 수 있을 것이며, 더 나아가 왜국의 전후처리란 결국은 한반도

---

7 졸고, 「일본 율령국가와 백제유민의 연구」, 한일관계사연구논집 편찬위원회 편『고대 동아시아의 재편과 한일관계』, 경인문화사, 2010 참조.

로부터 건너온 유민의 처리였음을 명백하게 할 수 있을 것으로 기대한다.

II. '白村江싸움'과 동아시아 諸國의 유민

본장에서는 '백촌강싸움'을 전후한 시기 동아시아에서의 '한반도유민'의 존재에 주목해 보기로 한다. 그러기 위해서는 시기적으로 660년 백제 멸망, 663년 백촌강싸움, 668년의 고구려 멸망까지를 함께 시야에 넣을 필요가 있다.

그럼 7세기 후반 백제와 고구려의 멸망에 따라 발생한 한반도유민들의 정치적 성격은 어땠을까. 결론부터 말하자면 한반도유민의 정치적 입장에 따른 성향은 매우 다양하다고 할 수 있다. 다시 말해 당시의 동아시아세계의 구성원 즉, 당·고구려·백제·신라·왜국의 각자의 정치적 목적과 대응하는 상황이 달랐기 때문에 모국 백제와 고구려가 멸망한 이후의 해당 유민들의 정치적 운명에 관한 선택은 여러 갈래로 나뉠 수밖에 없었던 것이다.[8]

우선 당과 신라가 정치적 이익을 공유하고 있는 것에 반해, 백제와 왜국 그리고 고구려가 그 대척점에 위치하고 있다. 하지만 그렇다고 해서 양 그룹 내부가 전적으로 동일한 목적의식을 갖고 있었는가 하면 반드시 그렇다고 보기 어렵다. 이런 이유로 유민 각자의 정치적 성향에 따른 사례를 추적하다 보면 각자의 선택은 사안마다 편차가 크다. 이하에서는 각 지역에서의 유민의 정치적 선택지를 대별하여 살펴보기로 하자.

---

8 졸고, 「'百濟王氏'의 성립과 日本律令國家」, 고려대학교일본사연구회 편『동아시아 속의 한일관계사(상)-반도와 열도의 교류-』, 제이앤씨, 2010 참조.

그럼 먼저 한반도유민의 발신지가 되는 백제와 고구려의 경우를 살펴보고, 다음에는 유민의 수용지로서의 왜국을, 그 다음에는 승전국의 입장에서 유민을 수용한 당과 신라의 순서로 검토하기로 한다.

660년 백제는 당과 신라의 연합군에 의해 일단 멸망하게 된다. 이 시기의 백제의 멸망은 의자왕과 백제 왕자 및 신료들을 위시해 많은 백성들이 당으로 끌려가는 것에 의해 사실화된다.[9] 하지만 백제 내부의 사정은 그리 간단치 않다. 왕과 왕족을 잃었지만 이른바 '백제부흥군'이 백제 무왕의 조카인 복신을 중심으로 전개된다.[10] 이 부흥군의 존재가 결국 3년 후의 '백촌강싸움'을 초래한 마중물 역할을 한 것이다.

복신의 부흥군은 왜국에 계속 사신을 보내면서 당과 신라에 대항하는 부흥군의 활약상을 알리고, 나아가 당군 포로를 사신 편에 동반시키는 것에 의해 전황의 우세를 어필하면서 왜국으로부터의 구원군의 파견과 백제왕자 풍장을 보내주기를 간청하고 있다.[11] 특히 풍장을 백제왕으로 삼고자 한다는 백제부흥군의 요구는 왜국의 입장에서 각별한 것이었다.

풍장의 출자를 둘러싸고는 무왕의 자식 혹은 의자왕의 직계인가에 대해 설이 갈리지만, 백제왕족의 피를 이어받은 존재인 것은 분명하다.[12] 게다가 오랜 기간 왜국에 체재하고 있던 백제왕자 풍장이 백제왕이 될 수 있다고 하는 사정은 왜국으로 하여금 구원군의 파견에 플러스요인으로 작용하게 했던 것만은 틀림없다 하겠다. 나중 백제왕이 되는 풍장왕은 백촌강싸움의 현장에서 전투에 참가하다 전황이 어렵게 되자 탈출하

9 『구당서』권199상 백제전; 『신당서』권220 백제전 참조.
10 『일본서기』齊明6년(660)10월조 참조.
11 『일본서기』齊明6년(660)10월조 참조.
12 졸고, 「七世紀の倭國と百濟-百濟王子豊璋の動向を中心に-」, 『日本歷史』, 686號, 2005, 1-16쪽 참조. 그 외, 西本昌弘, 「豊璋再論」, 『日本歷史』, 695號, 2006 참조.

여 고구려로 피신한다. 그리고 그의 이름이 출현하는 것은 나중 고구려의 멸망에 따라 귀양 가는 기사에 보인다.[13] 그렇다면 풍장은 초지일관 反당·反신라 노선을 견지한 셈이 된다.

한편 백제왕족 중에는 당에 협력하는 의자왕의 왕자 융이 보인다. 융은 일단 당의 장안에 끌려갔다가 당이 백제의 옛 땅에 웅진도독부를 설치함에 따라 웅진도독의 신분으로 다시 백제 땅을 밟게 된다.[14] 그는 당의 허수아비일 가능성이 크지만 어찌 되었든 당에 협력하는 백제의 유민이라는 점에서 주목된다.

다음은 고구려 멸망 이후의 고구려유민의 존재이다. 백제와 마찬가지로 고구려의 왕족과 신료 그리고 많은 고구려백성들이 당의 장안으로 끌려가는데, 이 중에는 앞에서 언급한 백제왕 풍장왕도 있었다.[15] 남은 고구려유민의 선택 중에는 反당·反신라노선을 취해 고구려 부흥운동에 나서는 부류도 있을 수 있겠고, 한편으로 고구려가 멸망에 즈음한 무렵부터 당의 치하를 받아들이고 당의 질서에 부합한 유민 집단도 있었을 것이다.

특히 전자의 무리 중에는 안승과 검모잠을 중심으로 한 세력이 금마저에서 (小)고구려국을 일으키고 있다. 이는 나중에 신라가 당과의 전쟁에 나서면서 안승을 고구려왕으로 책봉하는 것에 의해 대당 전쟁에 합류시키고 있다. 하지만 대당 전쟁이 마무리되고 난 후에는 보덕국이라는 독립 세력으로 성장하여 신라에 대한 반란을 도모하다가 소멸되고 만다.[16] 여기서도 反당에서 親신라, 다시 親신라에서 反신라로의 도정에

---

13 『자치통감』 권201 총장원년조 참조.
14 『구당서』권199상 백제전; 『신당서』권220 백제전; 『삼국사기』백제본기 참조.
15 『자치통감』 권201 총장원년조 참조.
16 『三國史記』권6 신라본기 문무왕10년추7월조, 9월조 참조.

얽히고설킨 여러 유민집단이 관계하고 있음을 살펴볼 수 있다.

그 다음, 왜국에서의 유민의 존재는 어떠했을까. 우선 구 백제의 부흥을 원하는 유민 세력으로서 풍장과 선광[17] 등의 백제 왕족과 이를 따르는 백제유민 세력이 있었을 터인데 이들의 선택은 親 왜국 親 고구려 즉, 反 당 反 신라노선이었다. 두 번째로 구 백제의 부흥보다 왜국의 질서 내에 포섭되기를 원하는 유민 세력도 상정된다. 이들은 아마도 백제의 옛 땅을 뒤로한 실무 관료와 일반 백성들이었을 것이다. 이들의 정치적 성향은 親 왜국이었다. 세 번째로 옛 고구려의 부흥을 원하는 유민 세력으로 고구려왕계에 해당하는 사람들이다.[18] 이들의 정치적 성향은 親 왜와 反 당 反 신라이었을 것이다. 네 번째로 구 고구려의 부흥보다는 왜국의 질서 내에 포섭되기를 원하는 고구려유민 세력의 존재가 상정된다. 이들은 고구려 옛 땅에서의 실무 관료와 일반 백성이었을 것으로 이들의 정치적 성향은 親 왜국 이외의 다른 선택은 불가능했을 것이다.

또 그 다음으로는 당에서의 한반도유민의 존재이다.[19] 우선 백제와 고구려의 멸망에 따라 당의 수도 장안으로 끌려간 백제의 유민과 그중에 당의 남쪽으로 재배치된 백제유민들의 운명은 親 당이 아니고서는 살아갈 길이 없었을 터이다. 이와 마찬가지로 고구려의 멸망에 따라 당의 수도 장안으로 끌려온 고구려유민과 이후 재배치된 고구려의 유민들도 당의 군사 관료 혹은 당의 신민으로 살아가는 길밖에 없었을 것이다.

마지막으로 신라에서의 한반도유민의 존재이다. 먼저 신라 체제로

---

17 『일본서기』天智3년(664)3월조 참조.

18 『속일본기』大寶3년(703)4월을미조 참조.

19 葛繼勇, 「從高句麗, 百濟人墓誌看高句麗末期的對外關系」, 『東洋學』 58, 2015, 279-299쪽; 동, 「신출토 入唐 고구려인 <高乙德墓誌>와 고구려 말기의 내정 및 외교」, 『한국고대사연구』 79, 2015, 303-343쪽 참조.

복속된 백제유민은 신라화의 길을 선택할 수밖에 없었을 것이다. 이런 입장은 신라 체제로 복속된 고구려유민의 경우에도 그대로 적용되었다고 보인다. 이 백제와 고구려유민들은 신라가 당과의 전쟁을 선택하면서 당과의 전쟁에서 신라 측에 힘을 보태게 된다.[20]

이상과 같이 7세기 중반경의 백제와 고구려의 멸망, 다시 말해 국제 전쟁으로서의 '백촌강싸움'을 전후로 한 복잡다기한 동아시아정세는 대량의 한반도유민의 발생이라는 대단히 불안정한 상황을 초래한다. 요컨대 이 시기 동아시아 각지에서 발생한 한반도유민들은 기존의 질서에 포섭되려는 경향을 보이는가 하면, 때로는 현실의 질서에 대항하여 이전처럼 고토(故土)에서의 구질서를 회복하려는 움직임으로도 나타나고 있는 것을 알 수 있다.

III. '壬申의 亂'과 왜국의 유민

앞에서 '백촌강싸움'에 왜국이 참전한 이유는 당과 신라연합군에 의한 일본열도로의 침략이 곧 있을지 모른다는 위기감에서 비롯된 것이라고 했다. 그 전사를 살펴보자면, 왜국(倭國)·신라·당의 3국 연합정책, 즉 친(親)신라정책을 견지해 온 고토쿠(孝德)천황의 죽음 이후 사이메이(齊明)천황과 나중에 덴지(天智)천황이 되는 나카노오에(中大兄)황자는 친백제정책으로 전환하게 된다.[21]

이에 왜와 동맹관계에 있었던 백제가 당과 신라에 의해 멸망되게 되

---

20 日野開三郎, 『東洋史學論集第8卷 小高句麗國の研究』. 三一書房, 1984 참조.
21 金鉉球, 『大和政權の對外關係研究』, 吉川弘文館, 1985, 제3편 및 제4편 참조.

자, 다음 표적이 왜국 자신이지 않을까 하는 위기의식 속에 야마토(大和) 왕권은 한반도를 전장으로 삼아 백제의 부흥군과 고구려와 협력할 수 있다면 당과 신라군을 한반도에서 억지시킬 수 있을 것으로 판단했던 것은 아닐까. 이를 달리 표현하자면, 야마토왕권은 일본열도에서 당과 신라의 연합군의 공격을 기다리는 것이 아니라 백제의 부흥군과 고구려 가 아직 건재한 한반도에 출병하여 당과 신라군을 공격하는 일에 의해 일본열도로의 전쟁의 확산을 막았다고 하는 것이다.[22] 이러한 왜국의 '백촌강싸움'에의 참전의 이유가 바르다고 한다면 이 국제전쟁의 성격 은 왜국의 방위를 위한 선제적 전쟁이라는 것이 된다.

이는 최근의 한반도정세를 둘러싼 분석 중에서 언급된 '예방전쟁 (preventive war)'이라는 표현과도 일맥상통한다. 이론상으로는 선제공격 전쟁(pre-emptive war)과 예방전쟁(preventive war)이라는 용어는 비슷하 면서도 차이가 있다.[23] 전자는 '무력공격이 발생할 명백한 위험이 절박 하다고 인정되는' 사태에 대하여 자위를 위해 선제하여 상대를 공격하는 행위이며, 후자는 현시점의 직접적인 위험이 아니라도 상정되는 장래의 손실, 불이익을 미연에 방지하기 위해 개시하는 전쟁이나 군사행동을 이른다고 한다. 여기서는 이 두 가지 개념을 완전히 나누어 사용하기 보 다는 좀 더 포괄적인 이해 위에 '예방전쟁'이라는 용어를 사용한다.[24]

아울러 왜국의 당과 신라에 대한 위기의식은 왜국을 둘러싼 동아시 아 제국의 격렬한 외교무대의 장이 된 사정과 비례하여 상승작용을 일

---

22 졸고, 「8세기 중엽 '신라정토' 계획으로 본 고대일본의 대외방침」, 『한일관계사 연구』 25집, 2006 참조.

23 「'안보리 결의' 등에 업은 미국, 대북 '예방전쟁'까지 거론」(『경향신문』 2017. 09.30.검색).

24 졸고, 「고·중세일본의 국제전쟁과 동아시아」, 『史叢』 92, 2017 참조.

으키게 된다. 특히 백촌강에서의 패전으로부터 거의 반년 뒤인 664년 5월에 적대국 당의 사신이 도착하고 있는 현실은 단순한 공포감을 넘어서는 절체절명의 문제가 아니었을까. 그럼 '백촌강싸움' 이후 왜국을 왕래하는 동아시아 여러 지역으로부터의 외교 사절에 대해 살펴보기로 하자. 특별히 전거를 밝히지 않은 것은 『일본서기』의 기사이다.

○ 663년(天智2)8월27-28일 백촌강 패전/9월25일 왜와 백제의 패잔병과 유민 왜국으로 출발

○ 664년(天智3)2월 당의 명에 의해 신라와 백제 회맹/5월17일 당의 백제진장군 유인원의 사자 곽무종 쓰쿠시 도착/9월 곽무종을 私使라고 하여 입경을 거절/12월12일 곽무종 등 귀국

○ 665년(天智4)9월20일 당사 유덕고, 곽무종 쓰쿠시 도착/10월11일 당사 일행 입경/10월 고구려 연개소문 사망

○ 666년(天智5)6월4일 고구려사 귀국/10월26일 고구려사 進調/11월 당의 고구려 정토 개시

○ 667년(天智6)10월2일 당군 평양에 이르다./11월9일 당의 백제진장 유인원의 사자 사마법총 등 쓰쿠시 도착/11월13일 사마법총 등 귀국/伊吉連博德 등 송사로서 당에 파견

○ 668년(天智7)4월6일 백제웅진도독부 進調/7월 고구려사 進調/9월12일 (12년 만의)신라사 김동엄 進調/[9월26일 가마타리가 김유신에게 배 1척, 9월29일 덴지가 신라왕에게 배 1척 선물]/9월13일 고구려 멸망[『구당서』고종 총장원년9월계사조]/11월5일 신라사 귀국(11월1일 신라왕에게 비단 등 선물)/견신라사 道守臣麻呂가

신라사와 함께 신라로 가다./是歲 당이 신라정벌을 계획

○ 669년(天智8) 견당사 河內直鯨을 파견(11월 당에 도착)/9월11일 신
라사 督儒 進調/10월 가마타리 사망

○ 670년(天智9)3월 견당사 당의 조정에 고구려 평정을 축하/4월 고
구려유민 검모잠 당에 반란/7월 신라가 옛 백제 땅을 침공(『삼국
사기』 문무왕조; 신라의 품일 등이 63성을 빼앗고, 2천의 목을
베고, 문영 등은 7성을 빼앗고, 7천의 목을 베고 전마와 병기를
압수)/8월 신라가 (小)고구려국(안승, 금마저)을 세우다./9월1일
신라사 귀국(?), 견신라사가 신라사와 함께 신라로 향하다.

○ 671년(天智10)1월9일 '고구려사' 進調/1월13일 당사 이수진이 백
제진장 유인원의 사신이라고 하며 내조/2월23일 '백제사' 進調/6
월4일 백제의 사신이 바라는 '軍事원조'에 대해 언급/6월15일 '백
제사' 進調/6월 신라 당군에 대승, 신라사 (김압실) 進調/7월11일
당사 이수진이 백제사와 함께 귀국/7월 옛 사비성에 所夫里州 설
치[『삼국사기』 문무왕11년7월조], [『삼국사기』문무왕 서한(11년7
월26일) 당이 선박을 수리하는 것은 왜를 공격하려고 하는 것 같
으나, 실은 신라를 치기 위한 것]/10월7일 신라사 김만물 進調/10
월19일 오아마황자 요시노로 들어가다./11월2일 당사 곽무종 등
2천인 도착(배 47척) 보고가 쓰시마로부터 전달/12월3일 덴지 사
망/12월16일 신라사 (김만물) 귀국

○ 672년(天武元)연초 곽무종 등 쓰쿠시에 안치(『선린국보기(善隣國
宝記)』 인용 元永 원년4월27일)/3월18일 곽무종에게 덴지의 사망
소식을 전달/3월21일 곽무종 서함을 왜에 전달/5월12일 곽무종에
게 물건을 내리다./5월28일 '고구려사' 進調/5월30일 곽무종 등
귀국/6월24일 오아마 요시노를 탈출/7월23일 오토모 자결/8월 신

라와 '고구려' 연합군이 당과 싸우다./11월24일 신라사 김압실에게 쓰쿠시에서 연회, 물건 선물/12월15일 신라사에게 배 1척/12월26일 신라사(김압실) 귀국

이상의 기사들은 6663년의 '백촌강싸움'의 패전 이후 672년의 '임신의 난'에 이르는 약 10년 동안 동아시아 여러 나라들이 왜국에 파견한 사절들의 기록을 망라한 것이다. 특히 기사 내용 중에 밑줄 그은 부분을 살펴보면 백제사, 고구려사, 당사, 신라사가 존재한다. 주의해야할 것은 백제의 멸망 이후의 백제사는 웅진도독부를 설치한 당의 사절일 것이며, 고구려 멸망 후의 고구려사는 고구려 부흥을 도모하는 사절이라는 사실이다.[25] 게다가 '백촌강싸움'에서 왜국과는 적대국이었던 당과 신라로부터도 외교사신이 파견되고 있음에 주목해야 한다.

앞에서 왜국이 느끼는 위기의식은 당과 신라로부터 온 것임을 언급했다. 그 중 당의 사신은 당 본국일수도 있을 것이지만 이미 백제를 진압하고 설치한 웅진도독부로부터의 사신도 상정할 수 있다.[26] 그리고 왜국의 또 다른 위협요소인 신라로부터의 외교사절도 주목해야 할 것이다. 다만 당의 입장과 신라의 입장은 공동의 목표인 백제와 고구려의 타도까지와 이후, 즉 다시 말해 당의 한반도와 한반도 북부에 대한 야욕의 표출과 이로 말미암은 신라의 반격 시기는 구별되어야 할 것이다. 이런 점에서 당과 신라가 동맹관계인 경우와 서로 대립하는 관계로의 전환의 시기적인 구별을 나누어 서술할 필요가 있다.

먼저 전자에 대해서이다. 당의 입장은 '백촌강싸움'이 끝난 바로 다

---

25 日野開三郎, 『東洋史學論集第8卷 小高句麗國の硏究』. 三一書房, 1984 참조.
26 이재석, 「7世紀 後半 百濟復興運動의 두 路線과 倭國의 選擇」, 『백제연구』 57집, 2013 참조.

음 해인 664년부터 활발하게 나타난다. 당은 664년 바로 신라와 백제의 회맹을 추진한다.[27] 게다가 당은 664년 5월에 구 백제의 영토를 담당하는 장군 유인원이 곽무종을 사신으로 보내고 있다. 특히 곽무종의 내왜는 왜국에게 있어 당으로부터의 왜국에의 침략 가능성에 대한 위기감을 팽배하게 했을 가능성이 크다. 그런 이유에서인지 왜국은 입경을 한사코 거부하고 그 결과 같은 해 12월에 곽무종은 돌아가고 있다. 이러한 왜국의 우려에도 불구하고 665년 9월에 당사 유덕고와 곽무종이, 667년 11월에는 당사 사마법총이, 671년 6월에는 당사 이수진이, 같은 해 11월에는 곽무종이 각각 내왕하고 있다.

그럼, 왜국에 다섯 차례 파견된 당 사신의 목적은 동일했을까? 아마도 그렇지 않았을 것이다. 이전부터 당과 신라는 알력을 느끼고는 있었어도 고구려 멸망이라는 대의를 위해 서로가 참고 있었던 것이다. 하지만 고구려 멸망이라는 공동의 목표를 달성하고 나서는 사정이 달라진다. 668년 고구려 멸망 소식이 왜에 전해진다. 그렇다면 그 이후의 당사가 왜에 온 목적은 자명할 것이다. 다시 말해 親 당 노선, 즉 反 신라 노선에의 동참 여부의 확인 그 이상도 이하도 아니었을 것이다.

다음은 후자에 관해서이다. 670년의 기사 중에 4월, 고구려유민 검모잠이 당에 반란을 일으키는 기사와, 같은 해 8월에 신라가 고구려 왕족 안승을 소고구려국의 왕으로 삼아 당과의 전쟁을 수행하게 했다는 점도 신라와 당과의 관계를 짐작하게 한다. 그런데 671년 11월에 왜에 파견된 당의 사신 곽무종의 경우는 총 2,000명의 대규모 인원이다.[28] 이에 대해

---

27 『삼국사기』 신라본기7 문무왕下 참조.
28 이 대규모 인원의 성격에 대해서는 "백제난민설/백제피난민설/군사적 압력설/왜군포로와 당나라 군인설/왜군포로설/정치공작원설/오토모황자 지지 사절설/'임신의 난'에의 실제 참전설" 등이 있다.

서는 곽무종 사절의 목적은 앞의 당사 이수진의 경우와도 같이 신라와의 전쟁에 필요한 군원의 제공, 다시 말해 전국적인 군대의 징발에 있었던 것이 아닌가 생각한다.[29]

이러한 당의 압력에 대해 왜국은 당과 신라 어느 쪽 편에 서지 않는 줄타기 외교를 하고 있다. 신라는 668년 9월에 12년 만의 사신을 파견하고 있다. 그런데 오랜만에 온 사신치고는 그 대접과 응대가 융숭하였다. 아울러 신라에 보내는 사신을 귀국하는 신라사 편에 동반시키고 있다. 이러한 과정을 살펴볼 때, 왜국은 일관되게 신라와 당이 구현한 백제와 고구려 멸망이라는 국제질서의 변동을 인정하고 있었던 것을 알 수 있다. 하지만 당과 신라가 반목하는 관계가 되자, 왜국의 외교책에는 그림자가 드리워지게 된다.[30]

그런 점에서 주목할 기사는 671년 신라사 김압실이 내왜한 이래 왜국에 장기간 머무르다 672년에 귀국하는 것은 덴무천황 이후 대외관계의 기준점이 되었을 것이다.[31] 왜냐하면 이 시기는 웅진도독부가 고립된 상황에서, 당은 왜를 억압하며 왜가 한반도에 개입해주기를 바랐고, 신라는 왜국이 현상유지 차원에서 한반도 문제에 초연해 주기를 바랐을 것이기 때문이다. 그런데 671년이 되면 정초부터 당사 이수진이 파견되고 있는데, 그가 온 이유는 같은 해 6월조의 '군사원조'라는 말에 여실히 드러나 있다.

이러한 복잡한 외교적 정황 속에서 왜국은 현실적 대안으로서 주요

---

29 당의 다섯 차례의 사신 일행이 왜에 건너온 속내에는 한반도 정세를 안정화하는 데 왜의 협력을 기대한 바가 있었던 것이 아닐까.
30 졸고, 「'임신의 난'과 日本-동아시아세계의 재편과 관련하여-」, 『史叢』 83호, 2014 참조
31 앞의 논문 참조.

시설에 대한 방어기지 건설에 매달리게 된다. 그리고 이러한 방위시설 건설의 경험과 역량을 가진 집단은 백제의 망국민이자 왜국으로의 백제 유민밖에 없었다고 해도 과언이 아니었다. 왜국의 위기의식이 극대화되어 나타난 것이 바로 '조선식산성(朝鮮式山城)'[32]의 건설이라 할 수 있다.

다시 말해 '조선식산성'은 규슈(九州) 이북의 이도(離島)인 쓰시마(對馬)와 이키(壹岐)를 비롯하여 세토(瀨戶)내해 그리고 지금의 오사카(大阪)인 나니와(難波)에 걸쳐 대대적으로 건설된 이제까지 존재하지 않았던 축성구조를 가진 방위시설을 의미한다.

『일본서기』에 의하면 덴지(天智)3년(664)에 쓰시마와 이키의 두 섬과 지금의 후쿠오카(福岡)인 쓰쿠시(筑紫)국 등에 사키모리(防人)[33]와 봉수(烽)를 설치하고 또한 미즈키(水城)[34]를 축조하고 있는 것이 보인다. 그리고 다음 해에는 달솔(達率) 答㶱春初를 나가토(長門)국에, 달솔 憶礼福留와 달솔 四比福夫를 쓰쿠시국에 파견하여 각각 축성을 담당하게 했다. 나가토(長門) 국의 성곽의 이름은 알 수 없지만 쓰쿠시국에 대해서는 오노(大野)와 기(椽)의 두 성이 미즈키와 함께 규슈의 중심적 행정기관인 다자이후(太宰府)를 수호하는 구조임을 알 수 있다.[35]

이처럼 백촌강에서의 패전을 계기로 하는 성곽의 축조를 비롯하여 방위시설의 설치에 관한 일련의 기사는 백제에 구원군을 보내고 또 백제로부터의 망명자를 적지 않게 받아들인 왜국이 가상적국시하고 있던

---

32 倉本一宏, 『戰爭の日本古代史』, 講談社, 2017, 168-170쪽; 向井一雄, 『よみがえる古代山城』, 吉川弘文館, 2017 참조.

33 瀬野精一郎, 『長崎縣の歷史』, 山川出版社, 1998 참조.

34 『일본서기』天智3년(664)12월조 참조.

35 森公章, 『白村江以後』, 講談社, 1998 ; 동, 『戰爭の日本史1 東アジアの東アジアの動亂と倭國』, 吉川弘文館, 2006; 倉本一宏, 『戰爭の日本古代史』, 講談社, 2017, 168-170쪽 참조.

신라와 당의 연합군의 내습에 준비한 일련의 행동임을 말해주는 것이다.

그 이외에도 백촌강싸움 이후 백제망명귀족·옛 신하 등은 왜의 조정에 중용되고 있었다.[36] 구체적으로는 법(法)에서는 余自信·沙宅紹明가 학문(學問)에서는 鬼室集斯·許率母가, 병법(兵法)에서는 谷那晋首·木素貴子·憶礼福留·答㶱春初가, 약(藥)에서는 㶱日比子·贊波羅·金羅金須[37]·鬼室集信·德頂上·吉大尙이, 음명(陰明)은 角福牟가, 각각 전문가로서 등용되고 있다. 특히 덴지천황의 후계자로서 오미(近江)조정을 장악한 오토모(大友)황자는 백제로부터의 망명귀족들을 자신의 브레인으로 삼았다.

이에 대하여 왜의 민중들은 동요를 빌려 백제인 등용에 대한 불만의 소리를 내고 있다.[38] 동요의 내용은 "橘의 열매는 각각 다른 가지에 생기고 있지만 그것을 구슬로서 꿸 때는 같은 가지에 통한다" 이는 즉, 출생이나 신분·재능이 다른 자들에게 똑같이 작위를 내리고(叙爵), 신하의 열에 나란히 하고 있는 정치를 은밀히 비꼰 것으로 곧이어 일어날 전란을 풍자한 것이다. 요컨대 이 노래는 백제유민들을 우대하고 있는 덴지조의 시책에 대해 불만을 가진 왜국 내의 세력이 적지 않았다는 것을 의미한다고 볼 수 있다.[39]

이상과 같이 왜국의 외정과 내전을 전후한 시기의 동아시아 제국의 왜국에 집중된 외교사절은 기왕의 왜국이 갖고 있던 위기의식을 증폭시

---

36 『일본서기』天智10년(671)정월시월조; 森公章, 『天智天皇』, 吉川弘文館, 2016, 157-181쪽 참조.

37 㶱日比子와 贊波(羅金)羅金須의 두 사람(『일본서기고증(日本書紀通證)』18세기, 최초의 주석서), 혹은 㶱日比子·贊波羅·金羅·金須의 네 사람(『서기집해(書紀集解)』18세기말 19세기 초, 주석서)으로 보기도 한다. 이상은 『일본서기』第5卷, 주12, 岩波文庫, 1995, 57쪽 참조.

38 『일본서기』天智10년(671)정월시월조 참조.

39 졸고, 「백촌강싸움과 왜」, 『한국고대사연구』 45집, 2007 참조.

키는 결과를 가져왔으며, 고양된 위기의식의 결과물이 바로 '조선식산성'이라는 대규모 방어시설의 구축이었던 것이다. 그럼 다음 장에서는 왜국 내의 전후처리의 총결산으로서의 유민의 처리에 대해 언급해 보기로 하자.

IV. 왜국의 '戰後처리'로서의 '遺民처리'

앞에서 '전후처리'의 실상은 무엇일까를 생각할 때, 전쟁의 결과로 발생한 망국의 백성 즉 유민을 어떻게 관리할 수 있는지가 중요한 과제라는 인식에 다다르게 된다고 했다. 다시 말해 망국이 생겨날 때 망국민, 즉 유민의 처리가 전후처리의 핵심사항이라고 여겨진다.

또한 앞장에서 왜국을 겨냥한 치열한 외교전이 펼쳐지는 것을 보았다. 치열한 외교적 각축전이 왜국을 중심으로 펼쳐지는 이유에 대해서는 백제와 고구려로부터 온 자발적 유민들이 함께 있는 지역이 왜국이기 때문이 아니었을까. 비교적 자발성을 띤 한반도유민의 이합집산의 형태가 바로 해당 유민들의 '집단거주지'였고, 그 실체가 바로 일본율령국가 내의 백제군, 고구려군, 신라군에 다름 아니었을 것으로 생각한다.[40]

그럼 7세기 후반에서 8세기 중반까지의 일본열도에서의 한반도유민들의 동향은 어땠을까.[41] 다음의 기사로부터 확인할 수 있는 바는, 백제

---

40 졸고, 「日本律令國家의 百濟郡·高麗郡·新羅郡에 보이는 交流와 共存」, 『史叢』 68집, 2009→김현구 편, 『한·일 상호간 集團居住地의 역사적 연구-미래지향적 한일관계의 提言-』, 경인문화사, 2011 참조. 본 논고에서 필자는 한반도유민들의 거주와 이동의 특징을 '집단거주'와 '집단이주'에서 찾을 수 있다고 했다.
41 졸고, 「고대일본의 '동국'과 '한반도유민'」, 『일본문화연구』 64집, 2017 참조.

와 고구려의 멸망을 전후한 한반도유민들의 일본열도에서의 이동과 배치, 그리고 재배치에 다름 아니다(기사들의 출전은 『일본서기』 ①-⑩, 『속일본기』 ⑪-⑮이다).

①660 백제 멸망
②663 '백촌강(白村江)의 싸움'에서 일본의 구원군·백제부흥군의 연합군 대패
③665 백제남녀 400인을 오미(近江)국 간자키(神前)군에 안치
④666 백제인 2천여 인을 동국(東國)으로 옮기다.
⑤668 고구려 멸망
⑥669 오미국 가모(蒲生)군에 백제인 700여 인을 옮기다.
⑦676 신라의 통일
⑧684 백제인 23인을 무사시(武藏)국으로 옮기다.
⑨687 고구려인 56인을 히타치(常陸)국, 신라인 14인을 시모쓰케(下野)국에 안치
⑩689 신라인을 무사시국과 시모쓰케국에 안치
⑪711 가미쓰케(上野)국에 다고(多胡)군 설치
⑫715 신라인을 옮겨 미노(美濃)국 무시로다(席田)군 설치
⑬716 동국의 7국에 흩어져 있던 고구려인 1,779인을 모아 무사시국 고마(高麗)군 설치
⑭758 신라인 74인을 무사시국으로 옮기고 신라군 설치
⑮760 신라인 131인을 무사시국으로 옮기다.

이상의 기사로부터 다음의 몇 가지가 확인된다. 660년의 백제의 멸망과 663년의 '백촌강싸움'의 패전 이후 백제유민들은 오미(③⑥)와 동국(④) 그리고 무사시(⑧)에 배치되고 있으면 횟수로는 4회 출현한다. 고구려유민의 경우는 668년의 고구려 멸망 이후 히타치(⑨)와 동국 7국(⑬)이라 하여 횟수는 2회 보인다. 그리고 신라유민의 경우는 676년의

신라에 의한 통일 이후 무사시(⑨⑭⑮)와 시모쓰케(⑩), 미노국(⑫) 등에 확실히 보이며, 미상이기는 하지만 신라유민의 경우라고 보이는 경우 1회(⑪)를 합산하면 모두 6회나 출현하고 있다.

여기서 우선 주목하고 싶은 부분은 한반도유민의 배치 지역에 있어 차별성이 보인다는 점이다. 오미는 기나이(畿內)라고 하는 고대일본의 정치 중심지와 거의 동등한 대접을 받는 지역이다.[42] 이 지역에 백제유민들을 배치한 점이나 그 전의 백제유민의 집단거주지가 "百濟王善光王等居于難波"의 기사에서 알 수 있는 것처럼[43] 백제왕선광을 포함한 다수의 백제유민은 지금의 오사카(大阪)에 해당하는, 당시의 중심지인 나니와(難波)에 거하고 있다. 이로부터 백제유민은 당시의 정치의 핵심공간에 집단으로 거주하고 있는 것이 확인된다.[44] 이는 다른 한반도계 유민들과는 차별성을 보이는 대목이다.

그 다음은 동국이라는 지역으로 동국이 가리키는 범위는 상당히 광대하다.[45] 무사시국이 5차례, 시모쓰케가 2차례, 히타치, 가미쓰케, 미노

42　大津透, 『律令國家支配構造の研究』, 岩波書店, 1993, 94-116쪽 참조.

43　『일본서기』 天智3년(664) 3월조 참조.

44　백제왕 클래스는 나니와에, 그 다음 백제유민의 계층은 오미에, 또 그보다 못한 계층은 동국에 거주한다는 식의 계층 구분이 나니와, 오미, 동국 지역에의 집단 이주와 거주의 차이로 나타난 것으로 볼 수 있는 것은 아닐까 생각한다. 나아가 백제 멸망 이전의 국내에서의 상하 계층의 구별이 일본열도에서의 유민세계에도 투영되고 있음을 볼 때 더더욱 그런 사실의 반영일 가능성이 높다고 생각한다. 최근 백제왕씨의 사적인 가와치(河內)국의 가타노(交野)군에 소재하는 백제사에 대한 고고학적 정황이 자세히 소개되었는데, 大竹弘之(靑邱考古硏究院), 「百濟王氏と河內國交野郡百濟寺跡」, 동아시아고대학회(89회) 공동학술대회자료집 『백제와 동아시아의 대외관계』 11-37쪽을 참조하기 바란다.

45　졸고, 「고마(高麗) 군 건군(建郡) 1300년에 즈음한 고마약광(高麗若光)의 의미」, 『동아시아고대학』 39집, 2015, 21-46쪽 참조.

가 1차례씩 등장하고 있다. 이 중 무사시 지방의 빈도가 압도적으로 많기도 하고 백제유민, 고구려유민, 신라인을 가리지 않고 출현한다. 다시 말해 무사시국이 동국의 중심지로 자리매김 되고 있음을 알 수 있다. 이는 ⑫의 고마군의 성립 시 등장하는 기사[46]에서도 확인이 가능하다.

요컨대 무사시국에서의 고마군의 건군은 동국의 여기저기에 흩어져 있던 고구려유민들을 편입시키고 있다고 했는데, 그 여기저기란 앞에서 나오는 시모쓰케, 히타치, 가미쓰케를 포함한 지역을 일컫는 것일 것이다.

그 외에도 이 사료에는 쓰루가(駿河, 현재의 시즈오카[靜岡] 현), 가이(甲斐, 현재의 야마나시[山梨] 현), 사가미(相模, 현재의 가나가와[神奈川] 현) 등도 언급하고 있기에, 7세기 후반 이래의 한반도유민들의 활약 공간은 지금의 간토(關東)지방[47]과 거의 겹치는 상당히 광범위한 지역이었다는 것을 알 수 있다.

또 그 다음으로 '신라인'들이 이주와 배치를 반복하고 있다는 사실이다.[48] 이 신라인은 어떤 사람들일까. 백제나 고구려 같이 멸망의 처지가 아닌 신라에서 온 사람들이라는 면에서 '신라계 도래인'이라고 부를 수도 있을 것이다. 또 한편으로는 이들은 한반도에서의 신라 중심의 통일 전쟁 과정에서 어떤 불만을 안고 일본으로 건너온 사람들일 수도 있다.

마지막으로 ⑬의 고마군과 ⑭의 신라군의 인구수만을 상정한다면 가

---

46 『속일본기』, 元正천황 영구(靈龜)2년(716) 5월조 참조.

47 일본 혼슈(本州)의 동부에 위치하며 범위에 관한 법률상의 정의는 없지만, 일반적으로 도쿄 도(都), 이바라기(茨城) 현, 도치기(栃木) 현, 군마(群馬) 현, 사이타마 현, 치바(千葉) 현, 가나가와 현의 1도 6현을 가리킨다.

48 졸고, 「고마(高麗) 군 건군(建郡) 1300년에 즈음한 고마약광(高麗若光)의 의미」, 『동아시아고대학』 39집, 2015, 21-46쪽 참조

장 밑 등급의 소군(小郡)의 규모거나 혹은 소군에도 미치지 못하는 미니 군일 가능성이 있다. 그렇다면 소군의 인구수는 2-3,000명을 헤아리는 것이 된다.[49] 이로부터 왜 군이 이런 작은 규모의 군을 두면서까지 한반도유민을 고대일본의 지방행정체제에 편입시킬 필요성이 있었던 것일까 하는 의문이 생길 수 있다. 하지만 고대 일본율령국가에 있어 한반도유민의 집단거주지의 존재는 규모의 문제와는 다른 성격을 띤다 할 것이다.[50]

앞에서 신라인들의 집단거주지일 가능성이 있다고 한 부분은 ⑪이다. "711 가미쓰케(上野)국에 다고(多胡)군을 설치"한다는 기사는 현존하는 다고(多胡)비[51]의 내용과 일치하는데 같은 내용의 기록이 『속일본기』 화동(和銅) 4년(711)3월 신해(辛亥)조의 기사에 보인다.[52] 다고군은 가타노군의 산토(山等)향, 미도리군의 무미(武美), 가무라군의 오리모(織裳)·

---

49 호령(戶令)의 정군(定郡) 조에 의하면 군의 규모는 대·상·중·하·소(大·上·中·下·小)의 다섯 등급으로 나뉘고 있다. 대개 소군은 2-3리(里)의 규모를 이야기 되는데, 대략 1리가 50호(戶) 정도임을 감안한다면 대략 1리 당 인구수는 1,000 명 정도일 것이다.

50 일본율령국가에 있어 한반도유민이 몰려 사는 집단거주지는 율령국가의 이념, 즉 한반도의 새로운 패자인 신라에 대한 우위성을 주장할 수 있는 장치로 존재했다고 볼 수 있다. 이러한 입장에 서자면 단지 한반도유민의 숫자가 중요한 것이 아니라, 한반도유민을 율령국가 체제 하에 포섭시키고 있다는 증거로서 한반도 제국의 이름이 들어간 군의 존재가 중요한 것이 아니었을까 하는 것이다.

51 2011년에는 비가 만들어진지 1300년을 맞았다. 재질은 요시이 초의 남부에서 채취되는 우복사암을 가공하여 만들었고 비의 뚜껑 부분, 비, 받침돌의 세 부분으로 구성되어 있으며 높이는 125센티미터이며 비문은 6행에 걸쳐 모두 80자가 단정한 해서체로 새겨져 있다. 더 자세한 사정은 다음의 홈페이지 참조.(https://www.city.takasaki.gunma.jp/info/sanpi/03.html(2017.07.20. 검색)

52 『續日本紀』권5 補-27 참조. 산토(山等) 향은 원래 야마베(山部) 향일 가능성이 있다는 설이 있다. 즉 야마베라는 이름이 나중 간무(桓武)천황의 즉위로 말미암아 '山等'으로 개조되었다는 것이다. 東野治之, 「多胡郡山部鄉について」, 『群馬縣史料 4月報』 참조.

가라시나(韓級)·야타(矢田)·오야케(大家)향 등이다. 이는 또 『續日本紀』天平神護2年(766)5月壬戌(8日)조에 보이는 「在上野國新羅人子牛足等一百九十三人, 賜姓吉井連」과 연동한다. 가미쓰케국에 사는 신라인 193명에게 요시이무라지(吉井連)라는 성을 하사했다는 것은 현재 다고비가 요시이정에 있는 사정과 부합한다.

또한 군마현은 아니지만 현 도치기(栃木)현의 나스(那須)국의 국조(國造)비[53]에서도 한반도유민의 흔적이 검출되는데 이 비의 시작은 「永昌元年」이라는 연호이다. 이는 서력으로 하면 689년이다.[54] 이러한 단기간 사용된 연호가 동국의 비문으로 남아 있는 사정에는 "⑨ 689 신라인을 무사시국과 시모쓰케국에 안치, ⑩ 690 신라인 시모쓰케국에 배치"라는 두 사료가 힌트가 된다. 이상의 이유로 ⑪이 신라계일 가능성이 있는 셈이다.[55]

백촌강싸움 이전의 동아시아세계가 중국(수, 당), 한반도 3국(고구려, 백제, 신라), 일본열도의 왜였던 것에 비하여, 백촌강 이후의 동아시아는 당·신라·일본으로 재편되었다. 이렇게 7세기 후반기에 새롭게 재편된

---

53 이 비는 8행에 각 19자씩 총 152자가 새겨져 있으며 서체는 중국의 6조시대의 서풍이다. 약 1200년 전의 나스의 지방관이었던 나스국조 나스노아타이이데(那須直韋提)의 유덕을 기리기 위해 세운 것으로 그 자식이 건립했다. 田熊信之·田熊淸彦, 『那須國造碑』, 中國·日本史學文學硏究會, 1987; 東野治之·佐藤信 編 『古代多胡碑と東アジア』 山川出版社, 2005, 1-204쪽 참조.

54 영창이라는 연호가 사용된 시대는 당의 측천무후의 시기 약 10개월간이었다. 더구나 이 시기는 당과의 사이에 견당사가 중단된 시기로 당시 왜가 취한 외국과의 정식 교류는 신라밖에 없었다. 그런 이유로 '영창연호'는 신라인 혹은 한반도유민들의 지식의 산물이었던 셈이다. 이 나스 국조비의 사례도 동국지방이 한반도유민들과의 설명 속에서 설명될 수 있음을 웅변한다 하겠다.

55 佐藤信, 「古代東アジアの國際環境」, 靑山學院大學文學部日本文學科日本文學科編 『文字とことば―古代東アジアの文化交流―』, 共立印刷株式會社, 2005, 29-53쪽 참조.

동아시아세계는「율령제」가 공통의 국가체제로 되었다.[56] 또한 백촌강 싸움은 왜에 많은 과제를 주었는데 그 과제 중 하나는 당의 율령체제에 입각한 중앙집권 국가의 확립이었다.[57]

이러한 상황 속에서 일본율령국가의 대외관은 중국으로부터의 중화의식을 흉내 낸「小中華帝國」을 목표로 하는 것이었다. 헤이조쿄(평성경)에서는 당의 도읍 장안을 모방한 궁도를 대규모로 장엄하게 하고, 거기에 국내의 호족, 민중은 물론 外國使節·蝦夷·隼人도 대상으로 하여 의례(儀礼)를 전개하였다.[58]

이상과 같이 유민의 문제, 발생에서 전개로, 다시 해소의 3단계는 바로 전후처리에 다름 아니었던 것이다. 전후에 즈음한 유민의 발생과 각 지역으로 흩어진 유민들을 어떻게 포섭하는가는 각국의 사정과 실력에 맞게 재조정되었다고 할 수 있다. 특히 왜는 국가 발전에 한반도유민세력을 적극적으로 수용하고 자국 질서 내에 포섭해 나갔다.

그 결과 왜는 일본으로의 환골탈태가 가능했던 것이다. 아울러 대왕에서 천황으로의 군주호의 변화, 그리고 완성된 국가형태로서의 율령국가로의 진입도 가능했던 것이라고 생각한다. 그리고 그 결과물로서 일본의 탄생이 가능해졌던 것이다.

요컨대 7세기 중반 이후의 동아시아세계의 혼돈에서 재편으로의 변

---

56 정효운, 「고대일본의 전쟁과 율령국가」, 『일어일문학』 64집, 2014, 453-469쪽 참조

57 689년에는 飛鳥淨御原令이 성립하고 또 중국으로부터 배운 본격적인 宮都의 조영과 함께 條坊制의 方格 플랜을 가진 광대한 조영을 가진 藤原京이 조영되고 유력한 황족과 귀족들이 경내에 집주되어졌다. 나아가 「飛鳥池遺跡出土木簡」으로부터는 텐무시대의 목간 중에 「天皇」이라고 적힌 목간이 발견되어, 천황이라는 호칭의 성립도 이 시대인 것을 알 수 있다.

58 佐藤信(송완범 역), 『목간에 비친 고대 일본의 서울 헤이조쿄平城京』, 성균관대학교출판부, 2017 참조.

화 속에 '백촌강싸움'과 '임신의 난'이라는 국내외 전쟁 후의 전후처리로서의 한반도유민의 처리 문제가 대두되었고 이를 왜국의 질서 내에 포섭하는 과정 속에 신생 일본의 탄생이 이루어진 것이다. 결국 이러한 과정은 동아시아 각국의 국내적 정치상황이 국제적 계기를 통해 재편되고 재구성된다고 볼 수 있는 것이다.

V. 맺음말

이상을 간단하게 정리하면 다음과 같다.

7세기말 중후반은 왜국뿐만이 아니라 동아시아 세계 모두가 동란의 소용돌이 속에 있었다. 동아시아 제국은 각각 중앙집권화를 통한 권력의 집중을 꾀했다. 그 와중에 백제가 당과 신라의 연합군에 의해 멸망한다. 하지만 백제가 완전히 멸망한 것은 아니었다. 백제부흥군은 왜국에 사신을 보내 군사원조와 함께 백제왕자 풍장의 귀환을 요청한다. 이에 친백제 정책을 취하고 있던 왜국은 1,2,3차에 걸쳐 3만의 대군을 파견하여 당과 신라의 세력을 한반도에서 선제적으로 방어하려 한다. 이를 왜국의 위기의식에 따른 예방전쟁이라 하며 이 전쟁을 '백촌강싸움'이라 한다. 하지만 왜의 구원군과 백제부흥군은 당과 신라군의 연합군에 의해 대패를 맛보게 된다. 이 결과 많은 백제유민이 발생하고 이들이 바다를 건너 왜국으로 건너온다.

'백촌강싸움'의 패전에 이어 당의 사신이 도왜하는 것을 시작으로 동아시아 각 지역으로부터 많은 외교사절이 왜국을 향하고 있다. 이러한 기이한 현상은 고구려의 멸망과 당과 신라 간의 반목에 의해 더더욱 가속화된다. 하지만 이는 전쟁의 공포를 조장하는 것이었다. 왜국은 승전국인 당과 신라의 사절이 경쟁적으로 사신을 보내오는 것에 의해 다시 전쟁의 공포에 사로잡히게 된다.

전쟁의 공포는 백제유민을 중심으로 한반도에서 일본열도로의 도왜루트를 따라 방어시설을 건설하게 한다. 이를 '조선식산성'이라 부른다. 다시 말해 '백촌강싸움' 이후 약 10년간의 활발한 동아시아 외교전이 펼쳐진 것은 또 다른 '전후'의 지속으로서 이는 결국 고대일본 최대의 내란인 '임신의 난'을 기다리지 않으면 안 되었다.

이제 일본열도는 왜국에서 일본으로의 환골탈태를 경험하게 된다. 그 핵심에 한반도로부터의 많은 또한 다양한 정치적 성향의 한반도유민의 존재가 있었다. 이들을 어떻게 신질서 내에 포섭할 수 있을까가 명실상부한 '전후처리'였다. 이런 이유로 8세기 일본율령국가 운용의 최전선에 많은 한반도계 유민의 존재가 확인된다. 그들의 활동범위는 정치행정의 중심 기나이는 물론이고, 기나이와 방불한 오미 및 동국이라고 표현되는 광대한 변경이자 신천지였다.

이러한 유민의 처리, 즉 활용은 곧 '백촌강싸움' 이후 '임신의 난'을 거치며 전개된 한반도유민들이 집단거주와 집단이주를 거치면서 신생 일본으로의 지향과도 연결된다. 요컨대 7세기 중후반 동아시아를 격동시켰던 '전후'가 비로소 끝나게 됨을 의미한다고 봐야 할 것이다.

마지막으로 본고의 전체주제인 유민처리가 곧 전후처리라는 구상이 '백촌강싸움'과 '임신의 난'이라는 성격이 다른 두 전쟁과 잘 융화되고 있는가에 대해서는 논지의 전개상 아쉬움이 남는다고 생각한다. 이 점에 대해서는 후고를 준비하기로 하고 여기서 각필하기로 한다. 독자제현의 현명한 교시를 기다릴 따름이다.

일본 중세무사들의 원한과 화해

이세연 _ 한국교원대 역사교육과 부교수

* 본고의 초출은 이세연, 「일본 중세무사들의 원한과 화해」(『일본사상』 27, 2014)이다.

I. 머리말

전근대 일본사회의 원령(怨靈) 연구는 죽은 자에 대한 연구임에 틀림 없지만, 그것은 동시에 산 자에 대한 연구이기도 하다. 원령은 분명 실체로서 체감되었던 존재이지만, 그 형상화는 산 자들의 영위였기 때문이다. 제명에 죽지 못한 자들에 대한 산 자들의 부채의식과 상상력은 원령의 지평을 떠받치는 두 개의 기둥이었다. 따라서 원령 연구는 현실세계의 제반 맥락을 촘촘하게 파악하는 것으로부터 출발하지 않으면 안되며, 원령에 대한 역사학적 연구는 시대의 얼개를 드러내는 모종의 전체사를 지향하지 않을 수 없다.

원령에 대한 역사학적 연구를 돌이켜보면, 산 자의 움직임에 초점을 맞추며 시대적 맥락과 구조를 드러내고자 한 연구들이 적지 않게 이루어져왔다. 특히 고료에(御靈會),[1] 덴진(天神) 신앙,[2] '천황원령'[3]에 대한 연구에서는 괄목할 만한 성과들이 제시되어왔다.

---

1 柴田實編, 『御靈信仰』, 雄山閣, 1984, 第一篇-第二篇; 五味文彦, 「馬長と馬上」, 『院政期社會の研究』, 山川出版社, 1984; 伊藤唯眞, 「神泉苑と御靈會」, 『國文學解釋と鑑賞』 63(3), 1998; 川嶋將生, 『祇園祭と戰國京都』, 角川學芸出版, 2007; 同, 『祇園祭─祝祭の京都─』, 吉川弘文館, 2010; 河內將芳, 『祇園祭の中世─室町・戰國期を中心に─』, 思文閣出版, 2012 등.

2 村山修一編, 『天神信仰』, 雄山閣, 1983; 村山修一, 『天神御靈信仰』, 塙書房, 1996; 河音能平, 『天神信仰の成立』, 塙書房, 2003 등.

3 山田雄司, 『崇德院怨靈の研究』, 思文閣出版, 2001; 德永誓子, 「後鳥羽院怨靈と後嵯峨皇統」, 『日本史研究』 第512号, 2005; 布谷陽子, 「承久の亂後の王家と後鳥羽追善仏事」, 『中世の地域と宗敎』, 吉川弘文館, 2005; 森茂曉, 「後醍醐天皇─その怨靈と鎭魂、文學への影響─」, 『中世日本の政治と文化』, 思文閣出版, 2006 등.

그러나 남겨진 과제는 산적해 있다고 하지 않을 수 없다. 필자는 앞서 중세원령에 대한 연구, 특히 무가사회의 원령에 대한 연구의 부진, 개별 연구의 분절화 등 몇 가지 문제점을 지적한 바 있는데,[4] 또 하나 지적하지 않을 수 없는 것이 진혼의 논리에 대한 연구의 부진이다.

산 자들은 원령을 잠재우기 위해 다양한 수단을 동원했다. 원령의 발호에 직면한 산 자들은 원령으로 화한 죽은 자의 죄안(罪案)을 삭제하고 관작을 추증하기도 했으며, 그들의 남겨진 혈족들을 경제적으로 우대하기도 했다. 그러나 이러한 즉물적인 조치 외에도 원령을 근본적으로 무해화하는 방안 역시 강구되었다. 원령이 현실세계에 모종의 영향력을 행사하는 것을 방지하고자 거행되곤 했던 각종 진혼의식에서는, 원령, 그리고 진혼의 장에 모여든 산 자들을 설득하는 논리가 곧잘 설파되었다. 예를 들어, 사이초(最澄)는 공(空)의 원리를 환기하며 원한의 고리를 끊을 것을 원령에게 요구했으며,[5] 무소 소세키(夢窓疎石)와 그의 제자들은 현실세계의 적군과 아군은 원리적으로 평등하다며 적군 전사자의 원령을 무해화하려 했다.[6]

전근대시기의 일본인들에게 원령이 지극히 일상적이고 현실적인 문제였다는 점을 고려할 때, 사이초나 소세키가 제시한 논리 외에도 다양한 층위의 진혼의 논리가 모색되지 않았을까 추측된다.

본 논문에서는 이러한 관점에 입각하여 가마쿠라 시대를 중심으로

---

4 이세연, 「아시카가 요시카쓰(足利義勝) 요절의 정치구조: 중세 원령연구 서설」, 『일본역사연구』 39, 2014, 5-9쪽.

5 八重樫直比古, 「空と勝義の孝―古代仏教における怨霊救済の論理―」, 『日本精神史』, ぺりかん社, 1988을 참조.

6 이세연, 『사무라이의 정신세계와 불교: 일본사회의 전사자공양과 怨親平等』, 혜안, 2014, 제2장 참조.

중세무사를 둘러싼 원령 진혼의 논리를 살펴보고자 한다. 이러한 문제 설정이 앞서 제시한 선행연구의 한계를 감안한 것이라는 점은 두말할 나위 없다. 본 연구를 통해 원령 진혼의 구조적·통시적 파악[7]이라는 궁극적인 목표에 한 발 더 다가설 수 있기를 기대한다.

구체적인 서술은 다음 세 가지 시각을 바탕으로 이루어질 것이다. 첫째, 격언의 일본적 변용이다. 전근대 동아시아세계에서는 다양한 인적 네트워크를 통해 수많은 전적(典籍)이 유통되고 소비되었다. 그 과정에서 특정 구절이 격언으로 통용되었는데, 그 의미와 쓰임새는 시대와 지역에 따라 적지 않은 차이를 보이기도 했다. 예를 들어, 원친평등(怨親平等)이라는 용어는 13세기 후반 중국에서 일본으로 건너간 선승 무가쿠 소겐(無學祖元)에 의해 전사자공양의 장에서 원용되기 시작했으며, 14세기에 들어서서 원령 무해화의 논리를 이끌었다. 또, 16세기에 이르러서는 공양 주체의 자비심을 강조하는 담론을 이끌기도 했다.[8] 이러한 일련의 전개과정은 원친평등의 일본적 변용과정이라 할 수 있을 텐데, 다른 격언에서도 유사한 사례를 발견할 수 있을 것으로 생각한다. 이처럼 원령 진혼과 관련하여 격언의 일본적 변용과정을 추적하는 작업은 선행 연구에서 등한시되었던 비교사적 연구[9]의 발판으로도 기능하리라 생각

---

7 지금까지 원령진혼에 대한 통시적인 역사 서술이 몇 차례 시도된 바 있지만, 유감스럽게도 그 내용은 역사적 사실의 나열에 가까운 것이었다. 鈴木哲·關幸彦, 『怨靈の宴』, 新人物往來社, 1997; 山田雄司, 『跋扈する怨靈—祟りと鎭魂の日本史—』, 吉川弘文館, 2007을 참조.

8 원친평등 담론의 통시적인 맥락에 대해서는 이세연, 앞의 책을 참조.

9 야나기타 구니오(柳田國男), 오리쿠치 시노부(折口信夫)의 연구 이래, 원령은 일본사회 고유의 정신과 신앙을 표상한다는 인식이 강고하게 자리잡았다. 이에 원령을 상대화하고 거시적으로 조망하는 시각은 누락되었으며, 원령 연구는 그만큼 학문적 진전을 이루지 못했다. 선학들이 구축한 튼실한 기반 위에서 원령의 발호와 산 자들의 공포를 보다 촘촘하게 탐구하는, 그러나 질적으로는 별반 차

한다.

둘째, 시대의 심성과 원령 진혼 논리의 연관성이다. 원령 진혼의 논리는 위기의 순간에 불현듯 등장하는 것처럼 보이지만, 그렇다고 해서 전혀 새로운 논리가 제시되었던 것은 아니다. 너무나도 당연한 이야기이지만, 특정 논리가 시민권을 획득하기 위해서는, 사회 구성원들이 충분히 이해하고 납득할 만한 내용을 갖추고 있지 않으면 안 된다. 요컨대, 원령 진혼의 논리는 애초에 해당 시기의 집단심성을 반영하기 마련이라는 것이다. 이러한 인식을 바탕으로, 본 논문에서는 전투의 논리와 진혼의 논리의 상관관계에 대해 생각해 보고자 한다.

셋째, 원령 진혼의 방향성이다. 승자에 의한 원령 진혼은 두말할 나위 없이 원령을 잠재우는 행위였지만, 그것은 한편으로 살아남은 패자들의 원한과 불만을 잠재우는 행위이기도 했다. 앞서 산 자가 원령을 형상화한다고 언급했는데, 그러한 산 자의 중핵을 이루는 것은 바로 살아남은 패자들이었다. 비명횡사한 자들을 기억하는 이들의 행위가 유서

이가 없는 동어반복적인 연구가 양산되었다. 사실 원령에 대한 감각은 지역과 시대를 불문하고 확인할 수 있다(아래의 사례는 이미 다음의 선행연구에서 지적된 바 있다. 이욱, 『조선시대의 재난과 국가의례』, 창비, 2009, p.329 이하). 예를 들어, 고려 인종 때의 인물인 이영은 이자겸의 난의 여파로 귀양살이를 하다 분사했다. 이영의 원령을 우려한 이자겸은 술사를 보내어 그 시체를 길가에 묻었으며, 이영의 무덤은 무병장수를 기원하는 민간신앙의 대상이 되었다(『高麗史』列傳 第10, 李永). 한편, 이자겸 역시 사후에 원령으로 화하여 인종을 중태에 빠뜨린 것으로 기록되어 있다. 고려조정은 이자겸 식솔들의 형을 완화하고 왕의 쾌유를 기원했다고 전해진다(『高麗史』世家 第17, 인종 24년 정월 신묘조). 이상과 같은 원령의 출현과 대응, 민간신앙의 형성은 일본사회의 전통으로 일컬어지는 원령 신앙의 전형에 다름 아니다. 요컨대, 현재 학계 일반에서 통용되고 있는 일본 원령에 대한 이미지는, 다소 거칠게 표현하면, 선험적·직관적으로 파악된 것들이 적절한 검증을 거치지 않은 채 재구성되어 고착화한 것이라고 할 수 있다.

깊은 문예로 발전하기도 했다는 점은 잘 알려진 바와 같다. 이들이 비명횡사한 자들을 계속해서 기억하는 한, 이들의 원한과 불만이 불식되지 않는 한, 원령은 계속해서 발호할 수밖에 없었다. 따라서 본 논문에서는 원령을 사이에 두고 교차하는 승자와 살아남은 패자의 시선에 충분히 주의를 기울이고자 한다.

II. 수호신으로 전환되는 원령

1. 덕으로 원한을 갚는다는 것

우선 머리말에서 제시했던 사이초의 담론을 검토하는 것에서 논의를 시작하고자 한다. 사이초의 담론과 그 연원에 대해서는 이미 야에가시 나오히코(八重樫直比古)의 정밀한 연구가 있다.[10] 따라서 여기서는 야에가시의 논의를 바탕으로 그 내용을 개관한 후, 이를 중세의 사례와 비교 검토하도록 하겠다.

818년 한발을 우려한 조정은 여러 사찰에 강우(降雨) 기원을 올리도록 했다.[11] 이에 근거하여 히에이잔지(比叡山寺, 훗날의 엔랴쿠지[延曆寺])에서도 강우기원 법요가 펼쳐지게 되었다. 그 자리에서 사이초는, 원령이 한발을 초래하는 것으로 인식하고 원령을 설득하는 맥락의 경백문(敬白文)을 봉납했다. 즉, 사이초는 "사람의 육체와 정신은 다섯 가지 요소(五蘊)가 잠시 모여서 형성된 것일 뿐 본질적으로는 공(空)에 다름 아

<hr>

10 앞의 논문, 八重樫直比古, 「空と勝義の孝—古代仏教における怨靈救濟の論理—」.
11 『日本紀略』 弘仁 9년 4월 을해조.

니다. 어찌 원한을 품을 것인가"라고 전제한 후, "원한으로 원한을 갚으면 원한은 그치지 않는다. 덕으로 원한을 갚으면 원한은 곧 없어질 것이다(以怨報怨, 怨不止, 以德報怨, 怨卽盡)"라며 원령을 설득하고 그들의 성불을 기원했다.[12]

여기서 주목되는 것은 이덕보원(以德報怨)의 논리인데, 덕으로 원한을 갚아 원한의 고리를 끊는다는 논리는 사이초의 독자적인 발상이 아니었다. 이덕보원 운운의 문구는 고대 중국사회에서 널리 통용되고 있던 격언이었다.

우선, 각종 한역(漢譯) 불교 전적(典籍)에서는, 『法句經』 이래로 원한으로 원한을 갚으면 원한이 끊이지 않는다는 인식이 확인되며, 5세기에 번역된 『五分律』에 이르면 이덕보원의 논리가 명확하게 전개된다. 『五分律』에는 저명한 장수왕(長壽王) 설화가 삽입되어 있는데, 여기에 이덕보원 운운의 문구가 등장한다. 장수왕 설화에 따르면, 구살라국(拘薩羅國)의 장수왕은 적군에게 사로잡혀 형장으로 끌려갔다. 죽음을 앞둔 장수왕은 군중에 섞여 있던 왕자 장마납(長摩納)을 발견하고는 "원한으로 원한을 갚으면 원한이 그칠 방도가 없다. 원한을 갚는 데 덕으로 한다면 그 원한은 곧 그칠 것이다(以怨報怨, 怨無由息, 報怨以德, 其怨乃已)"라고 부르짖었다고 한다. 부친의 유언을 받든 왕자는 복수를 단념했으며, 이에 감화된 적국의 왕은 왕위를 장마납 왕자에게 넘겨주었다.

이와 같은 장수왕 설화는 대승계(大乘戒)를 설파하는 『梵網經』의 주석서에 곧잘 인용되었다. 구체적으로 말하면, 십중사십팔경계(十重四十八輕戒) 가운데 스물한 번째 경계, 즉 원수를 갚지 말라는 계율을 해설하는 과정에서 인용되었다. 그러한 주석서 가운데 특히 저명한 것은 신라

12 「承先師命建大乘寺文」, 『傳述一心戒文』 卷上(『大正新脩大藏経』 第74卷, 636a-637c쪽).

승 의적(義寂, 681~?)이 저술한 『梵網經菩薩戒本疏』와 신라승 태현(太賢, ?~?)이 저술한 『梵網經古迹記』였다. 이들 전적은 일본 불교계에서 널리 읽혔으며, 사이초의 저술에서도 그 흔적을 확인할 수 있다.[13] 대승계를 내세우며 독자적인 계단(戒壇) 창설을 지향했던 사이초가 이들 주석서에 관심을 보인 것은 당연한 결과라 할 것이다.

이처럼 사이초가 진술한 진혼의 논리는 동아시아세계에서 유통·소비되고 있던 불교 전적을 통해 전개된 것이라 여겨지지만, 이덕보원 운운의 격언은 불교계에서만 통용되었던 것은 아니다. 잘 알려진 바와 같이, 그 연원은 춘추전국시대까지 거슬러 올라간다. 예를 들어, 『老子』 제63장에는 "報怨以德"이라 보이며, 『禮記』 表記와 『論語』 憲問에서도 "以德報怨"의 문구를 확인할 수 있다. 아마도 불교 전적이 한역되는 과정에서 이들 문구가 참조되었을 것으로 짐작된다.

2. 이덕보원(以德報怨) 논리의 중세적 변용

이덕보원의 문구는 가마쿠라 시대의 일본 불교계에서도 널리 통용되고 있었다. 예컨대, 진언종의 학승 라이유(賴瑜, 1226~1304)는 『大日經疏持心鈔』에서 『梵網經古迹記』의 관련 내용을 거의 그대로 인용하고 있다. 즉, 라이유는 이덕보원의 구절에 더하여 "세간의 효는 원한으로 원한을 갚아 풀(草)로 불을 끄는 것과 같다. 승의(勝義)의 효는 자비로 원한을 갚아(以慈報怨) 물로 불을 끄는 것과 같다"고 인용했다.[14] 한편, 팔종겸학(八宗兼學)으로 저명한 무주(無住, 1227~1312)는 자신이 편찬한 불교설

---

13 『顯戒論』(『大正新脩大藏経』 第74卷 수록)을 참조.
14 『大正新脩大藏経』 第59卷, 699c쪽.

화집 『沙石集』권 제9에서 다음과 같이 설파했다. "원한으로 원한을 갚
으면 원한은 언제까지고 끊이지 않는다. 풀로 불을 끄는 것과 같다. 은
(恩)으로 원을 갚으면 원은 결국 사라진다. 물로 불을 쓰는 것과 같다."[15]
직접 인용을 하고 있지는 않지만, 무주는 이덕보원의 문구 역시 인지하
고 있었을 것으로 짐작된다.

　도다이지(東大寺)의 학승 교넨(凝然, 1240~1321) 역시 『梵網戒本疏日
珠鈔』에서 『梵網經古迹記』의 관련 내용을 그대로 인용하고 있는데, 아울
러 『梵網菩薩戒經疏註』의 다음 구절도 덧붙이고 있다. "유교는 세상의
예법을 행하는 까닭에 원한을 갚거나 복수하는 것을 허용한다. 지금 출
세(出世)하여 자비를 널리 베푸는데, 곧 원친평등하고자 하는 까닭에 단
지 덕으로 원한을 갚아야 하는 것이다."[16] 인용은 생략하지만, 진언종의
학승 유카이(宥快, 1345~1416) 역시 『大日經疏鈔』에서 『梵網經古迹記』의
이덕보원 운운의 문구를 자세히 인용하고 있다.[17] 그밖에 엔니(円爾)의
법통을 이은 도잔 단쇼(東山湛照, 1231~1291)와 도래승 지쿠센 본센(竺
僊梵仙, 1292~1348)의 어록에서도 이덕보원의 문구가 확인된다.[18] 단, 그
출처는 제시되어있지 않다. 이들 선승에게 이덕보원의 문구는 상식적인
차원의 표현이었던 것으로 보인다.

　이처럼 이덕보원과 그 주위를 맴도는 논리는 가마쿠라 시대의 일본
사회에서도 통용되고 있었는데, 그것은 원령 진혼의 논리로도 원용되었
다. 다음 사료를 살펴보도록 하자.

---

15 인용은 『新編日本古典文學全集』에 의함.
16 『大正新脩大藏経』 第62卷, 202a쪽.
17 『大正新脩大藏経』 第60卷, 245a쪽.
18 『寶覺禪師語錄』(『大正新脩大藏経』 第80卷, 26b쪽), 『竺僊和尙語錄』(『大正新脩
　　大藏経』 第80卷, 417a쪽).

경백(敬白), 오륜보탑(五輪寶塔) 300기 건립 공양의 건

가마쿠라도노(鎌倉殿)께서 공양하시는 팔만사천탑 가운데, 미나모토노 지카나가(源親長)가 명을 받들어 500기를 권진(勸進)한다. 다지마국(但馬國) 분의 300기를 장군의 기도소인 신메이지(進美寺)에서 개안 공양한다. 단, 63기는 이 절에 사는 승려들이 건립하고 나머지는 다지마국의 다이묘(大名)들이 건립하는 바이다.

상기 보탑을 권진하여 탑을 건립하는 취지는 다음과 같다. 지난 호겐(保元) 원년에 도바(鳥羽) 일원(一院)이 일찍이 야산(耶山)의 구름 속으로 자취를 감추시고 천황과 상황이 천하의 패권을 놓고 다툰 이래, 겐지(源氏)와 헤이시(平氏)의 쟁란이 빈번하게 일어났다. … 이에 우리 군주이신 전 우대장 미나모토노 아손(源朝臣)께서 하늘에 대신하여 왕적(王敵)을 무찔렀다. … 단, 추벌(追罰)을 행하고 형벌을 가하는 사이에 제명에 죽지 못한(夭亡) 자들이 수천만이었다. 헤이케(平家)에게 재촉되어 호쿠리쿠(北陸)로 향한 무리들은 이슬처럼 부질없는 목숨을 시노하라(篠原)의 풀밭 아래서 잃었으며, 역신(逆臣)의 꾐에 빠져 난카이(南海)로 건너간 무리들은 부질없는 삶을 야시마(八島, 원문대로임)의 파도에 잃었다. 이 같은 자들은 생전에 살던 곳에 원한을 남기고, 황천으로 향하는 여행길에 슬픔을 품고 있을 것이다. … 전해 듣건대, 원한으로 원한을 갚으면 원한은 대대로 끊기는 일이 없으며, 덕으로 원한을 갚으면 원이 변전하여 친이 된다고 한다. 이에 아육(阿育)의 옛 사적을 물어 팔만사천의 보탑을 건립하고 풍재원(豊財薗)의 이익을 받들어 보협인(寶篋印) 다라니를 서사하여 제국(諸國)의 영험한 땅에서 삼가 간절히 공양연설을 한다. … 엎드려 바라건대, 오륜보탑과 보협신주(寶篋神呪)가 토벌된 망졸을 구제하고 법계의 생명 일체를 이끌기를. 경백.[19]

1197년, 가마쿠라도노 미나모토노 요리토모(源賴朝)는 호겐의 난 이래, 특히 1180년대 내란기에 희생된 자들의 진혼을 위해 '제국의 영험한 땅'에서 팔만사천탑을 공양했다.[20] 위 사료에 보이듯 다지마국의 경우,

19 「源親長敬白文」(『鎌倉遺文』 第2卷 第937号).

동국(同國)의 슈고(守護) 미나모토노 지카나가[21]가 이른바 간토기도사(關東祈禱寺)의 하나였던 신메이지[22]에서 300기를 공양했다. 경백문의 마지막 부분에 '토벌된 망졸'이라고 보이는 데에서도 알 수 있듯이, 이 공양은 '원한'과 '슬픔'에 잠겨 있는 헤이시 측 사자들을 위한 적군전사자공양이었다.

이덕보원의 논리는 인용문의 후반부에 보인다. 즉, "원한으로 원한을 갚으면 원한은 대대로 끊기는 일이 없으며, 덕으로 원한을 갚으면 원이 변전하여 친이 된다(以怨報怨者, 怨世々無斷, 以德報怨者, 轉怨爲親)"라고 보이는데, 얼핏 보기에 이 문장은 앞서 검토한 예문들과 대동소이한 것으로 여겨진다. 그러나 자세히 살펴보면 중요한 차이가 있음을 알 수 있다. 바로 덕으로 원한을 갚는 행위의 결과이다. 앞서 살펴본 예문들은 모두 원한이 사라진다는 점을 강조했는데, 위 사료에서 지카나가는 "원이 변전하여 친이 된다"고 설파하고 있다. 공양 주체는 단순히 원한의

---

20 『鎌倉年代記裏書』에도 "금년(建久八) 10월 4일, 팔만사천탑 공양(탑의 길이 5촌). 여러 국에서 제명에 죽지 못한 무리들의 성불득도를 위한 것이다"라고 보이며, 거의 유사한 내용이 『北條九代記』에서도 확인된다. 한편, 지카나가의 경백문을 다룬 주요 논고로는 다음과 같은 것을 들 수 있다. 平岡定海, 「源賴朝の八万四千基造塔と進美寺」, 『鎌倉遺文月報』 13, 1977; 大山喬平, 「鎌倉幕府の西國御家人編成」, 『歷史公論』 40, 1979; 西山美香, 「鎌倉將軍の八万四千塔供養と育王山信仰」, 『金澤文庫研究』 316, 2006; 上川通夫, 「一二世紀日本仏敎の歷史的位置」, 『歷史評論』 746, 2012.

21 佐藤進一 『增訂鎌倉幕府守護背制度の硏究: 諸國守護沿革考証編』, 東京大學出版會, 1971, 138쪽을 참조.

22 신메이지는 1194년에 간토기도사가 되었다(『鎌倉遺文』 第2卷 第724号·第725号를 참조). 간토기도사 전반에 대해서는 湯之上隆, 「關東祈禱寺の成立と分布」; 「關東祈禱寺の展開と歷史的背景」(두 논문 모두 『日本中世の政治權力と仏敎』, 思文閣出版, 2001에 수록)를 참조할 것. 또한 綾仁重次, 「鎌倉幕府と寺社: 關東御祈禱所をめぐって」, 『國史談話會雜誌』 20, 1979도 아울러 참조

고리를 끊는 것에 그치지 않고, 한 발 더 나아가 원한을 품은 사자들을 자신의 수호신으로 전환시키고자 하고 있는 것이다.

원령을 수호신으로 전환시킨다는 발상이 새로운 것이라고는 할 수 없다. 스가와라노 미치자네(菅原道眞, 845~903) 원령의 변전과정이 상징하듯이, 원령의 수호신화는 고료(御靈) 신앙의 본령이었다. 즉, "轉怨爲親"이라는 문구는 원령에 대한 일본사회 일반의 집단심성에 근거한 것이라 할 수 있는 것이다.

그러나 고대 이래로 "以德報怨"의 문구에 호응하여 "怨卽盡" 식의 문구가 주류를 이루는 가운데, "轉怨爲親"이라는 문구가 등장했다는 사실은 정당하게 평가하지 않으면 안 될 것이다. 이 문구는 중세에 접어들어 새삼 현안으로 부상한 원령 진혼에 대해 적극적으로 대응하려 했던 산 자들의 태도를 반영하고 있는 것은 아닐까?

원정(院政)의 개시로 상징되는 공권력의 분열은 1156년 호겐의 난으로 귀결되었으며, 이후 가마쿠라 막부의 성립과 전개에 이르기까지 수많은 전란이 뒤를 이었다. 이 과정에서 중앙, 지방 할 것 없이 무수한 희생자들이 속출했으며, 이들은 원령으로 형상화되었다. 이처럼 대량으로 발생한 원령에 대해 다양한 계층의 산 자들이 진혼하는 시대, 그래서 새로운 진혼의 방식이 모색되었던 시대가 중세였다.

12세기 말에 이르러 "轉怨爲親"이라는 문구가 가마쿠라막부의 진혼의식에서 등장하는 것은 이와 같은 시대의 흐름을 반영하는 것으로 판단된다. 즉, 지방의 무사정권이라는, 일찍이 일본사회가 경험한 바 없는 형태의 공권력에 의해 진혼의식이 거행되고, 거기에서 고대와는 사뭇 다른 진혼의 레토릭이 전개되는 것은 시대전환을 표상한다고 생각한다.

그런데 여기서 한 가지 더 짚고 넘어가야 할 것은 "以德報怨者, 轉怨爲親" 운운의 구절에서 행위 주체가 산 자라는 점이다. 덕으로 원한을 갚는 것은 죽은 자가 아니라 공양 주체이다. 그렇다면 원한의 고리를 끊는 덕이라는 것은 공양 주체의 작선(作善)에 다름 아니라 할 것이다. 즉, 원수인 헤이케에 대해 팔만사천탑을 공양하는 요리토모와 지카나가의 행위야말로 원령을 수호신으로 전환시키는 구체적인 근거가 되는 것이다.

이처럼 산 자의 작선에 근거한 원·친의 변전이라는 진혼의 논리는 무소 소세키의 원친평등 담론에서도 발견된다. 예컨대, 1351년 고다이고 천황(後醍醐天皇)의 13주기를 맞이하여 설한 법어에서 소세키는 덴류지(天龍寺) 건립 등 아시카가 다카우지(足利尊氏)의 작선을 전제로, '원은 친의 매개체'라며 '예념(叡念)'으로 표상되는 고다이고천황의 원한이 친으로 변전된다고 설파했다.[23] 이와 같은 논리구조의 일치에 대한 평가는 향후의 과제로 남길 수밖에 없지만, 중세에 접어들어 사회전반의 인식 체계에 모종의 전환이 이루어졌다는 점은 분명해 보인다.

이상으로 이덕보원의 논리에 대해 검토해 보았다. 충분한 용례를 확인하지는 못했지만, 격언의 일본적 변용이라 할 만한 형적은 대략 추적할 수 있었다. 즉, 중국사회에서 통용되던 이덕보원의 격언은 동아시아 세계의 학지(學知) 네트워크를 통해 일본사회에 전달되었고, 사이초에 이르러 원령 진혼의 논리로 전개되었다. 그리고 고대에서 중세로의 전환기에 이르러서는 일본사회의 종교 관념과 습합하여 "轉怨爲親" 운운의 담론으로 변용되었다.

이덕보원의 진혼논리에서는 원령의 발호에 적극적으로 대처하려는 중세인들의 인식이 감지된다 하겠다. 중세인들은 원령의 발호를 그저 두렵고 불안한 시선으로 바라보고만 있지는 않았던 것이다. 다음 장에서는 이러한 이해를 바탕으로 무사들의 직능이라 할 수 있는 살생과 관

---

23 『夢窓國師語錄』卷上·再住天龍資聖禪寺語錄(『大正新脩大藏経』第80卷, 463c-464c쪽).

련된 진혼 논리의 전개 가능성을 모색해 보고자 한다.

Ⅲ. 살생의 업과 원령의 침묵

1. 가문의 업보

1247년, 미우라(三浦) 가문이 가마쿠라 막부의 패권을 놓고 장군가의 외척 호조(北條) 가문과 자웅을 겨루게 되었다. 가마쿠라에서의 치열한 시가전 끝에 미우라 가문의 무사들은 요리토모 법화당에서 농성하게 되었다. 이 때 법화당 천장에 은신하고 있던 한 승려가 우연히 이들의 대화 내용을 엿듣게 되었다. 그에 따르면, 미우라 가문의 가독(家督) 야스무라(泰村)는 다음과 같이 이야기했다고 한다.

여러 대에 걸친 공(功)을 생각하건대, 비록 일족의 다른 자라 하더라도 그 죄를 용서해야 할 것이다. 하물며 (나는) 요시아키라(義明) 이래 4대 가독이다. 또한 호조도노(北條殿)의 외척으로서 내외의 일들을 보좌했는데, 한 차례의 참언에 따라 다년간의 친분을 잊고 홀연히 주류의 치욕을 주시니 원한과 슬픔에 당혹스럽다. 훗날 필시 생각하시는 바가 있을 것이다. 단, 스루가젠지도노(駿河前司殿)가 일족과 타 씨족에 대해 무수히 사죄(死罪)를 집행하고 그 자손을 멸망시켰다. 죄의 업보가 미친 것이리라. 이제 이미 저승길로 향하는 몸, 구태여 호조도노를 원망하지 말아야 할 것이다.[24]

야스무라는 사지에 들어선 일족의 처지가 '스루가젠지도노', 즉 선대

---

24 『吾妻鏡』寶治 원년 6월 8일조.

인 미우라 요시무라(三浦義村)가 저지른 살생행위의 과보에 다름 아니라고 보고, '호조도노'=호조 도키요리(北條時賴)를 원망해서는 안 된다고 이야기하고 있다.

위 인용문이 수록되어 있는 『吾妻鏡』이 득종(得宗) 전제시대인 1300년 전후에 편찬된 연대기라는 점을 감안하면,[25] 야스무라의 발언이 『吾妻鏡』 편자에 의한 윤색일 가능성도 배제할 수 없을 것이다. 그러나 본 논문의 논지에서 볼 때, 『吾妻鏡』의 윤색 여부는 그다지 중요한 문제가 아니다. 여기서 주목해야 할 점은, 사지에 들어선 무사의 처지를 선조의 살생행위의 업보로 간주하고, 나아가 이를 전제로 원한을 품으며 죽어가는 것을 부정하는 담론이 동국무사사회에서 유포되고 있었다는 사실이다. 살생이라는 무사의 직능이 원한의 부정, 즉 원령의 발호를 부정하는 근거로 작용했을 가능성이 엿보이는 것이다. 단순한 우연일 수도 있지만, 참고로 덧붙이면 미우라 가문과 관련된 원령담은 『吾妻鏡』을 비롯하여 주요 중세 사료에서 확인되지 않는다.

선조의 업이 후손에게 영향을 미친다는 담론[26]은 종종 『易経』 권1·坤의 "선을 쌓는 집안에 반드시 여경(餘慶)이 있으며, 불선(不善)을 쌓는 집안에 반드시 여앙(餘殃)이 있다"는 격언을 매개로 전개되었다. 본래 이 격언에서 진술되고 있는 것은 현실세계에서의 인과응보이지, 선조의 선악행위로 인한 불교적 인과응보론은 아니다.[27] 그러나 전근대 일본사

---

25 『吾妻鏡』의 기본 서지사항 및 필법에 대해서는 五味文彦, 『增補 吾妻鏡の方法-事實と神話にみる中世-』, 吉川弘文館, 2000; 五味文彦·井上聰, 「吾妻鏡」, 『國史大系書目解題(下卷)』, 吉川弘文館, 2001을 참조.

26 이 문제 전반에 대해서는 다음 논고를 참조할 것. 大隅和雄, 「因果と輪廻をめぐる日本人の宗教意識」 『大系 仏教と日本人4 因果と輪廻』, 春秋社, 1986.

27 末木文美士, 「因果応報」, 『岩波講座 日本文學と仏教2 因果』, 岩波書店, 1994, 11쪽.

회에서 이 격언은 언제부터인가 불교적 인과응보론과 습합했으며, 특히 '여앙' 운운의 후반부가 독자적으로 원용되는 경우가 많았다. 이와 같은 일본적 변용과정은 업 관념이 미래세로 향하는 능동적 행위로서의 의미를 상실하고 현세의 자아가 감수할 수밖에 없는 죄업의 형태로 일본사회에 뿌리내리는 과정[28]과 병행하고 있는 것으로 보인다.

그런데, 이 격언은 무사가 살생을 업으로 하는 직능집단으로 정착하던 무렵부터 무사의 멸망을 설명하는 논리로 등장하기 시작한다. 예를 들어, 1108년 미나모토노 요시치카(源義親)가 다이라노 마사모리(平正盛)에게 추토된 것에 대해 나카미카도 무네타다(中御門宗忠)는 "고 요시이에(義家) 아손이 오랜 세월동안 무사의 장자로서 죄 없는 자들을 많이 죽였다고 한다. 악이 쌓인 나머지 결국 자손에게 영향이 미친 것이다"라고 평했다.[29]

이러한 논리구조는 13~14세기에도 건재했다. 『平家物語』 권제2·小教訓[30]에는 "선을 쌓은 집안에 여경이 있으며, 악을 쌓은 집안에 여앙이 머문다"라고 보여, 기요모리(淸盛)의 악행으로 인해 헤이케가 멸망한다는 점이 암시되고 있다. 이 암시는 이야기의 전개과정에서 반복적으로 등장하는데, 灌頂卷에 이르러 "부조(父祖)의 죄업은 자손에게 미친다는 것이 의심할 여지없다"라고 총괄되고 있다.

또한, 남북조시대의 무사가 편찬한 것으로 전해지는 『保曆間記』[31]에

---

28 佐々木現順, 『業思想の日本的受容』, 敎育新潮社, 1981; 智谷公和, 「罪業意識の日本的展開」, 『日本仏敎文化論叢(上)』, 永田文昌堂, 1998을 참조.

29 『中右記』 天仁 원년 정월 29일조

30 이하 『平家物語』의 인용은 岩波文庫本에 따름.

31 인용은 佐伯眞一·高木浩明編, 『校本保曆間記』, 和泉書院, 1999(저본=慶長本)에 따름. 『保曆間記』의 필법에 대해서는 佐伯眞一, 「『保曆間記』の歷史叙述」, 『伝承文學硏究』 第46号, 1997을 참조.

는 앞서 제시한 『平家物語』의 담론이 약간의 수정을 거쳐 반복되고 있는데, 한 가지 흥미로운 것은 같은 논리가 헤이시(平氏) 정권을 무너뜨린 겐지(源氏)에 대해서도 적용되고 있다는 점이다. 즉, 겐지 장군이 3대로 끊긴 것에 대해 『保曆間記』의 작자는 "요리토모의 후계가 한 사람도 남지 않고 3대 장군, 불과 40여년에 그친 것은, 오로지 많은 사람을 죽인 죄에서 비롯되었다고 회자되었다"라고 평가하고 있다.

한편, 『太平記』권 제8·谷堂炎滅の事[32]에는 호조 가문이 멸망한 것에 대해 "로쿠하라(六波羅) 이하가 고슈(江州) 반바(番馬)에서 멸망하고, 일족이 모두 가마쿠라에서 멸망한 것은 불가사의한 일이다. '악을 쌓은 집안에는 반드시 여앙이 있다'는 것은 이 같은 일을 말하는 것이라고 생각지 않는 사람이 없었다"라는 구절이 보인다.

이 시기에 선조의 죄업이 원령 부정의 논리로 확장된 사례는 발견하지 못했지만, 그 개연성은 인정해도 좋지 않을까 생각한다. 15세기에 다음과 같은 사례가 확인되기 때문이다.

1443년 7월, 무로마치 막부의 7대 장군 아시카가 요시카쓰(足利義勝)가 잇시키 요시쓰라(一色義貫), 아시카가 모치우지(足利持氏), 아카마쓰 미쓰스케(赤松滿祐) 등 다이묘들의 원령에 시달리다 요절했다. 이에 대해 마데노코지 도키후사(万里小路時房)는 "주인에게 결코 원한은 없을 것이다. 부친의 여앙이 미친 것이니 어쩔 수 없는 일이다"라고 평했다.[33] 요시카쓰의 죽음은 공포정치를 펼치며 수많은 사람을 죽인 요시노리의 죄업에서 비롯된 당연한 결과로 이해되고, 요시카쓰의 원령화는 부정되

---

32 인용은 『新編日本古典文學全集』에 의함.

33 『建內記』嘉吉 3년 7월 21일조. 참고로 덧붙이자면, 도키후사는 이미 嘉吉 원년 단계에서 요시노리가 쌓은 악으로 인해 요시카쓰가 여앙에 시달리지 않을까 우려하고 있다(『建內記』嘉吉 원년 10월 12일조).

었던 것이다. 실제로 1443년 8월 초순에 요시카쓰 원령이 출몰했다는 소문이 돌기도 했지만,[34] 이후 요시카쓰 원령담은 이렇다 할 전개를 보이지 못한다. 요시노리의 전제정치와 그로 인해 비명횡사한 자들을 선명하게 기억하고 있던 당시 사람들은, 요시카쓰에게 "결코 원한은 없을 것"이라고 인식했음에 틀림없다.

이상에서 살펴본 바와 같이, 중세 일본사회에서는 무사들을 둘러싸고 선조가 저지른 살생의 죄업이 후손에게 영향을 미친다는 인식이 널리 통용되고 있었으며, 이러한 인식은 원령 부정의 논리로 확장되기도 했다.

이처럼 중세무사들은 가문의 죄업으로부터 자유로울 수 없었다. 그러나 인과응보의 관점에서 볼 때, 그들은 자신이 벌인 살생행위로부터 보다 직접적인 영향을 받았을 것으로 판단된다. 그래서 다음 절에서는 무사 개인의 업보에 근거한 진혼의 논리에 대해 생각해 보도록 하겠다.

2. 자업자득과(自業自得果)의 논리

우선, 다음 사료를 살펴보도록 하자.

고 가지와라 가게토키(梶原景時)가 토벌된 후, 그 부인인 아마기미(尼公)가 탄식하고 슬퍼한 나머지, 무심코 세상과 타인을 원망하며 우울해하고 있었다. 이에 대해 겐닌지(建仁寺) 본원(本願) 승정(僧正)께서 늘 교화하셨다. "무슨 일이든 자업자득과입니다. 내가 만든 업, 반드시 선악의 인(因)에 따라 돌아와 고락의 과를 받는 것입니다. 세상과 타인을 원망하시면 안 됩니다. 고 대장도노(大將殿) 시절에 수많은 군사 책략을

---

34 『看聞日記』 嘉吉 3년 8월 7일조.

상담하신 바, 사람들을 멸망시켰습니다. 이는 응당 있을 수 있는 일이었지만, 그 책략에 의한 것이었습니다. 그 허물을 벗어나기 어려워 결국 돌아가신 것이니 타인의 잘못이라고 생각해서는 안 됩니다. 단지 원한과 탄식을 멈추고 오로지 후세 보리(菩提)를 기원하십시오"라며 수시로 교화하셨다. … 항상 타이르고 교화하시니 마침내 세상의 도리를 깨우쳐 "실로 그럴 법한 말씀입니다. 자업자득과의 의미도 납득이 갑니다. (중략) 이 세상의 탄식은 다음 세상의 기쁨이라고 여겨지니, 지금은 세상도 타인도 원망하지 않습니다. 선지식(善知識)의 은혜야말로 기쁘게 생각합니다."[35]

위 사료에는 가마쿠라 막부의 2대 장군 미나모토노 요리이에(源賴家)의 측근으로 암약하다 토벌된 가지와라 가게토키의 미망인과, 일본에 선종과 차를 소개한 것으로 저명한 에이사이(榮西)의 대화가 실려 있다. 그에 따르면, 가게토키의 미망인은 남편의 죽음을 납득하지 못한 채 세상과 타인을 원망하고 있었다. 이에 대해 에이사이는 가게토키의 책략으로 인해 죽은 자들을 상기시키는 한편, 가게토키의 죽음을 자업자득과로 설명하며 세상과 타인에 대한 원한을 버리도록 설득한다. 미망인은 좀처럼 수긍하지 않지만, 결국 남편의 죽음이 자업자득과라는 점을 인정하고 세상과 타인에 대한 원망을 거둬들인다.

승자가 안출해내는 원령 진혼의 담론은 우선 원령을 대상으로 하는 것이었다. 그러나 실제에 있어서 그것은 원령화한 죽은 자의 근친, 그리고 원령을 내세워 현 체제를 비판하고자 하는 자들을 설득한다는 함의도 아울러 지니고 있었다. 원령담을 유포시키고 사회일반에 원령의 영향력을 확산시켜 나가는 것은 살아남은 패자들이었기 때문이다. 따라서 그들을 설득하고 그들의 원념을 위무하는 것은, 곧 그들이 관계하는 원

35 『沙石集』第8卷 第5話. 인용은 『新編日本古典文學全集』(저본=米澤本)에 의함.

령의 진혼을 의미한다. 위에서 인용한 『沙石集』의 일화에 입각하여 말하면, 가게토키의 미망인이 에이사이의 교화에 의해 세상과 타인에 대한 원한을 버린 것은, 그만큼 가게토키의 원령이 준동할 가능성이 낮아졌음을 의미하는 것이다. 여기서 연결고리 역할을 한 것은 다름 아닌 자업자득과로, 동국무사사회에서 자업자득과의 담론이 원령 부정의 담론으로 통용되었을 가능성은 부정할 수 없다.

이 이야기의 진위 여부는 알 수 없다. 그러나 여기서 중요한 것은 패자 측을 설득하고 또 패자 측이 납득할 수 있는 진혼의 논리가 유포되고 있었다는 사실이다. 그 근저에 가로놓여 있는 자업자득과의 논리가 무사사회에서 전개되고 있었다는 점은 다음 사료에서도 추측할 수 있다.

이번 스케도노(佐殿)의 치세 후에 적으로서 주살된 사무라이들은 사가미국(相模國)에는 오바 사부로 가게치카(大庭三郎景親), 에비나 겐파치 스에사다(海老名源八季貞), 스루가국(駿河國)에는 오카베 고로(岡部五郎), 오기노 고로(荻野五郎), 오슈(奧州)에는 다치 고지로 야스히라(館小次郎安衡), 니시키도 다로(錦戸太郎), 구리야가와 고로(栗屋河五郎), 이들을 비롯하여 여러 국의 사무라이들 56인이다. 헤이케(平家)로는 야시마(屋島)의 내대신(內大臣) 무네모리(宗盛), 그 자제이신 우위문독(右衛門督) 기요무네(淸宗), 본삼위중장(本三位中將) 시게히라(重衡), 엣추 지로(越中次郎) 병위위(兵衛尉) 모리쓰구(盛次), 아쿠시치 병위(惡七兵衛) 가게키요(景淸) 등 주요 인물 38인이다. 혹은 바다 밑으로 가라앉고 혹은 자살한 자들을 더하여 그 수를 알 수 없다. 겐지(源氏)로는 아우이신 미카와노카미(參河守) 노리요리(範賴), 구로(九郎) 대부판관(大夫判官) 요시쓰네(義経), 백부로는 사부로 센조 요시노리(三郎先生義憲), 주로 장인(十郎藏人) 유키이에(行家), 일문(一門)으로는 기소(木曾) 좌마두(左馬頭) 요시나카(義仲), 그 아들인 시미즈 관자(淸水冠者) 요시히라(義衡), 이치조 지로 다다요리(一條次郎忠賴), 야스다 사부로 요시사다(安田三郎義定), 히타치국(常陸國) 사타케(佐竹) 사람들을 비롯하여 겐페이(源平) 양 가문에 걸쳐 140

여 명이다. 이중에 겐지는 모두 가지와라(梶原)의 주청에 의해 희생되었다고 한다. 그 가운데 여전히 한탄스럽게 들리는 것은 가즈사노스케 히로쓰네(上總介廣常)를 주살하신 일이다. 가지와라의 주청에 의한 것이기는 하지만 심히 한탄스럽다고 할 것이다. 몇 해 전 야마기(山木)를 멸망시킨 후 아와국(安房國)으로 건너가시고 큰 세력을 이루어 가마쿠라에 들어가서서 치세를 하기 시작하던 때 충절과 봉공을 바친 사무라이가 아니던가. 그러한 까닭에서인지 가마쿠라도노께서도 종종 "요리토모가 저지른 살생의 죄업은 세 사람이다. 그 외에는 모두 자업자득과이다. 그 세 사람이란 이치조 지로 다다요리, 미카와노카미 노리요리, 가즈사노스케 히로쓰네이다. 그래서 이들을 위해서는 매일 법화경을 독송 공양한다"라고 말씀하셨다.[36]

요리토모는 가마쿠라 막부를 세우는 과정에서 무수한 살생을 경험했지만, 자신의 죄업은 셋이라고 단언하고 있다. 실명이 제시된 20명을 비롯하여 약 200명 정도의 희생자가 거론되고 있지만, 다다요리, 노리요리, 히로쓰네만이 자신의 죄업이고 나머지 희생자들은 자업자득과에 따라 주살되었을 뿐이라는 것이다. 자업자득과에 해당하는 자들에게 현실 세계에 대한 발언권이 없다는 점은 두말할 나위 없다. 바꿔 말하면, 이들이 원령으로 형상화되는 길은 원천적으로 차단되고 있는 것이다.

그런데 위 인용사료에서 한 가지 더 주목할 만한 것은 자업자득과로 인해 주살되었다고 규정된 무사들이 거의 예외 없이 조정과 천황(상황)의 명에 따라 전개된 전투의 희생자라는 사실이다. 즉, 이들은 요리토모가 공(公)의 명분을 내세운 전투에서 희생되었던 것이다. 이에 비해 요리토모의 죄업이라고 규정된 세 사람은 1180년대의 내란기에 막부군으로 활약했던 인물들로, 이들은 요리토모의 사적인 원한에 의해 주살되

---

36 인용은 靑木晃ほか編『眞名本曾我物語』, 平凡社, 1987-1988에 의함.

었다.[37] 이러한 사실은 당시 무사사회에서 죽음의 맥락에 따라 진혼을 달리한다는 인식이 존재했음을 시사한다. 그래서 다음 장에서는 1180년 대 내란기의 담론을 검토하며 전투의 논리와 진혼의 논리의 상관관계에 대해 생각해보고자 한다.

IV. 사사로운 원한, 공(公)의 화해

1. 공사(公私)를 둘러싼 중세무사들의 심성

우선 확인해 둘 필요가 있는 것은 중세무사들에게 공은 기본적으로 조정과 천황(상황)을 의미했다는 점이다.[38] 앞서 공의 명분을 내세운 전

---

37 이들 세 사람은 모두 요리토모에 대한 모반 혐의를 받았다. 노리요리는 요리토 모 후계문제가 불거진 1193년 모반을 꾀했다 하여 유배지에서 주살된 것으로 보인다(『吾妻鏡』建久 4년 8월 10일·17일조, 『保曆間記』등). 이치조 다다요리 는 "세상을 어지럽힐 마음"을 지니고 있다고 여겨져 장군어소(御所)에서 참살 되었다(『吾妻鏡』元曆 원년 6월 16일조 등). 또한 동국독립론을 주창한 것으로 저명한 히로쓰네도 모반죄로 주살되었는데, 훗날 결백이 밝혀져 요리토모가 진 혼하고자 했다(『吾妻鏡』元曆 원년 정월 17일조). 한편, 본문에서 서술한 가설 에 어긋나는 인물이 하나 있다. 바로 야스다 요시사다이다. 요시사다는 앞의 세 인물과 마찬가지 맥락에서 주살되었지만(『吾妻鏡』建久 5년 8월 19일조), 자업 자득과를 받은 인물로 묘사되어 있다. 이에 대해서는 향후 보다 심도 있는 검토 가 필요하겠지만, 일단 『日本古典文學大系』(假名本)에 요시사다의 이름이 보이 지 않는다는 점을 덧붙여 두고자 한다.

38 물론 일본사회에서 공은 중층적인 구조를 지니고 있어서, 일정한 영역의 수장은 공으로 표상되었다. 예컨대, 가마쿠라도노는 가마쿠라막부의 영향력이 미치는 판도 내에서 공으로 인지되고 표기되었다. 그러나 그 범위를 넘어서면 가마쿠 라도노는 공으로 자리매김되지 못했다. 가마쿠라도노를 상대화하는 주체는 두 말할 나위 없이 조정과 천황(상황)이었다. 일본사회의 공사 개념에 대해서는 다

투라는 표현을 썼는데, 구체적으로 말하자면 그것은 추토선지(追討宣旨) 등 조정과 천황(상황)의 명의로 발급된 문서를 갖춘 전투를 의미했다. 이러한 전투는 곧잘 '義戰'으로 표기되곤 했지만, 딱히 고정된 용어는 없었던 것으로 보인다. 이에 대해 사적인 원한 등에서 비롯된 전투는 대략 '私戰'으로 표기되었다. 사전이라는 표현이 통용되었다는 점, 그리고 공사라는 숙어를 포함하여 공과 사를 대비하는 관념이 사회일반에 존재했다는 점을 감안하면, 공전(公戰)이라는 용어가 뿌리내리지 못한 것은 다소 의외로 여겨진다. 이러한 현상의 근저에는 공사 관념을 둘러싼 일본 사회의 특수성이 가로놓여 있는 것으로 보인다. 어쨌든 본 논문에서는 논의의 편의상, 추토선지 등을 근거로 전개된 전투를 이하 공전으로 표기하도록 하겠다.

구체적인 표현은 제각각이지만, 가마쿠라시대의 무사들은 공전과 사전에 대해 뚜렷한 차별의식을 지니고 있었다. 예컨대, 거병에 성공한 요리토모가 배후의 안전을 도모하기 위해 히타치국(常陸國)의 일족 사다케씨(佐竹氏)를 멸망시켰을 때, 이와세 요이치 다로(岩瀬与一太郎)라는 포로는 다음과 같이 진언했다고 한다. "헤이케 추토의 조치는 내버려두고 일족을 멸망시키신 것은 심히 불가한 일입니다. 국적(國敵)에 대해서는 천하의 용사가 하나 된 힘을 바칠 것입니다. 그러나 죄 없는 일문을 주살하신다면 당신의 수적(讎敵)에 대해서는 누구에게 명하여 대치하게 하시겠습니까?"[39] 이 인용문에서는 국적인 헤이케를 추토하는 전투와 겐지 일족에 대한 전투가 명확하게 구분되고 있었음을 알 수 있다. 이와세

음 논고를 참조. 田原嗣郎, 「日本の「公・私」」, 『中國の公と私』, 硏文出版, 1995; 溝口雄三, 「土着中國に對するこの土着日本」, 『中國の公と私』; 미조구치 유조 지음, 고희탁 옮김, 『한 단어 사전, 공사』, 푸른역사, 2013.

39 『吾妻鏡』治承 4년 11월 8일조.

는 사전을 접어두고 공전에 집중할 것을 요리토모에게 진언했던 것이다.

이번에는 요리토모의 육성을 들어보도록 하자. 1183년 겨울 미나모토노 노리요리(源範賴)가 이끄는 가마쿠라막부군은 기소 요시나카(木曾義仲)를 추토하기 위해 교토로 진군했다. 그런데 오와리국(尾張國) 스노마타와타리(墨俣渡)에서 누가 선진(先陣)을 맡을 것인가를 놓고 분쟁이 일어나 총대장 노리요리 역시 여타 무사들과 난투를 벌였다. 이 소식을 접한 요리토모는 "조적(朝敵)을 추토하기에 앞서 사사로운 전투(私合戰)를 즐기는 것은 심히 온당치 못하다"라며 노리요리를 크게 나무랐다.[40] 여기서는 조적,[41] 즉 조정의 적인 요시나카를 추토하는 공전과 노리요리의 '사사로운 전투'가 극명하게 대비되고 있다고 하겠다.

그런데 한 가지 흥미로운 점은, 공전과 사전은 원한의 발생이라는 측면에서도 명확히 구분되고 있었다는 사실이다. 다음 사료를 살펴보자.

> 헤이케도 겐지도 서로에 대해 원한(意趣)은 없습니다. 헤이지(平治) 연간에 노부요리경(信賴卿)이 반역을 일으켰을 때, 원선(院宣)에 근거하여 추토하는 와중에 요시토모(義朝) 아손이 연좌되어 횡사했습니다. 이는 사사로운 묵은 원한(私宿意)에 의한 일이 아니었습니다. 따라서 시시비비를 가릴(沙汰) 사안이 아닙니다. 선지와 원선에 따른 조치는 이것만이 아니었습니다. 그 밖에 서로에 대해 묵은 원한은 전혀 없습니다. 그러하니, 요리토모와 헤이시(平氏)가 전투를 벌이고 있는 것은 전혀 생각지도 못한 일입니다. 공가(公家)와 선동(仙洞)께서 화친하신다면, 헤이시와 겐지가 또한 그에 대해 어찌 다른 생각이 있을 수 있겠습니까?[42]

---

40 『吾妻鏡』 元曆 원년 2월 1일조.

41 조적은 1180년대의 내란기 때 막부의 주도로 정착된 용어이다. 관련 논고로는 다음과 같은 것이 있다. 佐伯眞一, 「『將軍』と『朝敵』」, 『平家物語遡源』, 若草書房, 1996; 高橋昌明, 「「朝敵」という語の成立」, 『人類にとって戰いとは 5 イデオロギーの文化裝置』, 東洋書林, 2002.

1184년 2월, 이치노다니(一ノ谷) 전투에서 패한 헤이시는 사누키국(讚岐國) 야시마(屋島)로 본거지를 옮겼다. 조정은 헤이시 수중에 있던 삼종의 신기를 되돌리고자 헤이시의 가독 무네모리(宗盛)와 협상을 벌였다. 위 사료는 조정의 협상 안에 대한 무네모리의 답장의 일부이다.

무네모리는 공가와 선동, 즉 헤이시와 행동을 같이 하고 있던 안토쿠(安德) 천황과 교토의 고시라카와(後白河) 상황이 화친한다면 전란은 종식될 것이라고 주장하는 한편, 전란의 중심에 서 있는 헤이시와 겐지 사이에 사적인 원한 같은 것은 없다고 역설하고 있다.

후자와 관련하여 무네모리는 1160년에 일어났던 헤이지의 난을 회고하고 있다. 헤이지의 난은 고시라카와 상황 근신들의 정치적 대립에 헤이시와 겐지 두 무사 가문이 연루되어 발생한 전란이었다. 이 난에서 헤이시가 승리하여 이후 일본사상 최초의 무가정권을 수립했으며, 겐지는 몰락했다. 무네모리는, 겐지의 총대장이었던 요시토모의 죽음에 헤이시의 사적인 원한 같은 것은 개입되어 있지 않았다고 주장한다. 요시토모의 죽음은 어디까지나 상황의 명령인 원선에 근거한 추토과정에서 비롯된 것이라는 것이다. 즉, 요시토모는 공전의 희생자라는 것이다. 무네모리는 겐지에게도 헤이시에 대한 원한이 있을 리 없다고 이야기하고 있는데, 이는 곧 요시토모의 횡사 역시 겐지가 원한을 품을 만한 사안이 아니라는 이야기가 된다. 무네모리의 주장을 종합해보면, 결국 공전으로부터 원한은 발생하지 않는다는 논리가 추출된다. 이를 뒤집어서 생각해보면, 사전으로부터는 원한이 발생한다는 논리 역시 추출할 수 있을 것이다.

그런데 요시토모의 횡사와 겐지 몰락의 기억은, 실은 1180년대의 내

---

42 『吾妻鏡』 元曆 원년 2월 20일조.

란을 이끄는 주요 모티브의 하나였다. 1184년 이치노다니 전투를 승리로 이끈 노리요리와 요시쓰네는 헤이시 일족의 수급을 지니고 교토의 대로를 건너겠다고 조정에 주청했다. 헤이시를 대역죄인으로 취급해달라는 요청이었다. 조정 내에서 의견이 분분한 가운데, "노리요리와 요시쓰네가 사적인 묵은 원한(私宿意)을 풀기 위해 신청하는 바, 일리가 없지 않다"[43]는 견해도 제시되었다. 조정 내에서는 헤이시에 대한 겐지의 원한이 응당 있을 법한 일로 인식되고 있었던 것이다. 물론 이러한 인식은 겐지 역시 지니고 있었다. 예를 들어, 1184년 요리토모는 "한편으로 상황의 분노를 위무하기 위해, 한편으로 부친 시신의 치욕을 씻기 위해, 시험 삼아 이시바시(石橋) 전투를 일으킨 이래"라며 거병 당시를 회상했다.[44] 헤이지의 난에서 패퇴한 요시토모는 교토를 탈출하여 동국으로 향하던 도중 횡사하는데, 그 수급은 대역죄인의 수급이라 하여 교토의 옥문(獄門)에 걸리는 수모를 겪었다. 요리토모가 이야기하는 '부친 시신의 치욕'이란 이 일을 의미한다. 앞서 언급한 노리요리와 요시쓰네의 주청역시 '부친 시신의 치욕'에서 비롯된 것이라고 할 수 있다. 참고로 덧붙이면, 『平家物語』에는 이 두 사람의 주청 내용이 실려 있는데, 그 가운데 "호겐(保元)의 옛날을 생각하면 조부 다메요시(爲義)의 원수, 헤이지의 옛날을 생각하면 부친 요시토모의 적입니다. 상황의 분노를 풀고, 부조(父祖)의 치욕을 씻기 위해 목숨 바쳐 조적을 멸망시켰습니다"라고 보인다.[45]

이렇게 볼 때, 공전에서 원한이 발생하지 않는다는 것은 승자의 논리라 하지 않을 수 없다. 이와 관련하여 한 가지 흥미로운 것은, 1185년 단노우라에서 벌어진 최후의 결전에서 패배한 후 가마쿠라에 소환되어

---

43 『吾妻鏡』 元曆 원년 2월 11일조.
44 『吾妻鏡』 元曆 원년 3월 28일조.
45 『平家物語』 卷第10 首渡.

있던 무네모리에게, 요리토모가 "귀 일족에게 이렇다 할 원한은 없습니다만, 칙명을 받들어 추토사를 파견했습니다"라고 발언했다는 사실이다. 요리토모의 발언은 앞서 살펴본 무네모리의 발언을 상기하게 한다. 사료 상 확인되지는 않지만, 요리토모의 뇌리에도 "칙명을 받든 전투의 희생자이니, 당신들 헤이시에게 겐지에 대한 원한은 있을 리 없다"라는 승자의 논리가 자리 잡고 있었던 것으로 판단된다.

이상으로 공전과 사전을 둘러싼 무사들의 심성을 검토해 보았다. 이를 바탕으로 다음 절에서는 전투의 논리와 진혼의 논리의 상관관계에 대해 좀 더 구체적으로 생각해 보도록 하자.

2. 전투와 진혼의 지형도

현재는 폐절되었지만 가마쿠라에는 요후쿠지(永福寺)라는 대사찰이 있었다. 1189년의 오슈전투(奧州合戰) 이후 적군전사자공양을 위해 세워진 사찰로, 쓰루가오카 하치만궁(鶴岡八幡宮), 쇼초주인(勝長壽院)과 더불어 가마쿠라의 3대 종교시설이었다. 1189년, 오슈 후지와라 가문의 본거지인 히라이즈미(平泉)에 소재한 주손지(中尊寺) 니카이당(二階堂)을 모델로 삼아 착공되었으며, 1192년에 본당이 완성되었다. 그런데, 요후쿠지의 건립과 관련해서는 다음과 같은 흥미로운 회고담이 확인된다.

> 이 사찰은 우대장군이 문치(文治) 5년 이요노카미(伊豫守) 요시아키(義顯, 요시쓰네[義經]를 가리킴=인용자)를 토벌하고 또 오슈로 들어가 후지와라노 야스히라를 정벌하신 후, 무쓰(陸奧), 데와(出羽) 양국을 관장하라는 칙재(勅裁)를 받으셨다. 이는 야스히라가 관장했던 영역이었기 때문이다. 관동(關東)이 장구하기를 멀리 내다보신 나머지, 원령을 위무하고자 하셨다. 요시아키든 야스히라(泰衡)든 이렇다 할 조적(朝敵)

이 아니고, 단지 사사로운 묵은 원한(私宿意)에 따라 주륙한 까닭이다.[46]

이 사료에서 우선 눈에 띄는 것은, 추토선지를 갖추고 있었던 오슈전투가 막부 내에서 '사사로운 묵은 원한'에 의한 전투로 인식되고 있었다는 사실이다. 일견 의아하게 여겨지지만, 오슈전투의 전개과정을 살펴보면, 이러한 인식에는 충분한 근거가 있었음을 알 수 있다.

교토 조정은 본래 가마쿠라 막부군의 오슈 진공에 반대했다. 추토선지가 막부에 도착한 것은 사실상 전투가 종료된 시점이었다.[47] 막부군은 애초에 "군중(軍中)에서는 장군의 명을 들으며, 천자의 조칙에 따르지 않는다", "야스히라는 누대에 걸친 고케닌(御家人)의 유적을 이은 자"[48]라는 논리 하에 전투를 개시했으며, 그 전투과정은 겐지의 장자인 가마쿠라도노와 고케닌의 주종관계를 한층 강화한다는 입장에서 전구년의 역(前九年の役, 1051~1062)을 재현하는 방식으로 전개되었다.[49] 나아가 수급확인(首實檢)에서 은상에 이르기까지 전후처리과정도 막부 주도로 진행되었다.[50] 이처럼 오슈전투는 표면상 공전의 형태를 띠었지만, 그 내실은 '사사로운 묵은 원한'에 의한 전투, 즉 사전에 다름 아니었다.

그런데, 여기서 흥미로운 것은 '사사로운 묵은 원한'에 의한 전투이니 거기서 발생한 원령을 진혼한다는 인식이다. 이 인식을 뒤집어보면,

---

46 『吾妻鏡』 寶治 2년 2월 5일조.
47 『吾妻鏡』 文治 5년 9월 9일조.
48 『吾妻鏡』 文治 5년 6월 30일조.
49 入間田宣夫「鎌倉武士団における故實の伝承─「過去」の支配をめぐって─」,『中世武士団の自己認識』, 三弥井書店, 1998; 川合康「奧州合戰ノート─鎌倉幕府成立史上における賴義故實の意義─」,『鎌倉幕府成立史の研究』, 校倉書房, 2004를 참조.
50 『吾妻鏡』 文治 5년 9월 8일, 11월 3일, 12월 6일조를 참조.

'사사로운 묵은 원한'에 의하지 않은 전투, 즉 공전의 결과 발생한 원령의 진혼은 조정이 행한다는 인식이 존재했다는 점을 추정할 수 있다. 요컨대, 〈공전-조정, 사전-막부〉라는 막부 측의 인식이 추출되는 것이다.

이러한 도식을 염두에 두면, 헤이시에 대한 막부의 진혼이 소홀한 듯이 보이는 것도 납득이 간다. 예를 들어, 가마쿠라 막부의 정사인 『吾妻鏡』에서 헤이시 진혼관련 기사는 단 두 건뿐이다.[51]

앞서 언급했던 '부친 시신의 치욕'의 맥락을 떠올려보면 알 수 있듯이, 겐지와 헤이시의 전투에는 분명 사전의 성격이 가미되어 있었다. 그러나 막부가 이른바 1183년 10월 선지[52]를 받은 이후, 공전이라는 틀이 근본적으로 뒤집히는 일은 없었다. 헤이시 일족에 대한 가마쿠라 막부의 전투는 어디까지나 공전으로 자리매김 되었으며, 일련의 전후처리는 조정을 중심으로 진행되었다.[53] 단노우라(壇ノ浦) 전투 이후에 불거진 헤이시 원령의 진혼을 주도한 것도 조정이었다.[54] 이러한 조정의 움직임에 대해 막부는 협력은 하되[55] 결코 전면에 나서지 않았다. 공전에서 발생

---

51 文治 원년 7월 29일조, 建久 원년 7월 15일조.
52 요리토모에게 동국지배권을 공인한 조정의 명령서이다. 그 대략의 내용은 『百鍊抄』壽永 2년 10월 14일조, 『玉葉』壽永 2년 윤10월 22일조에서 확인할 수 있다. 10월 선지에 대한 역사적 평가는 양분되어 있는데, 이는 중세국가에 대한 상반된 이해와 밀접하게 관련되어 있다. 구체적인 내용에 대해서는 다음의 논고를 참조. 佐藤進一, 「壽永二年十月の宣旨について」, 『日本中世史論集』, 岩波書店, 1990(초출은 『歷史評論』107, 1959); 上橫手雅敬, 「鎌倉幕府と公家政權」, 『鎌倉時代政治史硏究』, 吉川弘文館, 1991(초출은 『岩波講座 日本歷史5 中世1』, 岩波書店, 1975).
53 『吾妻鏡』文治 원년 4월 26일, 5월 11일, 6월 2일조 등을 참조.
54 『玉葉』文治 원년 6월 17일조, 『山槐記』文治 원년 8월 23일조, 「後白河法皇院宣寫」(『覺禪鈔』造塔法下 수록), 『和歌山縣史』古代史料 2·鎌倉時代 第49号, 『鎌倉遺文』第1卷 第101号·第217号를 참조.
55 『吾妻鏡』文治 2년 7월 24일조를 참조.

한 원령의 진혼은 어디까지나 공의 책무라는 인식이 조정과 막부 사이에 공유되고 있었던 것으로 보인다.

〈공전-조정, 사전-막부〉라는 인식은, 공전과 사전을 둘러싼 무사사회 일반의 인식과 불가분의 관계에 있다고 할 것이다. 앞서 공전에서는 원한이 발생하지 않는다는 무사들의 인식에 대해 언급했지만, 이 인식은 보다 엄밀하게 말하자면, 공전에서는 자신들이 책임저야 할 원한이 발생하지 않는다는 인식이라 할 것이다. 무사들이 스스로 책임저야 할 원한은 사의 영역에서 발생한 원한이었다. 가마쿠라 막부 역시 사의 영역에서 발생한 원령에 대해서는 적극적인 태도를 보였다. 가마쿠라의 동북쪽 귀문(鬼門)의 땅에 요후쿠지를 세운 것에 대해서는 앞서 언급한 바와 같지만, 그 밖에도 막부는 가지와라 가게토키, 와다 요시모리(和田義盛) 등 비명횡사한 동국무사들을 기억하고 진혼했다.[56]

그렇다면, 전투의 성격과 관련해서 가마쿠라 시대의 원령진혼은 〈공전-조정, 사전-막부〉라는 도식을 통해 군더더기 없이 설명 가능할까? 결론을 미리 말하면, 사태는 그리 간단치 않다.

우선, 인간의 심리라는 변수를 생각하지 않을 수 없다. 가마쿠라 시대의 무사들은 〈공전-조정, 사전-막부〉라는 인식을 공유하고 있었음에 틀림없어 보이지만, 그들은 한편으로 제명에 죽지 못한 자들 일반에 대한 부채의식을 지니고 있었다. 헤이시 원령의 진혼을 주도하지는 않지만, 그렇다고 결코 방기하지는 않는 가마쿠라 막부의 태도 역시 이러한 맥락에서 이해할 수 있을 것이다.

참고로『源威集』에 따르면, 공전이었던 전구년의 역을 진두지휘한 미

---

56 『吾妻鏡』承元 3년 5월 20일조, 建保 원년 12월 3일조, 建保 3년 11월 25일조를 참조.

나모토노 요리요시(源賴義)는 전투과정에서 얻은 에미시(蝦夷)의 귀를 전후에 공양하며 다음과 같이 이야기했다고 한다. "내가 전투를 지휘하는 장군으로서 칙명을 받아 (적을) 주륙한 죄업은 천황(一人)께 돌아간다. 하지만, 실제로는 요리요시가 손댄 것이다. 이를 생각하면 그 허물을 벗어나기 어려운 까닭에 그들을 구제하고자 작은 가람을 세웠다."[57] 『源威集』가 남북조시대에 성립한 편찬물이라는 점을 감안하면, 위 문장을 요리요시의 육성이라고 단언할 수는 없을 것이다. 그러나 여기서 확인되는 담론은 중세무사들의 심중의 일단을 표상하는 것으로 판단된다. 책임은 명령권자에게 있지만, 그렇다고 살생을 한 자로서 죽은 자에 대한 부채의식을 완전히 떨쳐내기는 어렵다는 것이 중세무사들의 속내는 아니었을까 생각한다. 가마쿠라 시대에도 〈공전-조정, 사전-막부〉라는 도식이 기능하면서도 그 도식만으로는 포착하기 어려운 회색지대가 존재했던 것으로 생각한다.

다음으로 고려해야 할 점은 원정의 개시로부터 시작된 공권력의 분열사태가 나날이 심화되어갔고, 그에 연동하여 전란은 복잡한 양상을 띠어갔다는 사실이다. 고대에서 중세로의 전환기에는 공전이나 사전으로 규정하기 어려운 전란이 심심찮게 발생했던 것이다.

예를 들어, 스토쿠(崇德) 상황과 고시라카와 천황이 대립한 호겐의 난은 분열된 천황가문에서 비롯된 두 갈래의 공(公)이 맞부딪친 전란이었다. 그것은 "주상과 상황의 나라 차지하기 다툼"[58]이었으며, 전투에 나서는 무사들로 하여금 "원선과 선지 가운데 어느 쪽이 우월한가"[59]라고 고개를 갸웃거리게 만드는 전란이었다. 이처럼 공사의 구분이 불투명한

---

57 加地宏江校注 『源威集』, 平凡社, 1996, 137-138쪽.
58 『保元物語』 上・新院御所各門々固めの事付けたり軍評定の事.
59 『保元物語』 中・白河殿攻め落す事.

호겐의 난을 거쳐 발생한 것이 바로 스토쿠 상황 원령이었다. 스토쿠 상황 원령은 1170년대 후반에 이르러 공가사회 일반에 인지되었으며, 1180년대의 내란기를 거치며 입지를 확고히 했다.[60] 그런데, 스토쿠 상황 원령의 진혼은 조정이 주도한 시기가 있는가 하면, 가마쿠라 막부가 주도한 시기가 있었다. 가마쿠라 막부의 경우, 특히 헤이시 멸망 이후 스토쿠 상황 원령 진혼에 힘을 기울였는데, 아마도 헤이시를 멸망시킨 스토쿠 상황 원령이 이제 겐지를 노리고 있다고 인식했던 것 같다.[61] 이와 같은 진혼의 양상에 대해서는 향후 보다 심도 있는 검토가 필요하겠지만, 호겐의 난의 성격이 불투명했다는 점도 크게 작용하지 않았을까 생각한다.

조정과 막부가 정면충돌한 조큐(承久)의 난 역시 공사의 구분이 불투명한 전란이라 할 수 있다. 조정이 승리했다면 두말할 나위 없이 공전으로 규정되겠지만, 조적 막부가 승리를 거둔 것에 문제의 심각성이 존재한다. 조적으로 낙인찍힌 막부는 거병하라는 아마테라스 오미카미의 탁선(託宣)을 내세우며 조정에 맞섰다.[62] 막부의 입장에서 조큐의 난은 '성스러운 전투'였던 것이다. '성스러운 전투'에서 승리를 거둔 막부는 원령 진혼에 힘을 기울인다. 예를 들어, 교토에 진주한 호조 야스토키(北條

---

60 스토쿠 상황 원령의 발호와 시대상황에 대해서는 다음 논고들을 참조할 것. 水原
　一, 「崇德院說話の考察」, 『平家物語の形成』, 加藤中道館, 1971; 原水民樹, 「崇德
　院の復權」, 『國學院雜誌』 87(7), 1986; 同, 「崇德院信仰史考(一)」, 『言語文化研
　究』 4, 1997; 山田雄司, 『崇德院怨靈の研究』, 思文閣出版, 2001.
61 막부의 수장인 요리토모가 스토쿠 상황의 죽음에 직접적인 책임이 있는 것은 아
　니지만, 요리토모의 부친인 요시토모(義朝)는 호겐의 난에서 스토쿠 상황에 반
　대하는 입장을 취했다. 이러한 맥락에서 요리토모 역시 스토쿠 상황 원령을 의
　식하고 있었던 것으로 보인다.
62 『吾妻鏡』 承久 3년 3월 22일조, 동년 8월 7일조를 참조.

泰時)는 하쓰카당(廿日堂)이라는 진혼시설을 조영하여 전사자 일반의 명복을 빌었으며,[63] 헤이시 멸망 이래 원령 진혼의 장으로 기능해온 곤고부지(金剛峯寺) 근본대탑은 막부에 의해 수복되었다.[64] 또, 시대의 조류를 감지한 천태좌주(天台座主) 지엔(慈円)은, 막부가 나서서 적극적으로 원령 진혼을 이끌어야 한다고 설파하기도 했다.[65] 조큐의 난의 특수한 성격이 이러한 원령 진혼의 양상을 유도했다고 할 것이다.

이처럼 가마쿠라 시대의 무가사회에서 전투와 진혼의 지형도는 매우 복잡한 형태를 띠었다. 〈공전-조정, 사전-막부〉의 인식이 근간을 이루면서도 시대상황에 따라 원령 진혼의 전면에 나서는 주체는 유동적이었던 것이다.

V. 맺음말

본 논문에서는 가마쿠라 시대의 무가사회에 초점을 맞춰 원령 진혼의 논리를 탐색해 보았다. 그 결과, 다음의 몇 가지 사실을 발견할 수 있었다.

전근대 동아시아세계의 학지 네트워크를 통해 일찍이 일본사회에 유입되었던 이덕보원의 격언은 중세에 이르러 원한의 고리를 끊는 논리를 넘어 원령을 수호신으로 전환시키는 논리로 확장되었다. 일찍이 일본사

---

63 『吾妻鏡』承久 3년 10월 13일조, 『鎌倉年代記裏書』承久 3년 10월 23일조,

64 太田直之 「中世高野山の勸進活動」, 『日本史硏究』第537号, 2007을 참조.

65 「慈円願文」(『鎌倉遺文』第5卷 第3038号). 이 문서에 대해서는 다가 무네하야(多賀宗隼)가 상세하게 분석한 바 있다(『慈円の硏究』, 吉川弘文館, 1980, 296쪽 이하를 참조).

회가 경험한 바 없는 지방의 무사정권이 개최한 진혼행사에서 "덕으로 원한을 갚으면 원이 변전하여 친이 된다"고 선언되었다. 이러한 변용은 고래의 원령신앙과 이덕보원의 격언이 습합한 결과라 할 수 있다.

한편, 무사가 짊어진 살생의 죄업에 대한 성찰은 원령 부정의 담론으로 귀결되었다. 인과응보의 순환논리에 따라, 일부 무사들은 제명에 죽지 못했음에도 불구하고 원령으로 형상화될 수 있는 자격을 상실했다. 살생의 죄업은 무사 원령을 걸러내는 촘촘한 그물망으로 기능했던 것이다. 선조의 죄업과 관련해서는 적불선·적악 운운의 격언이, 개인의 죄업과 관련해서는 자업자득과의 레토릭이 곧잘 원용되었다.

현실세계의 윤리의식은 또 다른 진혼의 논리도 이끌었다. 가마쿠라 시대의 무사들은 공전에서 발생한 원령을 잠재우는 일은 공의 책무라고 인식했으며, 자신들은 사의 영역에서 발생한 원령의 진혼에 힘을 기울였다. 조정과 막부를 기준으로 할 때, 전투와 진혼의 상관관계는 〈공전-조정, 사전-막부〉라는 도식으로 정리할 수 있다. 그러나 비명횡사한 자들을 둘러싼 심적 갈등, 공권력의 분열이라는 변수가 작용하는 가운데, 위의 도식은 누차 굴곡을 겪을 수밖에 없었다.

메이지 시기 陸軍糧秣廠의 설치와
일본 육군 兵食의 '근대화'

한상문 _ 고려대 대학원 사학과 박사과정

* 본고의 초출은 한상문, 「메이지 시기 陸軍糧秣廠의 설치와 일본 육군 兵食의 '근대화'」,
『日本歷史硏究』 第58輯, 2022이다.

Ⅰ. 머리말

메이지 유신 이후 일본 정부는 이전까지 금기시되어 온 소고기를 적극적으로 장려하였고, 이에 "장래에 서양인들과 대립하여 동등한 성적을 거두기 위해서는 우선 같은 것을 먹어서 신체의 힘을 길러야만 한다"[1]는 주장이 등장하였다. 국가의 지도와 장려를 통해 오랜 시간 동안 '게가레(穢れ)'[2] 의식으로 인해 생긴 "육식은 부정(不淨)하다"라는 전근대적인 사고방식은 "육식을 꺼리는 것은 미신에 지나지 않고, 고기는 영양이 풍부한 음식이기 때문에 육식을 하지 않으면 허약해진다"[3]라고 하는 근대적인 사고방식으로 바뀌어 갔다. 이렇게 육식은 점점 사회 전반으로 퍼져나갔고, 그중에서도 중심은 단연 소고기였다.[4] 이렇듯 소고기는 그 자체로 근대성을 상징하는 식자재가 되었다.

위와 같은 식생활의 서구화는 군의 병식에도 도입되었다. 병식은 병사에게 필수적인 영양을 제공한다는 점에서 일반인의 일상적인 음식과 본질에서는 다르지 않다. 하지만 병식은 일반 음식처럼 미식(美食)을 추

---

1 柳田國男, 『明治大正史』-世相篇(2版), 中公クラシックス, 2011, 79쪽.
2 '게가레(穢れ)'에는 죽음과 관련된 것(육식 포함), 피와 관련된 것(출산, 생리, 살상 등), 자연재해와 관련된 것(인명피해, 농작물이나 가축의 피해 등), 사회적 범죄(약탈, 횡령, 도둑질, 방화, 직무태만 등), 질병, 불결한 것(배설물, 오물, 부패물 등), 경계적 시간이나 공간에 수반된 상황 따위가 포함되어 있다. 신도에서는 이런 게가레를 자연재해뿐만 아니라 개인적 불행이나 사회적 재난의 원인으로 간주한다. (宮田登, 「日本民俗學フィ-ルドからの照射」, 『國學院雜誌』 95(10), 1994).
3 石毛直道, 『日本の食文化史-旧石器時代から現代まで』(3刷), 2016, 181쪽.
4 農商務省 農務局, 「本邦都市ニ於ケル牛肉ノ需用ト供給」, 『農務彙纂』 第22, 1912, 2쪽.

구하기보다는 평시와 전시 병사의 전투 능력을 유지하고 강화하는 데에 그 목적이 있다. 이런 점에서 통조림은 영양분이 고르고 휴대가 편리할 뿐만 아니라 장기 보관이 용이했기 때문에 병식으로 가장 적합한 형태였다.

일본의 통조림 제조기술은 청일전쟁 시기에는 미숙했으나, 러일전쟁을 거치면서 가공기술 관련 연구가 진행되어 비약적인 발전을 이루게 되었다. 또한 육군성이 러일전쟁 당시 "우리 재정의 기초를 견고하게 하기 위해서 가능한 한 국산품을 사용하고, 부득이한 품목만 외국 물품을 수입하는 원칙을 채택"[5]함에 따라 병식에서도 주로 국산품을 사용하게 되었고, 통조림 또한 예외는 아니었다. 이에 따라 통조림, 특히 소고기 통조림의 생산이 매우 증가하게 되었고, 이러한 생산증대는 통조림 산업 전반의 발전에 이바지하였다. 실제로 청일전쟁 시기에 전장으로 보내진 소고기 통조림은 1,044,755貫[6](약 3,917,831kg)인데 비해 러일전쟁 시기에는 총 3,435,715貫(약 12,883,931kg)이 보급되어 3배 이상이 증가하였음을 볼 수 있다.[7] 이처럼 청일·러일 두 전쟁을 거치면서 소고기 통조림은 육군 병식에서 주식이었던 쌀을 제외한 부식물 중 가장 중요한 품목으로 자리 잡았다.

한편 육군의 병식으로 채용된 소고기 통조림은 민간에서 납품을 받았으나, 청일전쟁 시기 '돌 통조림 사건'[8]과 같은 불량품(不正品) 사건이

---

5 陸軍省 編, 『明治卅七八年戰役陸軍政史』 第1卷, 1983, 16쪽.

6 1貫=3.75kg.

7 朝比奈貞良, 『大日本洋酒缶詰沿史』, 日本和洋酒缶詰新聞社, 1915, 195-197쪽; 山中四郎, 『日本缶詰史』 第1卷, 日本缶詰協會, 1962, 473-476쪽.

8 1894년(明治27) 12월에 히로시마 현(廣島縣)의 우지나(宇品)에서 대련(大連)으로 보낸 군용 소고기 통조림 상자에 돌이 들어있었던 사건.

빈발했음은 물론 단조로운 맛이나 부패 문제가 생기는 등 많은 문제점이 노출되었다. 이러한 것들을 개선하는 가운데 육군은 식량 보급체계의 정비와 일원화를 위해 육군중앙양말창(陸軍中央糧秣廠)[9]을 설치하였다. 군량을 총괄하는 양말창의 업무는 양말(糧秣)[10]의 조달(調辦), 저장 이외에도 양말에 관한 검사뿐만 아니라 제조에까지 미쳤다.[11] 특히 양말창이 소고기 통조림을 직접 생산하게 된 것은 육군 창설 이래 처음 시도된 일로,[12] 매우 획기적인 사업이었다.

이는 구미(歐美), 특히 독일을 철저히 벤치마킹한 결과였다. 이 과정에서 군의(軍医)이자 양말창의 기사(技師)였으며, 육군이 직접 양성한 '양식(糧食) 전문가'였던 후쿠오카 사지로(福岡佐次郞)[13]의 역할이 매우

---

9 육군중앙양말창은 도쿄에 본창(本廠)이 오사카·히로시마에 지창(支廠), 이외의 출장소(派出所)가 있지만, 본문에서는 본창은 '양말창'으로 지창은 각 도시의 '지창'으로 약칭한다. 이후 기관 명칭에 대한 변천은 후술한다.

10 '양말(糧秣)'이라는 용어는 전투 시에 기동과 보급의 주체가 말이었던 시기에 병사의 식량을 의미하는 '양(糧)'과 말의 사료인 '말(秣)'을 합성한 용어이다. 본문에서는 그중 주로 '양'의 의미에 집중하여 서술한다.

11 「1.沿革 2.任務及編制」(防衛省防衛研究所), JACAR(アジア歴史資料センター) Ref. C14010369400.

12 梶塚鋪太郞, 「日露戦役追送糧秣の憶出」, 『糧友』, 食糧協會, 1931, 20쪽.

13 福岡佐次郞(1862-1925): 히로시마의 구레(吳) 출신으로, 히로시마 의학교(廣島医學校)를 거쳐 도쿄대학 의학부를 졸업했다. 1894년 4월 견습의관으로 근위보병 제2연대에서 근무했고, 동년 12월에는 육군성 병식 통조림 심사위원으로 위촉되었다. 1896년 7월에는 휴대 양식 개량 심사위원으로 위촉되었고, 다음 해인 1897년 1월 구미(歐美) 각국 시찰을 명받아 2월 20일 출발하여 1898년 3월 31일에 임무를 마치고 귀국하였다. 이후 육군의 군의(軍医)·양말창의 기사(技師)로 양말(糧秣)과 관련한 업무에 종사했다. 게이비협회(芸備協會)·게이비 의학회(芸備医學會)에서 활동하기도 했다(尼子四郞, 「福岡佐次郞氏小傳」, 『芸備医事』 第30年(10/11)(349/350), 芸備医學會, 1925; 江川義雄, 「郷土·廣島にみられる富士川游の世界」, 『日本医史學雜誌』 第三十七号第一号, 1991, 12-13쪽).

컸다. 그는 육군의 명령을 받고 유럽과 미국의 통조림 제조소를 비롯한 병식 전반을 조사했다. 그가 수행한 1년간의 구미 시찰은 양말창의 운용과 관설 통조림 제조소의 설립에 정책적 기반을 제공하였고, 이는 일본의 병식을 근대적 시스템으로 전환하는 데에 결정적 계기가 되었다.

일본 육군의 병식과 통조림에 관한 연구는 다양한 관점에서 진행되어왔다. 후지타 마사오(藤田昌雄)는 야외요무령(野外要務令)과 육군급여령(陸軍給与令) 등을 분석하여 군량의 지급 방식과 종류, 식단의 변화 등을 고찰하여 전쟁이 거듭될 때마다 병식과 보급체계의 적절한 개선이 이루어져 자원이 부족했던 일본이 구미 열강에 대항하는 군대를 만들 수 있었다고 밝히고 있다.[14] 한편 야스하라 미호(安原美帆)는 병식과 일반 가정식의 연관성을 양말창의 외곽단체(外郭団体)[15]인 양우회(糧友會)가 1926년(大正15)부터 1945년(昭和20)까지 20년에 걸쳐 발행한 월간지인『糧友』를 이용하여 밝혀내고자 하였다.[16] 야스하라는 병식이 일반 가정식에 미친 영향은 그리 크지 않았지만, 반대로 군에서 일반 가정식을 참조하고 있었다는 점을 강조하며, 영양 면에서 개량의 필요성이 높아졌던 군의 병식이 전시에 병사들에게 적합하도록 일반가정 음식을 참조하여 개선되었다고 주장하였다.[17] 야스하라의 연구는 본고와 시기적으

14 藤田昌雄,「戰場の食ー日露戰爭における日本陸軍の糧秣体系ー」,『軍事史學』41 (1·2) (通号161·162), 2005, 38-53쪽.

15 공공 단체나 정당 따위에서 형식적으로 독립한 조직이면서도 인사와 재정 면에서 특별한 관계를 가지며, 그 단체 기능의 일부를 전문적으로 떠맡아 지원 활동을 하는 단체를 뜻한다.

16 安原美帆,「雜誌『糧友』にみる兵食と一般家庭の食との關連について」,『風俗史學 : 日本風俗史學會誌』(22), 2003, 52-72쪽.

17 한편 김성희는 병식 개량이 메이지 정부의 '건강한 육체' 만들기 중에 나타난 문제점을 해결해가는 과정 중에 이루어졌으며, 개인의 입맛에 정부가 강력히 개입하여 일반 가정식에 변화를 불러왔다고 설명하고 있다(金聖姬,「병식(兵食)의

로 차이가 있으나, 병식의 변화뿐만 아니라 양말창에 관련한 연구가 부족한 현재 양말창의 설치 목적 중 하나였던 병식의 연구와 개량에 관한 활동을 참조할 수 있다는 점에서 의미 있는 연구라 할 수 있다.

통조림에 관련해서는 주로 통조림 산업의 발전 혹은 특정 지역의 통조림 산업에 관한 연구가 주를 이루고 있다. 다다 도이치(多田統一)는 메이지(明治) 초기부터 다이쇼(大正) 초기까지 일본 통조림 산업의 시작부터 청일·러일전쟁을 거치면서 통조림 산업이 어떻게 발달했는지를 연구하였다. 이를 통해 그는 메이지 정부가 통조림 산업을 일본에 어떻게 도입하였고, 산업화시켰는지 그 과정을 밝히고 있다.[18] 그의 연구는 병식으로 활용된 통조림보다 통조림 산업의 발달 자체에 중점을 두고 있으므로 본고의 논지와는 차이가 있지만, 연구의 시기와 대상에서 충분히 참고할 만하다. 한편 마스기 다카유키(眞杉高之)는 메이지 유신 이후 군과 관련된 통조림은 물론 근대 일본의 통조림 산업과 관련된 방대한 사료를 소개하고 있다.[19] 다만 단지 통조림과 관련된 인물의 소개나 사료 분석을 주로 다루고 있기에 군의 병식을 깊이 있게 다루지 못하고 있는 점은 아쉬운 부분이다.

육군의 병참을 다루면서 양말창이 등장하는 연구는 다소 존재하지만, 단편적인 언급으로만 그칠 뿐, 본격적으로 다룬 연구는 찾아보기 어렵

변천과 일상 식사에의 영향 –메이지기를 중심으로-」, 『日語日文學硏究』 第65輯, 2008).

18 多田統一, 「明治·大正初期における本邦の缶詰業--農産缶詰を中心として」, 『歷史地理學』 140号, 1988.

19 眞杉高之, 「牛缶その90年前をのぞく史料」, 『缶詰時報』 63(11), 1984; 「"兵食獨立"に燃えた笹野甚四郎」, 『缶詰時報』 65(4), 1986; 「牛缶の歩んだ道-1-發展の機を招いた日淸戰爭」, 『缶詰時報』 74(2), 1995; 「牛缶の歩んだ道-2-廣島に"缶詰王國"の座」, 『缶詰時報』 74(3), 1995 등.

다. 양말창은 병식의 조달과 저장뿐만 아니라 통조림 제조소의 운영과 생산·보급에 이르기까지 직접 관장함으로써 '강병 양성'이라는 국가적 시책에 일조했던 기관이었음에도 불구하고 주목받지 못하였다.

본고에서는 이처럼 메이지 시대 구미를 철저히 모방하며 본격적인 근대화를 추진하는 과정에서 당시 중요한 병식이었던 소고기 통조림[20]을 육군이 직접 생산하게 되는 과정과 병식 시스템의 일원화·규격화를 추진하기 위해 설치된 육군양말창(陸軍糧秣廠)을 통해 육군 병식의 '근대화' 과정을 살펴보고자 한다. 다시 말해 소고기와 통조림, 양말창이라는 세 가지 요소가 유기적 결합을 이루는 과정에 집중하여 병식의 '근대화' 기반이 마련되어 발전해 나아가는 과정을 밝히고자 한다.

II. 육군의 소고기 통조림 도입과 통조림 산업의 발전

1804년 프랑스의 니콜라 아페르(Nicholas Appert)에 의해 발명된 통조림의 원리[21]는 서구의 제도와 문물이 쏟아져 들어왔던 메이지 초기 일본에도 도입되었다. 정부의 권업정책(勸業政策)[22]으로 성장한 통조림은

---

20 "병식에서 가장 긴요하고 무엇보다도 힘이 되는 부식물은 무엇이냐고 한다면 소고기를 넘어서는 것은 없다"고 할 정도로 청일전쟁 이후 소고기는 육군에게 있어서 중요한 병식으로 자리매김하였는데, 이러한 소고기는 대부분 통조림의 형태로 이용되었다(古川元直, 「畜牛家の覺吾」, 『日本畜牛雜誌』 第3号, 日本畜牛改良同盟會, 1905, 19쪽).

21 谷川英一·元廣輝重·秋場稔 編著, 『缶詰製造學』, 恒星社厚生閣, 1969.

22 미국에서 통조림 사업의 발전을 눈으로 보고 제조법을 배워 온 세키자와 아키하루(關澤明晴)는 당시 내무경(內務卿) 오쿠보 도시미치(大久保利通)에게 통조림

1877년(明治10) 세이난전쟁(西南戰爭) 때 처음으로 군에서 이용되었고, 육군에 정식으로 채용된 것은 1885년(明治18)이었다.[23] 이때까지는 군에 필요한 부식들은 각 부대별로 매입하고 있었다.

육군에서 소고기 통조림을 휴대구량(携帶口糧)[24]으로 선택한 이유는 염분, 동물성 단백질을 용이하게 공급할 수 있었기 때문이었다. 육군은 청일전쟁 발발 전부터 전시를 상정하여 미국에서 총액 25만엔 상당의 소고기 통조림을 수입하였다. 그러나 미국에서 수입한 통조림은 사용된 조미료가 일본인의 입맛에 맞지 않았고 더욱이 장기 보존이 어려워 육군의 병식으로 사용하는 데에 지장을 주었다. 이에 이러한 문제를 해결하기 위해 이미 1882년(明治15)부터 소고기 통조림을 이용하고 있던 해군의 사례를 참조하였으며,[25] 마침내 소고기 통조림을 육군의 정식 병식

제조에 대해 건의했다. 이에 메이지 정부는 이를 즉시 채용하여 홋카이도 개척사(北海道開拓使)에서 제조하게 하였다. 개척사에서는 이시카리(石狩) 제조소(1877년 설립), 베쓰카이(別海) 제조소(1878년 설립), 비비(美々)제조소(1878년 설립), 샤나(紗那) 제조소(1879년 설립) 앗케시(厚岸) 제조소(1879년 설립) 총 5개소의 통조림 제조소를 설치하여 연어나 송어 등의 수산물 통조림을 중심으로 생산했다(위의 논문, 多田統一, 「明治·大正初期における本邦の缶詰業─農産缶詰を中心として─」, 29쪽).

23 히로시마의 통조림 제조업자였던 脇隆景, 淺枝富三朗, 淺枝彥兵衛가 각각 히로시마 진대(鎭台)·보병 제11연대·제21연대·제12연대·제22연대 등에 납품하였다(日本缶詰協會, 『目で見る日本缶詰史』, 日本缶詰協會, 1987, 247쪽).

24 휴대구량은 단어 그대로 병사 한 명 한 명이 계급의 고하를 따지지 않고 휴대하고 다니는 식량으로, 전투 시 양말의 보급이 곤란한 경우를 상정하여 장병 각각이 사전에 휴대하는 비상용 양말을 의미한다(위의 논문, 藤田昌雄, 「戰場の食─日露戰爭における日本陸軍の糧秣体系─」, 40쪽; 樫野葉舟, 「日本兵食槪觀(1)」, 『日本醸造協會雜誌』 34(2), 公益財団法人 日本醸造協會, 1939, 184쪽).

25 육군성은 군리(軍吏)인 쓰루다 요시아키(鶴田義昭)를 해군성 경리국으로 파견하여 소고기 통조림의 저장·신진교환(新陳交換) 방법 등을 배워 오도록 하였다. 쓰루다는 육군경리학교장(陸軍経理學校長)을 지내고 당시 해군성 경리국장이었

으로 도입하게 되었다.

청일전쟁 발발 후인 1894년(明治27) 9월 고다마 겐타로(兒玉源太郎) 당시 육군 차관은 품질개선을 목적으로 '병식 통조림 개량 심의회(兵食 缶詰改良審議會)'를 조직했다.[26] 10월 15일의 회합에서는 전국의 통조림 제조업자 대표 40명 남짓이 모여 통조림의 제조법이나 형태의 통일 등을 심의하였다. 이처럼 전쟁 중임에도 불구하고 병식 통조림 개량을 서두른 것을 보면 병식에 있어서 소고기 통조림의 규격통일이 매우 시급한 과제였음을 알 수 있다.

청일전쟁 시기 군이 통조림을 매입한 비용은 다음의 〈표 1〉과 같다.

〈표 1〉 청일전쟁에서 매입한 군용 통조림의 비용(단위: 円)[27]

육류 통조림	2,025,991
조류 통조림	57,663
어류 통조림	396,465
야채 통조림	35,607
합계	2,515,728

위의 통계는 통조림의 구매 비용만을 다루었을 뿐, 실제 군에 납품된 통조림의 수량을 비교한 것은 아니다. 하지만 청일전쟁 시기에 군에서 매입한 통조림의 구매 비용 중에서 육류 통조림의 비중이 다른 통조림

던 가와구치 다케사다(川口武定)를 통해 담당자를 소개받아 지도를 받고 돌아왔다(若松會 編, 『陸軍経理部よもやま話』, 若松會, 1982, 166쪽).

26 위의 논문, 多田統一, 「明治·大正初期における本邦の缶詰業―農産缶詰を中心として―」, 30쪽.

27 眞杉高之, 「牛缶の歩んだ道-1-發展の機を招いた日淸戰爭」, 『缶詰時報』 74(2), 日本缶詰協會, 1995, 31쪽, 재인용.

에 비해 압도적으로 컸음을 보여주고 있다는 점에서 유의미하다. 당시 "소고기 통조림은 정청(征淸) 군대 식료품 중 가장 큰 비용(多額)을 필요로 한다"[28]고 할 정도로 군용 소고기 통조림 수요가 급증하였기 때문에 이 기간 소고기 통조림의 가격도 크게 상승하였다.

이렇게 청일전쟁에서 소모된 군용 소고기 통조림은 민간으로부터 구매했는데, 이때 육군의 매입 방식에 관해 몇 가지 문제가 지적되었다. 대표적으로 스에히로 시게야스(末廣重恭) 의원과 다나카 쇼조(田中正造) 의원은 제8회 제국의회에서 다음과 같은 문제를 제기하였다. 하나는 '식우(食牛)의 폭주지(暴走地)'였던 간사이 지방이 아닌 도쿄에서 모두 매입하고 있다는 것이고, 또 다른 하나는 기존의 경험이 있는 업자가 아닌 새로 창업한 경험 없는 업자에게 구매하고 있다는 것이었다.[29] 이러한 지적에 대해 1895년(明治28) 2월 당시 육군 대신이었던 사이고 쓰구미치(西鄕從道)는 납품은 전국에서 받고 있으며, 자본과 기술에 결점이 없다면 기존 업자인지 신설 업자인지를 따질 필요가 없다는 답변을 하였다.[30] 이어서 그는 다음과 같이 덧붙였다.

> (전략) 국내 제품은 아직 기술이 미비하여 혹서기에는 부패할 우려도 있다고 들어서 관설 제조소가 필요하다는 의견도 나왔습니다. 그러나 모처럼 민간에서 통조림 사업이 융성해질 기회를 관설 제조소가 방해할 수도 있다는 견지에서 통조림 사업에 종사하는 사람을 장려 유도하여 기술을 개량하게 하는 방향을 취했습니다. (중략) 필요한 관리부

---

28 江原絢子, 『日本の食文化史年表』, 吉川弘文館, 2019, 203쪽.

29 https://www.teikokugikai-i.ndl.go.jp/ 2022.2.18.검색, 「第8回帝國議會 衆議院 本會議 第28号」 明治28年2月9日, 帝國議會會議錄檢索システム.

30 https://www.teikokugikai-i.ndl.go.jp/ 2022.2.18.검색, 「第8回帝國議會 衆議院 本會議 第39号」 明治28年3月2日, 帝國議會會議錄檢索システム.

터 결정된 위원을 각지의 제조소로 파견하여 세세하게 검사하고 제조법이 좋지 않은 것은 친절히 설명해주는 등의 사업들을 시행하였습니다.[31]

위의 답변을 보면 다음과 같은 흥미로운 사실을 발견할 수 있다. 육군성이 민간의 통조림 산업을 적극적으로 발전시키고자 했을 뿐만 아니라 통조림 산업을 장려하고 기술 지도에 나서는 등 육군이 직접 산업에 개입하고 있었다는 것이다. 이렇듯 일본 육군은 전투식량으로써 통조림, 특히 소고기 통조림의 가치를 대단히 높게 평가하고 있었다.

1895년(明治28) 4월 청일전쟁이 종료되자 군의 수요가 줄어든 통조림 산업은 기세가 한풀 꺾이게 된다. 그러나 다음 해인 1896년에는 통조림 업자의 수가 113명, 1897년에는 199명으로 증가하는 추세를 보였다.[32] 그 이유는 아이러니하게도 전쟁 종료 후 제조 남발로 인해 처치가 곤란한 재고 통조림 때문이었다.[33] 육군은 이 재고 소고기 통조림을 저렴하게 불하(拂下)하였고, 업자들은 이것을 야시장(夜店)에 떨이로 팔았다. 그 결과 이것이 실속 있다는 호평이 이어졌고, 각지에서 환영받게 되어 가격 또한 상승하게 된다.

이와 같은 상황은 통조림 보급을 촉진하는 결과를 낳게 되었고, 그 중 특히 소고기 통조림의 생산량은 더욱 증가하게 되었다. 즉 일본 최초의 대외전쟁이었던 청일전쟁은 통조림 산업의 발전을 촉진했고, '시험시대'에서 '실용 시대'로 나아가는 계기가 되었다.[34]

---

31 위와 같음.
32 위의 논문, 眞杉高之, 「牛缶の歩んだ道-1-發展の機を招いた日淸戰爭」, 31쪽.
33 山中四郎, 『日本缶詰史第 1巻』, 日本缶詰協會, 1962, 167쪽.
34 위의 논문, 眞杉高之, 「牛缶の歩んだ道-1-發展の機を招いた日淸戰爭」, 31쪽.

III. 육군양말창의 설치와 관제(官製) 소고기 통조림 생산

청일전쟁까지 일본 육군은 병사들의 식량과 말의 사료 공급을 일괄적으로 전담하는 중앙 부서가 따로 존재하지 않았다. 대개는 부대 단위로 민간업자들을 통해 자체적으로 조달하는 방식을 취하고 있었기 때문에 질적인 편차가 있었을 뿐만 아니라 적지 않은 문제들을 가지고 있었다. 따라서 위와 같은 양말 시스템을 체계화하기 위한 움직임이 청일전쟁 종료 후에 나타나게 되었다.

육군양말창은 이러한 흐름 속에서 탄생하게 되었다. 1897년(明治30) 3월 13일 칙령 제28호에 따라 '육군중앙양말창조례'[35]가 제정되어 제도적 근거를 갖추게 되었는데, 이 조례의 주요 내용은 아래와 같다.

> 제1조 육군중앙양말창은 이를 도쿄에 두고 육군성 경리국장의 관리에 속하게 하며 육군 출사(出師) 준비용 양말의 제조, 조달, 준비(度支), 저장, 신진교환(新陳交換)의 업무를 담당한다. 또 양말에 관한 시험을 행하는 곳으로 하며, 필요한 위치에 지창(支廠)을 둘 수 있다.
>
> 제2조 중앙양말창지창은 소재의 지명을 붙여 육군중앙양말창 모(某) 지창으로 칭한다.
>
> 제5조 주관(主管)은 육군성 경리국장에게 속하게 하여 창무(廠務)를 총괄하도록 하며, 관장(管掌)하는 사무에 책임을 진다.

이 조례에 따라서 1897년 4월 18일 '육군중앙양말창'이 육군성 경리

---

35 「御署名原本·明治三十年·勅令第二十八号·陸軍中央糧秣廠條例」(國立公文書館), JACAR (アジア歴史資料センター)Ref.A03020277000.

국 제2과 안에 개설되었다. 그리고 동년 5월 1일에 기존의 '육군중앙양말창'을 도쿄시 후카가와구(深川區) 엣추지마초(越中嶋町)로 이전하였다.

이후 1902년(明治35) 1월 29일에는 칙령 제21호에 의해 '육군양말창 조례'가 개정되어 기존의 '육군중앙양말창'을 '육군양말창'으로 개칭하였다. 앞선 1897년의 조례와 1902년의 조례에서 주목할 만한 것은 양말창을 주관하는 담당자가 바뀌었다는 것이다. 1897년의 조례에서는 육군성 경리국장이 양말창을 주관했지만,[36] 1902년의 조례에서는 창장(廠長)을 육군 대신에게 직속시켜 그 주관이 바뀌었는데,[37] 이러한 변화는 양말창의 중요성이 강화되는 현상으로 볼 수 있다. 또한 청일전쟁 이후 군비증강에 따라 양말창의 작업 효율 또한 높일 필요가 생겨났다. 따라서 1901년(明治34) 엣추지마의 양말창을 증축하여 설비를 확충함으로써 규모가 커지던 육군의 식량과 보급을 충실히 대비했다.[38] 이렇게 양말창의 중요성은 점점 커졌다.

양말창을 설치함으로써 육군은 다음과 같은 이익을 기대할 수 있었다. 첫 번째는 업무를 전담하면서 얻게 되는 이익이다. 양말창이 조달 업무를 전담하게 되면서 더욱 체계적으로 물자가 공급되기 시작한 것이다. 더불어 현물을 보급했을 때 발생했던 부대 내의 부정행위를 양말창의 엄선된 감독관이 지도함으로써 이를 방지하고 조달의 효율성이 증가한 부분이 있었다.

---

36 「御署名原本·明治三十年·勅令第二十八号·陸軍中央糧秣廠條例」(國立公文書館), JACAR (アジア歴史資料センター)Ref.A03020277000.
37 「御署名原本·明治三十五年·勅令第二十一号·陸軍糧秣廠條例制定陸軍中央糧秣廠條例廢止」(國立公文書館), JACAR(アジア歴史資料センター)Ref.A03020523600.
38 「陸軍彙報-陸軍糧秣廠增築」, 『讀賣新聞』朝刊, 1901年 2月 2日, 2쪽.

두 번째는 양말창을 통해서 일괄적으로 대량을 조달함으로써 얻게 되는 이익이었다. 이렇게 하면 운임 수수료를 절약할 수 있음은 물론, 구매 시기와 장소를 적절히 선택하여 유리하게 구매할 수 있었다. 이렇게 함으로써 구매 비용을 절감하여 예산을 절약할 수 있었다.

세 번째는 국가 정책상의 이익이었다. 육군은 양말창을 통해서 필요에 따라 농업 보호 혹은 농민 보호를 위해 양말의 조달을 적절히 조정하고 통제하고자 했다. 또한 양말창을 활용하여 재해를 입은 지역의 구제를 수행하는 등 국책 수행상 필요한 사항을 매우 신속하고 적절히 정리하여 군대가 민중의 신뢰를 얻을 수 있도록 하였다. 부가적으로 군인 가족이나 유족, 또는 실직한 노동자를 양말창의 직공으로 고용하여 이들을 구제하는 구제책의 역할도 꾀할 수 있었다.[39]

한편 청일전쟁 종료 후 소고기 통조림에 관해 심각한 문제가 노출되었다. '돌 통조림 사건'으로 대표되는 불량품 문제였다. 이를 해결하기 위해 육군은 통조림 제조소의 자영(自營)과 구매 물품의 철저한 감독을 시도하게 된다.

당시의 통조림과 관련된 문제는 1914년(大正3) 제31회 제국의회에서 벌어진 공방에서 엿볼 수 있다. 어획량이 풍부하며 가격 또한 소고기에 비하면 저렴한 수산물을 군용 통조림으로 이용하는 것이 어떻냐는 미우라 가쿠이치(三浦覺一) 의원의 주장에 대해 당시 육군 차관이었던 혼고 후사타로(本鄕房太郞)는 아래와 같이 답했다.

지금 육군의 휴대구량은 제1선의 전투부대에서 주로 소모되고 있습니다. ①통조림은 청일전쟁에서는 이제 막 말씀하신 대로 대단히 (많

---

39 山地愛山, 「〔戰記〕陸軍糧秣廠の活動」, 『日露戰爭實記』, 育英社, 1904, 42쪽.

은) 부정품(不正品)도 있어서 모처럼 전장에서 배낭에 채운 것을 열어 봤을 때 돌이 들어있거나 혹은 힘줄만 가득했던 부정품이 있기도 했습니다. 물고기에도 자양분이 들어있고, 특히 일본은 바다를 접하여 수산 방면에서 강점이 있습니다만, ②어육(魚肉) 통조림은 보존상 소고기에 미치지 못하고, 또 오랫동안 방치하면 통조림 안에서 가스를 발생시켜 부패하기 쉽다는 사실은 경험을 통해 잘 알려져 있습니다. 이러한 선례에 비추어 볼 때 장래에도 ③최전방 전투부대에서 사용해야 할 것은 어떻게든 소고기 통조림이어야만 합니다. 이처럼 최전방에서 전투 중에 이용하는 휴대구량은 (중략) 가능한 한 부피가 작으면서도 부패하지 않고 자양분이 풍부한 (중략) 포장된 소고기 통조림이 가장 적절합니다. ④러일전쟁 때에는 지금의 양말창에서 제조하여 다량으로 이용했었습니다만, 대단히 잘 준비되었기 때문에 청일전쟁 때와 같은 부정품 문제는 발생하지 않았습니다.[40]〔번호 및 밑줄은 인용자〕

　　위의 질의와 답변을 통해서 다음의 사실들을 확인해 볼 수 있다. ① 청일전쟁 시기 소고기 통조림이 전투식량으로 이용되었다는 사실이다. 다만 당시의 통조림은 부정품, 즉 불량품이 많아 문제가 되었다. 한편 수산물의 경우 어획량이 너무 많아 일부 지역에서는 비료로 사용될 정도였음에도 불구하고 육군의 전방부대에서는 여전히 소고기 통조림을 선호했다는 사실이다. ②소고기 통조림이 선호된 이유는 자양분이 풍부하고 수산물 통조림보다 장기간 보존이 가능했던 반면에 수산물 통조림은 장기 보관 시 내부에서 가스를 발생시켜 쉽게 부패하는 고질적인 문제를 안고 있었다. ③이러한 청일전쟁에서의 교훈에 따라 전방부대에 보급하는 통조림은 비록 불량품 문제가 있기는 하지만 소고기 통조림이

40　https://www.teikokugikai-i.ndl.go.jp/ 2022.2.18.검색, 「第31回帝國議會 衆議院 請願委員第三分科 會議錄(速記) 第3号」 1914(大正3)年 3月4日, 帝國議會會議錄檢索システム.

어야 한다는 결론에 이르렀다. 마지막으로 ④청일전쟁과는 달리 러일전쟁에 이르러서는 양말창이 직접 통조림을 제조하고 공급함으로써 청일전쟁 시기의 통조림 불량품 문제를 해소할 수 있었다는 사실을 확인할 수 있다.

이상의 1914년 제국의회의 내용은 청일전쟁이 끝난 지 20년이 지난 당시에도 소고기 통조림의 불량품 문제가 모두의 기억 속에 생생하게 남아있었다는 사실을 알 수 있다. 실제로 민간업자의 입장에서 보았을 때도 "청일전쟁은 통조림 사업의 기운을 촉진"하는 커다란 계기였고, "군수품에서 빼놓을 수 없는" 필수적인 품목이었기 때문에[41] 소고기 통조림 불량품은 청일전쟁이 육군에게 남긴 커다란 과제였다. 특히 최일선의 전방부대에서 소고기 통조림과 같은 휴대구량은 주둔 중인 평시에 먹었던 것은 아니었지만, 전투 시 참호 속에서나 급박하게 적을 추격할 때 또는 적에게 근접하여 작전을 수행해야 할 때 필수적인 병식이었기 때문에 "휴대구량이 없다면 전방에서 충분한 활약은 불가능"[42]하다고 할 정도로 중요한 것이었다.

이러한 사실들을 종합해 볼 때 소고기 통조림은 이미 청일전쟁에서 전투식량으로서 확고한 지위를 굳혔으며, 동시에 민간업자를 통해 납품받은 통조림에서 나타난 심각한 불량품 문제는 육군이 반드시 해결해야 할 커다란 과제로 부상했음을 알 수 있다. 육군은 양말창이라는 조직과 그들이 직영하는 관설 통조림 제조소의 설치를 통해 이러한 과제를 직접 해결하고자 한 것이었다.

이에 1898년(明治31) 1월 양말창에서는 통조림 제조소를 설립하여

---

41 松岡國松, 『廣島罐詰業沿革誌』, 松岡國松, 1923.
42 樫野葉舟, 위와 같음.

최초로 소고기 통조림을 생산하였다.[43] 소고기 통조림의 생산은 양말창 업무 중에서 큰 비중을 차지했었기 때문에 당시 일본인들은 양말창 하면 바로 소고기 통조림을 연상할 정도였다.[44] 당시 이 통조림 제조소는 제부(製缶), 세부(洗缶), 힐육(詰肉), 자분(煮焚), 살균(殺菌)의 5개 부(部)가 있었고 그 밖에도 단육장(斷肉場), 냉장고, 고무 제조소(ゴム製造所), 기관실(气罐室) 등 최신 설비를 갖추고 있어서 "가장 완성의 영역에 있다"[45]라고 높이 평가받았을 정도였다.

이곳에서 도살-단육(斷肉)-자숙(煮熟)-밀봉-살균의 다섯 과정을 거쳐 생산된 소고기 통조림은 기수(技手)가 일일이 검수한 뒤 불량으로 확인되는 것은 전부 폐기[46]하여 불량품 발생을 철저히 방지하고자 하였다. 이 과정까지 마친 통조림은 녹이 발생하는 것을 막기 위해 니스를 바르고 한 상자에 240문(匁)[47]짜리는 20개, 40문짜리는 96개를 적재하였다.[48]

아래의 〈그림 1〉[49]과 〈그림 2〉[50]는 당시 완성된 소고기 통조림을 적재한 모습을 그린 것이다. 아래의 그림과 같이 완성된 소고기 통조림은

---

43 「1.沿革 2.任務及編制」(防衛省防衛研究所), JACAR(アジア歴史資料センター) Ref. C14010369400.

44 가지쓰카는 그의 회고문에서 "양말창은 (중략) 양말의 조달, 제조, 저장, 보급 및 양말의 시험이라는 광범위한 업무를 맡고 있었지만, 창설 당시 최초로 소고기 통조림 제조를 개시했기 때문에 일반적으로 양말창은 통조림 제조가 (유일한) 업무인 양 속단 되었으며, 최근에도 이 말이 널리 침투되어 있다"고 밝히고 있다(梶塚鋿太郎, 「日露戰役追送糧秣の憶出」, 『糧友』, 食糧協會, 1931).

45 위와 같음, 1931.

46 山地愛山, 「〔戰記〕陸軍糧秣廠の活動」, 『日露戰爭實記』, 育英社, 1904, 44-45쪽.

47 1匁=약 3.75g.

48 「附表」(防衛省防衛研究所), JACAR(アジア歴史資料センター)Ref.C14010370200.

49 陸軍省, 「第2編 中央部及其の隷屬機關の施設 / 第3章 糧秣経理(2)」, 『明治37~8年戰役 給養史草按 第1編』, 陸軍省.

50 위와 같음.

육 등분 된 삼나무 또는 전나무 판(板)으로 제작한 상자에 적재하고, 여기에 못을 박고 노끈으로 단단히 묶어 포장[51]함으로써 전장으로 보내질 준비를 마치게 된다. 이때 품종과 수량을 식별할 수 있도록 표기하고 책임의 소재를 밝히기 위해서 상자 밖 하부에 제조자 또는 공급자의 성명을 기재했다. 또한 상자 내부에도 납품한 연월 및 공급자의 성명을 기재한 표찰을 넣게 하여 혹여 문책이 필요할 때 책임질 수 있게 하였다.[52] 이렇게 포장에 적지 않은 비용과 주의를 기울인 것은 장거리를 운반할 때 용기에 한 번 파손이 발생하면 내용물이 아무리 우수해도 불량품이 되기 쉬워 전쟁을 수행함에서 중대한 장해(障害)를 불러올 수 있었기 때문이었다.

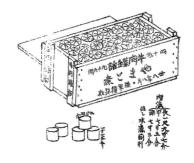

〈그림 1〉 상자 내부 적재된 소고기 통조림

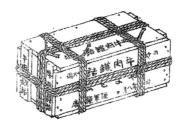

〈그림 2〉 포장 완료된 소고기 통조림

이렇듯 육군은 양말창과 관설 통조림 제조소를 통하여 이전까지 각 부대별로 이루어지던 보급체계를 일원화시켰고, 병식의 연구와 생산을 직접 관장함으로써 청일전쟁 이후 드러난 문제점들을 보완하여 앞으로

---

51 山地愛山, 위와 같음.
52 山地愛山, 위와 같음, 45쪽.

다가올 전쟁을 대비하고자 하였다. 이러한 양말창의 통조림 생산에 있어서 큰 역할을 한 인물이 군의(軍医) 후쿠오카 사지로(福岡佐次郎)였다.

IV. 양말창의 유럽 모델로의 전환
: 후쿠오카 사지로(福岡佐次郎)의 구미(歐美) 시찰

청일전쟁 이후 일본과 러시아의 긴장이 점차 고조되어 가자, 육군은 앞으로 있을지도 모를 대규모 전쟁을 대비하기 위해서라도 소고기 통조림을 둘러싼 여러 가지 문제들을 해결하고자 했다. 이에 육군성은 그들에게 필요한 병식, 특히 육류 통조림의 제조 방식과 전투식량을 조사하기 위해 당시 3등군의(三等軍医) 후쿠오카 사지로를 파견하여 독일·프랑스·오스트리아·이탈리아 및 미국 등 5개국의 사례를 조사하도록 하였다.[53]

후쿠오카는 육군에 대한 충성심과 직무에 대한 사명감이 투철했던 인물로 평가받고 있었다. 일례로 청일전쟁 당시 육군의 식량 중 통조림이 급작스럽게 다량으로 들어오게 되면서 야전군 병식의 수장이었던 노다 히로미치(野田通諡) 당시 야전감독장관은 그 품질에 대한 우려가 컸다.[54] 이에 그는 이화학(理化學)과 위생학에 모두 정통한 '양식(糧食) 전문가'를 필요로 하였다. 노다는 당시 참모차장이었던 가와카미 소로쿠(川上操六)에게 적합한 인사를 추천해 달라고 요청했고, 가와카미는 야

---

53 「福岡三等軍医欧米へ差遺に付取調上便宜を与へられ度件」(防衛省防衛研究所), JACAR (アジア歴史資料センター)Ref.C06082521900.

54 尼子四郎, 「福岡佐次郎氏小傳」, 『芸備医事』 第30年(10/11)(349/350), 芸備医學會, 1925, 281쪽.

전위생장관이었던 이시구로 다다노리(石黑忠悳)[55]에게 이를 지시하였으나, 이에 응하는 군의(軍医)는 한 명도 없었다. 이러한 상황에서 후쿠오카는 병식에 관한 연구와 관리를 육군 전체를 위한 중요한 일이며, 양식 전문가의 길로 가는 것이 의학자이자 군의인 자신이 군에 도움이 되는 것으로 판단하여 여기에 지원하였다.[56] 이러한 그의 직무에 대한 투철한 소명 의식과 군에 대한 충성심을 이시구로는 매우 높게 평가하였다.[57]

이렇듯 후쿠오카는 육군 내부에서 조직에 대한 충성심이 강했던 인물로 평가받았으며, 또한 당시 육군 내 영양학 연구가 미비했던 시기 자

---

55 石黑忠悳(1845-1941): 후쿠오카 현 출신의 군의(軍医)로, 1871년(明治4) 병부성에 출사하여 2년 뒤인 1873년(明治6) 5월에 2등군의정(二等軍医正), 10월에는 1등군의정(一等軍医正)이 되었다. 1876년(明治9) 4월 육군본병원(陸軍本病院) 원장 겸 마의감(馬医監)으로 근무했으며, 1880년(明治13) 육군군의감(陸軍軍医監)과 군의본부 차장에 올랐다. 1890년(明治23) 육군 군의총감(軍医總監)에 올랐으며, 육군성 의무국장이 되었다. 청일전쟁 시기인 1894년(明治27), 대본영 야전위생장관(野戰衛生長官)으로 활약했고, 이듬해 8월 남작의 작호를 받았다. 1901년(明治34) 예비역으로 전역하여 이듬해 1월부터 1920년(大正9) 2월까지 귀족원 의원으로 활동하였다. 이후 1912년(明治45)에 퇴역하였으며, 일본적십자사 사장, 추밀원 고문관 등으로 활동하였다(秦郁彦, 『日本陸海軍總合事典』[第2版], 東京大學出版會, 2005, 17쪽).

56 "이 일은 의학자(医學者) 전체에게 관련된 일이며 또한 전군(全軍)에 관련된 중요한 일로, 한두 명의 환자를 돌보는 것과는 그 의의를 비교할 수 없다. 우리 군의(軍医)가 평소 학습한 바를 응용하는 것이 무엇보다도 적절하다고 생각한다. 때문에 천학(淺學)이지만 본인(후쿠오카)은 이에 응하고자 한다."(위의 논문, 尼子四郎, 「福岡佐次郎氏小傳」, 281쪽).

57 "군(君, 후쿠오카)이 군의의 자리에 머물러 있었다면 그의 동창과 함께 현재 장관의 반열에 있었을 것이다. 국가를 위해 (식량) 전문가로 돌아섰기 때문에 좌관급(佐官級)에 머물렀던 것은 아닐까 생각하면 마음이 견딜 수 없다. 마땅히 군은 영욕(榮辱) 따위는 털끝만큼도 마음에 두지 않았고, 스스로 행한 일에 즐거움을 가졌다. (그가) 진실로 초연했던 것은 성격이 고매하고 자신에게 확신을 가지고 있었기 때문이었다"(위의 논문, 282쪽).

신의 전문지식을 활용하여, 대체로 긍정적인 평가를 받으며 자신의 입지를 다질 수 있는 영역을 구축했었음을 알 수 있다.

이렇게 군의에서 '양식(糧食)전문가'로 변신한 후쿠오카는 1897년(明治30) 2월 일본을 떠나 1년여에 걸쳐 독일, 프랑스, 오스트리아, 이탈리아, 그리고 미국의 '양식품(糧食品)' 종류 및 통조림 제조 방식과 아울러 '휴대양식(携帶糧食)'을 자세히 조사 연구하였다. 그중에서 흥미로운 것은 상당수의 유럽 국가들이 통조림 제조소를 관영으로 운영하고 있었다는 사실이다. 당시 유럽에서 관설 통조림 제조소를 운영하는 국가는 러시아, 독일, 오스트리아, 프랑스의 4개국이었는데, 후쿠오카는 그중에서 특히 독일의 사례를 상세히 살펴보았다. 그가 독일을 상세히 조사한 이유는 첫째로 유럽의 휴대양식과 그 제조소 등은 대체로 대동소이하다고 판단했기 때문이었고, 둘째로 후쿠오카는 독일의 군사·과학 기술을 높이 평가하고 있었기 때문이었다. 그리고 마지막으로 예산 부족이라는 현실적인 이유도 있었다.[58] 이러한 이유로 베를린에서 관련 연구를 진행한 후쿠오카는 다음과 같이 당시 독일의 관설 통조림 제조소에 관한 보고를 남겼다.

독일은 두 곳의 거대한 관설(官設) 통조림 제조소를 갖고 있었다. 한 곳은 '마인츠(Mainz)'이며 다른 한 곳은 '슈판다우(Spandau)'이다. (중략) 1871년 보불전쟁(普佛戰爭) 후인 1872년 봄에 프랑스 주둔 점령군 사령관 만토이펠(Edwin Freiherr von Manteuffel) 씨의 제안에 따라 해당 점령군에게 보급하기 위해 '낭시(Nancy)' 시에 작은 제조소를 설치하였는데, 그 목적은 전후 군비 확장 정책에 따라 전쟁용 양식의 제조 및 실험 기관으로 활용하는 데 있었다. 이곳에서 생산한 제품은 육군의

---

58 「獨國巡視福岡軍医へ內訓の件」(防衛省研究所), JACAR(アジア歷史資料センター)Ref. C06082615800.

급양품 중에서 가장 완전하다는 평가를 받았다. 이에 보급의 규모를 확장하기 위해 '슈트라스부르크(Straßburg)'시에 있던 제조소를 개축하도록 지시했지만, 그 지세(地勢)가 적의 포격을 견디기에 충분한 요새가 아니었기 때문에 군량품 제조에 적합하지 않다는 의견이 있었다. 결국 장소가 변경되어 그 근방 마인츠에 제조소를 설치하게 되었다.[59]

위의 내용에 따르면 당시 독일은 '마인츠'와 '슈판다우' 두 곳에 관설 통조림 제조소를 가지고 있었다. 이 두 곳의 제조소는 식량의 제조와 더불어 전시 식량에 관한 다양한 실험과 연구를 하는 역할을 수행하고 있었으며, 온실 장치, 냉각장치, 가스전등, 도축장, 세탁소 등 당시로서는 완벽한 시설을 갖추고 있었다. 이에 비해 미국은 "식량자원이 대단히 풍부"하며 다른 나라에서 보지 못할 정도로 사설 통조림 제조소가 곳곳에 산재(散在)하여 유사시 빠르게 수요에 부응할 수 있는 시스템을 운용하고 있었다. 때문에 "털끝만큼도 관설의 필요를 인식하지 못"했다.[60]

후쿠오카는 병식 및 통조림 제조 방식에 있어서 일본에 적용할 가장 모범적인 사례로 독일을 꼽았다. 일본은 미국과 비교해 식량자원이 풍부하지 않았고, 사설 통조림 제조소의 기반이 튼튼하지 않았다. 즉 미국과 같은 방식은 당시 일본의 상황과는 전혀 달랐기 때문에 독일의 사례가 일본에 가장 적합하다고 판단한 것이다. 더욱이 후쿠오카가 시찰을 떠난 지 얼마 지나지 않은 시점에 설치된 양말창은 조례에 따라 생산만이 아닌 병식 연구기관으로서의 성격도 지니고 있었기 때문에 같은 기능을 하는 독일의 사례에 집중한 것이었다고 추측해 볼 수 있다.

---

59 「歐米各國に於ける官設缶詰製造所」(防衛省防衛研究所), JACAR(アジア歷史資料センター) Ref.C10061498900.

60 「歐米各國に於ける官設缶詰製造所」(防衛省防衛研究所), JACAR(アジア歷史資料センター) Ref.C10061498900.

한편 후쿠오카는 이어서 통조림의 제조 방식과 기계 장치 또한 유럽식과 미국식을 비교하며 일본에 적용 가능한 제조 방식이 무엇인가에 대해서도 끊임없이 고민한 흔적을 남겼다.

> 미국 기계는 각진 통조림의 제조에 적합하다. (중략) 각진 통조림은 콘비프, 로스트비프와 같은 통조림에는 적당하지만, 우리나라에서 만드는 통조림에는 적당하지 않다. (중략) 이 두 종류는 청일전쟁에서의 실험에 비추어 봐도 우리나라 사람의 기호에 적당하지 않다는 폐해가 있으며, 그뿐만 아니라 오늘날 우리나라의 산우(産牛)로는 도저히 미국과 같은 제품을 얻을 수 없다. (중략) 통조림 제조에서 거대한 진보를 이룩한 미국인들조차 이미 유럽의 신식기계의 이익을 인식하여 독일로 파견하면서까지 그 기계의 구매에 착수한 것은 우연이 아니다. 또한 유럽식의 기계는 용법이 간단하며 가격 또한 저렴하다. 특히 군용 통조림 제조에 적당한 것이라고 말할 수밖에 없다.[61]

위에서 볼 수 있듯이 그는 미국의 제조 방식과 이를 통해 제조된 통조림은 일본인의 기호에도 적합하지 않고, 무엇보다도 원료인 소고기를 미국만큼 생산해 낼 수 없다고 판단하고 있다. 이에 반해 유럽의 방식을 이용한다면 저렴한 가격에 일본 병사들에게 적합한 통조림을 생산할 수 있다고 판단했음을 알 수 있다. 이렇듯 그는 구미 시찰을 통해 일본의 병식에 가장 적합한 방식이 유럽, 특히 독일의 사례라고 결론지었다.

또한 제조 기계에 관해서는 '유럽식 기계'와 '미국식 기계'의 장단점을 비교하였는데, 주요 내용을 아래와 같다.

> 현재 세상에서 사용되는 통조림 제조 기계를 크게 구별한다면 미국

---

61 위와 같음.

식과 유럽신식(歐州新式)의 두 종류로 이루어져 있다. (중략) 미국식은 '납땜(ハンダ)'을 이용하여 밀폐하는 방식이며, 유럽신식은 기계로 밀폐하는 방식이다. (중략) 여러 나라에서 이 방식이 사용되었으나, 기계의 정교함이나 제조 규모가 미국이 가장 크기 때문에 미국식이라고 이름을 붙이게 되었다. 후자는 1889년부터 1890년 사이에 독일에서 시작되었다. 그때까지는 기술이 미숙하여 업자들 사이에 의문이 생겼지만, 1892년에 이르러 오스트리아의 회사에서 이것을 사용하여 방법이 점점 확실해졌다. (중략) 1895년까지는 미국식 기계로 모두 제조하였으나, 연구가 진행되어 얼마 가지 않아 동년에 드디어 신식기계의 이익을 인식하여 미국식을 배제하고 수많은 비용을 들여 신식기계로 교체하였다. 현재 유럽 각국 중 영국 홀로 미국식을 이용하며, 군용 통조림에는 러시아, 프랑스, 오스트리아, 독일 등 여러 강국에서 모두 신식기계를 이용하기에 이르렀다.[62]

위의 보고에 따르면 납땜으로 통조림을 밀폐하는 방식인 미국식보다 유럽식이 더 효율적이라고 할 수 있다. 그렇지만 초기에는 기술이 발달하지 않아서 유럽에서도 주로 미국식을 이용하였는데, 연구가 진행된 결과 기술이 발전되어 유럽식이 널리 이용될 수 있는 환경이 만들어졌다. 따라서 영국을 제외한 유럽의 주요 국가들의 군용 통조림은 모두 유럽식 통조림 제조 기계를 이용하여 생산하게 된 것이다. 양말창 통조림 제조소의 기계는 모두 독일에서 들여와 생산하고 있던 것으로 미루어보면 후쿠오카의 보고서에 따라 일본 또한 유럽식을 채용한 것으로 추정해 볼 수 있다.

이상의 내용을 종합하여 볼 때 후쿠오카가 미국식이 아닌 유럽식을 채택해야 한다고 주장한 이유는 다음의 세 가지로 정리할 수 있다. 첫

---

62 「歐米各國に於ける官設缶詰製造所」(防衛省防衛研究所), JACAR(アジア歴史資料センター) Ref.C10061498900.

번째는 유럽식 기계를 이용하여 생산하는 것이 경제적으로 더 이익이 컸기 때문이고, 두 번째는 이용법이 훨씬 쉬워 생산 기술을 습득하는 것이 빨랐기 때문이었다. 마지막 세 번째로는 미국식 기계는 각진 통조림을 생산하는 데에 적합하지만, 원형 통조림을 군용 통조림으로 이용하는 육군에게는 유럽식이 더욱 적합했기 때문이었다.

정확히 후쿠오카가 작성한 이 보고 내용을 채택하여 양말창과 관설 통조림 제조소가 설치되었다는 명확한 사료는 현재 찾을 수 없다. 그러나 후쿠오카가 당시 육군성에서 직접 양성한 '양식 전문가'였으며 양말창의 기사(技師)였다는 점, 양말창에서 독일의 기계를 들여와 통조림을 생산했다는 점, 그리고 양말창에서 소고기 통조림을 최초로 제조한 것은 후쿠오카가 조사를 마치고 귀국한 1898년(明治31) 1월이었다는 점 등 여러 측면에서 미루어보았을 때 이 보고가 관영 통조림 생산 정책에서 중요하게 작용했다고 볼 수 있다.

V. 맺음말

이상 본고에서는 청일전쟁 이후 이루어진 육군양말창의 설치와 관설 통조림 제조소, 그리고 후쿠오카 사지로의 구미 시찰을 통한 청일전쟁 종료 후 시스템의 변화 및 소고기 통조림이라는 획기적인 부식을 고찰함으로써 일본 육군 병식의 '근대화'를 살펴보았다.

병식의 일원화된 관리는 생산과 보급을 용이하게 한다는 이점을 가진다. 당시 전장의 환경은 혹한과 혹서를 넘나들며 매우 불규칙했는데, 이와 같은 전투 환경에 배치되는 병력 규모에 맞추어 적합하게 군량을 조달하는 일은 결코 간단한 문제가 아니었다. 이 때문에 다양한 전장 환경에서 요구되는 소요를 현지의 부대에서 개별적으로 관리하기는 어려 웠다.

따라서 각 전장의 상황을 국내 산업 상황과 연계하여 종합적으로 판단하고 생산, 분배를 관리하며 물자 운용에 효율을 기하기 위해선 보급 체계의 일원화, 규격화, 중앙화가 필수적이었다. 메이지 정부는 이 모든 조건을 충족시키기 위해 육군양말창을 설치하였다. 그리고 육군양말창·양말지창(糧秣支廠)·출장소(派出所)를 조달 업무에서 중앙의 유일한 실행기관으로 정하며, 야전군 및 국내에 주둔하는 부대에서 필요로 하는 전투용 식량의 조달을 전담시켰다. 양말창은 병식의 조달뿐만 아니라 생산, 연구에까지 관여하였는데, 그중에서도 주목해 볼 수 있는 것은 통조림 제조소를 설립하여 직접 소고기 통조림을 생산했다는 사실이다.

메이지 초기 서구 문물이 쏟아져 들어오던 시기 구미에서 전수된 통조림은 초기 수산물을 이용한 통조림을 중심으로 생산되었지만, 얼마 지나지 않아 군에서는 단백질 공급원으로 소고기 통조림을 주목하게 되었다. 그러나 청일전쟁 때까지는 소고기 통조림의 매입 방식이나 품질에 대한 논란이 빈발했고, 이에 대한 대안으로 육군은 사설 통조림 제조소에서 납품을 받고 양말창의 기사(技師)들이 생산과 관련하여 직접 지도·감시하는 방식을 취함과 동시에 직접 소고기 통조림 제조소를 설립하여 운용하는 정책을 추진했다.

이러한 정책을 실행하기 위해 일본 육군은 유럽의 사례를 철저하게 벤치마킹했다. 이 과정에서 '양식 전문가'인 군의(軍医) 후쿠오카 사지로는 매우 큰 역할을 했다. 육군의 명을 받아 그가 수행했던 구미 각국의 관(官)·사(私)설 통조림 제조소를 비롯한 병식의 조사는 양말창의 설치와 관설 통조림 제조소의 설립에 정책적 기반을 제공했다고 볼 수 있다. 그는 유럽과 미국의 사례를 매우 상세히 비교 조사하면서 당시 일본에 가장 적합한 방식을 찾아냈고, 이는 일본의 병식을 유럽과 같은 근대적 시스템으로 전환하는 데에 크게 이바지하였다.

소고기 통조림은 전방부대에 전투식량으로 제공되면서 병사 개인이 직접 식량을 지참하거나 상당 부분을 현지에서 조달했던 전근대적인 형태들의 개선을 기대할 수 있게 되었다. 더 나아가 양말창은 소고기 통조림을 직접 생산하여 민간업자에 의한 군납의 폐해 또한 상당 부분 해소했다. 즉 양말창은 소고기 통조림의 품질의 균일화, 규격의 통일, 보급의 효율화 등을 통해 병참과 병식 부문에서 일본 육군의 근대화에 일조하였다고 할 수 있다.

결국 육군 양말창에 의한 병식의 통일적인 운용과 새로운 형태의 전투식량인 소고기 통조림의 직접적인 생산체제가 결합함으로써 메이지 시기 병식의 근대화가 이루어졌다고 볼 수 있다. 이처럼 구미를 모방하여 첫걸음을 내디딘 병식의 근대화는 1차대전 이후에는 '일본 정신'을 강조하며 '일본식'으로 변화되어 갔다.[63] 이는 외견상 서구와 동등한 수준에 이르렀다고 자평할 수 있게 됨과 동시에 서구와는 차별화된 독자성을 갖춘 일본적 요소를 내면화하여 일본적 근대를 모색하고자 하는 시도로 볼 수 있다. 동시에 '근대화된 일본 정신'의 전파 수단으로서 표준화된 병식이 지니는 역사적 위상을 살펴볼 수 있다.

---

[63] 『일본병식사』의 서문은 당시 육군성 경리국장 오노데라 조지로(小野寺長治郎), 동경제대 국사학 교수 구로이타 가쓰미(黑板勝美) 등이 서술하였는데, 이들은 모두 공통적으로 일본 병식의 독자성과 일본 정신을 강조하며 군대에서뿐만 아니라 일반 국민에게까지 '일본 정신'을 이식하고자 하는 의도를 드러내고 있다 (陸軍糧秣本廠, 『日本兵食史 上卷』, 糧友會, 1934).

제1차 세계대전 시기 대만총독 인사와 육군 내 寺內正毅의 위상

위신광 _ 고려대 대학원 사학과 박사

* 본고의 초출은 위신광, 「제1차 세계대전 시기 대만총독 인사와 육군 내 데라우치 마사타케(寺內正毅)의 위상」, 『일본역사연구』 제52집, 2020이다.

Ⅰ. 머리말

1910년대 일본에서는 호헌운동과 데모크라시 사조로 인해 헌정옹호(憲政擁護)·번벌타파(藩閥打破)의 분위기가 고조되면서 육군의 쇄신과 식민지 통치 개혁에 대한 요구가 강하게 분출되었다. 이러한 분위기 속에서 1914년 성립된 제2차 오쿠마 시게노부(大隈重信) 내각은 시대적 요구에 부응하기 위해서 군벌의 적폐를 청산하고 비번벌 출신의 육해군대신을 뽑아야 했다. 따라서 해군대신에는 非번벌 출신인 야시로 로쿠로(八代六郎) 중장이 임명되었다. 한편, 우에하라 유사쿠(上原勇作) 육군대신 단독 사직에 의한 제2차 사이온지 긴모치(西園寺公望) 내각 총사직, 제1차 호헌 운동, 다이쇼(大正) 정변, 제1차 야마모토 곤베에(山本權兵衛) 내각 성립 등을 거치면서 정치적 타격을 입은 원로(元老)·육군의 요망에 의해 성립된 것이 오쿠마 내각이었기 때문에 육상의 인선을 조슈벌(長州閥)에 의존한 것은 매우 당연했다.[1] 이에 야마가타 아리토모(山縣有朋)는 조선총독이자 전임 육상이었던 데라우치 마사타케(寺内正毅)와 논의하여 육상을 추천했다.[2] 이러한 과정을 거쳐 조슈의 기대주 오카 이치노스케(岡市之助)가 육상에 임명되었다.[3]

---

1 德富蘇峰 編述, 『公爵山縣有朋伝.下卷』, 原書房, 1969, 899쪽; 眞辺將之, 『大隈重信: 民意と統治の相克』, 中央公論新社, 2017, 353쪽; 鵜崎鷺城, 『陸軍の五大閥』, 隆文館図書, 1915, 38쪽.
2 伊藤之雄, 『山縣有朋──愚直な權力者の生涯』, 文春新書, 2009, 404~405쪽; 伊藤之雄, 『大隈重信(下)──「巨人」が築いたもの』, 中央公論新社, 2019, 184쪽.
3 北岡伸一, 『日本陸軍と大陸政策: 1906-1918年』, 東京大學出版會, 1978, 276쪽.

사실 조슈벌은 육군성 뿐만 아니라 참모본부, 교육총감부의 총장과 차장은 물론 식민지총독까지 주요 요직을 독점하고 있었다. 선행연구에서 알 수 있듯이 1910년대의 육군과 식민지는 조슈벌 데라우치의 지배 하에 있었다고 해도 과언이 아니다.[4] 데라우치는 야마가타파의 직계로서 야마가타와 가쓰라 다로(桂太郎)의 관계가 틀어진 이후부터는 육군을 실질적으로 장악하고 있었고, 또한 가쓰라 사후에는 조슈파의 맏형으로서 관동도독, 대만총독, 조선총독 등 식민지총독인사에까지 강력한 영향력을 행사했다.[5]

대만총독 사쿠마 사마타(佐久間左馬太)의 후임문제가 부상한 것은 1914년 제1차 세계대전이 발발한 직후였다. 대만총독은 친임관(親任官)으로서 임기가 따로 정해져 있지 않고 대개 육해군의 대장이나 중장 중에서 임명되어왔는데 제2대 총독 가쓰라부터 제5대 사쿠마까지는 야마가타의 직계 또는 '조슈파'가 임명되었다.[6] 따라서 대만총독은 육군이 부임해야 할 자리처럼 당연시되었다. 실제로 사쿠마를 이은 제6대 총독도 후임문제가 거론되기 시작한 1914년 7월말로부터 신임 총독이 부임한 1915년 5월 초까지 비록 10개월의 긴 시간이 걸렸지만 결국에는 육군의 안도 사다요시(安東貞美)가 부임하였다.

대만총독 후임문제를 집중적으로 다룬 연구는 거의 없고 몇몇의 선행연구에서 부분적으로 언급하고 있을 뿐이다. 일례로 기타오카 신이치(北岡伸一)는 『日本陸軍と大陸政策: 1906-1918年』에서 오쿠마 내각 시기

---

4 앞의 책.

5 이형식, 「조슈파 데라우치 마사타케(寺内正毅)와 조선 통치」, 『역사와 담론』 91, 2019.7.

6 「대만총독부관제(台灣總督府官制)」, 1897년 10월 21일자 『관보(官報)』(歷史學研究會 編, 『日本史史料 4近代』, 岩波書店, 2016, 230~231쪽); 위의 논문.

의 육군을 데라우치와 오카 육상의 대립 구도로 풀어내고 있는데 여기서 대만총독 인사문제를 사례로 활용하였다. 즉 데라우치의 보수적 인사원칙과 오카의 인사쇄신주의가 충돌하면서 대만총독 후임인사가 오카가 지지하는 오타니 기쿠조(大谷喜久藏, 당시 육군 중장·제5사단장)로 결정되었으나 마지막에 이르러 데라우치 측의 안도로 뒤바뀌었다는 것이다. 기타오카는 안도가 최종적으로 확정되는 과정에 대해 근거를 제시하지 못하고 추정함으로써 아쉬움을 남겼지만, 조슈벌 내에서 인사를 놓고 벌어진 갈등을 데라우치와 오카의 대립구도로 포착한 분석은 탁월했다고 볼 수 있다. 아울러 기타오카는 가토 외상이 대만총독 후임에 해군 측 후보자를 추천했다는 사실을 밝히긴 했으나 그는 이것을 내각 안에서 외상과 육상의 주도권 다툼으로 다루었다.

한편, 이토 유키오(伊藤之雄)는 기타오카와는 달리 야마가타의 영향력에서 벗어나려는 오카 육상의 움직임에 초점을 맞추어 당시 육군의 상황을 서술하였다. 즉 오카는 대만총독 인사에서 다나카를 통해 야마가타의 의중을 확인했음에도 불구하고 자신이 원하는 오타니를 오쿠마 수상에게 추천했다는 것이다.

대만총독의 후임 인사를 부분적으로 언급한 선행 연구들은 몇 가지 사실과 해석에 있어서 문제점을 안고 있다. 첫째, 대만총독 후보자가 오타니에서 안도로 확정되기 전에 애초에 육군 수뇌부에서 안도를 내정했었다는 사실이 간과되고 있다. 둘째, 후임 대만총독을 둘러싼 해군의 움직임이 결코 가볍지 않았다는 사실이다. 해군은 구체적으로 9월과 11월 두 번에 걸쳐서 움직였고 그 움직임에 가토 외상이 가세하여 파괴력을 더했기 때문에 육군은 해군의 움직임을 저지하기 위해 전력을 기울였다. 따라서 해군의 움직임을 단지 외상과 육상의 힘겨루기로 가볍게 보는 것은 당시의 실상을 정확히 파악한 것이라 보기 힘들다. 해군의 움직임이 일회성에 그치지 않고 장시간에 걸쳐서 시도되고 있었다는 점은 이형식의 최근 연구에서 제시되었는데, 즉 해군의 식민지 장관 인선에 대한 관여는 제1차 야마모토 내각 시기에 이미 나타나기 시작하여 3·1운동 이후 사이토 마코토(齋藤実)가 조선총독에 임명됨으로써 실제적인 성과를 만들어냈다는 것이다.[7] 셋째, 선행연구는 오타니가 대만총독 후보자로 정해지는 과정은 물론 마지막에 오타니에서 안도로 갑작스럽게 변경되는 과정도 밝히지 못하고 있다. 이것은 선행연구가 육군 고위층의 승진인사에 초점을 맞추고 있어서 대만총독 인사의 결정과정을 면밀하게 살피지 못했기 때문일 수도 있다.

일반적으로 인사문제와 같이 예민한 문제에 관련된 1차 사료는 매우 제한될 수밖에 없다. 다행히 데라우치의 경우 주로 조선에 주재하면서도 정부의 인사에 깊이 관여하고 있었기 때문에 일본과 조선을 오간 데라우치 관련 전보와 서한들 속에는 적지 않은 인사 관련 내용들이 나올 뿐만 아니라, 일부의 내용들은 신문에서도 확인할 수 있다. 필자는 이러한 사료를 통해 선행연구가 놓친 두 가지 중요한 퍼즐에 주목하고자 한다. 하나는 사쿠마 후임 문제가 거론된 초기에 육군 수뇌부가 일찌감치 안도를 후보자로 내정했다는 것이고, 다른 하나는 육군의 특별대연습이 실시된 1914년 11월에 대만총독 후보자를 추천하는 해군의 두 번째 시도가 기습적으로 이루어졌다는 사실이다. 이렇게 볼 때, 대만총독의 후임 인사는 안도에서 오타니, 다시 오타니에서 안도로 반전에 반전을 거듭하는 복잡한 과정을 거쳤다는 사실을 알 수 있다.

따라서 본 논문에서는 선행 연구가 밝히지 못한 부분을 보완하여 대

---

7 이형식, 「1910년대 일본의 식민지 통치구조 개혁과 조선」, 한국역사연구회 3·1운동100주년기획위원회 엮음, 『3·1운동100주년총서 3 권력과 정치』, 휴머니스트, 2019.

만총독의 후임인사가 거론되기 시작한 1914년 7월부터 최종적으로 확정되어 부임하는 1915년 5월까지의 전 과정을 집중적으로 재검토함으로써 당시 조슈벌의 육군지배 실태를 밝히고 데라우치의 정치적 위상과 영향력이 어떠했는지를 규명하고자 한다. 아울러 당시 육군 고위 장성의 승진, 서작 등의 인사문제, 데라우치와 오카의 대립, 조슈벌의 육군 장악력을 입체적으로 서술하고자 한다.

II. 대만총독 후임 문제의 부상과 육군의 조기 검토

일본은 청일전쟁의 전리품으로서 대만을 할양받았고 2개월 뒤에 통치기관인 대만총독부를 설치했다. 대만총독의 임용자격은 육해군 대장 또는 중장에 한정한 무관전임제였는데 문관의 취임이 가능해진 것은 1919년의 하라 다카시(原敬) 내각부터였다. 대만총독은 민정뿐만 아니라 방위에 대한 책임도 져야 했기 때문에 육군군의 병력을 사용하는 권리를 부여받았다.[8] 대만총독부가 부설된 이후 24년간 유지된 '전기무관총독기(前期武官總督期)'의 가장 현저한 특징은 각 총독의 임기가 매우 길었다는 것이다. 예를 들면, "대만통치의 기초를 확고하게" 다졌다고 평가되는 제2대 총독 고다마 겐타로(児玉源太郎)는 약 8년, 산지 고사족을 진압한 것으로 유명한 제5대 총독 사쿠마 사마타는 약 9년간 재임하면서 최장 기록을 남겼다. 이처럼 대만총독은 군부의 포스트로서 식민지

---

8 百瀬孝, 伊藤隆 監修, 『事典 昭和戰前期の日本 制度と實態』, 吉川弘文館, 1990年, 412쪽.

에서 군사력과 경찰력을 배경으로 무장항일운동을 탄압하거나 원주민을 제압하는 무단 통치를 계속해왔다.[9]

1906년에 부임한 사쿠마는 군인의 계급정년 규정에 걸려 퇴임해야 할 처지였지만, 1909년부터 개시된 원주민 정벌 작전「五箇年理蕃計画」을 완수한다는 명분으로 정년이 특별 연장되어 총독에 유임되었다.[10] 사쿠마는 조슈벌에서 야마가타와 데라우치를 제외한 나머지 대장급 중에서 최고참이었고 대만총독에 재임하는 동안 수차례 교체 소문이 있었지만 당시 수상이었던 사이온지와 야마모토도 조슈벌을 꺼려서 그를 바꾸지 못했다.[11] 하지만 "대만 만지(蠻地)의 소탕도 일단락"된 1914년 7월 말에, 조슈벌과 친분이 두터웠고 육군과도 인맥이 강했던 스기야마 시게마루(杉山茂丸)는 아카시 모토지로(明石元二郎) 참모차장을 찾아와 사쿠마의 후임 인사에 대해 논의하였다.

이 자리에서 스기야마는 사쿠마가 총독을 연임하게 되면 "총독은 불이익을 받을 것이고, 또 이미 충분히 고생도 했고 거기에 부상까지 입어 몸도 자유롭지 못하니 이제야말로 총독직을 그만둘 때가 왔다"고 자신의 견해를 밝혔다. 스기야마는 이와 같은 자신의 견해를 사쿠마 본인에게도 이미 언급해 놓은 상태였고 아카시를 통해 데라우치 총독에게도 전달하고자 했다.[12] 스기야마가 언급한 '불이익'은 아마도 대만총독부의 이번(理蕃) 작전을 둘러싸고 발생한 내부적 갈등과 또 그것을 빌미로 사

---

9 岡本眞希子,『植民地官僚の政治史: 朝鮮·臺灣總督府と帝國日本』, 三元社, 2008, 328~329쪽.

10 위의 논문, 이형식,「조슈파 데라우치 마사타케(寺內正毅)와 조선 통치」, 12쪽.

11 鵜崎鷺城,『陸軍の五大閥』, 隆文館図書, 1915, 31쪽.

12 1914년 7월 30일자 데라우치 앞 아카시 서한(尙友倶樂部[外] 編集,『寺內正毅宛 明石元二郎書翰』, 芙蓉書房出版, 2014, 52쪽).

쿠마 총독을 교체하려는 일련의 움직임을 의미하는 것이었다. 이러한 내용은 8월 중순에 우에하라 유사쿠(上原勇作)와 가까운 지나주차군 사령관 나라 다케지(奈良武次)[13] 소장이 연속으로 받은 두 통의 서한을 통해서도 짐작할 수 있다.[14] 우에하라가 육상에 임명되었을 때 그의 정치적 참모였던 우쓰노미야 다로(宇都宮太郎)는 육군에 대한 조슈벌의 지배를 타파하고 적극적인 대륙정책을 추진하기 위해 번벌 출신이 아닌 나라를 고급 부관으로 발탁하도록 조언했다.[15] 뿐만 아니라 나라는 이전부터 오카와도 친분이 있었다.[16] 실제로 오카 육상도 대만총독부의 내부 사정을 파악하기 위하여 나라에게 지시하여 이전에 대만총독부 부관을 지낸 온묘지 게이지(隱明寺敬治) 소좌를 불렀다. 온묘지는 8월 14일 밤에 오카 육상의 관저에서 대만총독부에 관련된 사안을 보고하였다.[17]

이어서 오카 육상은 8월 25일에 다나카 기이치(田中義一)[18] 소장과도

---

13 나라 다케지(奈良武次, 1868~1962)는 도치기(栃木) 출신으로서 1912년 9월 우에하라(上原) 육군대신의 부관을 역임했다. 1914년 8월 소장·지나주둔군 사령관을 거쳐 1915년 7월 칭다오 수비군 참모장, 1916년~1918년 군무국장을 역임했다 (秦郁彦 編, 『日本陸海軍總合事典(第2版)』, 東京大學出版會, 2005, 101쪽.).

14 1914년 8월 14일자 나라 다케지 앞 기노시타 우사부로(木下宇三郎, 대만총독부 참모장) 서한; 1914년 8월 15일자 나라 다케지 앞 온묘지 고지로(隱明寺小次郎) 서한(국회도서관 헌정자료실 소장 「岡市之助關係文書」, 第三者間書翰 13, 15).

15 宇都宮太郎關係資料研究會, 『日本陸軍とアジア政策陸軍大將宇都宮太郎日記2』, 岩波書店, 2007, 136쪽.

16 「奈良武次回顧錄草案」, 波多野澄雄·黑澤文貴 編, 『侍從武官長 奈良武次日記·回顧錄』第4卷, 柏書房, 2000, 79쪽; 石原亳, 「三 陸軍省高級副官時代 (2)陸軍の新聞對策と奈良武次」, 黑澤文貴 [外]編, 『陸軍大將奈良武次日記: 第一次世界大戰と日本陸軍』, 原書房, 2020, 364쪽.

17 1914년 8월 14일자(위의 책, 黑澤文貴 [外]編, 『陸軍大將奈良武次日記』, 161~162쪽).

18 다나카 기이치(田中義一, 1864~1929)는 야마구치 출신으로서 1909년 군사과장, 1910년 소장·보병 제2여단장, 1911년 군무국장에 올랐다. 제2차 사이온지 내각 총사직에 따른 정치적 혼란과 국민의 대육군 여론 악화의 책임을 지고

사쿠마의 퇴임문제를 논의하였고, 27일에는 야마가타 원수로부터 사쿠마 총독 퇴직은 조심스럽게 다루어야 한다는 조언을 받기도 했다. 다음 날 오카는 대만총독 후임문제를 즉시 조선에 있는 데라우치 총독에게 전보로 알렸다. 이처럼 8월 중순부터 사쿠마 총독의 퇴임문제는 육군 내부에서 매우 긴박하게 논의되기 시작했고 여기에는 야마가타 원수를 포함한 육군 상층부가 적극적으로 관여하고 있었음을 알 수 있다.

앞에서 언급한 데라우치 총독에게 보낸 오카 육상의 28일 전보는 다음과 같다. 여기서 오카 육상은 육군 고위층 인사 관련 문제를 다음과 같이 언급하였다.

소관(小官)은 총독 퇴직에 대해 [총독의] 공적에 대한 은상은 승작(昇爵)이 되어야 한다고, 참모총장도 저와 같은 생각입니다. 그런데 야마가타 원수는 후작으로 올려주는 것은 이례적인 은전(恩典)이라는 이유로 동의하지 않고 오히려 금치(金鵄)훈장을 수여하는 것이 마땅하다고 참모총장에게 은밀히 말씀하셨습니다. 그러나 이렇게 할 경우에 토벌에 종사한 다른 장교들에게도 수여하지 않으면 안 됩니다. 그런데 이번 토벌에 종사한 자들은 차치하고 이전에 이미 [다른] 상을 받은 자들과 불균형을 초래할 우려가 있습니다. [이에 대해] 어떤 고견을 가지고 계신가요?

우에하라(上原勇作) 중장 이상의 사람들을 대장으로 진급시키는 일은 오쿠(奧保鞏) 원수 및 참모총장과 재차 내의(內議)했는데, 나카무라(中村覺)와 우에하라 중장을 제외한 나머지 [사람들을] 현역 대장으로 승진

1912년 12월에 보병 제2여단장으로 전보되었고, 이듬해 10월에는 구미 시찰을 명받으면서 한동안 일본을 떠나 있었다. 1914년 8월 6일에 귀국한 후 참모본부에 소속하면서 슈젠지(修善寺) 온천에서 요양했다(위의 책, 秦郁彦 編, 『日本陸海軍總合事典(第2版)』, 83쪽; 田中義一伝記刊行會 編, 『田中義一伝記上卷』, 589쪽, 601쪽, 608쪽, 原書房, 1981; 박완, 「다나카 기이치(田中義一)의 정치적 변신과 군민일치론」, 『일본역사연구』제51집, 2020.4., 237~268쪽).

시키는 것에 대해서는 여러 가지 지장이 있어서 결국 야마가타, 오야마 (大山巖), 오쿠 세 원수 및 참모총장과 내의한 끝에 대략 다음과 같이 내정했습니다. 후쿠시마 야스마사(福島安正) 중장은 다음 달 중순에 나이가 차기 때문에 명예진급시킨 후에 퇴직시키고, 그의 후임은 나카무라 중장, 나카무라 중장의 후임에는 야마네 중장이 될 것입니다. 대만 총독의 후임에는 안도 중장, 안도 중장의 후임은 이치노헤 효에(一戶兵衛) 중장, 안도와 야마네 중장은 내년 나이가 찰 것이니 명예진급을 시키고, 나카무라와 우에하라는 적당한 시기에 진급시켜야 합니다. 하지만 안도 중장은 이때 명예진급과 더불어 퇴직하게 하는 것이 인사취급상 매우 적절할 것입니다. 그렇다면 대만총독 자리에 오타니(大谷喜久藏) 중장을 추천하면 어떻겠습니까? 교시(敎示)를 기다리겠습니다.[19]

위의 사료에서 오카 육상이 세 명의 육군 원수들과 참모총장이 참석한 자리에서 논의된 내용을 데라우치 총독에게 신속하게 통지하는 모습을 확인할 수 있다. 규정에 따르면 육군의 고위급 인사는 육상, 참모총장, 교육총감 3인의 합의에 의해서 결정되지만 실제로는 원수들과 데라우치 총독의 의견을 반영하고 있음을 알 수 있다. 당시 교육총감이었던 우에하라가 참석하지 않은 것은 아마도 자신의 인사문제가 거론되는 자리였기 때문이라고 생각된다.

오카의 전보에 따르면 당시 육군 수뇌부가 고심하고 있던 인사문제가 무엇이었는지 잘 드러나 있다. 하나는 퇴임하는 사쿠마 총독의 서훈문제와 그의 후임인사였고, 다른 하나는 요직에 있지만 현재 계급정년에 걸린 고참 중장들의 처우문제였다.[20] 첫 번째 사쿠마의 서훈에서는 야마가타 원수가 작위를 올려주는 것에 반대하고 금치훈장만 수여해야

---

19 1914년 8월 28일자 데라우치 앞 오카 전보(국회도서관 헌정자료실 소장 「岡市之助關係文書」).
20 앞의 책, 北岡伸一, 『日本陸軍と大陸政策: 1906-1918年』, 278~279쪽.

한다고 주장한 데에 대해 오카는 형평성 문제를 제기하고 있다. 고참 중장의 승진과 대만총독 후임에서는 대체적으로 합의가 이루어졌음에도 불구하고 오카 육상은 대만총독의 후임자로 지목된 안도 중장에 대해 이견을 제시하면서 오타니 중장을 추천하고 있다. 즉 오카 육상은 안도 중장은 대장으로 명예승진하면서 퇴직하는 것이 적절하다는 자신의 주장을 강하게 어필하였다.

당시 안도는 계급정년에 걸려 있었기 때문에 대장으로 승진하지 못할 경우 바로 퇴역해야만 하는 처지였다. 안도는 조슈 출신이 아니었지만 데라우치의 육군사관 학교장 시절 교관으로 발탁되어 순조롭게 승진하면서 '데라우치의 분신' '데라우치의 총아'로 불렸던 인물이었다.[21] 데라우치는 조선총독으로 취임한 지 얼마 지나지 않아 안도를 불러서 조선주차군 사령관에 앉혔다. 일설에 의하면 주차군사령관은 사단장보다 위치가 높아서 순서대로라면 기고시 야스쓰나(木越安綱)가 임명되는 것이 순리였겠지만 안도가 임명된 것도 역시 데라우치의 영향이 결정적이었다.[22] 그는 최고의 군사전략가라고 평가할 수는 없지만 성격이 온후하고 상관과 부하 사이에 적이 없어서 매우 원만한 인물로 평가받았다.[23] 이에 반해 오카 육상이 추천한 오타니는 조슈벌의 방계로 분류되었지만 단순히 조슈벌에 기대지 않고 자신의 분명한 주장과 수완을 지닌 인물로서 군인의 담력과 지모를 갖추고 있다고 평가되고 있었으며, 데라우치와는 가깝지도 않지만 특별히 기피대상도 아니었다.[24]

데라우치는 오카의 전보를 접수하자 같은 날(28일) 저녁에 급히 두

21 앞의 책, 鵜崎鷺城, 『陸軍の五大閥』, 31쪽; 『讀賣新聞』, 1915.04.24 및 1914.05.02.
22 앞의 책, 90쪽.
23 앞의 책, 90쪽; 『讀賣新聞』, 1915.04.24 및 1914.05.02.
24 앞의 책, 62쪽.

통의 전보를 발송했다.

　　보내주신 전보를 잘 받았습니다. 제 소견은 다음과 같습니다. 사쿠마 대장의 퇴임에서 서훈(敍勳)과 서작(敍爵) 중에서 서작이 적당하다고 생각합니다. 또 후임 등 기타 (사안)에 대해서 원수 세 분과 대장 한분이 정한 내의(內議)는 피치못할 사정이 있었다고 하니 [저 또한] 대체로 이견이 없습니다. 다만 현재의 시국에서 후쿠시마 중장을 퇴임시키는 것은 전체적으로 볼 때 매우 무익하다고 생각합니다만 다른 이유가 있다면 굳이 말하지 않겠습니다. 제 생각으로는 실은 이번에 한두 명의 원수를 만들고 안도 이상 우에하라까지 진급시켜야 한다고 생각합니다.[25]

　　이처럼 데라우치 총독은 오카 육상이 문의한 고참 중장의 승진과 인사 등 두 가지 문제에 대해 약간의 견해 차이를 보였다. 즉 야마가타가 언급한 훈장과 승작 문제에 대해서는 명확한 의견을 밝혔지만 대만총독 후임 인사에 대해서는 단 한마디도 하지 않았다. 다만 고참 중장의 승진 문제에서는 선행연구에서도 이미 지적했듯이, 데라우치는 안도를 포함한 5명의 고참 중장을 모두 현역으로 승진시키고자 한 반면, 오카 육상은 안도와 후쿠시마 두 중장을 명예진급시키려고 했다.[26] 그리고 동시에 발송한 또 다른 전보에서 데라우치는 사쿠마의 대우에 대해 자신의 조언을 덧붙였다. "사쿠마 대장이 퇴직할 때에 (수여될) 승작에 대해 야마가타는 이견을 갖고 있다고 전해 들었습니다. (나는) 금치(金鵄)훈장보다는 오히려 승작이 무난한 절충이라고 생각합니다. 이에 관련된 문제가 발생하면 (나의) 이러한 뜻을 은밀히 이야기해주기를 희망합니다."[27] 여

25　1914년 8월 28일자 오후 8시 20분 경성에서 발송 9시 도착 오카 앞 데라우치 전보(앞의 「岡市之助關係文書」);
26　앞의 책, 北岡伸一, 『日本陸軍と大陸政策: 1906-1918年』, 278~279쪽.

기서 데라우치는 사쿠마의 퇴직 후의 처우에 관해 별도의 정보 루트를 통해 소식을 접하고 있다는 사실을 넌지시 밝히면서 오카에게 훈장보다는 승작 쪽으로 힘을 쓰라고 충고하였다.

여기서 육군 인사가 결정되는 메커니즘에 대해서 한번 살펴볼 필요가 있다. 1913년에 제1차 야마모토 내각에서 육해군대신 현역무관제(現役武官制)가 개정되어 군부대신의 임용 범위는 '현역'에서 예·후비역 또는 퇴역한 대장·중장까지 확대되었다.[28] 육군 측은 현역이 아닌 육상의 출현에 대비하여 「인사에 관한 성부 각서(人事ニ関スル省部覚書)」를 제정하고 육상의 권력을 축소하는 조치를 취했다. 원래 육상은 제도상 인사권을 일원적으로 독점하고 있었지만, 새로 제정된 각서에는 "장교 및 상당관의 임면, 진퇴, 보직에 관한 사항과 발탁 후보자를 결정하는 권한은 육군대신이 참모총장, 교육총감과 협의한 후에 결정한다"고 규정했다.[29] 실제로 육군 대장과 친보직(親補職) 중장 인사는 삼장관(육군대신, 참모총장, 교육총감) 회의를 걸쳐야 하는데, 그 자리에는 육군의 삼차장(육군차관, 참모차장, 교육총감부 본부장)은 물론 인사국장도 참석할 수 없었다.[30] 이처럼 육군의 인사문제에서 오카 육상은 단독으로 결정할 권리가 없었고 하세가와 참모총장과 우에하라 교육총감의 동의를 반드시 얻어야 했다.

---

27 1914년 8월 28일자(山本四郎 編, 『寺内正毅日記』, 京都女子大學, 1980年, 642쪽); 1914년 8월 28일자 오카 앞 데라우치 전보(앞의 「岡市之助關係文書」).

28 林茂, 辻清明 編, 『日本內閣史錄2』, 第一法規, 1981, 177~178쪽; 앞의 책, 百瀬孝, 伊藤隆 監修, 『(事典)昭和戰前期の日本: 制度と實態』, 258쪽.

29 앞의 책, 百瀬孝, 伊藤隆 監修, 『事典 昭和戰前期の日本 制度と實態』, 327쪽; 앞의 책, 北岡伸一, 『日本陸軍と大陸政策: 1906-1918年』, 146~147쪽; 森靖夫, 『日本陸軍と日中戰爭への道─軍事統制システムをめぐる攻防』, ミネルヴァ書房, 2010, 51쪽.

30 外山操, 『陸海軍將官人事總覽 陸軍篇』, 芙蓉書房, 1988, 34쪽.

III. 대만총독 후임 인사를 둘러싼 육해군의 공방

1. 해군의 내부적 검토와 좌절

8월 23일에 대독선전을 포고한 일본은 9월 2일에 교주만(膠州灣)에 군대를 상륙시키고 군사비의 추가예산을 결정하기 위해 제34회 임시의회도 소집했다. 아울러 내상을 겸하고 있던 오쿠마 수상은 추가 예산의 협조를 구하기 위해 식민지 총독들을 불렀다.[31] 오쿠마 수상의 요청을 받은 데라우치는 9월 16일 오전에 신바시역에 도착했고 그로부터 10월 3일까지 약 2주간 도쿄에 머물렀다.[32]

한편 육군 수뇌부가 대만총독 후임 문제를 검토하던 시기에 해군 측도 이 자리를 노리고 움직이기 시작했다. 9월 11일 해군성에서는 지멘스 사건으로 대명(待命) 중인 다카라베 다케시(財部彪, 전 수상 야마모토 곤베에의 사위) 중장, 군령부장 시마무라 하야오(島村速雄), 군령부차장 야마시타 겐타로(山下源太郎), 해군 차관 스즈키 간타로(鈴木貫太郎) 등이 회합했는데 그 자리에서 다카라베는 대만총독이 교체되면 해군이 그 후임자로 해군 측 인사를 요구해야 한다고 건의하면서 그러한 의견을 야시로(八代) 해군대신에게 전해 달라고 부탁했다.[33] 해군 측은 다카라베의

---

31 『讀賣新聞』, 1914.09.11.; 『讀賣新聞』, 1914.09.12.; 『東京朝日新聞』1914.09.17.; 『東京朝日新聞』, 1914.09.26.; 『讀賣新聞』, 1914.09.26; 『東京朝日新聞』, 1914.10.05.

32 1914년 9월 17일자~10월 1일자(앞의 책, 山本四郎 編, 『寺內正毅日記』, 648~651쪽, 10월 2일 및 3일자의 기사가 결여되어 있음); 『讀賣新聞』, 1914.10.05.; 1914.09.17(宮內省図書寮 編修; 岩壁義光 補訂, 『大正天皇實録.補訂版(v.4)』, ゆまに書房, 2016, 263쪽).

33 坂野潤治·廣瀬順晧·增田知子·渡辺恭夫 編, 『財部彪日記海軍次官時代』下卷, 山川出版社, 1983, 328쪽.

의견에 따라 해군 측과 친분이 두터운 가토 외상(미쓰비시 그룹의 사위)을 동원하여 해군 장성을 추천하고자 했다. 실제로 해군의 요청을 받은 가토 외상은 각의에서 해군 장성을 추천하겠다는 의사를 밝혔지만 이에 대해 오카 육상은 제대로 방어를 하지 못했다. 이러한 내용은 10월 22일에 해군의 움직임을 데라우치에게 보고한 다나카 서한에서도 확인할 수 있다.

> 가토가 육상에게 누구를 대만총독으로 추천하고자 하는가, 해군에게도 가능성이 있지 않을까라고 묻자 이에 대해 육상은 아직 정해진 것은 없다고 얼버무리면서 해군은 원래 총독을 한 번도 낸 적이 없지 않느냐라고 반문하자 [가토가] 그것은 이전의 해군이고 오늘날의 해군은 그렇게 생각하지 않는다고 답변했다고 합니다. 이것을 보면 아마도 해군이 가토를 매개로 공작하고 있는 것이 명백합니다. [중략] 유감스러운 것은 그때 [육군] 대신이 어째서 가토에게 반론을 시도하지 않았을까하는 것입니다.[34]

위의 다나카 서한을 근거로 보았을 때 가토 외상과 오카 육상의 만남은 데라우치가 서울로 돌아간 10월 3일 이후부터 다나카가 서한을 작성한 10월 22일 사이로 추정된다. 다나카는 해군의 동향을 보고하면서 해군의 요구를 대변하는 가토 외상에게 제대로 반론을 제기하지 못한 오카 육상을 노골적으로 비난했다. 당시 동지회(同志会) 총재이자 오쿠마 내각에서 부총리 격인 외상에 임명된 가토는 자신의 정치적 위치가 데라우치와 대등하다고 생각하고 있었고 이미 네 번째 외상에 임명되었기 때문에 내각에서 오카 육상을 압도하고 있었다고 해도 전혀 이상하지

---

34 1914년 10월 22일자 데라우치 앞 다나카 서한(田中義一 [著], 尙友倶樂部史料調査室, 伊藤隆 編集, 『寺内正毅宛田中義一書翰』, 芙蓉書房出版, 2018, 58-59쪽).

않았다.[35] 다나카는 10월에 야마가타 원수를 방문한 자리에서도 밝혔듯이, 대만총독은 대만의 육해군을 통솔하고 방어를 담당해야 하기 때문에 해군 출신자는 총독으로서 적절치 않다고 생각하고 있었다.[36]

다나카의 보고를 접한 데라우치는 하루 이틀 생각을 정리한 후에 10월 25일에 다나카에게 단호한 지시를 내렸다. 데라우치는 대만총독 후임에 대해 해군이 이주인 고로(伊集院五郎)와 데와 시게토(出羽重遠) 대장 등을 거론되고 있지만, 데라우치는 "지금의 대만을 해군장성에게 맡겨 그곳의 모든 육군을 해군의 지휘 하에 두는 것은 육군의 체면이 걸린 일"이며, "현 해상을 비롯한 해군 측은 육군이 진정으로 국가를 걱정하고 있음을 알지 못하고 항상 이기적으로 행동하는 것은 대단히 수긍하기 힘들다.", "가토 외상은 야시로와 협력하여 동지회 내부에서 (자신의) 야망을 이루기 위해 육상을 기만하는 것에 불과하다.", "(육군의 인사행정은) 크게 근본부터 오류에 빠져 있다"고 오카 육상과 동지회 내각을 통렬하게 비판한 후에 다나카에게 자신의 말을 오카에게 전달하고 인사 문제에 대해 충고하도록 지시했다.[37] 데라우치의 서한을 보면 그가 다나카 이외에도 다양한 정보 수집 루트를 갖고 있음을 알 수 있다.

아울러 데라우치는 스기야마를 통해서도 "해군을 대만총독으로 임명하는 것은 종래의 관행에 반하고, 육군만 있는 조직에 해군 장성이 임명되는 것은 불가하고, 게다가 해군은 육지 행정에 익숙하지 않기 때문에

---

35 앞의 책, 北岡伸一, 『日本陸軍と大陸政策: 1906-1918年』, 171쪽.

36 1915년 5월 15일자 우에하라 앞 마치다 케이우(町田経宇) 편지의 별지 신문발췌 (上原勇作關係文書研究會 編, 『上原勇作關係文書』, 東京大學出版會, 1976, 479쪽).

37 1914년 10월 25일자 다나카 앞 데라우치 서한(伊藤隆·松田好史, 「田中義一と寺內正毅」, 앞의 책, 田中義一 [著], 尙友俱樂部史料調查室, 伊藤隆 編集, 『寺內正毅宛田中義一書翰』, 196쪽, 재인용).

반드시 실패로 끝날 것이다”는 의견을 야시로 해상에게 전달하도록 했다.[38] 이처럼 데라우치는 이 시기에 조선에 체류하고 있으면서도 대만총독 후임에 해군 측 인사를 배척하기 위해 다나카, 스기야마 등을 통해 적극적으로 개입하고 있다. 여기서 데라우치의 강력한 개입은 인사권을 갖고 있는 오카 육상의 소극적인 대처와 크게 대비된다.

데라우치의 강력한 반대 의견이 일본에 전해진 후에 다나카는 11월 6일 “우에하라 중장이 해군 측의 상황을 탐색한 결과 이주인, 데와 두 대장은 해상과 은밀히 검토했지만 모든 조직이 육군 소속으로 되어 있는 대만총독에 취임하는 것은 불안하다는 이유로 모두 사퇴했다고 합니다”라고 해군 측의 동향을 데라우치에게 보고했다.[39] 이처럼 1914년 10월 말에서 11월 초에 걸쳐서 데라우치와 다나카는 대만총독 후임에 해군 측 인사를 앉히려는 움직임이 해군 내부에서 원활하게 진행되지 못하는 것으로 파악하고 있었지만, 이 시기 신문지상에는 차기 대만총독에 해군 대장이 취임할지도 모른다는 소문이 여러 차례 등장했다. 이때 거론된 해군의 유력 후보자로는 이주인과 데와 이외에 가타오카 시치로(片岡七郎)와 우류 소토키치(瓜生外吉) 등 대장도 있었다.[40]

2. 해군의 재시도와 육군의 반격

한편 사쿠마 총독이 대만에서 귀국하여 사표를 제출한 것은 10월 말이었지만 그때부터 11월초에는 대만총독 후임인사 문제가 거론되기 힘

---

38 1914년 11월 2일자 다나카 앞 데라우치 서한(위의 논문, 199쪽, 재인용).

39 1914년 11월 6일자 데라우치 앞 다나카 서한(앞의 책, 田中義一 [著], 尚友俱樂部史料調査室, 伊藤隆 編集, 『寺內正毅宛田中義一書翰』, 60~61쪽).

40 『讀賣新聞』, 1914.10.05.; 『讀賣新聞』, 1914.10.24.

들었다. 왜냐하면 그 시기 오카 육상이 폐렴으로 병상에 누워 있어서 면회조차 힘들었기 때문이다.[41] 하지만 오카 육상은 병상에 눕기 전에 은밀히 오타니 기쿠조 중장을 대만총독의 후보자로 굳히는 작업들을 해놓았다. 실제로 오카 육상은 오타니를 오쿠마 수상에게 추천했는데 이러한 사실이 하세가와 참모총장과 다나카를 통해서 데라우치에게 전해졌다.[42] 즉 다나카는 대만총독 후임을 논의하는 자리에 참석한 하세가와 참모총장으로부터 오타니 중장이 대만총독 후보자로 추천된 사실을 들었고, 그것을 11월 6일에 데라우치에게 보낸 서한에서 오카 육상의 인사조치에 대해 비난을 서슴치 않았다. 왜냐하면 10월 하순에 다나카가 오카 육상을 찾아가 데라우치의 의중이 안도 중장에게 있음을 분명히 전달했음에도 불구하고 놀랍게도 오카 육상이 자신이 선호하는 인물을 최종적으로 오쿠마 수상에게 추천했기 때문이다.[43]

당시 다나카가 아무리 잘 나가는 조슈파의 황태자로 불렸다고 해도 대만총독 인사문제와 같은 민감한 문제에 대해 사사롭게 사견을 주장할 지위에 있지 않았다. 오카 육상이 데라우치의 의중을 수용하지 않은 것을 보고 당황한 다나카는 급히 야마가타 원수를 찾아가 도움을 요청했지만 야마가타조차 육상은 도저히 설득할 수 없는 사람이라면서 깊이 관여하여 해결하려는 기미를 보이지 않았다.[44]

---

41 1914년 11월 6일자 위의 서한; 1914년 11월 9일자(앞의 책, 宇都宮太郎關係資料硏究會, 『陸軍大將宇都宮太郎日記2』, 392쪽); 『東京朝日新聞』, 1914.11.29; 1914년 11월 4일자(原奎一郎 編, 『原敬日記. 4 : 總裁就任』, 福村出版株式會社, 1981, 62쪽).
42 1914년 11월 6일자 위의 서한.
43 1914년 10월 22일에 다나카가 데라우치에게 보낸 서한에 따르면, 다나카가 10월 23일부터 5,6일간 출장할 것이라고 보고한 것을 보면 적어도 23일 이전에 오카를 만났음을 알 수 있다(앞의 책, 田中義一 [著], 尙友俱樂部史料調査室, 伊藤隆 編集, 『寺內正毅宛田中義一書翰』, 58-59쪽).

오카는 호적을 교토로 바꾸었지만 사실 조슈 출신으로 육군성 군사 과장, 참모본부 총무부장, 육군성 군무국장, 육군 차관 등 육군의 주요 요직들을 모두 거친 야마가타계 엘리트 군인이었다.[45] 이처럼 오카가 육군의 주요 보직에 재직하고 있던 시기의 대부분은 데라우치가 육상에 재직한 시기와 겹친다. 그가 참모본부의 총무부장으로 있을 때에 매사를 오쿠 참모총장이 아닌 데라우치 육군대신과 상의함으로써 참모본부를 마치 육군성 산하의 1개 국(局)처럼 보이게 했다는 평을 보더라도 과거 오카와 데라우치의 관계는 결코 소원하거나 적대적이지 않았다.[46] 오카는 소좌시절부터 인사 행정을 주로 담당해왔기 때문에 조슈의 인사국장으로 일컬어졌다. 육군의 내부 사정에 밝은 우자키 로조(鵜崎鷺城)에 따르면 그는 반대파의 저항감을 불러일으키지 않기 위해 인사문제를 처리할 때 데라우치처럼 노골적이지 않았고 타지역 출신을 배려하는 공평한 인사를 보여줌으로써 자신의 편파적인 인사를 숨기는 책략을 교묘하게 이용했다고 한다.[47]

11월 15일부터 4일간 육군의 특별대연습(特別大演習)이 오사카 지역에서 개시되었고 천황도 현장까지 직접 행차했다.[48] 당시 야마가타, 오

---

44 1914년 11월 6일자 위의 서한.
45 앞의 책, 北岡伸一, 『日本陸軍と大陸政策: 1906-1918年』, 276쪽; 앞의 책, 伊藤之雄, 『山縣有朋──愚直な權力者の生涯』, 404~405쪽.
46 앞의 책, 鵜崎鷺城, 『陸軍の五大閥』, 37쪽.
47 앞의 책, 鵜崎鷺城, 『陸軍の五大閥』, 35쪽.
48 1914년 11월 13일자~21일자(앞의 책, 宮內省図書寮 編修; 岩壁義光 補訂, 『大正天皇實錄.補訂版(v.4)』, 284~286쪽); 1914년 11월 15일자(「井口省吾日記」刊行會, 『井口省吾日記』第四卷, 講談社エディトリアル, 2018, 253쪽; 1914년 11월 15일자~19일자(앞의 책, 宇都宮太郎關係資料研究會, 『陸軍大將宇都宮太郎日記2』, 394~395쪽); 1914년 11월 13일자 및 11월 21일자(앞의 책, 原奎一郎 編, 『原敬日記. 4 : 總裁就任』, 65~66쪽); 아시아역사자료센터 A13100119600.

쿠, 오야마 세 명의 원수와 하세가와 참모총장, 아카시 참모차장, 우에하라 교육총감 등 육군의 주요 인물들이 모두 참관했는데 데라우치와 안도 주차군사령관도 참석했다.[49] 오카 육상은 아직 오이소(大磯)에서 와병 중이었기 때문에 참관하지 못했다. 데라우치의 일기에 따르면 "대연습 배람(陪覽) 때문에 오사카로 출장 갔고 그 후에 교토를 거쳐서 24일 오후 7시에 교토를 출발하여" 26일 아침에 경성에 도착했다.[50] 데라우치의 오사카 출장은 대략 11월 14일부터 24일까지 11일간이었고 이 기간에 옆에서 안도 사령관이 데라우치 총독을 보좌했을 것으로 보인다.

한편 육군의 주요 인사들이 대연습 때문에 바쁜 시기에 도쿄에서 개최된 각의에서는 대만총독 후임 인사가 거론되었다. 11월 18일에 개최된 각의에서 야시로 해상과 가토 외상은 대만총독 후임으로 데와(出羽) 해군 대장과 후지이 고이치(藤井較一) 해군 중장 등을 강하게 밀어붙여 오쿠마 수상까지 흔들릴 정도였다.[51] 문제는 이 각의에 와병 중인 오카 육상을 비롯하여 육군 관계자가 아무도 참여하지 못했다는 사실이다. 이러한 돌발 상황은 요양 중인 오카 육상은 물론 오사카에 체류 중인 데라우치 총독에게도 전달되었다.

이 정보를 접하고 매우 놀란 데라우치 총독은 11월 22일에 급히 교토에 체재하고 있던 야마가타 원수를 방문하여 대책을 논의했다. 하지만 같은 날 도쿄에서는 야시로 해상과 가토 외상이 오이소로 가서 요양 중

---

49 1914년 11월 17일자(앞의 책, 「井口省吾日記」刊行會, 『井口省吾日記』第四卷, 254쪽); 1914년 1월 14일자(앞의 책, 宇都宮太郎關係資料研究會, 『陸軍大將宇都宮太郎日記2』, 393쪽).

50 1914년 11월 26일자(앞의 책, 山本四郎 編, 『寺內正毅日記』, 654쪽, 10월 18일~11월 25일 일기가 없음); 『讀賣新聞』, 1914.11.26.

51 『讀賣新聞』, 1914.11.27.

인 오카 육상을 만났다. 짐작하건대 그들 사이에서는 대만총독 후임 인사에 대한 논의가 있었으리라고 추정된다.[52] 오카 육상과 해군 측 인사의 만남에 대한 내용은 24일 다나카 소장을 통해 교토에 체류 중인 야마가타와 데라우치에게 보고되었다.[53] 야마가타는 다나카에게 오카 육상을 찾아가 해군이 대만총독에 부임하는 것을 결코 동의할 수 없다는 자신의 뜻을 전하도록 지시했다.[54] 25일 오전에 오쿠마는 수상 관저로 오우라 가네타케(大浦兼武) 농상무대신과 야시로 해상을 불러 대만총독 후임문제를 논의하는 등 상황은 급박하게 돌아가고 있었다.[55] 같은 날 다나카도 오카 육상을 찾아가 야마가타의 메시지를 전달했는데 그 자리에서 못 다한 말을 다음날 장문의 편지로 전했다.[56] 26일 오전에 오시마 겐이치(大島健一) 육군 차관이 오쿠마 수상을 방문한 사이에 다나카는 오카 육상에게 주의를 촉구하는 서한을 보냈고 저녁에는 오시마와 다나카가 회동하는 등 육군 측의 분주한 움직임이 포착되고 있다.[57]

상황이 여의치 않다고 본 야마가타 원수는 27일에 급히 도쿄로 돌아왔다.[58] 그러자 다음날 28일에 사쿠마 총독과 요양 중인 오카 육상은 직

---

52 일설에 따르면 가토 외상과 야시로 해상은 오카한테 후지이 고이치(藤井較一) 중장을 추천했는데, 오카 육상이 2개 사단 증설을 조건으로 동의했다(『讀賣新聞』, 1914.11.25.; 『東京朝日新聞』, 1914.11.26).

53 1914년 11월 29일자(앞의 책, 原奎一郎 編, 『原敬日記. 4 : 總裁就任』, 69쪽); 『東京朝日新聞』, 1914년 11월 29일자; 1914년 11월 6일자 위의 서한.

54 1914년 11월 29일자(앞의 책, 原奎一郎 編, 『原敬日記. 4 : 總裁就任』, 69쪽).

55 『讀賣新聞』, 1914.11.26.

56 1914년 11월 26일자 오카 앞 다나카 서한(앞의 「岡市之助關係文書」).

57 1914년 11월 26일자 오카 앞 다나카 서한(앞의 「岡市之助關係文書」); 『讀賣新聞』 1914.11.27.

58 1914년 11월 25일자 및 11월 27일자(앞의 책, 原奎一郎 編, 『原敬日記. 4 : 總裁就任』, 68쪽).

접 오다와라(小田原)로 가서 야마가타를 방문하였다.[59] 흥미로운 것은 야마가타가 오카와 사쿠마를 만나기 전에 오전에 따로 사쿠마를 불렀다는 사실이다.[60] 이것을 보면 대만총독 인사에 있어서 야마가타와 오카 사이에 의견 차이가 존재했음을 알 수 있다. 하지만 이후 사쿠마와 오카의 행보를 보면 이 자리에서 야마가타에 의해 육군 측 의견이 정리되었음을 알 수 있다. 왜냐하면 사쿠마는 하세가와 참모총장을 찾아가 자신의 참모로 근무했던 오타니 중장을 대만총독으로 수상에게 추천해달라고 부탁했고,[61] 오카는 오쿠마 수상을 만나 오타니를 육군의 합의된 후보자라고 알렸다.[62] 즉 이 단계에서 대만총독 후보에 대한 육상, 참모총장, 교육총감의 합의가 이루어졌다는 것을 의미한다. 그리고 오쿠마 수상의 반응에 대해 오카 육상은 아카시 참모차장에게 "오쿠마 백작은 이미 육군 측 후보자를 거의 내락(內諾)했기 때문에 해군 측 후보자를 승인하는 일은 없을 것"이라고 전해주었다.[63]

이러한 사실은 점차 육군뿐만 아니라 해군과 정부 내에도 알려지면서 대만총독 후임으로 오타니 중장이 대세가 되었다. 아이러니하게도 해군 측의 돌발적 행동 덕분에 오카 육상은 8월의 원로와 육군 고위층 연석 회담에서 합의를 본 안도 대만총독 후보자를 배제시키고 오타니를 총독 후임자에 앉히는 데 성공했다. 오타니 중장이 대만총독 후임으로 굳혀져 가는 분위기는 일본의 국내 사정을 경쟁적으로 데라우치 총독에

---

59 『東京朝日新聞』, 1914.11.29.
60 『東京朝日新聞』, 1914.11.29.
61 1914년 12월 1일자 데라우치 앞 아카시 서한(尙友俱樂部[外] 編集, 『寺內正毅宛 明石元二郞書翰』, 芙蓉書房出版, 2014, 60쪽).
62 1914년 12월 1일자 위의 서한.
63 1914년 12월 1일자 위의 서한.

게 보고하고 있던 다나카와 아카시의 서한을 통해서도 확인할 수 있다. 1월 9일 다나카는 "조만간 대만총독은 오타니 중장으로 결정될 것 같습니다"고 데라우치에게 육군 내부의 분위기를 전해주고 있다.[64] 아카시와 다나카의 편지에서 오타니가 누차 언급된 것을 보면 당시 육군 내부의 분위기는 사쿠마의 후임 인사가 오타니 쪽으로 기울고 있었던 것 같다. 이러한 분위기는 당시 신문을 통해서도 확인할 수 있다.[65]

데라우치의 또 다른 정보통인 아카시 참모차장도 1월 22일에 "대만 총독 후임은 오타니로 내정되었다고 하는데, 이제야 절차에 들어간 것 같습니다. 조만간 실행될 것으로 알고 있습니다"라고 데라우치에게 보고했다.[66] 이어서 2월 3일에 아카시는 다시 데라우치에게 다음과 같이 보고했다.[67]

오타니 중장을 대만총독으로 임명하는 것은 아직 1, 2개월의 시간이 필요하다고 합니다. 오우라 내상도 이는 해군과의 관계상 약간의 시간을 두고 결행하려는 것 같습니다. 다만 이 임명은 매우 유력하다는 점에서 해군이 아무리 열심히 노력을 해도 그러한 해군의 바람은 결코 달성하지 못할 것이라고 은밀히 전해 들었습니다.

평생 정보통으로 살아온 아카시 차장의 보고에 따르면 첫째 대만총독 후임인사에서 해군은 더 이상 위협이 되지 않고, 둘째 육군 측의 오

---

64 1915년 1월 9일자 데라우치 앞 다나카 서한(앞의 책, 田中義一 [著], 尙友俱樂部史料調査室, 伊藤隆 編集, 『寺內正毅宛田中義一書翰』, 71쪽).

65 『東京朝日新聞』, 1915.01.17.;『東京朝日新聞』, 1915.01.19.;『讀賣新聞』, 1915.01.23.

66 1915년 1월 22일자 데라우치 앞 아카시 서한(앞의 책, 尙友俱樂部[外] 編集, 『寺內正毅宛明石元二郎書翰』, 65쪽).

67 1915년 2월 3일자 데라우치 앞 아카시 서한(앞의 책, 尙友俱樂部[外] 編集, 『寺內正毅宛明石元二郎書翰』, 69쪽).

타니가 확정되었지만 현재 절차상의 문제만 남았다는 상황 인식을 확인할 수 있다. 어쨌든 아카시의 이 편지는 대만총독 인사 문제에 관해 데라우치에게 보낸 마지막 서한이었다.

대만총독에 관련된 당시 규정들을 살펴보면, 대만통치를 관할했던 일본의 중앙 부서는 시기에 따라 총리대신 직할, 내무성, 척식국(拓殖局) 등 여러 부서가 있었는데 그 중에서 내무성이 관할했던 시기는 1897~1910, 1913~1917, 1942~1945의 세 시기였다.[68] 대만통치에 관련된 법령은 의회에서 제정되지 않고 칙령으로 반포되었다. 예를 들어, 1898년 10월 칙령 제259호로 발표된 내무성관제의 제1조에 따르면 대만총독을 감독하는 권한은 내무대신에게 있었고, 1913년 6월 칙령 제142호 개정 내무성관제에 의해서 내무성이 조선총독부, 대만총독부 및 사할린을 통리(統理)하는 권한을 갖게 되었다.[69] 따라서 내무대신은 식민지의 예산과 식민지통치에 막강한 영향력을 행사할 수 있었다.[70]

---

68 鍾家新 著, 「內務省の台湾統治－後藤新平による實踐と批判」, 副田義也 編, 『內務省の歷史社會學』, 東京大學出版會, 2010, 321쪽; 戰前期官僚制研究會 編, 秦郁彦 著, 『戰前期日本官僚制の制度·組織·人事』, 東京大學出版會, 1981, 715~716쪽.
69 『法令全書』第三一卷第三号, 原書房, 1981, 366~369쪽; 大霞會, 『內務省史』第一卷, 原書房, 1980, 597쪽.
70 앞의 논문, 이형식, 「1910년대 일본의 식민지 통치구조 개혁과 조선」, 29쪽.

IV. 대만총독 후임인사의 극적인 반전과
데라우치의 역할

1. 안도의 승진을 둘러싼 대립

1915년 1월 대만총독 후임을 둘러싼 육군내부의 분위기는 오타니가 후임 대만총독에 임명되리라는 소문이 기정사실처럼 굳어져 가고 있었지만 데라우치는 쉽사리 포기하지 않았다. 그렇다고 해도 안도를 후임 대만총독으로 만드는 일은 결코 쉽지 않았다. 왜냐하면 안도는 데라우치보다 1살 어린 62세로 계급정년에 걸려서 곧 퇴역을 해야만 할 처지였다.[71] 따라서 안도를 대만총독에 임명하기 위해서는 먼저 그를 대장으로 승진시켜야만 했다.

사실 육군 고위 장성의 승진문제는 1914년 8월 야마가타, 오야마, 오쿠 세 원수와 참모총장, 육상이 참석한 회의에서 구체적으로 논의되었다.[72] 즉 관동도독 후쿠시마 중장이 9월 중순에 계급정년에 걸리기 때문에 명예진급을 시킨 후에 퇴직하는 것으로 하고, 그 자리에는 도쿄 위수총독(東京衛戍總督) 나카무라 사토루(中村覺) 중장을 앉히고, 또 나카무라 중장의 후임은 야마네 다케스케(山根武亮) 중장으로 정리되었다. 이에 따라 후쿠시마는 9월 15일에 대장으로 명예 진급됨과 동시에 후비역으로 편입되었고 그 후임에는 예정대로 나카무라가 결정되었다. 다만

---

71 중장으로서 현역을 떠나야 할 현역정한연령(現役定限年齡)은 62세이고 이 연령에 이르는 날부터 다음해 3월 31일까지는 예비역 기한이고, 그 뒤에 후비역에 편입되는데 후비역의 6년 기간이 끝나면 퇴역해야 한다(앞의 책, 百瀨孝, 伊藤隆 監修, 『(事典) 昭和戰前期の日本: 制度と實態』, 327쪽).

72 1914년 8월 28일자 데라우치 앞 오카 전보(앞의 「岡市之助關係文書」).

나카무라의 후임은 야마네 중장이 아니라 군사참의관 아사다 노부오키 (淺田信興) 대장이 겸임하도록 했다.

이처럼 육군 장성의 승진과 연관된 주요 보직을 논하는 8월의 회합에서 대만총독 후임에는 조선주차군 사령관 안도를 지명하고 후임에는 이치노헤 중장을 불러오기로 정리했으나 앞에서 서술한 바와 같이 오카 육상은 이때 다른 후보자를 염두에 두고 있었다. 즉 오카는 오타니를 대만총독에 추천하려는 복안을 갖고 있었기 때문에 경쟁자인 안도를 명예 진급시켜 주는 조건으로 퇴직시키고자 했다.[73] 오카 육상은 즉시 자신의 복안을 데라우치에게 전달했으나 데라우치는 안도를 현역으로 대장 승진시켜야 한다는 의견만 밝혔을 뿐 대만총독 후임에 대해서는 가타부타 한 마디도 언급하지 않았다. 이 때 두 사람은 이미 대만총독 후임에 대한 생각이 서로 다르다는 사실을 확인했다고 본다.

이어서 이후 9월과 10월에는 대만총독 후임문제를 둘러싸고 해군성의 움직임이 활발해짐에 따라 다나카와 데라우치는 해군의 인사 개입을 차단하는 데 진력했다. 앞에서 서술한 바와 같이 다나카는 해군의 인사 개입을 단호하게 차단하지 못한 오카 육상에게 상당한 불만을 품고 있었고 급기야는 데라우치가 직접 관여하는 사태를 연출했다.[74] 이처럼 데라우치는 물론 야마가타까지 나서서 해군의 움직임을 봉쇄하기에 분주했던 시기에 오카 육상은 조용히 자신의 복안대로 오타니를 대만총독 후보자로 굳히는 작업들을 진행시키고 있었다. 오카 육상은 적어도 10월말(또는 11월 초) 입원 전에 오타니를 대만총독으로 오쿠마 수상에게 추천했다.

---

73 1914년 8월 28일자 위의 전보.
74 1914년 10월 22일자 데라우치 앞 다나카 서한(앞의 책, 田中義一 [著], 尙友俱樂部史料調査室, 伊藤隆 編集, 『寺内正毅宛田中義一書翰』, 58-59쪽).

11월 중순, 육군대연습에 참관하기 위해 오사카에 육군 최고위층이 모두 집결해 있던 시기에 해군 측은 각의에서 기습적으로 해군 장성을 대만총독에 추천했다. 이와 같은 해군의 돌발 행동에 놀란 야마가타 원수는 대만총독 자리가 해군 측에 넘어가는 것을 막기 위해 오카 육상이 고집하고 있던 오타니 대만총독안을 수용하지 않을 수 없었다. 육군의 입장이 정리된 것을 알게 된 오쿠마 수상도 오타니안을 승낙했다.

이러한 전후의 사정은 다음해 1월 9일 다나카가 데라우치에게 보낸 서한을 통해서도 확인할 수 있다. 이 서한에서 다나카는 고위급 장성들의 인사문제와 더불어 육군 내부의 정황을 데라우치에게 구체적으로 보고하고 있다.

> 후시미노미야(伏見宮), 하세가와, 가와무라 세 명이 오늘 원수 칭호를 받게 되어 우선 지극히 경하스럽습니다. 조만간 안도 각하의 은퇴와 함께 나카무라 중장이 승진될 것이고, 안도 각하의 후임에 이구치 쇼고(井口省吾) 중장이 예정되어 있다고 합니다. 또 머지않아 대만총독도 오타니 중장으로 결정될 전망이라고 합니다. 2월 중순에는 야마네 중장 각하의 후비역 편입과 함께 우에하라의 승진도 예상되고, 동시에 오사코나오미치(大迫尙道), 이치노헤 두 중장은 그대로 군사 참의관으로 전보될 예정이라고 들었습니다.[75]

이 서한에 따르면 조슈벌에서 가장 정보가 빠르다는 다나카조차 안도의 퇴임과 오타니의 대만총독 후임을 거의 기정사실로 보고 있다. 이 시기까지 대만총독 후임 인사는 오카 육상의 의도대로 흘러가고 있었지만 이때부터 노련한 데라우치는 치밀하게 반격을 준비하고 있었다.

---

75 1915년 1월 9일자 데라우치 앞 다나카 서한(앞의 책, 田中義一 [著], 尙友俱樂部史料調査室, 伊藤隆 編集, 『寺內正毅宛田中義一書翰』, 71쪽).

무엇보다도 데라우치는 안도를 대만총독 후임자로 만들기 위해서는 그의 퇴역을 막아야 했다. 따라서 데라우치는 안도의 현역 대장으로의 승진을 추진했고 이에 반해 오카는 안도의 퇴역을 의미하는 명예승진으로 맞섰다. 여기서 안도를 명예승진시킬 것인가 현역승진시킬 것인가를 놓고 데라우치와 오카가 정면으로 충돌했다. 육군의 인사권을 주관하는 오카 육상은 자신과 개인적인 친분이 없지만 실력자로 인정받는 오타니를 대만총독으로 밀고 있었기 때문에 인사의 공정성에 대해 떳떳할 수 있었던 반면에 자신의 심복을 추천하는 데라우치는 누가 보아도 정실인사로 보였다.[76] 어쨌든 동년배 고다마 겐타로와 바로 윗 선배인 가쓰라 다로가 연이어 세상을 떠난 지금 야마가타를 제외하면 조슈벌의 최고 수장에 오른 데라우치 총독은 조선과 일본을 오가며 육군뿐만 아니라 정계에까지 강력한 영향력을 미치고 있었다.

　　데라우치는 안도가 퇴역당하는 사태를 막기 위해 비장의 카드를 제시했다. 그것은 조슈벌의 대원로인 야마가타가 직접 개입하는 것이었다. 1월 11일에 야마가타는 데라우치를 돕기 위해 안도의 퇴역을 꾀하는 오카 육상을 강하게 질책하는 서한을 보냈다.

　　　중장의 지위로 대장에 해당하는 직무를 맡아 수년간 그 책임을 다하고 있고, 현재 근속 중인 중장을 현역 대장으로 승진시키지 않고 만기[계급정년]에 이르렀다고 하여 예비역에 편입시켜서 대장으로 명예진급시킨다면 그것은 명예진급의 취지에 위반되는 것입니다. 왜냐하면 명예진급은 대장으로 승진하여 그 직무를 받들고 그 직책을 완수할 수 있는 기량과 재능을 구비한 자에게 주어져야 하기 때문입니다. 다만 그

---

76 인사를 둘러싼 데라우치와 오카의 대립을 기타오카는 보수인사와 인사쇄신이라는 원칙에 대립으로 보았다(앞의 책, 北岡伸一, 『日本陸軍と大陸政策: 1906-1918年』, 281~282쪽).

직무를 맡길 자리가 없을 때나 또 공적이 있어도 병이나 부득이한 사정이 있을 경우에는 그것을 심의한 후에 상주하여 [천황의] 재가를 청해야 합니다. 때문에 인격이나 능력상 대장으로 진급할 수 없는 자는 반드시 중장에서 그 직책을 끝내는 것이 지당합니다. [중략] 일전에 노생이 노형(老兄)에게 이러한 논의의 개요를 말씀드렸습니다만 노형으로부터 확실한 답이 없어서 육상의 직권으로 단행하려는 것이 아닌가 추측하여 이에 다시 관련된 사안과 더불어서 한마디 충고를 드리면서 회답을 기다립니다. [후략][77]

야마가타는 실질적으로 능력을 갖춘 사람을 승진시키는 것이 명예진급이고 단지 형식적인 대우만을 위해서 승진시키는 것은 명예진급의 취지에 반한다고 주장하면서 안도에 대한 형식적 명예진급을 목적에 반하는 계략이라고 꼬집고 있다. 야마가타 원수는 고위 장성의 승진이 육군 전체의 사기와 명예에 관련된 중대한 문제라는 원칙론에 입각하여 오카 육상의 인사 조치를 강하게 비난하고 있다. 야마가타는 다나카를 이 서한을 전달할 적임자라고 여겨 그를 불렀지만 육상으로부터 이미 여러 번 싫은 소리를 들으며 기피되고 있던 다나카가 끝까지 나서지 않았기 때문에 어쩔 수 없이 자신의 비서관을 보내어 육상에게 서한을 전달했다.

야마가타의 격노에 직면한 오카 육상은 하세가와 참모총장, 우에하라 교육총감과 논의한 후에 직접 야마가타의 집까지 찾아가서 안도의 현역 대장 승진을 수용함으로써 사태를 수습했다.[78] 안도의 대장승진 건은 곧바로 오야마와 오쿠 두 원수, 그리고 후시미노미야 사다나루 친왕

---

77 1915년 1월 11일자 오카 앞 야마가타 서한(앞의 「岡市之助關係文書」); 1915년 1월 11일자 데라우치 앞 다나카 서한(앞의 책, 田中義一 [著], 尚友俱樂部史料調査室, 伊藤隆 編集, 『寺內正毅宛田中義一書翰』, 74~75쪽).
78 1915년 1월 11일자 데라우치 앞 다나카 서한(앞의 책, 田中義一 [著], 尚友俱樂部史料調査室, 伊藤隆 編集, 『寺內正毅宛田中義一書翰』, 74~75쪽).

(伏見宮貞愛親王)의 동의를 받아 최종적으로 확정되었다.[79] 이 일은 오카가 야마가타의 서한을 접한 1월 11일부터 우에하라 교육총감이 일본을 떠난 1월 18일 사이에 일사천리로 진행되었다.[80] 그리고 안도는 1915년 1월 25일자로 현역대장에 승진했다.[81] 비록 오카 육상은 안도의 대장승진을 좌절시키지는 못했지만 대만총독 후임 인사는 이미 오타니로 굳혀져 있었기 때문에 굳이 쓸데없는 분란을 키우고 싶지 않았을지도 모른다. 어쨌든 데라우치는 안도에게 현역 신분을 유지시켜줌으로써 한 고비를 넘김과 동시에 오카 육상의 기세를 조금은 꺾어놓을 수 있었다. 이렇게 하여 대만총독 후임문제는 다시 미궁 속으로 빠져들고 있었다. 왜냐하면 형식적인 절차만 남았다고 생각한 오카에게 곤란한 문제가 기다리고 있었기 때문이다.

2. 안도로의 최종 확정

곤란한 문제의 실체는 다나카의 서한을 통해서 확인된다. 1월 20일 다나카는 데라우치에게 보낸 서한에서 새로 임명된 내무대신이 총독 후임 인사에 대해 승인을 미루고 있다는 사실을 알려주었다.[82] 신임 내무대신은 1월 7일자로 농상무대신에서 내무대신으로 자리를 옮긴 오우라

---

79 1915년 1월 11일자 위의 서한.
80 1915년 1월 20일자 데라우치 앞 다나카 서한(앞의 책, 田中義一 [著], 尚友俱樂部史料調査室, 伊藤隆 編集, 『寺內正毅宛田中義一書翰』, 75~76쪽).
81 아시아사료센터 A03023396300 任陸軍大將 陸軍中將 男爵安東貞美; 1915년 1월 25일자(앞의 책, 宮內省図書寮 編修; 岩壁義光 補訂, 『大正天皇實錄.補訂版(v.4)』, 309쪽).
82 1915년 1월 20일자 데라우치 앞 다나카 서한(앞의 책, 田中義一 [著], 尚友俱樂部史料調査室, 伊藤隆 編集, 『寺內正毅宛田中義一書翰』, 77쪽).

가네타케였다. 그는 대표적인 '야마가타계 관료'로 불리던 인물이었다.[83]
1914년 12월에 의회가 해산되자 정부는 선거 대책을 마련하는 차원에서
오쿠마의 내상 겸임을 중지하고 관료파의 중진으로써 부지사(府知事),
경시총감, 내무대신의 경험이 있고 지사와 경찰에 큰 영향력을 갖고 있
는 오우라를 내무대신에 앉혔다.[84]

　　오우라 내무대신은 대만총독 후임 인사안을 동의하지 않고 있었는데
이것은 단지 절차상의 문제로만 보기는 어려웠다. 왜냐하면 그의 승인
은 무려 3개월이나 지체된 끝에 4월 말에 떨어졌기 때문이다. 무엇보다
중요한 것은 그렇게 긴 시간동안 오카 육상이 내무대신을 설득하지 못
했다는 사실이다. 이것을 보면 오우라 내무대신이 오타니 총독 후임안
의 승인을 거부한 데는 분명한 이유가 있었다고 볼 수밖에 없다. 일반적
으로 2월과 3월은 정기 의회기간으로서 정부와 정당 모두 예산심의로
정신이 없는 시기이기 때문에 대만총독 인사 문제가 뒷전으로 밀려날
가능성도 있지만, 당시 의회는 그 전해 12월에 정기의회가 열리자마자
여야의 대립으로 해산된 상태였기 때문에 더 이상 정기의회가 핑계거리
가 될 수 없었다.[85] 따라서 오우라는 "해군과의 관계상 오타니 중장을
대만총독으로 임명하는 것은 아직 1, 2개월의 시간이 필요하다"[86]는 그

83　岡義武, 『山縣有朋 : 明治日本の象徴』, 岩波書店, 1958, 134쪽.

84　위의 책, 140~141쪽; 앞의 책, 伊藤之雄, 『大隈重信: 民意と統治の相克』, 368~369쪽;
　　앞의 책, 德富蘇峰 編述, 『公爵山縣有朋伝.下卷』, 901~902쪽.

85　제35회 임시의회(1914.12.7.~25.)의 주요의제는 중국에 대한 외교방침과 육해군
　　의 군비확장을 포함한 예산문제였다(內田健三, 金原左門, 古屋哲夫 編集, 『日本
　　議會史錄2』, 第一法規出版, 1991, 87~96쪽; 앞의 책, 伊藤之雄, 『大隈重信: 民意
　　と統治の相克』, 367~368쪽 참조).

86　1915년 2월 3일자 데라우치 앞 아카시 서한(앞의 책, 尙友俱樂部[外] 編集, 『寺
　　內正毅宛明石元二郎書翰』, 69쪽).

럴 듯한 이유를 들고 나왔지만 앞에서 서술한 바와 같이 이 시기 해군의 인사 개입은 이미 좌절된 후였기 때문에 이러한 그의 주장 또한 단지 '변명'에 불과하였다.

한편 안도는 현역 대장으로 승진되자 인간관계가 원만하다는 인물평처럼 다음날 26일에 데라우치에게 인사를 갔고, 2월 초에는 조선총독부와 이왕가가 안도를 위한 송별회를 열어주었다. 조선에서 주변정리를 끝낸 안도는 2월 9일에 일본으로 출발했다.[87] 2월 11일 오전에 안도는 기차가 시즈오카(静岡)를 통과할 때 자신의 후임자인 이구치 중장을 같은 기차로 불러 함께 도쿄로 가면서 조선주차군 사령관으로서 알아야 할 비밀사항들을 친절하게 설명해주었다. 이에 대해 이구치도 자신의 일기에 "안도 대장으로부터 일부 전달사항을 받아서 총독과의 권한의 분계, 기타 이왕친족과의 관계, 기밀비, 접대비, 은사금 등에 관한 사정을 알게 되었다"고 밝히고 있다.[88] 다음날 12일 오전에 안도는 가이코샤(偕行社)에서 이구치를 만나 정식으로 인수인계를 한 다음에 곧바로 육군대신의 관저로 찾아갔지만 오카 육상은 각의에 참석 중이어서 관저에 없었다. 대신에 오카 육상은 안도와 이구치를 자신의 저녁 만찬에 초대했지만 안도와 이구치가 선약을 이유로 사절한 것을 보면 약간의 거리감도 느껴진다.[89]

2월 3일 아카시 참모차장이 대만총독 후임문제를 보고하는 편지를 보낸 후에도 데라우치는 아카시, 다나카로부터 여러 차례 편지를 주고 받았지만 대만총독 인사를 언급한 편지는 전무했다. 이 시기 다나카는

---

87 1915년 1월 26일자, 2월 4일자, 2월 5일자, 2월 7일자, 2월 9일자(앞의 책, 山本 四郎 編, 『寺內正毅日記』, 660~662쪽).

88 1915년 2월 11일자(앞의 책, 「井口省吾日記」刊行會, 『井口省吾日記』第四卷, 280쪽).

89 1915년 2월 12일자(앞의 책, 「井口省吾日記」刊行會, 『井口省吾日記』第四卷, 280쪽).

오카 육상의 문제, 하세가와 참모총장의 후임 등 중요한 인사문제로 데라우치 총독의 상경을 간청하면서도 대만총독 후임에 대해서는 언급하지 않았다.[90] 정보통인 아카시와 다나카 모두 대만총독 인사에 대해 언급이 없다는 것은 이 시기에 적어도 육군 내부에서는 대만총독 후임 문제가 더 이상 논란거리가 아니라는 사실을 보여주고 있다. 3월에 들어와서도 대만총독 인사는 여전히 미정 상태였지만 그럼에도 불구하고 육군은 더 이상 문제를 삼지 않았다. 어쩌면 3월에 실시된 제12회 중의원 총선 때문에 정부와 정당 모두 분주했을 가능성도 고려해야 한다.[91]

3월 25일에 총선이 여당의 승리로 끝나고 나서 데라우치는 도쿄 출장길에 올랐는데 그의 일기에 의하면 그는 4월 7일에 도쿄에 도착했고 6월 3일 조선으로 돌아올 때까지 약 두 달간 일본에 체류했다.[92] 이 시기에 차기 수상을 노리는 데라우치는 여러 가지 정치적 사전작업에 착수했는데 그 가운데는 오타니 대만 총독인사를 뒤집는 작업도 포함되어 있었다. 데라우치는 도쿄에 도착한 다음날부터 수많은 정계의 인물들과 만나면서 매우 바쁜 일정을 보냈다.[93] 데라우치가 도쿄에 있는 동안 주요 인물들을 직접 만났기 때문에 군이 편지를 쓸 필요가 없었다는 것은 너무나 당연하지만 그 때문에 여러 단서가 되는 사료가 더욱 부족한 것 또한 사실이다. 4월의 보름간 데라우치의 일기가 있지만 기록이 소략한 관계로 대만총독 인사에 도움이 될 만한 단서는 보이지 않는다. 다행히

---

90 1915년 2월 3일자, 3월 3일자 데라우치 앞 다나카 서한(앞의 책, 田中義一 [著], 尙友俱樂部史料調査室, 伊藤隆 編集, 『寺內正毅宛田中義一書翰』, 81~90쪽).

91 1915년 3월 25일에 열린 제12회 총선에서 여당의 대승으로 끝났다(앞의 책, 內田健三, 金原左門, 古屋哲夫 編集, 『日本議會史錄2』, 96~100쪽 참조).

92 1915년 4월 7일~6월 3일 데라우치가 도쿄에 있었다(앞의 책, 山本四郎 編, 『寺內正毅日記』, 673쪽); 『讀賣新聞』, 1915.04.05.

93 1915년 4월 8일자, 4월 9일자(앞의 책, 山本四郎 編, 『寺內正毅日記』, 673쪽).

참모차장 아카시의 전기에서 일부 중요한 힌트를 찾을 수 있었다.

아카시의 전기에 따르면 오우라 신임 내상이 강력하게 데라우치를 지원해 주었음을 알 수 있다. 즉 오우라 내상은 대만총독의 자격으로 두 가지 기준을 제시했는데 하나가 현역 대장이고 다른 하나는 작위(爵位)였다. 뿐만 아니라 오우라 내상은 이러한 기준에 적합한 인물로서 구체적으로 안도를 지명했다. 오우라 내상의 두 가지 총독자격 조건에 의하면 오타니는 자연스럽게 배제되고 안도로 확정될 수밖에 없는 이른바 '안도 맞춤형' 인사였다. 실제로 안도는 1월에 현역대장으로 승진했고 또 1907년에 남작을 얻었던 반면 오타니는 아직 중장이었고 남작 작위도 한참 후인 1920년대에 받았다. 원래 대만총독의 임용자격에는 육해군 대·중장만 명시되어 있고, 작위가 꼭 있어야 한다는 규정은 없었지만 초대 총독 가바야마 스케노리(樺山資紀)부터 제5대 총독 사쿠마 사마타까지 모두 작위가 있었기 때문에 전례를 존중하자는 오우라 내상의 주장은 설득력이 있었다.[94]

하지만 '전례'를 내세운 오우라 내상의 논리도 절대적인 것은 아니었다. 참고로 이후에 안도의 후임 대만총독에 임명된 아카시 모토지로는 취임 당시 중장으로서 작위도 없었다. 이처럼 전례에 맞지 않는 아카시가 대만총독에 임명될 수 있었던 것은 당시 수상이 데라우치였고 아카시가 데라우치의 직계였기 때문이었다. 즉, 오우라 내상의 기준은 오타니를 탈락시키고 안도를 기용하기 위해 마련된 계책이었다는 사실을 알 수 있다.

이처럼 오우라 내상의 확실한 지원사격을 통하여 데라우치는 오타니

---

94 제1대~5대 대만총독 취임 시 가바야마 스케노리는 백작, 가쓰라 다로는 자작, 노기 마레스케는 남작, 고다마 겐타로는 남작, 사쿠마 사마타는 자작이었다.

를 대만총독에 앉히려는 오카 육상에게 치명타를 가했다. 4월 중순에 육군의 고위층에서도 "대만은 오타니로 확정되었다고 알고 있는데 또 안도설이라는 소문도 들린다"고 할 정도로 극심한 혼란을 보이고 있었다.[95] 상황이 이렇게 극적으로 반전하자 입장이 곤란해진 안도는 주위에서 계속적인 설득이 있었지만 대만총독 자리를 쉽게 수락하지 않았다. 마지막에 육군 차관인 오시마 겐이치까지 나섰지만 안도가 계속 고사하자 육군성 관계자들은 데라우치를 찾아가 야마가타 원수의 도움을 요청해야 하지 않으냐고 물어보았다. 결국 데라우치는 자신이 직접 나서겠다고 하여 안도를 설득하는 마지막 화려한 역할을 자임함으로써 대만총독 후임인사의 화룡점정을 찍었다.[96] 최종적으로 4월 30일에 대만총독은 그동안 거론되었던 오타니에서 안도로 뒤바뀌었다.[97] 굳어져가던 식민지 총독 인사를 막판에 뒤집음으로써 데라우치는 자신의 위상을 육군과 정계에 확실하게 각인시켰다. 그러나 데라우치의 실력행사에 대해 육군의 우에하라파뿐만 아니라 여론에서도 비난이 쏟아졌다.[98] 우에하라파는 안도보다 4년 이상 신참인 오타니의 취임을 기대했기 때문에 안도의 취임을 '(시대) 역행적 인사'라고 비판했다.[99]

95 1915년 4월 22일자 우에하라 앞 우쓰노미야 서한(앞의 책, 上原勇作關係文書研究會 編, 『上原勇作關係文書』, 76쪽).

96 小森德治 著, 『明石元二郎』下卷, 原書房, 1968, 21쪽; 黃昭堂, 『台灣總督府』, 敎育社, 1981, 『台灣總督府』, 99쪽.

97 1915년 4월 30일자 데라우치 앞 오카 전보(앞의 「岡市之助關係文書」).

98 『讀賣新聞』, 1915.05.01. 및 1915.05.02.

99 1915년 5월 13일자 우에하라 앞 우쓰노미야 서한(앞의 책, 上原勇作關係文書研究會 編, 『上原勇作關係文書』, 76쪽).

V. 맺음말

본고는 제1차 세계대전 시기 오쿠마 내각에서 대만총독 자리를 둘러싸고 전개된 육군과 해군의 대립, 그리고 육군 내부에서 안도를 지지하는 데라우치 측과 오타니를 지지하는 오카 육상 측의 복잡한 암투 과정을 살펴보았다. 이러한 반전에 반전이 거듭되는 과정을 통해서 이 시기 육군뿐만 아니라 정계에까지 막강한 영향력을 미치고 있던 조선총독 데라우치의 위상을 확인할 수 있었다. 물론 데라우치의 위상은 조슈벌의 대표주자였던 고다마, 가쓰라 등이 이미 세상을 떠나 조슈벌의 인재 풀이 고갈되어 가고 있었다는 사실로 인해 더욱 독보적으로 두드러졌다.

대만총독 인사문제는 1914년 여름에 본격적으로 논의되기 시작하여 이듬해 4월 말에 최종 확정되기까지 대략 10개월이 걸렸다. 물론 제1차 세계대전 중에 일본 정부와 육군의 최대 관심사는 대만총독 인사보다는 중국에 대한 21개조요구와 오랜 숙원이었던 2개 사단증설이었을 것이다. 하지만 육상을 거쳐 조선총독에까지 오른 데라우치는 강력한 차기 수상 후보자로서 장차 만들어질 자신의 내각을 미리 설계한다는 측면에서 식민지 최고위직에 자신의 심복을 심는 것이 중요했다.

육군에 대한 데라우치의 장악력은 참모차장 아카시와 다나카가 경쟁적으로 육군과 정계의 상황을 데라우치에게 보고하고 있다는 사실에서도 확인된다. 물론 데라우치는 그 밖에도 다양한 정보루트를 갖고 있었겠지만 흥미로운 점은 최고위 정보통으로 알려진 다나카와 아카시가 데라우치에게 충성 경쟁을 벌이고 있는 와중에도 두 사람의 보고 내용이 일치하지 않은 부분이 있다는 점이다. 이것은 두 사람이 서로 고급 정보를 공유하고 있지 않다는 것을 보여준다.

대만총독이 결정되는 과정은 두 단계로 나누어 볼 수 있는데 우선

1914년 7월 말에 사쿠마의 후임문제가 제기되었을 때부터 11월 말에 해군의 두 차례에 걸친 후보자 추천이 좌절되고 오카 육상이 지지하는 오타니 중장으로 정리되는 과정이 제1단계이다. 원래 육군 수뇌부는 8월에 데라우치 라인의 안도를 대만총독 후보자로 내정했지만, 오카 육상은 처음부터 실력자로 평판이 높았던 제5사단장 오타니를 선호했다. 하지만 9월부터 해군이 가토 외상과 합작으로 해군 장성을 추천하자 육군은 당황한 기색이 역력했다. 특히 11월 중순 육군대연습과 육상이 와병 중인 틈을 타서 기습적으로 전개된 해군 측의 인사 로비는 야마가타, 데라우치, 다나카 등 조슈벌의 핵심이 모두 동원하여 해군의 시도를 잠재울 수 있었다. 아이러니하게도 해군의 돌발적인 도전으로 인해 육군 측의 후보자는 안도에서 오카 육상이 지지하는 오타니로 합의되었다. 이러한 오타니 대만총독안은 적어도 1915년 2월까지 거의 기정사실처럼 받아들여졌다.

다음은 해군의 개입을 배제한 후부터 안도가 대만총독으로 확정된 1915년 4월 말까지를 제2단계로 볼 수 있는데 이 시기에는 데라우치의 화려한 반격이 전개되었다. 데라우치는 자신의 의중을 다나카를 통해서 누차 오카한테 전달했음에도 불구하고 전혀 받아들여지지 않자 본인이 직접 나서서 막판 뒤집기를 시도했다. 막판 뒤집기의 첫 포석은 야마가타 원수의 도움을 받아 정년에 걸린 안도를 명예진급을 통해 자연스럽게 퇴역시키고자 하는 오카 육상의 계략을 깨부수고 안도를 현역 대장으로 승진시키는 복안이었다. 이 작업은 1월 중순 격노한 야마가타가 전면에 나서면서 순식간에 이루어졌다. 데라우치의 두 번째 포석은 새로 부임한 야마가타 라인의 오우라 내상을 통하여 안도는 충족시킬 수 있지만 오타니는 절대로 충족시킬 수 없는 자격 조건을 만들어내는 것이었다. 즉 오우라 내상이 제시한 현역 대장과 작위라는 대만총독의 기준은 오타니를 자동적으로 배제하는 동시에 안도를 적임자로 확정시켰다. 이처럼 데라우치는 자신의 인맥과 영향력을 동원하여 대만총독 인사를 관철시켰지만, 반면에 육군 내부와 여론의 거센 비난을 피해갈 수는 없었다. 어쩌면 시대의 흐름에 역행하는 데라우치의 인사 조치로 인해 총독무관전임제가 폐지되고 문관에게도 그 길을 열어주는 빌미가 되었을지도 모른다.

제1차 세계 대전기 일본 육군의
승패 분석과 '대전의 교훈'

박완 _ 한양대 창의융합교육원 조교수

* 본고는 박완, 「일본 육군의 '대전의 교훈' 형성 과정과 스토리텔링」, 『스토리앤이미지
텔링』 6, 2013을 대폭 수정·가필한 것이다.

I. 머리말

제1차 세계 대전(이하 '대전'으로 약칭)은 이전의 전쟁에 비해 획기적인 성격을 지닌 전쟁이었다. 첫째, 방대한 규모의 병력과 물자가 동원되어 급속히 소모된 대량 소모전이었다. 둘째, 전차, 잠수함, 항공기, 화학 병기 등 최신 과학기술에 의한 신병기가 출현한 과학전이었다. 셋째, 국가의 모든 영역이 전쟁에 동원되고 전방과 후방의 구분이 없어진 총력전이었다. 넷째, 대전을 계기로 러시아, 독일 등의 구 제국이 무너지고 최초의 사회주의 국가인 소련이 등장하였으며 미국의 지위가 급상승하는 등, 20세기 국제 정세의 기본 틀이 형성되었다. 그뿐만 아니라 전후 세계에서는 민주주의, 평화주의, 공산주의, 민족자결주의 등 새로운 사상이 유행하게 되었다. 즉 대전은 군사뿐만 아니라 정치, 경제, 사회, 사상, 문화 등 모든 영역에 근본적인 변화를 초래한 말 그대로 세계사적 대사건이었다고 할 수 있다.

당시 일본은 산둥 반도(山東半島)의 독일 자오저우 만(膠州灣) 조차지를 점령하거나 지중해로 소규모 구축함 함대를 파견하는 등, 대전에는 제한적으로 참전하였을 뿐이다. 그러나 이와 같은 대전의 충격은 유럽의 주전장에서 멀리 떨어진 일본에도 영향을 미쳤고, 특히 전쟁의 직접 당사자 중 하나인 육군은 이에 민감하게 반응할 수밖에 없었다. 즉 육군 중앙에 대전 조사 기관을 설치하는 한편 구미로 다수의 무관을 파견하여 정보 수집에 힘썼으며, 그 성과는 대전 후의 육군 개혁에 반영된 것이다.

대전이 일본 육군에 미친 영향에 관하여, 초기에는 '천황의 군대'로서 육군의 봉건적·계급적 본질로 인해 대전의 교훈 수용에 실패하였고 이로 인해 한층 더 대외 침략 및 군부 독재의 방향으로 나아가게 되었다는 시각이 우세하였다.[1] 그 후 육군의 대전 연구의 실상이 점차 밝혀짐에 따라, 육군의 총력전 체제 수립 구상 및 관련 법·제도 정비의 측면에 주목하여 여기에서 이후의 전시 체제의 맹아를 찾는 시각이 제기되었다.[2] 그리고 최근에는 '제2의 개국'으로서 대전의 충격을 중시하여, 대전 후의 육군은 '다이쇼(大正) 데모크라시' 인식, 군제 개혁론, 대미 인식 등에서 전시기의 육군과는 구분되는 매우 유연하고 현실주의적인 존재였다는 지적이 이루어졌다.[3] 그 외에도 대전의 교훈 및 그 해석을 둘러싼 육군 내 대립이 제국국방방침(帝國國防方針) 개정에 미친 영향을 지적하거나,[4] 대전 후 정·군 관계의 새로운 측면에 주목하면서 만주사변에 이르는 정치 과정을 그린 연구도 존재한다.[5]

그러나 애초에 대전의 교훈이란 어떠한 과정을 거쳐 성립한 것인가.

1 藤原彰, 『軍事史』, 東洋經濟新報社, 1961(개정·증보판은 엄수현 옮김, 『일본군사사』, 시사일본어사, 1994), 7장. 또한 吉田裕, 『日本の軍隊: 兵士たちの近代史』, 岩波書店, 2002(최혜주 옮김, 『일본의 군대: 병사의 눈으로 본 근대일본』, 논형, 2005), 3장은 앞의 책에 비해서는 대전 후 육군의 변화 가능성을 다소 높게 평가하고 있지만, '천황의 군대'라는 본질로 인해 결국 실패로 돌아갔다고 결론짓는 점에서는 동일하다.
2 纐纈厚, 『總力戰體制硏究』, 三一書房, 1981 ; 纐纈厚, 『日本陸軍の總力戰政策』, 大學敎育出版, 1999.
3 黑澤文貴, 『大戰間期の日本陸軍』, みすず書房, 2000.
4 黑野耐, 『帝國國防方針の硏究』, 總和社, 2000, 3·4장. 또한 한국 학계에서는 심호섭, 「왜 일본 육군은 단기결전, 백병돌격으로 나아갔는가?: 근대 일본 육군의 제1차 세계대전 인식과 대응」, 『軍史』 86, 2013이 대전의 전쟁 양상(장기·소모전) 및 전투 수행 방식(화력전·소개 전투)에 대한 육군의 인식 및 대응의 한계를 논하고 있다.
5 小林道彦, 『政黨內閣の崩壞と滿洲事變 1918-1932』, ミネルヴァ書房, 2010.

일괄적으로 '대전의 교훈'이라고 해도 그것이 대전 기간 중 어느 시점에서 제기되었는지, 논자의 시각은 어떠하였는지, 당시 육군을 둘러싼 일본 국내외 정세는 어떠하였는지에 따라 거기에 담긴 내용은 달라질 수 있다. 따라서 그 성립 과정 및 내용에 대한 충분한 고찰 없이 교훈 수용의 성공 여부를 평가하거나, 교훈 중 어느 한 가지 측면만 주목하여 대전 후 육군의 성격을 평가하는 것은 다소 성급하다고 할 수 있다.

따라서 본고는 대전 발발 직후부터 종전 후에 걸쳐 일본 육군이 행한 승패 분석에 주목한다. 군에 의한 전사 연구의 본질은 전쟁의 승패를 분석하여 그 원인을 밝힘으로써 자신에게 필요한 교훈을 얻는 것이라고 할 수 있다. 즉 육군은 대전의 각 단계에서 승패를 어떻게 예상하였고 종전 후에는 연합국의 승인(勝因)과 독일의 패인(敗因)을 어디에서 찾았으며, 거기서 얻은 다양한 교훈은 어떠한 과정을 거쳐 '대전의 교훈'으로 육군 내에 성립하였는가를 규명하려는 것이다.

특히 여기서는 대전의 승패 예상이 곤란하였다는 점과 독일의 선전 및 패배가 지니는 의미라는 두 가지 점을 중시하고자 한다. 대전 중의 전략, 전술, 동원, 병기, 기술 등의 변화나 총력전이라는 새로운 전쟁 방식의 출현은 누구에게도 자명하였던 것에 반해, 대전의 승패는 마지막까지 예측을 허용하지 않았고 이를 둘러싼 육군 내 의견도 일치하지 않았다. 이는 시기와 관찰자에 따라 상호 모순된 교훈이 존재할 수 있었음을 의미한다. 특히 육군에게 '옛날의 스승'인 독일은 불리한 조건에서도 대전 전 기간에 걸쳐 선전하였지만, 결국 혁명으로 인해 '10년 전의 적'인 러시아와 함께 무너지고 말았다. 이 점에서 육군은 승패의 원인을 규명할 필요성을 통감함과 동시에, 거기서 얻은 교훈은 총체로서 '대전의 교훈'의 내용에도 큰 영향을 미쳤다고 할 수 있다.

이러한 목표를 달성하기 위해, 본고는 대전 시기에 구미로 파견된 재외무관[6]의 활동에 주목하고자 한다. 이들은 대부분 육군대학교 출신의 엘리트 장교로서 현지에서 대전을 생생히 체험하였고, 대전 후에는 육군 중견층을 형성하여 군정의 실무를 담당하게 된다. 그리고 이들이 제출한 보고서는 대전 연구의 기초 자료가 되었을 뿐만 아니라, 대전 후 육군 수뇌부의 정책 결정에도 일정한 영향을 미쳤다고 여겨진다. 따라서 여기서는 육군 장교의 공식 기관지인 『해행사기사(偕行社記事)』 및 육군 공문서 파일 등에 수록된 재외무관들의 논문이나 보고서, 서한 등을 중점적으로 검토하고자 한다.

이상의 문제의식에 근거하여, 본고는 당시 육군이 대전의 승패를 어떻게 예상하였고 각국의 군사적 능력을 어떻게 평가하였는지, 대전 중 독일의 선전과 최종적인 결과로서 연합국의 승리와 독일의 패배 중 어느 것을 더 중시하고 교훈을 얻고자 하였는지, 이는 육군을 둘러싼 국내외 정세 변화와는 어떠한 관계가 있었는지를 고찰한다. 이를 통해 대전 후 육군의 진로를 결정하는 데 참고 자료가 될 '대전의 교훈' 속에 포함된 다면적인 의미가 밝혀질 것이다. 그리고 이는 대전 후 개혁 방향을 둘러싼 육군 내 대립 및 정·군 관계 연구에도 시사점을 제공해줄 것이다.[7]

---

6 본고에서 '재외무관'은 대·공사관 무관 및 동 보좌관, 주재원, 유학생, 종군무관 및 장·단기간에 걸쳐 구미로 파견된 출장자 등을 포함한 개념이다. 또한 1914년 8월부터 1922년 말까지 일본 육군이 대전 연구를 위해 파견한 무관의 이름, 병과, 계급, 기수, 파견 시기·대상국·목적·기간 등에 관해서는 朴完, 「第一次世界大戰期における陸軍派遣武官リスト」, 『東京大學日本史學研究室紀要』 22, 2018을 참조하길 바란다.

7 이하, 사료 인용 부분의 인용자 주는 대괄호 안에 넣었다. 또한 본문 및 각주상의 연도는 서력으로 표기하는 것을 원칙으로 하였다.

II. 대전 발발 직후의 승패 예상

1914년 6월 28일, 보스니아의 주도(州都) 사라예보에서 오스트리아-헝가리 제국(이하 '오스트리아'로 약칭) 황태자가 세르비아인 청년에게 암살당하는 사건이 벌어졌다. 이를 계기로 7월 28일에 오스트리아가 세르비아에 선전 포고하자 독일은 8월 1일과 3일에 러시아 및 프랑스에 선전 포고하였고, 4일에는 영국도 독일에 선전 포고하면서 제1차 세계 대전이 발발하였다. 당초 일본은 국외 중립을 표명하였지만 영국 측의 요청을 명분 삼아 8월 7~8일의 각의에서 대독 참전을 결정하였고, 8월 15일의 최후통첩을 거쳐 23일에 정식으로 독일에 선전 포고하였다.

그렇다면 육군은 대전 발발 직후에 각국의 군사적 능력을 어떻게 평가하였고 대전의 승패를 어떻게 전망하고 있었는가. 이에 관하여 당시 육군성 고급부관이었던 나라 다케지(奈良武次)는 일본의 대독 참전 결정에 대한 육군 측의 반응을 다음과 같이 회고하였다.

> 우리 일본은 영국의 희망을 받아들여 독일에 대해 선전 포고하여 국민 전체를 놀라게 하였을 뿐만 아니라, 종래에 특히 독일과 친교가 있었던 육군 방면에 공황을 불러일으켰다. [중략] 만일 구주대전이 독일의 승리로 종결될 경우 일본의 입장은 어떠할지를 고려하면 일대 기우를 품지 않을 수 없었다.[8]

---

8 奈良武次, 『侍從武官長奈良武次日記·回顧錄』 4, 柏書房, 2000, 79~80쪽.
제2차 세계 대전이 발발하기 전까지 구미에서는 제1차 세계 대전을 '대전(The Great War)', '유럽전쟁(The European War)', '세계전쟁(The World War)' 등으로 부르고 있었다. 한편 대전 당시 일본에서는 '구주전(歐洲戰)', '구주대전(歐洲大戰)', '구주전쟁(歐洲戰爭)' 등의 호칭이 일반적이었기에, 본고에서 사료를 인용할 때는 위의 호칭을 그대로 옮겼다. 또한 대전 발발 직후의 시점에서 이미 일본의 일부에서는 이 전쟁을 '세계대전', '세계전쟁' 등으로 부르고 있었던 것에

확실히 일본 육군은 1880년대 중반 이후 독일 군제를 받아들이고 있었고 대전 전까지 다수의 엘리트 장교들이 독일 주재 경험이 있는 등 독일의 영향을 강하게 받고 있었다. 게다가 당시 독일은 유럽의 전통적 육군 강국인 프랑스를 패배시켰고 산업력에서는 영국을 추월하였으며 해군력에서도 영국과 경쟁하고 있었다. 이처럼 종래에 친교가 있었을 뿐만 아니라 유럽의 최강대국으로 대두하고 있던 독일과 개전한다는 것에 대해 육군은 다소의 불안감을 품을 수밖에 없었고, 대전의 승패에 관한 육군 내 예상도 일치하지 않았다.

　우선 겐로(元老)이자 육군 배후의 최대 실력자인 야마가타 아리토모(山縣有朋)는 러일전쟁 이후부터 독일의 존재를 강하게 의식하여, 만약 러시아가 일본에 대해 복수전을 감행할 경우 독일이 어떻게 나올지 주목하고 있었다. 이미 1905년 8월에 "유럽 대륙의 최강국은 오늘날까지 러시아와 독일의 양국이었지만, 러시아가 이번 전쟁으로 그 해군의 거의 전부를 잃었고 더불어 그 재정이 어지러워진 결과 독일은 대륙의 패권을 거의 장악하기에 이르고 있다."라고 하면서, 독일에 접근하여 러시아를 견제할 것을 제안하였다.[9] 또한 제국국방방침에 관한 1906년 10월의 의견서에서도 "육상에서 우리가 공세적 국방방침을 수행하기 곤란할 것은 러시아·독일 연합국에 대항해야 할 경우"라고 상정하였다.[10] 그리고 대전 발발 3년 전인 1911년 7월에는 "독일·오스트리아의 위력이 매년 증대하는 것에 반해 영국·프랑스 및 러시아의 위력이 매년 감소하는 경향에 있는 것은 참으로 만인이 동일하게 보는 바"라고 하면서, 삼국

관해서는 山室信一, 『複合戰爭と總力戰の斷層: 日本にとっての第一次世界大戰』, 人文書院, 2011, 1장을 참조하길 바란다.

　9 山縣有朋, 「戰後經營意見書」, 大山梓 編, 『山縣有朋意見書』, 原書房, 1966, 289~290쪽.

10 山縣有朋, 「帝國國防方針私案」, 위의 책, 301쪽.

협상 측보다 삼국 동맹 측을 높이 평가하였다.[11]

그런 만큼 야마가타는 8월 8일의 겐로·각료 합동 회의 석상에서 성급한 대독 참전에 반대하였다. 그가 든 이유는 독일은 일본과 친교가 있는 나라라는 점, 대중국 정책 확립을 우선시해야 한다는 점과 함께, 대전에 의해 독일이 재기불능이 될 가능성은 작다는 점이었다. 즉 "구주전쟁은 지금 막 시작되었을 뿐으로 종국의 승리는 물론 미리 알 수 없다. 숫자를 가지고 논하자면 독일 측이 대단히 불리한 것은 말할 것도 없겠지만, 적어도 서방에서는 파리까지 침입하여 프랑스의 간담을 서늘하게 할 수 있을 것으로 생각한다. 즉 마침내 패배하더라도 독일 제국이 존재하지 않게 되기에는 이르지 않을 것이고 독일인이 전멸하는 일 따위는 더욱 없을 것이다."라고 지적하면서, 일본이 참전할 수밖에 없게 된 사정을 독일 측에 충분히 설명할 것을 주장한 것이다.[12] 이를 통해 야마가타는 독일은 병력에서는 열세지만 적어도 프랑스에 대해서는 유리하게 싸울 수 있고, 또 대전이 독일의 완전한 패배로 끝나는 일은 없다고 생각하였음을 알 수 있다.[13]

한편 육군 내에서 대독 참전에 적극적이었던 것은 우에하라 유사쿠(上原勇作) 교육총감을 중심으로 참모본부에 근거를 둔 이른바 '우에하라파' 및 육군 중견층이었다.[14] 이들은 대전의 승패에 관해서도 야마가타와는 다르게 예상하였다. 예를 들어 아카시 모토지로(明石元二郎) 참

11 山縣有朋, 「對露警戒論」, 위의 책, 336쪽.

12 伊藤隆 編, 『大正初期山縣有朋談話筆記·政變思出草』, 山川出版社, 1981, 59쪽.

13 오카 이치노스케 육군대신도 독일의 군사적 능력을 높이 평가하였기 때문이었는지, 대전은 승부가 나지 않은 채 끝날 것이라는 의견이었다고 한다(外務省百年史編纂委員會 編, 『外務省の百年』上, 原書房, 1969, 607~608쪽).

14 北岡伸一, 『日本陸軍と大陸政策』, 東京大學出版會, 1978, 167쪽. 또한 '우에하라파'라는 개념에 관해서는 같은 책, 74~77쪽을 참조하길 바란다.

모차장은 "이번 교전의 추세를 상상하건대 6할 정도의 승산은 러시아 측에 있다."라고 예상하였다. 따라서 "자오저우 만은 전승의 결과로서 오히려 러시아의 소유로 넘어가는 것"을 막기 위해, 자오저우 만 공격을 실행할 필요가 있다고 오카 이치노스케(岡市之助) 육군대신에게 진언하였다.[15] 또한 후쿠다 마사타로(福田雅太郎) 참모본부 제2(정보)부장도 연합국 측에서 참전하는 데 적극적이었다. 따라서 오노 미노부(尾野實信) 제1(작전)부장, 다나카 기이치(田中義一) 등과 함께 당시 육군 내에 왕성하였던 "독일을 편드는 의견", 즉 서둘러 연합국 측에 가담하기보다는 당분간 형세를 관망하는 편이 득책이라는 의견을 억누르고 대독 참전을 주장하여 실현하였다고 한다.[16]

그런데 개전 초기에 독일군은 서부 전선에서 기선을 제압하여 쾌속 진격하였고 파리 부근까지 육박하였다. 이에 대해 오시마 겐이치(大島健一) 육군차관은 대독 선전 포고를 한 다음 날에 제출한 의견서에서, 동맹국은 연합국에 비해 병력에서는 열세이지만 "독일군은 사납고 날쌔며 교육·훈련이 지극히 훌륭하고 대군 운용에 조예가 깊은 것은 타에 필적할 것이 없다. 이에 대해 프랑스군은 원래 병기는 지극히 정예롭지만 통솔 중추가 용병에 적합하지 않고 영국군은 조잡하며 러시아군은 기재가 갖추어지지 않았기에, 그 수적 우세를 다소 할인할 필요"가 있다고 지적하였다. 그리고 "개전 이래 독일군의 러시아·프랑스에 대한 행동은 대체로 정당하고 일시적으로 프랑스군 혹은 영국·프랑스·벨기에 연합군을 격퇴할 수 있음은 본인이 믿어 의심치 않는 바이다."라고 평가하였다. 한편 그는 독일과 러시아 사이의 전투는 쉽게 승부가 나지 않을 것

---

15 1914년 (8)월부 오카 이치노스케 앞 아카시 모토지로 서한, 山本四郎, 「岡市之助 文書について」, 『神女大史學』 9, 1992, 81쪽.

16 黑板勝美, 『福田大將傳』, 福田大將傳刊行會, 1937, 284~285쪽.

이고 전쟁이 장기화함에 따라 양 진영은 모두 국력을 소진한 끝에, 연말 무렵에는 협상에 의한 종전을 택할 것이라고 예상하였다.[17]

또한 다나카 기이치도 8월 말부터 각 방면에 서한을 보내어 대전의 추이는 독일에 유리하게 진행되고 있다고 지적함과 동시에, 만약 독일이 승리를 거둘 경우에 대비할 필요성을 호소하였다.

> 유럽의 전황은 예상대로 독일군의 포위적 선회는 점차 성공하는 상황으로 보입니다. 프랑스는 이미 전략적으로 한걸음 양보한 것으로 생각됩니다. 앞으로의 진척이 어떻게 될 것인지는 헤아리기 어렵습니다만, 독일에 큰 과오가 없는 한 프랑스군의 실패라고 생각할 수밖에 없고 또 당연한 결과라고 생각합니다. 따라서 유럽의 전황을 결정하는 것은 러시아와 독일 사이에 있음은 물론이라고 생각됩니다. 그리고 기우일지도 모르고 아니 기우이기를 바라는 바입니다만, 러시아와 독일의 전쟁이 만에 하나라도 러시아에 불리하게 된다면 제국[일본]은 어떻게 행동해야 할지, 이는 설령 실현될 공산이 적더라도 당국으로서는 미리 연구하고 각오할 필요가 있는 바라고 생각합니다.[18]

이를 통해 육군은 서전에서 독일의 우세를 목격하고서 독일의 군사적 능력에 대한 기존의 인식을 강화하였지만, 그만큼 독일이 승리할 가능성에 대한 위기감도 높아졌음을 알 수 있다.

하지만 9월 초에 벌어진 마른 전투에서 독일군은 진격을 저지당하였

---

17 大島健一, 「歐洲戰亂ノ歸趨ト我對華政策ニ關スル件」, 外務省 編, 『日本外交文書』 大正3年·第2冊, 外務省, 1965, 904~906쪽(1914년 8월 24일부).

18 1914년 8월 30일부 오카 이치노스케 앞 다나카 기이치 서한, 앞의 논문, 山本四郎, 「岡市之助文書について」, 101쪽. 또한 다나카는 다음 날에는 데라우치 마사타케 조선총독, 9월 2일에는 겐로 이노우에 가오루(井上馨)에게도 같은 취지의 서한을 보냈다(『寺內正毅關係文書』 315-25, 일본 국립국회도서관 헌정자료실 소장 ; 『井上馨關係文書』 544-1, 상동).

고 오히려 연합군의 반격으로 후퇴할 수밖에 없게 되자, 대전의 귀결에 관한 다른 관점도 제시되었다. 즉 주중 공사관 무관인 마치다 게이우(町田經宇)는 9월 하순의 의견서에서 "이미 대세에서 종국의 승리가 연합군에 돌아갈 것임은 자명하다."라고 단언하였다. 그리고 "독일과 러시아 주력의 일대 결전에서 독일군이 대승을 거둔다면 전쟁은 아직 비교적 영속"할 것이지만, 만약 그렇지 않을 경우에는 미국 등의 중재를 통한 강화 담판에 들어갈 수밖에 없고 그 결과 독일은 영토를 할양하거나 제국이 해체될 가능성도 있다고 예상하였다.[19] 이를 통해 육군은 서부 전선에서 독일이 승리할 것이라는 자신의 관측을 수정하면서도, 여전히 대전의 최종적인 승패는 동부 전선에서 결정되리라고 보고 있었음을 알 수 있다.

그렇다면 동부·서부 전선에서 전투가 일단락되고 양 진영의 대치가 계속되던 연말 무렵에 재외무관은 현지에서 전황의 추이를 어떻게 보고 있었는가. 일례로 1914년 9월에 러시아군 총사령부 종군을 명받은 오바 지로(大庭二郎) 소장은 총사령부 내 막료들이 열심히 근무하는 모습이나 각 기관의 원활한 운영, 전국에 걸친 금주령의 철저한 실시 등에 감탄하였다. 이에 반해 동부 전선에서 독일군은 고전하고 있다고 전하면서, 어쩌면 "독일의 무력이 그 극한에 달하여 동·서 국경의 양면 작전을 견디지 못할 것인가."라고 자문하였다. 그리고 이번 전투의 승패는 "거의 독일과 러시아의 운명을 결정할 것이다."라고 관찰하였다.[20]

---

19 町田經宇, 「歐洲大戰ニ當リ我國ガ中國ニ於テ獲得スベキ事項ニ關スル意見」, 앞의 책, 外務省 編, 『日本外交文書』 大正3年·第2冊, 918쪽(1914년 9월 21일부). 또한 그는 전후의 평화 회의에서 산둥 반도 내 독일 기득 권리를 일본이 확보해야 한다고 주장하였다.
20 1914년 11월 25일부 데라우치 마사타케 앞 오바 지로 서한, 「寺內文書」 217-4.

그러나 한 달 뒤에 그의 인식에는 변화가 보인다. 즉 러시아군은 여전히 "상하가 일치하여 최후의 승리를 확신하고 아무런 불평도 없이 오로지 전진하는 바는 참으로 칭찬할 만한 일입니다."라고 하였다. 하지만 다른 한편으로 "독일군은 제법 건투하고 있고 그 활동하는 모습은 전후에 연구하면 이익이 클 것으로 '적이지만 은혜'라는 것이 일반적인 평가입니다."라고 하여, 독일군이 싸우는 모습에 대한 현지의 높은 평가를 전하는 것이다.[21]

이처럼 대전 발발 직후에 일본 육군은 연합국의 병력상의 우위는 인정하면서도 군사적 능력에서는 독일을 높이 평가하였다. 따라서 이미 독일에 선전 포고하여 연합국의 일원이 되었음에도 불구하고 육군은 반드시 연합국의 승리를 확신하지는 않았고, 특히 서전에서 독일의 우세는 이러한 관점을 정당화하는 것이었다. 한편 연합국 중에서는 프랑스나 영국보다 러시아에 대한 평가가 높았고, 대전의 승패는 독일과 러시아 사이에서 결정될 것이라는 관측이 일반적이었다는 점도 주목된다.

III. 대전 중기의 군사력 평가와 그 교훈

1. 양 진영의 군사적 능력에 대한 평가

개전 6주 안에 프랑스를 항복시키고 동부 전선에서 러시아와 결전을 벌인다는 독일의 슐리펜 계획은 실패로 돌아갔다. 이후 양측은 거대한 참호로 변한 전선에서 일진일퇴의 공방전을 벌였고, 대전은 장기화하면

---

21 1914년 12월 10일부 데라우치 마사타케 앞 오바 지로 서한, 「寺內文書」 217-5.

서 점차 대량 소모전·과학전·총력전의 양상을 띠게 되었다. 이를 계기로 일본 육군은 대전 조사·연구를 위해 1915년 9월에 임시군사조사위원을 설치하였을 뿐만 아니라, 구미에의 무관 파견 횟수를 늘림과 동시에 그 활동에 관한 제도를 정비하는 등 대전 정보 수집에 본격적으로 나섰다.[22] 그렇다면 이렇게 수집된 정보를 바탕으로 재외무관들과 육군 수뇌부는 전황의 추이를 어떻게 보았고 양 진영의 군사적 능력을 어떻게 파악하고 있었는가.

우선 전 주독 대사관 무관 가와무라 마사히코(河村正彦) 보병대좌는 대독 참전 후 네덜란드로 철수하여 정보 수집 활동에 종사하고 있었다. 그는 1915년 7월에 데라우치 마사타케(寺内正毅) 조선총독에게 보낸 서한에서 "독일의 육·해군 각 방면에서 발전·활동하고 있는 모습은 적이지만 감탄할 수밖에 없습니다. 향후 인원수에서 만일 실패하더라도 평소의 준비와 거국일치의 국민정신은 충분히 칭찬할 가치가 있습니다."라고 보고하였다.[23] 또한 1916년 3월부터 1년간 연합국의 군사·외교·정치 등을 연구한 오카 긴이치(岡欽一) 보병중좌는 공세 작전, 내선 작전, 포위 공세, 기동, 행동의 신속·과감함 등 전략의 거의 모든 면에서 독일군의 사례를 "구주전의 교훈"으로 제시하였다.[24] 그리고 후쿠다 마사타로도 유럽 출장 중 영국을 시찰한 뒤 1916년 11월에 제출한 보고서에서 "독일의 전투력은 아직 심각한 쇠퇴를 겪지 않았을 뿐만 아니라, 일이

---

22 대전 당시 일본 육군이 연합국에 종군 무관을 파견하는 양상, 종군 무관의 인적 구성 및 이들에게 내려진 훈령의 변화, 일본 종군 무관에 대한 각국의 반응 등에 관해서는 박완, 「제1차 세계대전 시기 일본 육군 무관의 연합군 종군과 정보 수집」, 『한일군사문화연구』 31, 2021을 참조하길 바란다.

23 1915년 7월 12일부 데라우치 마사타케 앞 가와무라 마사히코 서한, 「寺内文書」 107-4.

24 岡欽一歩兵中佐, 「欧洲戦ヨリ得タル教訓」, 『偕行社記事』 526, 1918.05, 30~32쪽.

독일 제국의 존망에 관계되고 독일 황실의 사활 문제이기도 한 이상 독일은 쉽게 굴복할 수 없다고 할 것이고 또한 아직 굴복할 필요성을 느끼지 않는" 상황이라고 결론지었다.[25] 즉 이들은 동·서 양면에서 연합국에 포위된 불리한 상황임에도 불구하고 줄곧 주도권을 쥐고서 선전하고 있는 독일의 군사적 능력과 전쟁 지속 능력을 높이 평가하였고, 또 독일의 패배가 눈앞이라고 보지도 않은 것이다.

이에 반해 병력에서 우위에 있으면서도 전투에서는 시종 독일에 밀리는 감이 있던 연합국에 대한 평가는 그다지 높지 않았다. 우선 가와무라는 최근 연합국이 병기·탄약 등에서 부족함을 호소하고 있다는 점을 들면서 "평소에 세계의 부강함을 자신하고 세인들도 이를 승인하고 있던 영국·프랑스·러시아의 형편은 유감스러운 점이 적지 않습니다."라고 비판하였다.[26] 또한 1915년 6월부터 1년 남짓 프랑스군에 종군한 오하시 고시로(大橋顧四郎) 포병중좌는, 개전 전에 프랑스군은 야전 축성을 경시하고 극단적인 공격주의를 고취한 결과 "최초의 국경 회전에서 이미 도처에서 평시 교육·편제의 결함을 폭로하였고 진지전의 초기에 한층 더 심각하였다."라고 지적하였다.[27] 그리고 대전 발발 직후부터 주러 대사관 무관으로 있던 오다기리 마사즈미(小田切政純) 보병대좌도, 러시아군은 "도저히 1~2할의 우세로는 독일군에 대항할 수 없습니다. 이는 국민성 및 사회 조직·국민 교육의 저하, 관료의 권력 남용에다가 다수 농민의 우직함, 상급 장교의 무능함, 철도망의 부족함 등 전부 독일군에 뒤떨어지는 것에 의한"다고 분석하였다. 그러면서 "러시아군은 자력으로 독

25 福田雅太郎, 「世界大戰に於ける英國及び英軍視察所感」, 앞의 책, 黑板勝美, 『福田大將傳』, 부록 29쪽.
26 앞의 글, 1915년 7월 12일부 데라우치 마사타케 앞 가와무라 마사히코 서한.
27 大橋顧四郎砲兵中佐, 「佛國從軍中ノ所感」, 『偕行社記事』 529 부록, 1918.08, 9쪽.

일군을 국경 밖으로 몰아내는 것은 우선 가망이 없"다고 결론지었다.[28]

물론 연합국에 대한 긍정적인 평가도 전혀 없지는 않았다. 예를 들어 대전 중에 파리에서 전황을 시찰하고 1915년 말에 귀국한 하세가와 마사마치(長谷川正道) 포병대위는, 프랑스군은 "우리들이 일찍이 예상한 것 이상으로 용감"하고 프랑스 국민은 "끝까지 거국일치의 태도로 이 국난에 임하여 반드시 최후의 승리를 얻을 것을 기하는 기세"라고 소개하였다.[29] 또한 개전 이래 1년 남짓 러시아군에 종군한 나가노 이쿠마로(長野幾麿) 보병중좌도 "러시아 병사가 병사로서 실로 이상적 요소를 구비"하고 있는 것은 "결국 러시아의 국민성이 그렇게 만든 바로서, 우리 국민이 크게 배워야 하는 장점"이라고 칭송하였다.[30] 그러나 이들이 평가한 것은 병사 개인의 자질이나 후방의 국민들의 마음가짐이었지, 연합국의 전략·전술 등 군사 조직으로서의 역량은 아니었다.

다만 일찍이 프랑스에 주재한 경험이 있고 1916년 8월부터 프랑스군에 종군하게 된 고바야시 준이치로(小林順一郎) 포병대위는, 독일군과 프랑스군의 조직 원리에서 우열을 분석하여 후자의 승리를 예상하였다. 그에 따르면 독일군은 "따듯한 피 대신 차가운 군율로 속박하고 어디까지나 기계적으로 군대를 움직이려 하"기에 "장교가 전사한 경우에 독일 병사들은 완전히 포수가 없는 기관포처럼 되어버린다.". 이에 반해 프랑스군은 "열렬한 애국심을 주로 하고 장교가 쓰러져도 동료가 전부 전사

28 (1915)년 12월 2일부 다나카 기이치 앞 오다기리 마사즈미 서한, 『田中義一關係
   文書』 635, 일본 국립국회도서관 헌정자료실 소장(야마구치현山口縣 문서관 소
   장본의 복제판).
29 長谷川正道陸軍大尉, 「佛軍奮戰の實狀と佛國民の覺悟」, 『歐洲戰爭實記』 51, 1916.
   01.25, 35쪽.
30 長野幾麿陸軍中佐, 「觀戰武官として露軍に從軍せる感想」, 위의 책, 24~25쪽.

해도 마지막 한 명까지 버틴다는 전투적 정신을 가지고 있다."라고 하였다. 더 나아가 1870~71년의 프로이센·프랑스 전쟁 이후 독일군은 프랑스군을 경시하고 있고 독일 유학 경험자가 많은 일본 육군 내에도 같은 경향이 있지만, 40년간의 와신상담을 경험한 "프랑스는 남의 손을 빌리지 않더라도 반드시 독일에 승리한다."라고 단언하였다.[31] 이러한 의견은 당시 일본 육군 내에서는 소수였지만, 후술하다시피 종전 후 독일의 패인을 설명하는 논리와의 연속성이 보인다는 점에서 주목된다.

그렇다면 육군 수뇌부의 인식은 어떠하였는가. 우선 야마가타 아리토모는 1915년 2월 시점에서 대전은 연합국도 동맹국도 결정적인 승리를 얻지 못한 채 "결국 50대 50의 승부 내지는 40대 60의 승부로 낙착"될 것이라고 예상하였다.[32] 한편 1915년 7월에는 하라 다카시(原敬) 입헌정우회 총재에 대해 영국군·프랑스군의 소극적 자세와 러시아군의 패배를 지적하면서, "독일은 식량·탄약이 결핍되지 않는 한 패배하지 않을 것이다. 이러한 정황은 개전 당시의 예상을 완전히 깬 것이다."라고 말하였다.[33] 또한 이듬해 1월에도 하라에게 "구주전쟁에서 영국군은 너무 약하다. 프랑스는 열심이어서 이는 배워야 하지만 공화제이므로 우리와는 다르다. 러시아는 여러 가지 결점이 있다. [중략] 이러한 여러 결점이 있어서 연합군은 매우 부진하고 일단 독일의 승리라고 할 형세이다. 이는 직접 현 상황을 시찰한 모든 이들이 하는 말이다. 육군차관 오시마

---

31 小林順一郎砲兵大尉, 「佛軍は實質上寧ろ獨軍に優る」, 『歐洲戰爭實記』 18, 1915.02. 25, 114~115쪽.

32 山縣有朋, 「日露同盟論」, 앞의 책, 大山梓 編, 『山縣有朋意見書』, 346쪽.

33 原奎一郎 編, 『原敬日記』 4, 福村出版, 1965, 113쪽(1915년 7월 8일조). 또한 그 다음 달에는 하라 다카시도 야마가타 아리토모에게 "연합군이 불리하여 독일보다 오히려 연합군이 전쟁에 지친 모양이므로 머잖아 평화가 오지 않겠는가."라는 의견을 말하였다(같은 책, 125쪽, 1915년 8월 18일조).

겐이치는 독일의 승리를 단언하고 있을 정도이다."라고 하였다.[34] 예전부터 야마가타와 오시마는 독일의 군사적 능력을 높게 보고 있었는데, 독일의 선전과 이에 관한 재외무관들의 보고를 통해 그들은 이러한 인식을 한층 더 강화하였다고 할 수 있다.

한편 대전 발발 직후에 아카시 모토지로가 러시아의 우세를 예상한 것은 앞서 말한 바이다. 또한 그는 1915년 8월에도 일본은 연합국의 일원임에도 불구하고 "최근 신문 또는 정객 등은 때때로 독일·오스트리아의 전승에 현혹되어 적의 승리를 찬양하고 우방을 냉소"하고 있다고 비판하였고, "이번 전쟁의 결과 독일군이 전 유럽을 정복하고 또 해상권까지 장악하기에 이를 것이라고는 믿을 수 없다. 승산은 여전히 연합군에 많다."라는 감상을 남겼다.[35] 이에 관하여 아카시의 전기는, 그는 "항상 중론을 물리치고 결국은 동맹군의 패망으로 귀결될 것이라고 주장"하였다고 한다.[36]

하지만 흥미로운 것은, 전기에서 그 근거로 인용하고 있는 아카시의 1916년도 논문은 거국일치, 국민 훈련, 국가 총동원, 승리에의 의지, 전쟁 준비 등 모든 면에서 독일을 성공 사례로 들고 있다는 점이다. 다만 결론에서 "[독일의] 그 철석같은 애국심도 자연의 고통에 견디지 못할 때가 오지 않을 것인가. 이는 연합군이 개전 당시부터 기대하고 있는 바이고 전황은 어쩌면 여기에서 귀착될지도 모른다."라고 하고 있을 뿐이다.[37] 즉 그는 장기전에서 연합국이 승리할 가능성을 시사하면서도 군사

34 위의 책, 155쪽(1916년 1월 24일조).
35 1915년 8월 23일부 오카 이치노스케 앞 아카시 모토지로 서한, 앞의 논문, 山本四郎, 「岡市之助文書について」, 87쪽.
36 小森德治, 『明石元二郎』 下, 原書房, 1968, 6쪽.
37 明石元二郎, 「歐洲の大戰を論じて日本の軍備に及ぶ」, 위의 책, 부록 324~325쪽.

적 능력에서는 역시 독일을 더 높이 평가한 것이다.

그 외에 우쓰노미야 다로(宇都宮太郎) 제7사단장은 "구주전쟁은 제법 장기화되어 독일의 강함은 감탄할 수밖에 없습니다."라는 감상을 우에하라 유사쿠 참모총장에게 전하였다.[38] 다나카 기이치(1915년 10월 참모차장 취임)도 재향 장교를 대상으로 한 강연에서 "오늘날 독일은 우리들의 적이라고는 해도, 나는 장하다고 칭찬을 금할 수 없다. 이는 저들이 참으로 강하기 때문이다."라고 솔직하게 말하였다.[39] 그리고 우가키 가즈시게(宇垣一成, 1915년 8월 육군보병학교장 취임)는 "[독일의] 장점을 제국[일본]의 각 방면에 심는 것은 국가의 천 년을 위해 매우 요긴"하고, 현재 "조직 중인 군사조사회[임시군사조사위원인가?]"의 임무에 이것도 포함해야 한다고 지적하였다.[40] 더 나아가 제식 개편이나 전범령(典範令) 개정에는 평소의 연구가 필요한데, "우리에게 각종 연구 자료를 공급하는 영국·프랑스·러시아군은 많은 경우 그 행동이 수세적이면서 그 기세도 군사상에서는 수동적"이라고 비판하면서 연합군의 경험을 그대로 수용하는 것에 반대하였다. 그러면서 "독일·오스트리아 측의 실험과 대조하여 비로소 정확한 판정을 내릴 수 있겠지만, 후자의 재료는 오늘날 극히 적다."라고 한탄하였다.[41]

따라서 이들은 연합국이 병력이나 경제력에서 우위에 있음은 인정하면서도, 군사력으로 동맹국을 패배시킬 가능성에 대해서는 매우 낮게

---

38 (1915)년 9월 6일부 우에하라 유사쿠 앞 우쓰노미야 다로 서한, 上原勇作關係文書研究會 編, 『上原勇作關係文書』, 東京大學出版會, 1976, 78쪽.

39 田中義一, 「在鄕將校に對する希望」, 綾部勉 編, 『田中中將講演集』, 不二書院, 1916, 308쪽(1915년 3월 강연).

40 宇垣一成, 角田順 校訂, 『宇垣一成日記』 1, みすず書房, 1968, 109쪽.

41 위의 책, 110쪽.

보았다. 우가키는 1915년 봄에 "[연합국은] 개전 후 6개월 사이에 이미 재력의 3분의 1을 소모하였다. 고로 재력이 지속되는 한도는 장래 약 1년이 남았을 뿐이다. 연합 측의 운명은 무릇 내년 봄까지인가."라고 하면서 연합국의 전쟁 지속 능력에 의문을 제기하였다.[42] 또한 후쿠다도 연합국의 전시 노력의 결함이 개선되지 않는 한 "연합군이 계획하는 매년[1917년] 초봄의 공세가 승리를 결정지을 수 있는지의 여부는 또한 의문이 없을 수 없다."라고 하면서, "정치상의 변화가 있다면 몰라도 그렇지 않은 이상에는 전쟁은 국력, 특히 국민이 인내하는 정도의 시련으로서 아직 오랫동안 계속될 것인가."라고 예상하였다.[43] 더 나아가 우가키는 1917년 초에 미국의 강화 제의를 연합국이 거부한 것을 언급하면서, "냉정히 이성에 호소할 때는 이번 봄을 기하여 과연 연합 측에 실력상 승산이 생길지 큰 의문이다."라고 냉소적인 평가를 내린 것이다.[44]

게다가 이러한 인식은 재외무관이나 수뇌부뿐만 아니라 육군의 공식적인 것이 되고 있었다고 여겨진다. 즉 『해행사기사』는 1915년 8월에 '현재의 구주전에서 얻은 군사상의 교훈'을 제34회 현상 논문 문제로 제시하였고, 우수 논문으로서 히라야마 하루히사(平山治久) 보병중좌의 동명의 논문을 선정하였다. 흥미로운 점은 이 논문이 전략, 전술, 편제, 교통, 병력 보급 능력, 병기 등 각 항목에서 들고 있는 것은, 대부분이 연합국에 맞서는 독일의 사례라는 점이다.[45] 육군 장교의 유일한 공식 단체가 '대전의 교훈'을 현상 논문 문제로 제시하였다는 점, 다수의 장교

---

42 위의 책, 108쪽.

43 앞의 글, 福田雅太郎, 「世界大戰に於ける英國及び英軍視察所感」, 부록 30쪽.

44 앞의 책, 宇垣一成, 『宇垣一成日記』 1, 124쪽.

45 平山治久步兵中佐, 「現時ノ歐洲戰ヨリ得タル軍事上の教訓」, 『偕行社記事』 502, 1916. 05, 29~41쪽.

가 이에 응모하였고 심사를 거쳐 우수 답안으로 선정되었다는 점에서, 이 논문은 한 개인의 의견에 그치지 않고 당시 육군의 공식 견해에 가까 웠다고 할 수 있을 것이다.

한편 이 논문이 동부 전선에서 독일군을 성공 사례, 러시아군을 실패 사례로 드는 데 반해, 서부 전선의 사례는 개전 초기의 공방을 제외하면 독일군과 영국·프랑스군을 막론하고 거의 들지 않는다는 점도 주목된 다. 이는 동부 전선에서는 비교적 활발한 기동전(운동전)이 벌어진 데 반해 서부 전선에서는 거의 전 기간에 걸쳐 진지전(참호전)이 벌어진 것 과 관계가 있을 것이다. 당시 육군의 주류인 보병과 출신자들은 진지전 에서는 다양한 작전을 구사하기 힘들다든가, 포격전의 비중이 높기 때 문에 보병이 수동적이 되어 공격 정신을 잃을 우려가 있다든가, 병력·탄 약의 소모가 많고 장기전이 될 우려가 있지만 일본의 국력으로는 이를 견딜 수 없다는 등의 이유로 서부 전선의 진지전에는 부정적이었다. 실 제로 히라야마의 논문에서는 서부 전선의 진지전에서 적극적으로 교훈 을 도출하려는 자세는 보이지 않는다. 그 외의 다른 논문도 일본의 국정 (國情)이나 국민성 또는 전범령의 정신과 맞지 않는다는 이유로 진지전 전법은 육군이 모범으로 삼아야 할 것이 아니라고 부정하거나,[46] 또는 진지 방어법을 모방하지 말고 이를 구사하는 적군을 타파할 방법을 연 구할 것을 요구하는 데 그쳤다.[47]

이처럼 대전 중기 독일의 선전에서, 일본 육군은 독일의 군사적 능력 을 한층 더 높게 평가하게 되었다. 이에 반해 연합국이 싸우는 모습이나

---

46 앞의 글, 岡欽一步兵中佐, 「歐洲戰ヨリ得タル敎訓」, 37쪽.
47 山梨半造陸軍中將, 「塹壕戰ニ關スル私見」, 『偕行社記事』 507, 1916.10, 2쪽 ; 田中 義一陸軍中將, 「歐洲戰爭ノ與ヘタル戰略戰術上ノ敎訓」, 『偕行社記事』 509, 1916. 12, 9쪽.

군사력으로 독일을 패배시킬 가능성은 대체로 낮게 평가하였다. 이는 현지에서 대전을 관찰한 재외무관, 그들의 보고를 받은 수뇌부의 주요 군인, 그리고 본국에서 대전 연구에 관여한 장교 일반의 거의 공통된 인식이었다. 또한 육군은 동부 전선에서 독일의 운동전의 사례를 중시하고 거기서 대전의 교훈을 얻고자 한 데 반해, 서부 전선의 진지전의 사례는 회피 혹은 극복의 대상으로밖에 자리매김하지 않은 것이다.

2. 독일 선전의 원인 분석과 교훈의 형성

그렇다면 육군은 독일이 불리한 상황에서도 선전할 수 있었던 원인을 어디에서 찾았는가. 또한 거기서 얻은 교훈은 육군에게 어떠한 의미가 있었는가.

첫 번째로 독일이 평소에 전쟁 준비에 힘쓴 결과 정예군을 보유하고 있었다는 점이 지적되었다. 예를 들어 참모본부 부원인 오타케 사와지(大竹澤治) 보병중좌는 "독일이 오늘날에 이르기까지 능히 강적에 맞서 굴복하지 않는 것은 결코 병력의 우세에 의한 것이 아니라 오히려 잘 훈련된 대군을 보유한 결과"라고 지적하였다.[48] 또한 다나카는 독일 선전의 원동력은 그 공격 정신에 있는데, 이는 "실로 평시에 다년간 고심한 정신적 훈련 및 물질적 준비의 덕택으로 결코 하루아침에 완성된 것이 아니다."라고 강조하였다.[49] 그리고 우가키는 1915년에 "강병은 수량, 무장, 군대의 훈련, 지휘의 탁월함에 의해 존재한다. 특히 양의 많고 적음보다 질의 좋고 나쁨에 관계되는 바가 크다."라고 하였고,[50] 2년 뒤에

---

48 大竹澤治步兵中佐, 「歐洲戰ノ經驗ヨリ見タル國軍ノ建制」, 『偕行社記事』 487, 1915. 02, 8쪽.

49 앞의 글, 田中義一陸軍中將, 「歐洲戰爭ノ與ヘタル戰略戰術上ノ敎訓」, 4쪽.

도 "오늘날의 적국 독일의 군사상의 성공은 다름 아닌 백 년의 훈련의 보수이자 수십 년의 노력·연구의 결과이다."라고 평가하였다.[51]

두 번째로 독일이 재향군인회나 청년단 등을 통해 국민 교육에 힘쓴 결과, 독일 국민은 장기전의 고통을 잘 견디고 거국일치로 전쟁에 협력함은 물론이며 국민개병주의도 달성할 수 있었다는 점이 제기되었다. 다나카는 "[독일 국민의] 노인, 아이 가릴 것 없이 한결같이 일어나 국가의 위급함을 향하여 나아가는 기세는 적이지만 감탄하고 칭찬하지 않을 수 없다."라고 하면서, 이는 "평소의 훈련·교양"과 "재향군인회의 힘"에 의한 것이라고 강조하였다.[52] 또한 후쿠다도 앞서 말한 보고서에서 "국가적 훈련을 거친 독일 국민은 [중략] 다른 국민은 도저히 견딜 수 없을 궁핍도 잘 견딜 수 있을" 것이라고 그 인내력을 높게 평가하였다.[53] 그리고 개전 이후 1년 남짓 영국군에 종군한 니노미야 하루시게(二宮治重) 보병소좌는 개전 전후 독일의 청년 교육을 소개한 뒤, "이번 전쟁에서 독일의 청년 교육은 아주 적절하고 그 청년 활동도 적이지만 장하다고

---

50 앞의 책, 宇垣一成, 『宇垣一成日記』 1, 99쪽.

51 宇垣一成陸軍少將, 「統帥ノ研究ニ就テ」, 『偕行社記事』 510, 1917.01, 18쪽.

52 田中義一, 「時局と在鄕軍人」, 앞의 책, 綾部勉 編, 『田中中將講演集』, 189쪽(1914년 11월 강연). 다나카는 대전 발발 직전에 유럽을 시찰하였을 때 독일의 청년 단체인 '청년독일동맹'을 보고 감명을 받았고, 귀국 후부터 전국의 청년단의 재편·통합 및 재향군인회의 강화에 나섰다는 점은 잘 알려져 있다(田中義一傳記刊行會 編, 『田中義一傳記』 上, 原書房, 1981, 초판 1958, 587·601쪽 ; 박완, 「다나카 기이치(田中義一)의 정치적 변신과 군민일치론: '조슈벌(長州閥)의 총아(寵兒)'에서 '육군 내 개혁자'로」, 『일본역사연구』 51, 2020, 3장). 한편 대전을 계기로 한 일본의 청년 정책의 변화와 이를 둘러싼 육군·문부성·내무성 간의 인식 차에 관해서는 김종식, 『근대일본 청년상의 구축』, 선인, 2007, 3장을 참조하길 바란다.

53 앞의 글, 福田雅太郎, 「世界大戰に於ける英國及び英軍視察所感」, 부록 28쪽.

할 수밖에 없다. 이에 따르더라도 독일군이 각 방면의 전장에서 활동하는 것도 이유가 없지 않다."라고 평가하였다.[54]

세 번째로 평시부터 군비의 중요성을 잊지 않고 전쟁을 준비해 온 독일의 주의·정책을 '독일 군국주의'라고 파악하고, 이것이야말로 독일 선전의 원인이라고 보는 견해도 있었다. 하타 슌로쿠(畑俊六) 포병소좌는 개전 이후 노르웨이·스웨덴 등 중립국에서 정보 수집 활동에 종사한 뒤 1916년 5월에 귀국하였는데, 그는 해행사(偕行社)에서의 강연에서 "독일이 개전한 지 2년이 되면서 아직 조금도 굴복할 기색이 없고 군사상의 우세를 점하는 것은 오로지 이른바 군국주의의 덕택으로, 오랫동안 거국적으로 전쟁을 준비한 결과이지 않을 수 없다."라고 설명하였다.[55] 마찬가지로 독일 정보 수집을 위해 1915년 10월에 스위스에 파견된 사토 야스노스케(佐藤安之助) 보병대좌도 데라우치 마사타케 수상에게 보낸 서한에서 "[독일이] 오늘날 세계를 적으로 삼고도 아직 기세등등하고 교전상에서 여유작작함을 보이는 것은 결국 독일 군국주의 덕분이라고 생각합니다."라고 하였다.[56]

따라서 육군은 '독일 군국주의 타도'라는 연합국의 전쟁 목적에 공감하지 않았을 뿐만 아니라 이를 달성할 가능성도 매우 낮게 보았고, 거기서 연합국이 부진한 원인을 찾고자 하였다. 하타는 "협상 측의 각국이 전쟁 책임을 독일의 군국주의에 전가하고 그 포악무도함을 시끄럽게 떠들지만, 군인 된 이가 군비를 확대하고 전쟁 준비를 하는 것은 당연한 일이고 협상국의 변명은 곧 평시의 준비가 결여되었음을 스스로 표명하

---

54 二宮步兵少佐講演,「本戰爭と獨逸の靑年」,『歐洲戰爭實記』66, 1916.06.25, 101쪽.
55 畑俊六砲兵少佐,「北歐中立諸國ニ就テ」,『偕行社記事』503 부록, 1916.06, 8쪽.
56 1917년 11월 7일부 데라우치 마사타케 앞 사토 야스노스케 서한,『寺內文書』 267-6.

는 것과 같다."라고 비판하였다.[57] 사토도 "협상 측은 군국주의 타파, 군주정 타도를 독일에 대한 입버릇으로 절규"하고 있으나, "독일은 적이지만 그 군국주의 및 군주정은 일본의 적이 아닙니다."라고 하였다.[58] 그리고 우가키는 1915년 3월 무렵에 "독일 군국주의(밀리터리즘) 파괴"라는 연합국의 슬로건은 오히려 "전시에는 군사는 만사를 초월한다는 포부와 확신을 가지고 행동하도록 해야 할 [연합군] 장졸에게는 결코 호감을 주지 않을 것"이라고 비웃었고, 이듬해 말에도 "세계가 독일의 군국적 압박을 면하고자 한다면 저들이 뉘우칠 만큼 응징할 필요가 있다. 그러나 이는 오늘날로서는 거의 절망적이다."라고 연합국의 앞날을 비관하였다.[59]

그런데 독일 선전의 원인에 관한 이러한 분석에는 당시 육군의 시대 인식과 군 외부로부터의 비판에 대한 방어 논리가 반영되어 있었다. 즉 육군이 정예군, 국민 교육, 군국주의 등을 대전의 교훈으로 든 것에는 징병 제도에 대한 '조병다병주의(粗兵多兵主義)'론이나 이른바 '사상의 악화'에의 대응이라는 측면이 있었던 것이다.

우선 정예군에 관하여 검토하겠다. 육군은 처음에 징병제를 실시한 이래 다수의 장정들 중에서 우수한 자를 소수 선발한 뒤 그들을 장기간 복무시켜 정병을 육성하는 '정병과병주의(精兵寡兵主義)'를 채택하고 있었다. 하지만 이러한 제도로는 군대의 질은 유지할 수 있지만 매년 소수의 예비역밖에 얻을 수 없기에, 대전과 같은 총력전에서 다수의 병력을 동원하는 데는 불리하였다. 따라서 1918년의 징병령 개정 당시 의회에서는 영국이나 미국을 모방하여 현역 복무 기간을 단축하고 다수의 장정들을 입영시켜 전시 동원 능력을 높인다는 조병다병주의가 제안되기

---

57 앞의 글, 畑俊六砲兵少佐, 「北歐中立諸國ニ就テ」, 8쪽.
58 앞의 글, 1917년 11월 7일부 데라우치 마사타케 앞 사토 야스노스케 서한.
59 앞의 책, 宇垣一成, 『宇垣一成日記』 1, 100·148쪽

에 이르렀다.[60]

그러나 육군은 이 제안에 관심을 보이지 않았는데, 이는 복무 기간 단축이 군대의 질적 저하는 물론이고 보유 병력의 축소 요구로 이어질 것을 우려했기 때문으로 보인다. 따라서 육군은 대전에서 독일의 선전을 '조병다병주의에 대한 정병과병주의의 우위'로 파악하였고, 영국군이나 미군과 같은 전시 급설군의 가치를 인정하려 하지 않았다. 예를 들어 후쿠다는 개전 이래 영국이 육군의 대규모 확대에 힘썼다는 점은 인정하면서도, "형태는 능히 급조할 수 있지만 그 군대로서의 진가는 백 년간 군대를 양성한 이와 비견할 수 없는 것은 물론이다. 영국은 바야흐로 그 평소의 시설·착안이 불철저하였던 것에 대해 고생하고 있다고 해야 할 것인가."라고 비판하였다.[61] 또한 사토도 "독일·오스트리아가 연전연승하고 영국·프랑스의 무위가 오르지 않는 것은 당연합니다. 백 년 단련된 군인과 하루아침에 만들어진 오합지졸과는 그 사이에 차이·우열이 있는 것은 물론일 것입니다."라고 지적하였다.[62] 특히 사토가 대전 전부터 대규모 상비군을 보유하고 있던 프랑스까지 "하루아침에 만들어진 오합지졸"로 매도한 것처럼, 당시 육군은 연합군을 통틀어 '조병다병주의에 의한 가치 없는 군대'라고 낮추어 보는 경향이 있었음은 흥미롭다.

또한 국민 교육의 경우에도 그 배경에는 다이쇼 시기 일본의 자유주의·민본주의(民本主義)·사회주의의 고조, 도시화·산업화의 진전에 따른 장정의 체격·체력 저하 등에 대한 육군의 우려가 존재하고 있었다. 예를 들어 다나카는 일본 청년의 체격·체력 저하와 정신력 약화를 지적하면

60 加藤陽子, 『徵兵制と近代日本 1868-1945』, 吉川弘文館, 1996, 45~69·173~174·178~180쪽.
61 앞의 글, 福田雅太郎, 「世界大戰に於ける英國及び英軍視察所感」, 부록 23~24쪽.
62 앞의 글, 1917년 11월 7일부 데라우치 마사타케 앞 사토 야스노스케 서한.

서 "강건한 체력, 강건한 기력, 왕성한 활동력, 이것이 오늘날 독일이 강한 이유"라고 강조하였다.[63] 또한 니노미야도 종래에 독일에서는 물질문명의 진보 및 공업화에 따른 도덕의 악화, 체격 저하, 사회주의의 침투 등 일본과 같은 문제를 안고 있었고, 이것이 전국 통일적인 청년 교육을 실시하는 계기가 되었다고 설명하는 것이다.[64]

이처럼 대전 중기에 독일의 선전에서 얻은 '대전의 교훈'은 육군의 존재 방식에 근본적인 개혁을 요구하는 것이 아니었다. 오히려 이는 독일의 영향하에서 육군이 지금까지 택해온 방침과 새로운 시대적 상황에 대한 우려를 정당화하는 것이었다. 물론 육군은 대규모 병력·물자 동원, 최신 병기의 등장, 총력전적인 요소 등 대전의 획기적 측면에도 주목하고 있었다. 그러나 한편으로 "전략·전술상의 원칙에 근본적인 변화는 없다."라고 거듭 지적된 것은,[65] 전쟁의 본질은 변하지 않았다는 시각이 육군 내에서 여전히 강하였음을 말해주는 것이라 하겠다.

3. 러시아의 패배, 미국의 참전과 교훈에의 영향

참호전의 교착 상태에 빠진 채 장기화하고 있던 대전은 1917년 봄부터 새로운 국면을 맞이하게 된다. 우선 2월 혁명의 발발로 러시아 제정이 무너졌고, 이후 정치적 혼란과 군사적 패배 속에서 10월 혁명을 통해 수립된 소비에트 정권은 독일과 휴전한 뒤 단독 강화를 체결하여 전열

---

63 田中義一,「靑年の體力と在鄕軍人」, 앞의 책, 綾部勉 編, 『田中中將講演集』, 208~215쪽(1915년 4월 강연).
64 앞의 글, 二宮步兵少佐講演,「本戰爭と獨逸の靑年」, 96쪽.
65 앞의 글, 田中義一陸軍中將,「歐洲戰爭ノ與ヘタル戰略戰術上ノ敎訓」, 2쪽 ; 앞의 글, 岡欽一步兵中佐,「歐洲戰ヨリ得タル敎訓」, 31쪽.

에서 이탈하였다. 또한 그해 4월에는 미국이 독일의 무제한 잠수함 작전에 반발하여 연합국 측에서 참전하면서 대전은 말 그대로 세계 대전이 되었다.

그렇다면 일본 육군은 근세 이래 북방의 위협이었던 러시아의 패인을 어디에서 찾았고, 일본의 대륙 권익 추구의 견제 세력이자 이제는 신흥 군사 강국으로 부상하려 하는 미국의 군사적 능력을 어떻게 평가하였는가. 또한 이는 기존의 '대전의 교훈'에 변화를 초래할 수 있는 것이었는가.

우선 러시아의 경우, 군대가 가담한 혁명으로 제정이 무너졌다는 점과 그 군대도 혁명과 패전 속에서 사실상 소멸하였다는 점에서 육군에게 큰 충격이었다. 이와 동시에 러시아의 패인과 거기서 얻을 수 있는 교훈을 고찰하도록 하는 계기가 된 것으로 보인다. 예를 들어 러시아군에 종군하던 오바타 도시시로(小畑敏四郎)는 혁명 후의 감상으로서 러시아 군대 교육상의 문제점을 다음과 같이 지적하였다.

혁명 전후의 러시아군 병사는 참으로 딴 사람을 보는 것 같다. 그리고 이러한 차이를 낳은 것은 군이 정치에 침해당한 것에서 유래하고, 일이 이 지경에 이른 것은 예전에 장교 된 자가 도도한 사조(思潮)의 암류(暗流)를 경시하고 오로지 이에 역행한 것에 배태되지 않은 것이 없다. 예전에 장교의 교만함을 보고서 부사관·병사를 불쌍히 여긴 본인은, 이제는 부사관·병사의 횡포를 보고서 장교에게로 동정을 돌릴 수밖에 없기에 이르렀다. 무릇 교양은 형식에 치우치고 주입으로 기울어져서는 안 된다. 이해를 다하고 확고한 자각을 주는 것을 그 근저로 삼아야 한다. 준엄함은 필요하다고 본다. 그렇지 않으면 한 번 풍운(風雲)이 일어나면 순식간에 근저에 동요를 초래할 것이다. 게다가 동정은 항상 이에 수반해야 한다.

바야흐로 사회적 자유 사상은 서방에서 일어나서 동방으로 닥쳐오고

바야흐로 사조 앞에 국경은 없어지려 하고 있다. 이와 같은 것은 참으로 국군의 건강을 잘 지키는 길이자 또 장교 스스로를 지키는 무기이지 않은 것이 없다. 러시아군의 현 상황은 타산지석으로 삼성(三省)하지 않아도 되겠는가.[66]

또한 역시 러시아군 종군무관이자 1918년 3월에 귀국한 도키노리 쓰루마쓰(時乘鶴松) 포병소좌도, 6월에 해행사에서의 강연에서 같은 지적을 하였다. 즉 "[러시아] 병사는 용감·집요하고 복종심이 풍부한 좋은 병사라는 것은 세계의 뭇사람이 인정하는 바"였지만, 실은 "원래 러시아 병사의 복종이라는 것은 각자의 자각에서 온 것이 아니라 병사의 순수·선량·무지함과 연래의 압박에서 온 둔중한 성격에서 온 것"이었다. 따라서 "사람의 지식이 발달하고 서구의 자유 기풍이 점점 침입하며 사회주의자의 활동이 활발해지자, 자각 없는 복종심은 금세 동요를 초래하여 압박에 반항하는 기운은 점차 군대에 가득"하게 되었다고 분석하였다. 그리고 전후 점점 더 심각해질 것으로 예상되는 민주주의, 사회주의 등의 사상 문제나 노동 문제에 대처하기 위해, 국민 사상을 연구하고 군대 교육과 국민 교육을 연계할 필요성을 주장한 것이다.[67]

앞서 말한 바와 같이 대전 중기까지 러시아군 병사의 절대적 복종심은 육군 내에서 높은 평가를 받았고 이를 가능하게 한 러시아의 국민성을 본받아야 한다는 주장도 제기되었다. 하지만 혁명과 패전을 계기로 재외무관들은 이를 '자각 없는 복종심'으로 재평가하였고, 자유주의·사회주의의 침투와 함께 러시아의 패인으로 들게 되었다고 할 수 있다. 그리고 이러한 시각은 육군 수뇌부도 공유하고 있었다. 실제로 우가

66 「感想」, 『小畑敏四郎關係文書』 201-4, 일본 국립국회도서관 헌정자료실 소장.
67 時乘鶴松砲兵少佐, 「露國ノ革命ト其軍隊」, 『偕行社記事』 531, 1918.10, 32·45~46쪽.

키는 혁명 후인 1918년 2월 말 무렵에 "'알도록 할 필요 없이 따르도록 해야 한다'라는 주의는 절대로 불가하다. 러시아군의 해체는 이를 증명하고도 남음이 있다. 이해에 근거한 군기의 성립이야말로 참으로 군의 요구라고 본다."라고 지적하였다.[68] 하지만 다른 한편으로 그해 10월 무렵에는 "민주주의는 군대 조직의 가장 강력한 용해제이다. 후자는 기율 위에 그 기초를 두지만, 전자는 기율의 부정 위에 그 근거를 두는 것이 일반적이다."라고 하여, 세계의 풍조에 대한 경계를 촉구한 것이다.[69]

한편 유럽에서 쏟아지는 주문으로 인해 참전 전부터 미국의 군수 공업은 성황을 띠고 있었는데, 이는 미국에 대한 일본 육군의 관심을 높여서 조사를 위해 무관을 파견하도록 하는 계기가 되었다. 그중 한 명으로서 1915년 6월에 파견된 곤도 효사부로(近藤兵三郎) 포병소좌는 현재 "미국 민간 병기 공장은 모조리 연합국의 포병 공창인 것 같은 상황"이고, 또 "돈의 힘으로 수행할 수 있는 것이라면 하고자 마음먹은 것 중 못할 것은 하나도 없다는 자부심" 즉 "미국인 기질"을 유감없이 발휘하여 대규모 공장 신설이나 기존 설비 개량 등을 행하고 있다고 소개하였다. 게다가 전시 연합국의 일시적인 수요에 응하는 것임에도 불구하고 "그 제작은 어느 것도 견실한 설비 위에 착수되었고 그것이 어떤 제품이든 임시변통식의 작업을 한 곳은 한 곳도 없"으며 이것이 일본과의 차이라고 높게 평가하였다.[70]

하지만 막대한 경제력과는 달리, 미국은 참전 전에는 약 10만 명의 정규군밖에 보유하지 않았고 훈련·장비도 부족하였으며 50년 이상 대규

---

68 앞의 책, 宇垣一成, 『宇垣一成日記』 1, 158쪽.

69 위의 책, 181쪽.

70 近藤兵三郎砲兵少佐, 「大仕掛の米國兵器工場」, 『歐洲戰爭實記』 58, 1916.04.05, 88~89쪽

모 작전 경험이 없었다. 또한 참전 이후에는 징병제 실시로 병력은 급증하였지만 전차·야포·항공기 등 중장비는 거의 연합국의 지원에 의존하고 있었고 장교의 자질도 의문시되었다. 따라서 미국이 대전 참전 후 곧바로 전황에 영향을 미칠 수 있을지, 또 전시 체제로 순조롭게 이행할 수 있을 것인지에 대해 육군 수뇌부는 대체로 부정적이었다.

우선 우가키는 1916년 후반에 "북미합중국의 부는 그것으로 천하를 지휘할 수 있"음에도 불구하고 오히려 "독일의 모멸, 멕시코의 농락에 대해 이를 응징하여 자국민을 보호할 수 없는 상태"라고 비웃었다. 그리고 "인구가 많고 물자가 풍부해도 이것이 전쟁 목적을 위해 잘 통일되고 편성되며 훈련되어 있지 않으면 교전에서는 그 힘을 발휘할 수 없다."라고 지적하였다.[71] 또한 우에하라도 미국이 참전한 직후의 서한에서 "미국도 자금만큼은 70억을 즉시 제공할 수 있지만 육·해군 병력에 이르러서는 벼락치기도 이만저만이 아니어서 위급한 경우에 도움이 될 가망이 없습니다."라고 하여, 참전의 군사적 효과는 당분간 기대할 수 없다고 보았다.[72]

그렇다면 재외무관들의 경우는 어떠하였는가. 유럽을 여행한 뒤 1917년 11월에 미국을 경유하여 귀국한 바바 시즈에(馬場鎭江) 보병중좌는, 바야흐로 미국은 군비 확대에 힘쓰고 있지만 군수품 및 군수 공업 기술자의 부족, 독일 잠수함에 의한 선박 손실 등으로 인해 "과연 예상한 성과를 올릴 수 있을지 어떨지는 크게 의문"이라고 하여 수뇌부와 거의 같은 판단을 내렸다.[73] 하지만 미국의 군비 확대 및 유럽으로의 병

---

71 앞의 책, 宇垣一成, 『宇垣一成日記』 1, 121~122쪽.
72 1917년 4월 28일부 히다카 나오타카(日高尙剛) 앞 우에하라 유사쿠 서한, 荒木貞夫 編, 『元帥上原勇作傳』 下, 元帥上原勇作傳記刊行會, 1937, 117쪽.
73 「歐洲旅行ニ關スル件」, 『歐受大日記』 大正7年·12月, 화상 번호 10, JACAR Ref.

력 수송이 점차 본격화됨에 따라 이들의 평가에도 변화가 나타났다. 즉 1918년 2월부터 연합국을 시찰한 쓰쿠시 구마시치(筑紫熊七) 중장은 "미국의 경제·공업 발전 상태"을 고려하면 미국의 군비 확대는 "영국이 500만의 신군을 창설한 곤란함에 비하면 용이할 것이다."라고 예상하였다.[74] 또한 항공기 제조 등을 조사하기 위해 파견된 사사모토 기쿠타로(笹本菊太郎) 포병중좌도 연합국의 군수품 주문에 응하는 가운데 "미국 공업은 자국의 참전시에는 그 조직에서 일반 공업 동원 준비를 완료"한 상태이고, 이것이야말로 "평시 병력의 수십 배의 군대를 급설하였음에도 아무런 곤란 없이 평탄하게 전시 상태로 이행할 수 있었던 이유"라고 보고하였다.[75]

더 나아가 이들은 미국의 경제력이나 군비 확대뿐만 아니라 대전에 임하는 미국 국민의 자세에도 주목하였다. 예를 들어 이시이 기쿠지로(石井菊次郎) 특사의 육군 수행원으로서 1917년 7월에 미국에 파견된 스가노 히사이치(菅野尙一) 소장은 군비 확대에 따른 장교 속성 교육을 받은 이들의 대부분이 대학생이거나 그 졸업생이라는 점을 들면서, "미국 학생, 특히 대학 등 고등 교육을 받은 이들 간에 군사 사상이 발달하고 우국·상무의 기상이 풍부한 것은, 이를 우리나라 학생의 현 상황에 비하면 실로 하늘과 땅 차이가 있다."라고 탄식하였다.[76] 또한 사사모토도

C03024984900, 일본 방위성 방위연구소 소장(1918년 1월 26일부).

74 「米國視察ノ件」, 『大日記乙輯』 大正8年·第1類, 화상 번호 109, JACAR Ref. C03011115600, 일본 방위성 방위연구소 소장(1918년 5월 10일부).

75 「外國出張報告書提出ノ件」, 『密大日記』 大正9年·5冊ノ內2, 화상 번호 5~6, JACAR Ref.C03022497000, 일본 방위성 방위연구소 소장(1918년 10월 1일부).

76 「遣米特命全權大使陸軍隨員ニ與フル訓令ノ件」, 『密大日記』 大正7年·4冊ノ內2, 화상 번호 66, JACAR Ref.C03022435200, 일본 방위성 방위연구소 소장(1917년 12월 10일부).

"우리나라에는 미국은 금권만능의 나라이자 이기주의의 화신인 것처럼 생각하는 이가 있지만 현 상황에 비추어보니 크게 이에 반한"다고 하면서, 부자가 그 자제를 군인으로 만들거나 스스로 무보수로 국가에 봉사하는 등 "일반에 봉공 정신이 두텁고 순결한 것이 있다."라고 감탄하였다.[77]

이처럼 미국이 참전을 계기로 경제적·군사적 측면뿐만 아니라 정신적 측면에서도 각성하였다고 판단한 만큼, 앞으로의 미국의 대두에 대한 위기감은 더해지게 되었다. 쓰쿠시는 "제국[일본] 육군으로서는 미국 육군의 가치를 경시하는 경향이 없지 않다. 그러나 이는 미국의 진정한 활동력을 도외시한 의견이고, 일단 이번 전쟁에서 미국으로 하여금 최후의 명성을 올리게 한다면 제국은 실로 두려운 새로운 강적을 얻는 것과 같다."라고 경고하였다. 그리고 "오늘날까지 너무 미국을 등한시"한 것은 "제국 육군의 일대 결함"이라고 지적하면서 "가능한 한 신속히, 가능한 한 다수의 관찰자를 각종 방면에서 파견"하여 "미국의 국정을 탐구"해야 한다고 주의를 환기한 것이다.[78]

그러나 이들도 전시에 급설된 미군의 군사적 능력이나 이번 대전에서 활약할 가능성에 대해서는 의문을 품고 있었다. 우선 스가노는 "[미국의 전시] 시설이 대규모인 것은 실로 미국식을 발휘한 것"이라고 평가하면서도, "평시에 군비를 소홀히 한 이는 전시에 많은 비용과 큰 노력을 필요로 할 뿐만 아니라 급히 만든 것은 충분한 실력을 얻기 힘들다는 점은 미국의 오늘날이 증명하고도 남음이 있다."라고 하였다. 그러면서 미군의 교육·훈련·병기·피복상의 결점을 들면서 이는 "평시에 군비를 소홀히 한 자가 당연히 받아야 할 응보"라고 비판하였다.[79] 또한 쓰쿠시

---

77 앞의 글, 「外國出張報告書提出ノ件」, 화상 번호 7.
78 앞의 글, 「米國視察ノ件」, 화상 번호 144·254.
79 앞의 글, 「遣米特命全權大使陸軍隨員ニ與フル訓令ノ件」, 화상 번호 17~19.

는, 미군에게 "2~3년의 세월을 준다면 위대한 세력을 발휘할 것임은 명백하다."라고 예상하였지만, 실은 여기에는 "지금 당장 유럽 전장에서 명성을 올릴 수는 없겠지만"이라는 단서가 붙어 있었다.[80]

이처럼 일본 육군은 러시아의 혁명과 패배에서 '자각 없는 복종의 위험성'이라는 새로운 교훈을 얻었지만, 이와 동시에 '사상의 악화'를 한층 더 경계하게 되었다. 또한 육군은 미국의 군비 확대와 국민의 각성에서 그 군사적 잠재 능력이나 국민성을 경시해온 기존의 견해를 일부 수정하였다. 하지만 미군 투입이 유럽의 전황에 곧바로 영향을 미칠 수 있는지에 관해서는 대체로 부정적이었는데, 여기에는 전시에 급설한 군대인 미군의 실력을 낮추어 보는 육군의 정병과병주의가 반영되어 있었다. 즉 육군에게 러시아의 패배와 미국의 참전은 독일의 선전에서 얻은 대전의 교훈에 근본적인 변화를 초래하는 것이 아니라, 오히려 그 유효성을 입증하는 것이었다고 할 수 있다.

IV. 대전 종결 전후의 승패 분석과 그 교훈

1. 대전 말기의 공방과 승패 예상

1917년 말에 대전의 전황은 연합국 측에 대단히 불리한 것처럼 보였다. 동맹국은 서부 전선에서 프랑스·영국의 수차례의 공격을 저지하였고 이탈리아에도 큰 타격을 가하였을 뿐만 아니라, 동부 전선에서는 혁명 후 혼란에 빠진 러시아에 대공세를 가하여 휴전할 수밖에 없도록 만

---

80 앞의 글, 「米國視察 / 件」, 화상 번호 142~143.

들었다. 미국이 연합국 측에 가담하기는 하였지만 유럽으로의 병력 수송은 아직 본격화하지 않았고, 연합국 선박은 독일의 무제한 잠수함 작전으로 막대한 손실을 입고 있었다.

당시 연합국의 앞날에 대한 비관적인 전망은 일본 육군 내에도 존재하였다. 그해 말에 참모본부가 작성한 것으로 보이는 「전황 장래의 판단」이라는 보고서는 러시아군의 붕괴, 프랑스·영국의 공세 실패, 이탈리아의 대패 등을 들면서, 서부 전선에서 동맹국이 연합국보다 병력에서 우위에 서게 되었다고 보았다. 그리고 동맹국은 내년 2~3월 무렵에는 서부 전선에서 결전을 시도할 것이고 스위스의 중립을 침범하여 프랑스 동부로 침입할 것이라고 예상한 뒤, 다음과 같은 결론을 내렸다.

> 이는 요컨대 장래에 연합군이 무력적 결승을 얻을 가망은 사라지고, 이에 반해 전황 장래의 광명은 단지 동맹 측에서 이를 보도록 하기에 이르렀다. 그리고 독일·오스트리아군의 장래의 신 작전 결과는 마침내 어쩌면 연합국을 불리한 형세에 빠뜨리지 않을지 우려된다.[81]

또한 독일의 대공세를 목격하고 1918년 3월 초순에 러시아에서 영국으로 철수한 고노 쓰네키치(河野恒吉) 기병대좌는 진다 스테미(珍田捨巳) 주영 대사에게 다음과 같은 보고서를 제출하였다. 즉 독일에 대한 포위·지구전이 러시아의 패배로 파탄한 이상에는 연합국은 "공세적 대결전"에 나설 수밖에 없다. 하지만 적 진지는 여전히 견고하고 프랑스·영국의 병력 증가는 이미 한계에 달해 있다. 게다가 미군은 "고급 장교의 기능 및 대부대로서의 전투 능력에 큰 결함"이 있다. 따라서 "50만에서 100만

---

81 「戰局將來ノ判斷」, 「分割3」, 『歐洲戰爭ニ關スル情報 陸軍之部』 11, 화상 번호 70~76, JACAR Ref.B07090643200, 일본 외무성 외교사료관 소장(5.2.2.0.48-4.011).

의 미군이 예상대로 서방 전장에 도착했다고 하더라도 곧바로 연합군이 독일군을 압도하여 섬멸할 수 있다고 속단하는 것은 큰 잘못"이며, 오히려 "연합군의 앞날은 유감이지만 낙관적인 정세라고 하기 어렵"다. 이에 반해 독일 측은 "바야흐로 러시아군의 붕괴로 인해 전황 전개상 막대한 이익을 누라"고 있고, 그 결과 "서방 전장에서 결전을 하거나 또는 이를 피하여 지구전을 하더라도 정세는 연합군보다 유리"하게 되었다고 보았다.

이러한 정세 판단에서 고노는 몇 가지 대전 종결 시나리오를 제시하였다. 흥미로운 점은 그중 첫 번째는 "이번 봄의 독일의 공격이 결정적 대승리를 거두"었을 경우, 두 번째는 "미군이 올해 겨울 또는 내년 봄에 프랑스에 도래함과 동시에 행한 연합군의 공세가 실패로 끝나서 마침내 승산이 없음을 영국이 깨달은" 경우로서, 둘 다 연합국에 불리한 결말이라는 점이다. 다만 그 밖에 "독일의 춘계 공격이 실패하여 국론이 들끓어 오르는" 것이 상정되어 있기는 하였지만, 연합국 측의 가혹한 강화 조건과 대러 통상 무역 부활에 따른 물자난 완화에서 볼 때 독일 측에서 화평을 제의할 가능성은 작다고 보았다.[82]

그런데 독일군은 1918년 3월 하순부터 서부 전선에서 대대적인 공세에 나서서 1914년 이래 처음으로 연합국의 방어선을 돌파하였다. 그러나 7월 중순까지 총 5회에 걸친 필사적인 공세에도 불구하고 연합군에 대한 결정적인 승리는 거두지 못하였고 그 과정에서 막대한 병력 손실을 입었다. 이 무렵 현지에서 전황을 관찰하던 재외무관들 중에는 독일 패배의 징조를 발견한 이들도 있었다. 예를 들어 고노는 독일의 공세가 한창일 때 영국에서 프랑스·스위스로 건너가 전황을 연구하고 있었다. 그는 제1차 공세에 비해 5월 말의 제2차 공세가 단기간에 끝났다는 점

---

82 「戰局大觀」, 「河野大佐滯露意見」, 『田中文書』 47(1918년 3월 6일부).

에서 독일군은 예비대가 결핍되었다고 보았고, 연합군이 수비에 전념하기만 한다면 "연내에는 연합군의 승리로 끝난다."라고 판단하였다고 한다.[83] 또한 1916년 11월부터 프랑스군에 종군하고 있던 시오텐 노부타카(四王天延孝) 공병중좌도, 1918년 3월 무렵에 독일군 1개 보병 대대가 프랑스군에 집단 투항한 것을 보고 "나는 독일은 패한다고 판단하였지만 도쿄(東京)의 참모본부는 한참 뒤까지 독일의 승리를 의심하지 않았던 것 같다."라고 회상하였다.[84]

실제로 이 시점에서 육군 수뇌부가 독일 패배의 가능성을 진지하게 고려한 흔적은 보이지 않는다. 우선 다나카 기이치는 1918년 5월에 간행된 저서에서 "독일은 개전 이래 머잖아 굶주릴 것이다, 굶주릴 것이라고 말해 왔음에도 불구하고 3년 남짓 지났지만 아직 굶주리고 있는 기미는 없다."라고 하면서, 독일의 경제적 자급자족 체제를 "구주대전이 준 사실적 교훈" 중 하나로 들었다.[85] 또한 연합군의 반격이 시작된 그해 8월 무렵에 우가키 가즈시게 참모본부 제1부장은, 근세 이래 영국은 몇 차례의 장기전을 치른 경험이 있고 "국가로서의 집착력이 강하며 강인한 국민성을 지니고 있다."라고 인정하였다. 그러면서도 "대체로 유사한 성능을 지닌 독일을 상대로 하는 것"이므로 "이번 전쟁은 아직 지속될 것으

---

83 河野恒吉,「一次歐洲大戰より見たる今次大戰の判斷」,『經濟俱樂部講演』4, 1940. 02, 3쪽. 다만 여기서 말하는 "제2회 공격"은 독일군의 1918년 춘계 대공세 중 5월 27일에 개시된 제3차 공세의 잘못으로 보인다.

84 四王天延孝,『四王天延孝回顧錄』, みすず書房, 1964, 71~72쪽. 또한 1917년 10월에 유럽에서 귀국하여 임시군사조사위원으로 임명된 나가타 데쓰잔(永田鐵山)도, 당시 동맹국의 승리를 예상하던 육군 내 "독일통"이나 참모본부와는 달리 국가 총동원의 견지에서 독일의 불리함을 지적하였다고 한다(志道保亮,『鐵山永田中將』, 川流堂小林又七印刷所, 1938, 133~134쪽).

85 田中義一,『歐洲大戰の敎訓と靑年指導』, 新月社, 1918, 80쪽.

로 생각할 수 있다."라고 하였다.[86] 이는 앞서 살펴본 독일의 군사적 능력에 대한 육군의 높은 평가와 함께, 적국 독일에 대한 정보 부족으로 인해 그 국내 사정이나 군대의 상황 등을 제대로 파악하지 못한 결과로 여겨진다.

하지만 9월 말부터 연합군이 총공격을 개시하여 독일군의 방어선을 돌파하자, 육군도 독일의 패색이 짙어졌음을 인정할 수밖에 없었다. 10월 하순에 육군이 작성한 「구주전쟁의 현황」이라는 보고서에서는 "바야흐로 독일군의 결승 계획은 좌절하여 전황의 앞날에 광명을 잃는 경향을 보이고 국내 인심의 동요·부진과 함께 군대는 점차 전의가 결여되어 예전의 전투 능력을 지니지 않기에 이르"렀다고 평가하였다. 그리고 독일의 패인에는 전투에 의한 독일군의 병력 감소 및 능력 저하, 연합군의 통수·전법 개선 및 신병기 이용, 미군의 실력 향상 등이 있지만, 근본적으로는 "독일 국내의 불안, 특히 사회주의자가 날뛰는 것은 마침내 군대 내에도 그 사상을 침입시켜 군대 정신의 이완·권태를 초래하기에 이른" 것이 가장 큰 원인이라고 보았다.[87]

그리고 동맹국들이 잇따라 전열에서 이탈하는 가운데, 11월에는 독일에서도 혁명으로 제정이 무너지고 공화정이 선포되었으며 신정부가 연합국의 휴전 조건을 받아들임으로써 대전은 종결하였다. 대전 중에 독일의 군사적 능력을 높게 평가하고 거기서 대전의 교훈을 얻고 있었던 만큼, 독일의 혁명과 패배는 육군에게 큰 충격으로 다가왔다. 예를 들어 우쓰노미야 다로 조선군 사령관은 휴전이 성립한 다음 날의 일기에 독일의 패배에 관한 감상과 일본의 장래에 대한 불안을 다음과 같이

---

86 앞의 책, 宇垣一成, 『宇垣一成日記』 1, 175쪽.
87 「歐洲戰爭ノ現況」, 앞의 글, 「分割3」, 화상 번호 47~51.

기록하였다.

> 5년에 걸쳐 거의 전 세계를 상대로 하여 선전한 독일도 국내 사정으로 전쟁 지속이 허용되지 않아 지난 11일에 굴복적인 휴전 조약에 조인하였다는 소식이 도착하였다. 그뿐만 아니라 이른바 사회당 민주파가 강요한 결과, 그토록 대단한 독일 황제도 부득이하게 퇴위하기에 이르렀고 황태자도 계승권을 포기하였다는 설조차 있다. [중략] 적이지만 오래 쌓은 공로를 마지막 한 번의 실수로 잃어 이러한 참상을 보기에 이른 것은 약간의 눈물이 없을 수 없다. 타인의 신세는 곧 나의 신세이다. 우리들은 장래에 큰 각오가 필요하다.[88]

이와 동시에 지금까지 전시에 급설한 군대라고 낮추어 본 영국군이나 미군 등 연합군의 선전은, 그 군사적 능력에 대한 육군의 종래의 평가를 재고하는 계기가 되었다. 1918년 7월에 프랑스로 파견되어 각국 군대의 전략·전술 연구에 종사한 가와무라 나오타케(川村尙武) 보병대좌는, 귀국 후의 보고서에서 영국군 포병의 위력과 병사의 용기, 프랑스군의 독일군에 뒤지지 않는 "무인으로서의 가치"와 국민의 자각을 높게 평가하였다. 그뿐만 아니라 미군에 대해서는 통수, 군기, 무장, 훈련 등에 결점은 있지만 "오늘날의 미군을 장래의 미군으로 간주하는 것은 매우 불가"하고, 따라서 "미군의 장래 가치는 미정이며 곧바로 이를 경시할 수 없을 것"이라고 경고하였다. 특히 "미군에 관하여 두려운 것은 모

---

88 宇都宮太郞關係資料硏究會 編, 『日本陸軍とアジア政策: 陸軍大將宇都宮太郞日記』 3, 岩波書店, 2007, 174쪽(1918년 11월 12일조). 또한 우쓰노미야는 4일 후에 우에하라 유사쿠에게 보낸 서한에서도 "독일의 붕괴는 너무나도 비참하여 제국의 앞으로의 입장은 상당히 힘들 것이라고 생각합니다."라고 하였다(1918년 11월 15일부 우에하라 유사쿠 앞 우쓰노미야 다로 서한, 앞의 책, 上原勇作關係文書硏究會 編, 『上原勇作關係文書』, 104쪽).

든 계획이 매우 대규모라는 점"이라고 한 뒤, "우리나라가 이러한 국가
와 인접하고 있음을 고려하여 이에 대한 방침에 관하여 다시 생각"할
것을 촉구한 것이다.[89]

이처럼 대전 말기까지 일본 육군 내에서 독일의 패배를 예상한 이들
은 소수에 불과하였다. 그런 만큼 독일의 혁명과 패배, 연합국의 군사적
승리라는 귀결은 육군에는 충격이었고, 종래의 '대전의 교훈'의 내용에
도 수정을 요구하는 것이었다. 이에 육군은 임시군사조사위원을 증원하
고 대전 시기보다 더 많은 수의 무관을 구미로 파견하였으며 적국이었
던 독일·오스트리아 등에도 무관 파견을 재개하였는데, 여기서는 정보
수집을 통해 대전 승패의 원인을 규명하려는 자세를 엿볼 수 있다.

2. 종전 후의 승패 분석과 '대전의 교훈'의 성립

그렇다면 육군은 종전 후 연합국의 승리와 독일의 패배의 원인을 어
디서 찾았는가. 또한 이러한 승패 분석을 통하여 성립한 '대전의 교훈'
은 어떠한 내용이었고 그 해석을 둘러싸고 육군 내에 의견 대립은 없었
는가.

우선 독일의 패인으로는 국민개병주의의 불철저함이 지적되었다. 전
주네덜란드 공사관 무관이자 1919년 4월부터 1년간 육군위원 자격으로
베를린에 주재한 와타나베 조타로(渡邊錠太郎) 보병대좌는, 여러 가지
패인 중 가장 먼저 "독일이 전쟁 전에 국민개병 제도를 채용하지 않은
것", 즉 "평소에 54 혹은 55% 정도의 장정을 입영시키고 그 외의 40 몇

---

89 「川村步兵大佐(服部騎兵中佐)海外出張ノ件」, 『歐受大日記』 大正8年·9月, 화상 번
　호 30~36, JACAR Ref.C03025083100, 일본 방위성 방위연구소 소장(1919년 6월
　1일부).

%의 장정은 전혀 입영시키지 않고 무교육인 채로 내버려 두었다."라는 점을 들었다. 그 결과 독일은 개전 직후에 이미 병력 부족에 시달리게 되었을 뿐만 아니라, 전선의 병사와 후방의 직공 간에 대우 격차가 발생하였기에 휴가에서 돌아온 병사나 대전 말기에 징집된 직공은 불만을 품게 되었고 이것이 군대 내에 불평과 무질서가 확산하는 원인이 되었다고 지적하였다.

더 나아가 와타나베는 독일 군사계의 논의로서 국민개병주의에 근거한 복무 기간 단축론도 소개하였다. 즉 "이번 유럽전쟁의 실험에 의해 현역이라는 것을 길게 둘 필요가 없다, 특히 교육 방법을 분업적으로 하여 실행하면 단기간에 목적을 달성할 수 있다는 것이 증명되었다."라고 하면서, 모든 장정을 입영시켜서 군사 교육을 하는 대신 현역 복무 기간을 단축하고 단기 복무 "잡졸"과 장기 복무 "기간병"을 병치하는 것이 제안되고 있다고 하였다. 그리고 이는 "정병주의와 다병주의라는 두 개의 주의를 병용한 것"이라고 평가하였다.[90] 앞서 말한 것처럼, 대전 중에 육군은 독일의 국민개병주의를 높게 평가하고 이를 선전의 원인으로 보았다. 하지만 와타나베의 지적은 육군의 이러한 시각을 부정할 뿐만 아니라, 정병과병주의에 따른 기존의 징병 제도 및 교육 방침에도 재검토를 촉구하는 것이었다고 할 수 있다.[91]

---

90 渡邊錠太郎陸軍少將, 「歐洲戰爭と獨逸」, 『偕行社記事』 555, 1920.11, 11~12·14쪽. 또한 이에 앞서 그가 그해 6월에 천황에게 올린 복주서(復奏書)에도 같은 내용이 있다(「和蘭國在勤中ニ於ケル任務狀況復奏」, 『歐受大日記』 大正 10年·4·5月, 화상 번호 5~6쪽, JACAR Ref.C03025222900, 일본 방위성 방위연구소 소장).

91 일본의 경우 1916년부터 1921년까지 징병 검사를 받은 이에 대한 현역병 비율은 22% 정도에 불과하였다(앞의 책, 加藤陽子, 『徵兵制と近代日本 1868-1945』, 67쪽). 이에 대해 우가키도, 일본에서는 매년 징병 적령 장정은 50만 명 남짓인데 현역은 12~13만 명, 보충병역도 17~18만 명에 불과하다면서 "국민개병의 실

다음으로 독일의 전시 식량 정책의 결점도 지적되었다. 1919년 7월부터 독일에서 군사 위생을 조사한 고이즈미 지카히코(小泉親彦) 3등 군의정(軍醫正)(소좌 계급에 상당)에 따르면, 대전이 각 분야에 미친 영향 중 가장 큰 것은 "국민의 영양상에 미친 것"이었다. 그런데 독일은 대전 전에는 식량 정책 연구를 등한시하였고, 대전 중에도 생리학자들의 조언을 받아들이지 않고 오로지 경제학적인 관점에서 식량 배급을 계획하는 등 실책을 거듭하였다. 그 결과 독일 국민은 영양 부족이 되어 그 체력이나 면역력은 물론 노동 능률, 정신력, 사상까지 악화하여 "마침내 전술상에서 이겼음에도 이제는 패자로서 모든 고통을 맛보지 않을 수 없기에 이르렀다."라고 지적하였다.[92] 앞서 살펴보았듯이 육군 수뇌부는 대전 말기까지 독일의 식량 부족의 심각함을 깨닫지 못하고 있었다.[93] 하지만 종전 후의 조사로 그 실상이 명확해지자, 육군 내에서는 중국을 포함한 자급자족권의 형성[94]이나 경제 발전 및 국제 분업에 의한 자급자족 달성[95]의 필요성이 제기되었다.

특히 육군이 주목한 것은, 엄정한 군기를 자랑하던 독일군은 혁명에 의해 무너진 데 반해 어째서 연합국 군대와 국민은 장기전을 견뎌내고 최종적인 승리를 거둘 수 있었는가 하는 점이다. 이에 관하여 가와무라는 프랑스군의 비평이라고 전제한 뒤, "독일군은 그 편제 및 규율에서

질에서 멀어진 바가 크다. 이는 장래의 건군(建軍)상 개량이 필요하다."라는 감상을 남겼다(앞의 책, 宇垣一成, 『宇垣一成日記』1, 254쪽, 1920년 2월).

92 小泉親彦三等軍醫正, 「戰間に於ける獨逸の食糧政策と國民の榮養」, 『偕行社記事』 565, 1921.09, 113·116·120쪽.

93 우가키는 1919년 9월 무렵까지도 독일의 식량 문제는 패배를 초래할 만큼 심각하지는 않았다고 인식하고 있었다(앞의 책, 宇垣一成, 『宇垣一成日記』1, 222쪽).

94 위의 책, 191쪽.

95 臨時軍事調査委員, 「獨逸屈服ノ原因」, 『偕行社記事』 537 부록, 1919.05, 16쪽.

세계 제일의 군대일 것이다. 그러나 그 규율이라는 것은 강제에 근거한 것이므로 어느 정도의 역경에 달하게 되면 와해되는 불행을 초래할 우려가 있다."라고 설명하였다.[96] 독일군에 대한 이러한 비판은 대전 중에도 존재하였고 앞서 살펴본 고바야시 준이치로와 같이 일본 육군 내에도 그러한 의견이 전혀 없지는 않았지만, 육군은 이를 연합국의 선전으로 보고 무시하는 경향이 있었다. 그러나 러시아에 이어 독일이 패배한 것을 계기로, 육군은 독일군에 대한 기존의 평가를 수정함과 동시에 군대 내 장교와 병사와의 관계를 재고하게 되었다.

예를 들어 1920년 1월에 우가키 가즈시게 육군대학교장은, 지휘관이 현명하지 않은 경우에는 "절대복종이 반드시 군대의 능률을 발휘하는 원인이 되지만은 않는다. 때로는 이를 저하하는 원인인 경우가 없다고 할 수 없다. 러시아군의 해체나 독일군의 군기 이완 등은 실로 주의해야 할 소식이다."라고 지적하였다.[97] 또한 그해 6월 무렵에도 육탄주의의 남용을 경계하면서, "러시아·독일의 혁명과 그 군대의 해체 등은 군대를 극단적으로 소모품처럼 사용한 것의 반동이 큰 원인"이라고 하였다.[98] 대전 중에 육군은 러시아의 패배를 '자각 없는 복종'의 실패 사례로 보고 있었는데, 대전 후에는 러시아군뿐만 아니라 독일군도 '강제와 맹종에 의한 군대'로 간주하게 된 것이다.

더 나아가 대전에서 연합국의 승리를 '강제에 대한 자각의 승리'로 보는 시각도 나타나기에 이르렀다. 그 대표적인 논자로서 혼마 마사하루(本間雅晴) 보병대위는 영국군 종군 및 부대 근무 후의 보고서에서, 영국군과 독일군 군기의 기초의 차이를 다음과 같이 설명하였다.

---

96 앞의 글, 「川村步兵大佐(服部騎兵中佐)海外出張ノ件」, 화상 번호 29.
97 앞의 책, 宇垣一成, 『宇垣一成日記』 1, 241쪽.
98 위의 책, 296쪽.

영국군 군기의 기초는 간부의 사랑과 병사의 자각에 있다. 그리고 일반적으로 독일 군대의 공포로 통제하는 수단에 대해 극단적인 혐오를 품고 있고, 간부의 간섭과 병사의 맹종이 독일 군대의 적합성을 해치고 그 독단심(獨斷心)이 싹트는 것을 방해한 사실에 관하여 전쟁 중에 직접 사정을 목격한 결과, 점점 더 독일의 전철을 밟지 않는 데 유의하고 있다.[99]

또한 귀국 후의 다른 논문에서도, 러시아군·독일군과 같은 냉혹한 군기로 결속된 "경성(硬性) 군대"는 "평소에는 강한 것 같아도 일단 균열이 생기면 탄성을 잃고 단숨에 부러지"지만, 평소 군기가 문란한 것처럼 보인 영국군·프랑스군은 역경을 견뎌내고 국가를 위기에 빠뜨리지 않았다고 하면서, "우리 군대에 지금 약간 유연성을 줄 필요가 있다."라고 주장한 것이다.[100]

특히 혼마의 의견에서 주목되는 것은, 그것이 연합군과 독일군의 비교에 그치지 않고 육군의 기존 조직 원리에 대한 반성으로까지 이어졌다는 점이다. 그는 "종래에 우리 군대에서 자유는 필요 최소한도로 주어졌고 행동거지를 관리하는 규칙을 면밀하고 친절하게 규정"한 데 반해, 영국군은 "줄 수 있는 최대한의 자유"를 허용하는 대신 이에 따른 책임을 지도록 함으로써 군기와 자유를 양립시키고 있다고 설명하였다.[101] 더 나아가 "우리들의 이른바 '온정주의'라는 것은 말할 것도 없이 우리나라 재래의 것"이고 메이지(明治) 초기의 군대까지는 온정주의가 유지

---

99 本間雅晴步兵大尉, 『英國陸軍隊附視察報告』, 일본 방위성 방위연구소 소장(中央-軍事行政その他-118), 5쪽.
100 本間雅晴步兵大尉, 「思想の變遷に鑑みて軍紀と服從とを論ず」, 『偕行社記事』550, 1920.06, 43쪽.
101 앞의 책, 本間雅晴步兵大尉, 『英國陸軍隊附視察報告』, 9쪽.

되었지만, "독일식의 채용"과 그 "형식적 모방"에 치우친 결과 "부하를 사랑하여 기른다는 것을 경시하고 전장에서 부리는 점에 편중하는 경향을 보기에 이르렀다."라고 지적하였다.[102] 이는 독일의 영향을 받으면서 성장해 온 육군의 존재 방식에 중대한 문제를 제기하는 것이었다고 할 수 있다.

그리고 '자각에 근거한 복종'이라는 대전의 교훈은, 종전 직전에 육군대신으로 취임한 다나카 기이치에 의해 어느 정도 제도화되었다. 앞서 말한 바와 같이 다나카는 대전 중에는 일관되게 독일의 군사적 능력을 높이 평가하였다. 그러나 대전이 독일의 패배로 끝나게 되자 "나는 독일을 잘못 보고 있었다."라고 후회하였고, 병사 개인의 개성을 중시하는 방향으로 군대내무서(軍隊內務書) 개정에 착수하였다고 한다.[103]

다나카는 1920년 9월에 부대장 및 참모들을 소집하여 개정 군대내무서의 강령을 설명하는 가운데 "구주대전에서 각국 군대의 사례에 비추어도 장래에는 자각 없는 복종은 아무 가치가 없음"이 증명되었다고 하면서, "강압적인 군기·복종을 요구"하는 것이 아니라 "군기가 군대의 성립상 반드시 필요한 까닭을 이해시키고 복종은 실로 군기 유지의 중요한 방법임을 철저히 자각"시키는 것이 필요하다고 강조하였다.[104] 그의 지적은 이듬해 3월에 이루어진 개정에 반영되어, 군대내무서 개정 이유서는 복종에 관하여 "구주대전 중 각국의 사례"를 참조하여 "각자의 인격을 존중하고 자각심을 향상하며 이해 있는 복종심을 함양하는 데 힘썼다."라고 설명하고 있다.[105]

---

102 앞의 글, 本間雅晴歩兵大尉, 「思想の變遷に鑑みて軍紀と服從とを論ず」, 49~50쪽.
103 田中義一傳記刊行會 編, 『田中義一傳記』 下, 原書房, 1981, 초판 1960, 218쪽.
104 「軍隊內務書綱領ニ關スル田中陸軍大臣ノ口演摘要」, 『偕行社記事』 560 부록, 1921. 04, 26쪽.

또한『해행사기사』는 1921년 12월에 '부사관·병사의 자각심을 환기할 구체적 방안'을 제53회 현상 논문 문제로 제시하였고, 이를 계기로 자각에 관한 논쟁이『해행사기사』지상에서 활발하게 벌어졌다. 이를 통해 당시 육군 내에서는 '대전의 교훈'으로서 자각의 중요성에 대한 일정한 공통 인식이 생겼음을 알 수 있다. 또한 이는 대전 중에 선정된 현상 논문이 '구주전의 교훈'으로 주로 독일의 사례를 들고 있던 것과는 극적인 대조를 이룬다고 할 것이다.

마지막으로 육군은 장래의 총력전을 견딜 수 있는 국민을 만들기 위해, 군이 주도하는 국민 교육의 필요성을 한층 더 통감하게 되었다. 그런데 육군은 대전 중에는 독일의 재향군인회나 청년단을 모범으로 삼았지만, 종전 후에는 영국의 보이스카우트나 미국의 예비 장교 양성단(ROTC) 등 연합국의 국민 교육에도 주목하기 시작하였다. 예를 들어 1920년 10월에 유럽에 파견된 오이 히로시(大井浩) 보병대위는 영국의 소년여단(Boys' Brigade) 대회를 견학한 소감으로, "눈썹 언저리에 흘러넘치는 소년의 용기, 군기의 엄정함, 확실하고 정연한 동작"에 감탄하였다. 그리고 "본인은 일찍이 이처럼 아름다운 규율적 교련과 정연하고 확실한 군사 교련을 우리나라의 학교 교육에서 본 적이 없다."라고 하였다.[106] 또한 하세가와 미요지(長谷川美代治) 보병대위도 미국의 국민 군사 교육의 개황을 소개한 뒤, "최근 우리나라에도 소년단, 청년단 등의

---

105 「軍隊內務書改正理由書」, 위의 책, 2쪽. 대전 후 다나카 기이치 육군 군정의 일환으로 이루어진 군대내무서 및 군대교육령 개정을 '군민 관계 수복'이라는 시점에서 재검토한 것에 관해서는 박완, 「하라 다카시(原敬) 내각 시기 다나카 기이치(田中義一) 육군 군정의 재검토: 군민(軍民) 관계 수복의 시점에서」, 『人文科學研究』 44, 2021, 4장을 참조하길 바란다.

106 大井浩步兵大尉, 「英國ニ於ケル社會的青年敎育ニ就テ」, 『偕行社記事』 579, 1922.11, 35·41쪽.

조직이 있다. 하지만 그 훈련은 미국처럼 군사에까지 관여하는 바는 없고, 또 학교의 병식(兵式) 교련은 미국에 미치지 못하는 바가 크다."라고 평가한 것이다.[107]

이처럼 육군은 대전의 승패 분석을 통해 철저한 국민개병주의와 국민 교육, 경제적 자급자족 달성, 병사의 자각 향상 등의 교훈을 도출하였다. 이는 징병 제도나 교육 방침, 군대 내 상하 질서, 국민이나 사회와의 관계 등 육군의 기존 존재 방식에 재검토를 촉구하는 것이었다. 그 과정에서 지금까지 모범으로 삼아 온 독일은 러시아와 함께 실패 사례로 간주되었다.

하지만 육군이 대전 중에 독일의 선전에서 얻은 교훈의 일부는 독일의 패배에도 불구하고 완전히 부정되지는 않았다. 예를 들어 우야 아키라(烏谷章) 보병대좌는 독일 군국주의의 산물로서 징병 제도 폐지론이 제기되는 것을 비판하였고, "독일은 전쟁에서는 졌지만 전투에서는 이겼다. 독일이 4년 반의 포위 공격을 견딘 것은 즉 그 제도 또는 주의 중 적당한 것이 많았음을 증명하는 것이다."라고 반론하였다.[108] '독일은 전투에서는 이겼지만 전쟁에서는 졌다.'라는 것이 일반적인 평가였지만, 육군은 이와는 정반대의 논리를 구사하여 개별 전투에서 독일군의 사례를 중시하는 자세를 바꾸려 하지 않았다.

〈표 1〉은 참모본부가 1916년부터 1922년에 걸쳐 편찬한 『구주전쟁총서(歐洲戰爭叢書)』의 전투 사례를, 그 색인에 따라 국가별 및 성공·실패별로 구분하여 정리한 것이다.[109] 여기서는 대전에 관한 일본 육군의 공간(公刊) 전사에 독일의 사례가 가장 많이 인용되어 있고 그 대부분이

107 長谷川美代次步兵大尉, 「米國國民軍事教育ノ現狀」, 『偕行社記事』 567, 1921.11, 110쪽.
108 烏谷章步兵大佐, 「徵兵制度廢止問題ニ就テ」, 『偕行社記事』 537, 1919.05, 42~43쪽.
109 「歐洲戰爭叢書索引」, 『偕行社記事』 586 부록, 1923.06에서 필자가 정리함.

성공 사례라는 점, 통수·공격·추격 등 육군이 전통적으로 중시해온 항목에서 특히 그러하다는 점을 확인할 수 있다. 이처럼 육군이 연합군보다 독일군의 전투 사례를 중시하였고 거기서 전략·전술상의 교훈을 얻고자 하였다는 점은, 독일의 선전에서 얻은 교훈이 종전 후에도 아직 그 유효성을 잃지 않았음을 의미한다.

〈표 1〉『구주전쟁총서』의 사례 분석

번호	구분	영국		프랑스		러시아		이탈리아		미국		독일		오스트리아		기타	합계
		성공	실패	성공	실패	성공	실패	성공	실패	성공	실패	성공	실패	성공	실패		
1	통수	1	2	1	2	1	1					7	3		4	1	23
2	공격		1		1	2	2					15	1	2	3	2	29
3	방어		1		1	1						2					5
4	진지전	1		2		1						2				1	7
5	추적											5		1	1		7
6	퇴각	1		1				1	1			1		1	2	2	10
7	산지전							2				6	3	1	1	1	14
8	하천전	1				1						4	1	3	1	3	14
9	야전											2	1				3
10	상륙작전	1	2			1											4
11	기병전	1	2									4			1		8
12	요새전			3								3			1	1	8
13	전차전	1	1	2	1												5
14	비행기	3		2								3		1		2	11
15	기타	1	2	4			2				2	2		1	1	1	16
	합계	11	11	15	6	8	3	2	1	3	0	56	9	11	14	14	164

실제로 대전의 결과를 '정병과병주의에 대한 조병다병주의의 승리'로 보는 시각에 대해, 육군 내에서는 여전히 정예군이 필요하다는 주장이 제기되었다. 우야는 영국·미국처럼 평시에는 군비를 축소하였다가

전시에 군대를 급설하는 것에 반대하면서 "세계대전에서도 평시부터 충분한 훈련을 거친 정병이 전시에 급조된 약병(弱兵)과 싸우는 것은 마치 맹호가 양떼를 모는 것과 같았다는 사실은 세계의 이목에 투철한 바이다."라고 하였다.[110] 또한 다카오카 데이(高岡貞) 보병대위도 "독일 패전의 원인을 영국·미국의 전시 신설군이 정예로움을 비길 데가 없다고 일컬어진 독일의 정병군을 격파한 데 있다고 하고, 더 나아가 국가 존립상 불가결한 국방충실주의 및 정병주의를 매도하는 이가 있기에 이르"렀다고 비판하면서, 연합국의 승인으로서 "프랑스군이 다년간 양성한 정병의 노력"을 강조하였다.[111] 앞서 말한 것처럼 대전 중에 육군은 프랑스군도 포함하여 연합군을 "하루아침에 만들어진 오합지졸"이라고 낮추어 보고 있었다. 하지만 파리 강화 회의에서 징병 제도 철폐 문제가 논의되면서 국내에서도 복무 기간 단축론이나 군비 축소론이 제기될 것이 우려되자, 육군은 기존의 태도를 바꾸고 연합국의 승리를 '정예군에 의한 승리'라고 선전하게 된 것이다.

또한 '군국주의에 대한 자유주의·민주주의의 승리'라는 대전 후에 널리 제창된 주장에도 반론이 제기되었고, '사상의 악화'에 대한 위기감은 한층 더 높아졌다. 다카오카는 세간에서는 대전의 승패에 관하여 "혹은 그 군국주의가 화를 불렀다고 하고 혹은 자유주의의 승리라고 과장하여 말"하고 있지만, 대전 중에 영국·미국이 징병 제도 도입을 강행한 것처럼 사실은 연합국의 전시 시설은 군국주의적이었다고 지적하였다. 그리고 "이번 세계대전은 독일의 작은 군국주의가 영국·미국·프랑스의

---

110 앞의 글, 烏谷章步兵大佐, 「徵兵制度廢止問題ニ就テ」, 40쪽.

111 高岡貞步兵大尉, 「獨逸敗戰ノ原因」, 『偕行社記事』 538, 1919.06, 97~98쪽. 또한 우가키도 대전 종결 직후에 이와 같은 감상을 일기에 남겼다(앞의 책, 宇垣一成, 『宇垣一成日記』 1, 191쪽. 1919년 1월 무렵).

더 위대한 군국주의에 타도된" 것이고 "세계대전은 명백히 군국주의의 승리를 국내외에 선언하였다."라고 단언하였다.[112] 또한 호소노 다쓰오 (細野辰雄) 소장도 "세상에는 혹은 이러한 전승·전패의 원인을 민주주의가 군국주의를 멸망시킨 것이라고 호언장담하면서 거리낌 없는 이도 적지 않"지만, "실제로는 독일·오스트리아·러시아의 패배는 국민의 잘못된 민주주의가 국가 와해의 원인이 되어 전쟁을 중지할 수밖에 없었다."라고 주장하였다.[113] 이처럼 자유주의·민주주의를 연합국의 승인이 아닌 독일의 패인으로 간주하는 것은, 러시아의 패인을 자유주의·사회주의의 침투에서 찾은 대전 중의 시각의 연장선 위에 있는 것이었다.

더 나아가 일본과의 '국정 차이'를 이유로 연합국의 사례를 모범으로 받아들이는 것을 주저하는 경향도 있었다. 예를 들어 고스기 다케시(小杉武司) 보병중좌는 구미 각국의 동원·편성 관련 각종 제도를 조사하기 위해 1920년 2월에 파견되었다. 그는 프랑스 등에서의 재영(在營) 기간 단축론을 둘러싼 논의를 소개한 뒤 "우리나라처럼 전쟁용 자재가 부족하고 다병주의에 의해 수에서 적보다 우월할 수 없는 국군으로서는, 적어도 열강보다 우월한 정병을 교육·양성함으로써 그 부족함을 보완하는 것을 국방상의 요의(要義)로 삼아야 한다."라고 하면서 단축에 반대하였다.[114] 또한 혼마가 영국군의 예를 들어 내무 생활의 구속을 완화할 것을 주장한 것에 대해서도,[115] "일본인의 생활은 규율이나 질서라는 점에서 매우 부족"하기에 "내무서의 각종 규칙을 준수하도록 하는 것은 군대가

---

112 앞의 글, 高岡貞步兵大尉,「獨逸敗戰ノ原因」, 98쪽.

113 細野辰雄陸軍少將,「歐洲大戰ノ教訓ニ就テ」,『偕行社記事』539, 1919.07, 3쪽.

114 「小杉中佐外1名歐美出張の件」,『大日記乙輯』大正11年·第1類·第2冊, 화상 번호 11~13, JACAR Ref.C03011634300, 일본 방위성 방위연구소 소장.

115 앞의 글, 本間雅晴步兵大尉,「思想の變遷に鑑みて軍紀と服從とを論ず」, 46~49쪽.

정(軍隊家庭)으로서는 당연하고 더 이상 개방해서는 결코 안 된다."라는 반론이 제기되었다.[116]

이처럼 종전 후 육군의 승패 분석을 통하여 성립한 대전의 교훈에는 독일의 선전, 러시아·독일의 패배, 연합국의 승리에서 얻은 상호 모순된 내용이 포함되어 있었다. 장래의 총력전에 대비하기 위해 국민개병주의와 국민 교육을 철저히 할 것이 요구되면서도 정예군의 필요성도 재확인되었고, 조병다병주의에 근거한 복무 기간 단축론은 거부되었다. 또한 병사의 자각을 높이고 어느 정도의 자유를 허용할 것이 주장된 것에 반해, 군대 내에 자유주의·사회주의 등이 침투하는 것에 대한 우려는 한층 더해졌다. 즉 대전의 교훈에는 육군의 존재 방식에 근본적인 개혁을 요구하는 것과, 국내외 정세 변화 속에서 기존의 존재 방식을 정당화하는 것이 혼재해 있던 것이다.[117]

---

116 淸水登步兵大尉,「本間大尉の軍紀服從論を讀む」,『偕行社記事』554, 1920.10, 60쪽.
117 スヴェン・サーラ(Sven Saaler),「日獨關係における陸軍」, 工藤章·田嶋信雄 編,『日獨關係史 1890~1945』2, 東京大學出版會, 2008은, 대전 후 일본 육군은 다이쇼 데모크라시라는 새로운 시대 상황 속에서 자신의 존재를 재확인하기 위해 여전히 독일을 모델로 삼는 길을 선택하였고, 그 결과 독일의 패배를 인정하지 않고 군국주의를 긍정하였으며 그 전쟁 체험에서 국가 총동원, 국민 교육 등의 교훈을 얻었다고 하는 등, 본고의 견해와 다소 유사한 점이 있다(204~211쪽). 그러나 이 논문은 대전의 각 단계를 거쳐 교훈이 성립하는 과정 및 연합국의 승리에서 얻은 교훈에 대해서는 언급하지 않는다는 점, 육군이 독일 모델을 채택한 것을 1930년대 이후 파시즘·군국주의로 이행하는 요인으로 다소 단순하게 연결하고 있다는 점에서, 본고와는 취지가 다르다.

V. 맺음말

본고는 제1차 세계 대전 당시 일본 육군이 행한 승패 분석과 이를 통해 '대전의 교훈'이 성립하는 과정, 그리고 이러한 교훈에 포함된 다면적인 의미를 주로 재외무관의 논문과 보고서 등을 검토하여 밝힌 것이다.

종래에 독일의 영향을 강하게 받고 있던 육군은 독일과 개전한다는 것에 다소의 불안감을 품고 있었고, 연합국과 동맹국 중 어느 쪽이 최종적으로 승리할 것인지에 관해서도 의견이 일치하지 않았다. 또한 대전 발발 직후의 시점에서 육군은 연합국이 병력에서 우위임은 인정하면서도 군사적 능력에서는 오히려 독일을 높이 평가하였다. 그리고 연합국 중에서는 영국이나 프랑스보다 러시아에 대한 평가가 높았고, 결국 독일과 러시아 사이에서 대전의 승패가 결정될 것이라는 예상이 일반적이었다.

다음으로 대전 중기에 육군은 일관되게 연합국보다 독일의 군사적 능력을 높이 평가한 데 반해, 연합국이 군사력으로 승리할 가능성은 매우 낮게 보았다. 그리고 독일 선전의 원인을 분석하여 정예군, 국민 교육, 군국주의 등의 교훈을 얻었는데, 이는 독일의 영향하에서 성장해 온 육군의 존재 방식을 정당화하는 것이었다. 한편 러시아의 혁명과 패배에서 육군은 자각 없는 복종의 위험성이라는 새로운 교훈을 얻었고, 또 미국의 참전 및 군비 확대를 계기로 그 군사적 잠재 능력이나 국민성에 대한 종래의 관점을 수정하였다. 하지만 이와 동시에 '사상의 악화'의 위험성도 재확인하였고 정병과병주의의 입장에서 미군의 실력을 낮추어 보는 등, 육군에게 독일의 선전에서 도출한 대전의 교훈은 여전히 유효하였다.

그런 만큼 혁명으로 인한 독일의 패배와 연합국의 승리는 육군에게는 큰 충격이었다. 종전 후 육군은 연합국의 승인과 독일의 패인 분석을 통해 국민개병주의, 경제적 자급자족 체제, 자각에 근거한 복종 등의 교훈을 도출하였다. 이는 독일에 대한 기존의 평가는 물론, 육군의 징병·교육·내무 등 각종 제도에도 재검토를 촉구하는 것이었다. 하지만 독일의 선전과 러시아의 패배에서 얻은 교훈도 육군 내에 뿌리 깊게 남아 있어서 여전히 정예군의 필요성이 지적되었고, 자유주의·민주주의는 연합국의 승인이 아닌 독일의 패인으로 경계되었다. 또한 일본과의 '국정 차이'를 이유로 연합국의 사례를 모범으로 삼는 데 반대하는 목소리도 있었다.

이처럼 '대전의 교훈'에는 육군의 존재 방식에 근본적인 개혁을 요구하는 것과 국내외 정세 변화 속에서 이를 정당화하는 것이 혼재해 있었기에 누구에게도 자명한 것은 아니었고, 논자에 따라 그 해석은 달라졌다. 실제로 대전 후 군제 및 군비 목표에 관하여 육군 내 개혁파와 보수파는 자신의 주장을 뒷받침하기 위해 모두 '대전의 교훈'을 근거로 내세웠다. 여기에 일본의 국력과 육군 예산의 한계, 가상적국과 장래전의 양상에 대한 인식 차 등이 더해지면 양자의 분열은 더욱 심각해진다. 즉 정당내각 및 영·미 협조 외교 시대의 도래, '전후 공황'에 따른 재정 압박, 반군·평화 사조의 고조 등 냉엄한 상황 속에서, 대전 후 육군에는 정당 세력과 협조하면서 개혁 방향을 결정함으로써 내부의 분열을 수습하고 조직의 이익을 실현할 수 있는 강력한 리더십이 요청된 것이다.

아시아태평양 전쟁시기
조선인·대만인 참정권 문제

이형식 _ 고려대 아세아문제연구원 교수

* 본고의 초출은 이형식, 「태평양 전쟁시기 조선인·대만인 참정권 문제」, 『史叢』 102,
2021이다.

I. 머리말

전후 조선통치관계자들은 일본 제국은 식민지를 수탈만 하고 식민지인을 배제한 구미 제국과 달리 조선을 식민지 취급하지 않고 '일시동인'하여 조선인에게도 제국의회 참정권을 부여하였다고 식민통치를 정당화하였다.[1] 실제로 일본 제국은 아시아태평양전쟁의 패색이 짙어가는 1945년 4월, 정치적 처우개선이라는 명목으로 귀족원 칙선의원으로 조선인 7인, 대만인 3인을 임명하였고, 중의원의원선거법을 부분 개정(조선 22명, 대만 5인 선출)하여 제한적이나마 참정권을 부여하였다. 개정된 중의원의원선거법은 결국 실시되지 못한 채 패전을 맞이했지만 일본의 식민지 통치를 둘러싼 논쟁 즉 내지연장주의냐 자치주의냐, 제국의회참정권을 부여할 것인가 식민지의회를 설치할 것인가, 동화주의냐 식민지주의냐를 둘러싼 통치 초기부터 시작된 오랜 논쟁은 사실상 종지부를 찍게 된다. 참정권문제를 논의하는 과정에서 조선인과 대만인에게 중의원의원 선거권을 부여하는 것에 대한 반발이 적지 않았다. 영국제국의회에 아일랜드인이 참가하여 캐스팅보트를 쥔 것처럼 제국의회 참정권 부여가 자칫 '제국의 역류'[2]를 초래할 수 있었기 때문이다.

참정권문제는 징병제 시행과 함께 일본 식민지 통치의 최종심급을 결정한다는 측면에서 다나카 히로시 이후 일찍부터 연구 대상이 되어왔지만, 징병제 시행에 대한 대가라는 시각이 오랫동안 지배해왔다.[3] 하

1　鈴木武雄,「朝鮮統治の性格と實積一反省と反批判一」, 大藏省監理局,『日本人の海外活動に關する歷史的調査』朝鮮編」, 大藏省監理局, 1947를 참조할 것.
2　고마고메 다케시,『식민지제국 일본의 문화통합』, 역사비평사, 2008.

지만 징병제 시행과 참정권문제를 곧바로 결부시키는 것에는 쇼와 천황을 비롯하여 일본 정계가 부정적인 입장을 보여 왔다는 점에서 재검토의 여지가 많다. 이후 본격적인 연구는 일본국립공문서관과 외무성외교사료관(「本邦內政關係雜件 植民地關係」)에 소장되어 있던 내부 정책심의 사료들이 공개되면서 본격화 되었다.

먼저, 오카모토 마키코는 중의원의원선거법개정법률(법률 제34호)과 귀족원령개정(칙령 193호)을 심의하기 위해 1944년 12월에 설치된 朝鮮及臺灣在住民政治處遇調査會(이하 정치처우조사회로 약칭)와 추밀원, 제국의회에서의 심의를 검토하여 참정권 부여의 의미와 그것이 결정되는 정치과정을 밝혔다.[4] 정치처우조사회 설치 이후의 심의과정을 꼼꼼히 분석했다는 점에서는 의의가 있지만 고이소 구니아키(小磯國昭) 내각이 지지기반과 내각 내 통일이 약했던 내각이었다는 점에서 정치처우조사회 설치 이전에 참정권문제가 결정되는 정치과정에 대한 분석이 부족하다.

다음으로 아사노 도요미는 참정권문제를 국내 요인(총력전 수행과 국민 동원)과 외교(무조건항복이 아닌 종전의 실현)와의 상관관계에 주목했다. 아사노는 제국질서 재편=내지연장의 '실행'에 의한 탈식민지화(제국의 국민국가화)구상이라는 시각에서 참정권문제부여에 이르는 관

---

3 대표적인 연구로는 田中宏, 「日本の植民地支配下における國籍關係の経緯－台湾・朝鮮に關する參政權と兵役義務をめぐって」, 『愛知縣立大學外國語學部紀要』 9, 1974 ; 楠精一郎, 「外地參政權問題」, 手塚豊編, 『近代日本史の新研究 IX』, 北樹出版, 1991 ; 近藤正己, 『總力戰と台湾－日本植民地崩壞の研究』, 刀水書房, 1996 ; 최유리, 『일제말기 식민지지배정책연구』, 국학자료원, 1997가 있다. 최근의 김동명 연구도 이 시각을 계승하고 있다(김동명, 『지배와 협력』, 역사공간, 2018).

4 岡本眞希子, 「アジア・太平洋戰爭末期における朝鮮人・台湾人參政權問題」, 『日本史研究』 401, 1996 ; 同, 「戰時下の朝鮮人・臺湾人參政權問題」, 『早稻田大學大學院文學研究科紀要』 42, 1996.

료 내 정치과정, 그 성격, 최종외교 실제의 전개를 다루었다.[5] 참정권문제에 대해서 다양한 각도에서 다루고 있지만 전쟁의 추이, 치안 상황, 재일조선인문제 등 참정권부여를 가능하게 했던 복합적인 원인(배경)을 소홀히 다뤘다.

마지막으로 후지타니 다카시는 제2차 세계대전 시기 일본과 미국이 조선인과 일본계 미국인의 군사동원을 위해 '거친 인종주의'에서 '친절한 인종주의'로 정책을 전환했으며 조선인 참정권부여를 국민화를 통한 탈식민화로 규정했다.[6] 일본의 식민지 정책이 '친절한 인종주의'로 전환했는지, 그리고 패전을 불과 몇 개월 앞에 둔 상황에서 참정권을 부여하는 것이 국민화를 통한 '탈식민화'였는지에 대해서는 의문의 여지가 매우 많다.

본 논문에서는 이러한 선행연구를 토대로 다음과 같은 시각으로 참정권문제를 다루고자 한다. 먼저 제국 일본이 조선인, 대만인 참정권 부여를 결정하게 된 복합적이고 중층적인 배경에 대해서 고찰하고자 한다. 본고에서는 조선인 참정권 부여를 전시동원에 대한 반대급부만이 아니라 국제질서(카이로선언, 얄타회담 등)-지역질서(필리핀, 버마, 인도네시아 독립)-제국정치-식민권력-조선사회(독립의식의 고양, 전의의 상실, 재일조선인문제) 차원에서 입체적이고 실증적으로 분석하여 그 역사적인 경위를 해명하겠다. 다음으로 참정권문제는 내외지행정일원화 조치 이후 조선총독부를 관할하게 된 내무성을 비롯하여 법제국, 고이소 내각, 익찬정치회, 육군, 해군, 제국의회, 추밀원, 쇼와 천황과 그 측근들, 중앙조선협회로 대표되는 일본에서의 '조선통' 등 다양한 정치세력(agent)이

---

5 淺野豊美, 『帝國日本の植民地法制』, 名古屋大學出版會, 2008.
6 다카시 후지타니 지음, 이경훈 옮김, 『총력전 제국의 인종주의』, 푸른역사, 2019.

참여하는 정치역학 속에서 결정되었다. 약체내각이었던 고이소 내각에서 참정권문제가 부상하는 과정과 조선인의 정치 처우 개선이 제국의회 참정권 부여로 결정되는 정치역학을 구명할 것이다.

사료로는 정부나 군, 조선총독부의 내부 심의문서 및 치안상황 보고 같은 공문서를 통해서 참정권문제가 결정되는 정책결정과정과 군과 경찰의 치안인식을 살피겠다. 아울러 일본국회도서관헌정자료실, 방위성 방위연구소에 소장되어 있는 관료나 군인이 남긴 개인문서(일기, 서한) 등의 미공간사료를 통해서 공개적으로는 좀처럼 표출하지 않는 조선통치관을 밝히고자 한다. 나아가 지배자들의 기록만이 아니라 조선(윤치호)과 대만(임헌당, 오신영)의 유력자가 남긴 에고도큐먼트와 치안당국이 수집한 민중들의 유언비어 등을 활용하여 전시동원, 전황, 참정권문제에 대한 식민지인들의 반응을 살펴보고자 한다.

II. 도조 내각 시기의 참정권 문제

1. 조선, 대만에서의 징병제 시행과 참정권 문제

조선군은 1938년 조선에 육군특별지원병제도를 실시한 후 징병제 시행을 검토해 육군성에 제출했다. 무토 아키라(武藤章) 군무국장은 1941년 4월 16일 육군성 국장회의에 조선에서의 징병제도, 대만에서의 지원병제도 실시에 대한 요망이 높다, 정치상으로는 문제가 있지만 검토해 주기를 바란다고 징병제(조선)와 지원병제(대만) 실시를 안건으로 올렸다. 이에 대해 징병을 관할하는 다나카 류키치(田中隆吉) 병무국장은 "조선의 현재 지원병제도는 그 실질을 살펴보건대 반드시 진실로 지원한

자는 적고 강압에 의해 어쩔 수 없이 지원했다는 자가 많다. 따라서 징병제 시행은 크게 고려를 요한다"라고 부정적인 입장을 밝혔다.[7] 그 후 사나다 조이치로(眞田穰一郎) 군사과장은 6월 5일 열린 육군성 과장회의에서 육군 3장관 사이에서 대만인의 '열의'에 답하기 위해 지원병제도를 채용할 예정이고, 징병제는 조선에 1950년부터 실시하고 대만도 조선과 보조를 맞춘다고 보고했다.[8] 천황과 그 측근들의 사료에 지원병제도의 대만시행에 대한 언급이 없는 것으로 보아 천황에 대한 상주는 결국 실행되지 않은 것으로 보인다. 대만에서의 지원병제, 조선에서의 징병제 시행에 대한 부정적인 의견이 적지 않았던 것이다.

조선총독부는 적극적으로 징병제의 즉시 실시를 주장했지만, 조선군 사령부는 신중한 태도를 취해 적극론과 소극론으로 나눠졌다고 한다. 적극론자들은 "인적 자원에서 볼 때 절대적으로 필요하다", "이번 전쟁에서 야마토 민족만이 희생되는 것은 적당하지 않다. 야마토 민족만이 전사해서 조선 민족이 남을 때에는 그 왕성한 번식력과 어우러져 장래 중대한 문제를 불러일으킨다. 조선민족 가운데서도 이 때 전사자를 내지 않으면 안 된다"고 주장했다고 한다. 한편 소극론자들은 징병제 시행에 동반하는 참정권 부여 문제, 국방 일부를 조선 민족에 부담시키는 위험성 및 군사능력을 부여하는 경우의 반작용, 마지막으로 교육 특히 일본어 보급 정도를 들어 실시에 부정적이었다. 아울러 "야마토 민족의 병사 소질이 현저하게 저하되고 있는" 지금, 조선인 다수가 군대에 들어오면 조선인이 군대를 좌지우지할 우려가 있다고 경계했다.[9] 조선인에 대

---

7 波多野澄雄·茶谷誠一編集, 『金原節三陸軍省業務日誌摘錄　前編』, 現代史料出版, 2016, 306쪽. 참고로 다나카는 1937년 8월부터 1939년 1월까지 약 1년 반 동안 제19사단 산포병 제25연대장으로 조선에 근무한 경험을 가지고 있다.

8 위의 『金原節三陸軍省業務日誌摘錄　前編』, 320쪽.

한 불식되지 않는 인종주의적인 태도를 엿볼 수 있다.

1941년 12월 진주만 기습을 시작으로 전선이 태평양, 동남아까지 확대되면서 병력부족이 현실화되자 징병제 시행 논의는 새로운 단계에 접어들었다. 해군은 1942년 소요 병사로 강건한 병사 78,000명과 35,000명의 지원병을 육군에 요구했다. 이에 대해 육군은 보충병을 포함하고 인원을 압축하라고 교섭한 결과 12월 19일 해군에서는 강건한 병사 60,000명과, 차등 18,000명을 요구하면서 조선인은 사용하지 않겠다고 육군에 전달했다.[10] 남방작전 수행으로 병력이 부족해지자 해군은 육군에 병력보충을 요구했던 것이다. 게다가 1942년의 징병검사 대상자는 전년도에 비해 3만 명이 줄었고, 장기복무자가 점증하는 상황에서 "조선에 19, 20 동원사단과 19, 20 留守동원사단이 병존해 헛되이 날짜를 보내는 상황"이였다.[11]

이러한 가운데 도조 히데키(東條英機) 육군대신은 1942년 1월 29일 열린 국장회의에서 병무국에 조선에 징병제를 시행할 것을 검토하라고 지시했다.[12] 병무국 병비과는 1942년 2월에 육군병력으로 1941년 250만(남방전쟁작전), 1942년 350만(대소전쟁), 1943년 250만, 1944년 300만, 1945년부터 150만을 상정하고 1942년부터 식민지에서 20만을 이용하는 안을 제출했다. 아울러 2월 28일부로 육군특별지원병령을 개정하여 대만인에게 육군에 '지원'할 수 있는 길을 열었다. 대소전을 염두에 둔 병력증강이었지만, 3월 7일 결정된 「앞으로 취해야 할 전쟁지도 대강」에

9 松本一郎編, 『「陸軍成規類聚」研究資料』, 綠蔭書房, 2009, 126~127쪽.
10 『金原節三業務日誌摘錄』 1941년 12월 20일자 (일본 방위성 방위연구소 소장). 참고로 출판된 업무일지는 1941년 11월 19일자까지다.
11 『陸軍兵備(後編)』(일본 방위성 방위연구소 소장 中央 - 軍事行政 - 動員·編成39).
12 앞의 『金原節三業務日誌摘錄』 1942년 1월 29일자.

서 대소전이 채택되지 않음으로써 무산되었다.[13] 다나카 병무국장은 1942년 1월 각군 징병주임 참모회동을 이용하여 조선 장정의 체위, 일본어 보급, 호적 정비 상황을 조회했다. 조선총독부와 조선군이 실태조사 실시를 논의했지만 갑작스런 지시에 따른 예산 부족으로 실행이 난항에 부닥쳤다고 한다. 결국 학무국의 학도체력검사 예산을 기본으로 해서 박흥식, 김연수 등 민간유력자의 기부금을 합쳐 총액 70만 원으로 장정 체력검사를 실시했다. 조선군은 3월 1일부터 10일간 조선인 장병의 체격, 호적 정비 상황, 일본어 이해 정도를 조사·검토해 징병검사가 가능하다고 육군성에 답신했다.[14]

미나미 지로(南次郎) 조선총독은 3월 초순에 동경에서 수상 및 육해군 수뇌부와 만나 징병제 문제를 협의했다.[15] 미나미는 "제가 가장 힘을 기울였던 반도인 병역도 이전부터 극비리에 당사자와 협의해 이번에 성립했으니 반도의 완성, 제가 부임할 당시의 결의가 달성되어 봉공을 완성했습니다"[16]라고 세키야 데이자부로(關屋貞三郎) 중앙조선협회 이사에게 징병제 실현의 소회를 밝혔다. 이후 조선총독부와 조선군사령부는 본격적으로 징병제 준비에 착수했다. 4월 24일에 열린 제1회 갑위원회에서 조선군은 호적 정리, 일본어 보급과 함께 참정권문제 대책을 의제로 올렸다. 조선군은 병역이 제국 신민의 숭고한 의무임을 고려해 징병의 대가로 참정권을 부여하지 않는다고 못박았다.[17] 징병의 대가로 참정

---

13 앞의 『陸軍兵備(後編)』.

14 「朝鮮人志願兵徵兵の梗槪 朝鮮軍歷史別冊」(일본 방위성 방위연구소 소장) ; 樋口雄一, 『戰時下朝鮮の民衆と徵兵』, 總和社, 2001, 제1장.

15 御手洗辰雄編, 『南次郎』, 南次郎伝記刊行會, 1957, 468쪽.

16 1942년 4월 26일자 세키야 데이자부로 앞 미나미 지로 서한(일본국회도서관헌 정자료실 소장「關屋貞三郎關係文書」393-8).

17 「甲委員會第一回打合事項 朝鮮軍司令部 昭和17年4月24日 1綴」(일본 국회도서

권을 부여하지 않겠다는 원칙은 척무대신, 육군대신의 각의 설명안에서
도 확인되었다.[18] 5월 8일 각의에서 1944년부터 조선에 징병제를 시행한
다고 결정하고 그 다음 날 도조 수상이 천황에게 상주했다. 천황은 징병
령 시행이 참정권문제를 야기시키지 않을지에 대해 하문했다. 기도 고
이치(木戶幸一) 내대신은 "매우 적절한 下問으로 감격했다"고 일기에 적
고 있다.[19] 조선총독부 역시 "징병의무는 고래 일본 국민의 최대, 최고의
명예로서 일신을 바쳐 이행하는 것이다. 외국에서 보는 것과 같은 단순
한 '의무' 관념으로는 규정할 수 없는 신성하고 숭고한 것"으로 "의무에
대해서 직접 권리를 예상하는 공리적 관념은 일본 국체에 반하고 제도
의 숭고성을 모독하는 것"이라고 경고했다.[20]

이처럼 징병제 시행 대가로 참정권을 부여하지 않는다는 방침은 조
선군, 조선총독부, 내각, 천황, 천황의 최측근들 사이의 일치된 견해였다.
하지만 징병제 실시가 발표되자 조선인 유력자들과 일부 젊은 사람들이
"징병령이 실시된 이상 대가로 참정권을 획득할 것이다"고 주장하여 미
나미 총독이 이를 훈계하고 징병제 시행이 일본 국체의 본의에 의거한
최고의 황국 봉사이자 광영이라는 것을 역설했다.[21] 통치 권력은 징병제
시행과 연동되는 참정권 요구를 극도로 경계했던 것이다. 참고로 징병
제 검토에 앞서 근로의무제(징용령) 시행이 연구되었는데, 각의에 제출
되기 전에 조선총독부가 징병, 징용 이중의 의무를 지우는 것은 적합하

관 헌정자료실 소장 「大野綠一郎」 1204-1).

18 「徵兵制度施行に關する件」(위의 「大野綠一郎」 1279).

19 木戶日記硏究會, 『木戶幸一日記』 下卷, 東京大學出版會, 1966, 961쪽.

20 「朝鮮同胞に對する徵兵制施行準備決定に伴ふ措置狀況並其の反響」(앞의 「大野
綠一郎」 1262).

21 「南總督辭任の際の上奏書」(앞의 「大野綠一郎」 1199).

지 않다고 철회를 요청해 연기되었다고 한다.[22]

조선에 징병제를 시행하기 위해 제81회 제국의회(1943년 초)에 병역법개정안이 제출되었다. 개정 취지는 1) 치열해진 조선인의 병역의무 요망에 부응하고, 2) 제국방위권 확대에 따른 군 요원을 취득함으로써 국방 완비를 기하기 위해 조선인을 징집한다는 것이었다.[23] 개정위원회에서 병역법에 대한 반대급부로 참정권 부여문제나 대만 시행에 대한 질의가 있었다. 이에 대해서 육군 정부위원은 참정권은 대가로 고려하지 않고 있다, 대만 시행은 특별지원병제의 추이와 성과를 보고 결정하겠다고 답변했다.[24] 병역법개정은 3월 2일 공포되고 징병제는 조선에 8월 1일부터 실시되었다.

미드웨이 해전 이후 일본군은 수세로 몰렸다. 1942년 8월부터 과달카날 섬을 둘러싼 미군과의 치열한 공방 속에서 일본군은 엄청난 물적, 인적 소모 끝에 이듬해 2월에 철수했다. 2월 4일 니시우라 스스무(西浦進) 군사과장은 "조선인의 지원병제, 징병제, 兵補도 어쩔 수 없는 응급정책이다. 어떻든 앞으로 상당히 심각한 문제가 될 것이다"[25]고 전황 악화에 따른 병력부족을 우려했다. 니시우라 군사과장은 광대한 대동아공영권을 방어하기 위해서는 야마토 민족만의 동원으로는 불가능하고 조선인, 대만인은 물론 동남아 및 만주국인을 군무에 복무시키는 것이 절대로 필요하다고 인식했다.[26] 5월 11일 각의에서 "가까운 장래에 급격히 증가할 군 요원을 충족하기 위해 인적 자원을 조선인 및 대만인에서 보

22 앞의 『金原節三業務日誌摘錄』 1942년 5월 7일자.
23 「兵役法中ヲ改正ス」(국립공문서관 類02763100).
24 加藤陽子, 『徵兵制と近代日本 1868-1945』, 吉川弘文館, 1996, 247쪽.
25 앞의 『金原節三業務日誌摘錄』 1943년 2월 4일자.
26 西浦進, 『日本陸軍終焉の眞實』, 日本経濟新聞出版社, 2013, 234쪽.

충하고 황민화를 철저히 도모해 조선과 대만 통치를 완수하기 위해" 조선인 및 대만인에게 해군특별지원병제 신설, 준비를 결정하고 5월 12일 발표했다.[27] 같은 날 미국은 알류샨 열도의 전략적 요충지인 애투 섬에 상륙했다. 5월 13일 열린 육군성 과장회의에서 도모모리 기요하루(友森清晴) 병비과장은 정치적으로 미묘한 문제라 주의를 요하지만 대만에 징병제 시행을 검토하고 있다는 것을 밝혔다.[28] 5월 15일 열린 국장회의에서 도조 대신은 대만인 징병 검사를 검토하라고 지시했다.[29] 조선과 대만에서의 징병제 시행에는 시기상조론이 적지 않았지만 도조 육군대신의 '결단'으로 급물살을 타게 되었다.

한편, 조선인 징병검사 시찰을 위해 조선에 출장한 다나카 병무국장은 8월 7일 국장회의에서 다음과 같이 조선인 유력자의 의견을 소개했다.

> 상층계급은 차치하더라도 경관, 헌병의 조선인에 대한 태도는 예전과 조금도 바뀌지 않았다. 일반 일본인도 여전히 요보(저자 주 조선인 차별어) 관념을 불식시키려고 하지 않는다. 참정권 등을 이야기하면 지금이라도 당장 잡아간다. 민족독립운동으로 잡혀가는 것은 어쩔 수 없지만 참정권을 입에 올렸다고 잡혀가는 것은 매우 유감이다.[30]

조선총독부와 조선군은 조선인들이 징병제 대가로 참정권을 요구하는 것을 철저히 봉쇄했던 것이다. 조선에 징병제가 실시되고 전황이 악화되자 대만 징병제 시행 논의도 수면 위로 부상했다. 8월 25일 열린

---

27 「朝鮮人及台湾本島人ニ海軍特別志願兵制新設準備ノ件ヲ定ム」(국립공문서관 類 02763100).

28 앞의 『金原節三業務日誌摘錄』 1943년 5월 11일자.

29 위의 『金原節三業務日誌摘錄』 1943년 5월 13일자.

30 위의 『金原節三業務日誌摘錄』 1943년 8월 7일자.

과장회의에서 군사과장은 도조 육군대신이 1945년에 대만에 징병제를 시행할 것을 결재했고 육군성, 사법성, 해군성과 종종 상담하고 있고 발표는 당분간 보류할 것이라고 보고했다.[31] 도조는 8월 25일 대만징병문제를 천황에 상주하고, 9월 6일에 내무대신과 함께 각의에 청의했다. 9월 23일 각의에서 「대만 본토인(고사족 포함)에 대한 징병제 실시 준비의 건」을 결정해 대만인에게 징병제를 실시해 1945년도부터 징집할 수 있는 준비를 하게 했다. 戰局의 요청에 따라 필요한 兵員을 충족시키고 대만인들의 병역의무부담의 요망('대동아전쟁 하 군에 기여한 헌신순국의 열정')에 부응하기 위한다는 것이었다. 도조 육군대신은 각의 설명에서 대만이 남방 연락로의 중추로 국방적 가치를 생각할 때 전황에 따라 연합국의 反攻 목표가 될 공산이 있다는 점을 강조했다.[32] 아울러 9월 21일 「현 정세하의 국정운영요강」을 각의결정하고, 전문학교 이상 학생들의 징병유예를 정지했다. 10월 2일 칙령 제755호 「在學徵集延期臨時特例」를 공포해, 조선인, 대만인을 포함하여 대학, 고등전문학교의 만 20세에 도달한 학생들은 징집되었다.

이처럼 아시아태평양전쟁의 확대와 과달카날 전투 이후 전황이 시시각각 악화되는 가운데 조선과 대만에서의 징병제 시행을 결정했다. 조선군, 조선총독부, 내각, 천황 등은 징병제 시행 대가로 참정권을 부여하지 않는다는 방침이었기 때문에 조선총독 고이소가 수상에 취임하기 전

---

31 위의 『金原節三業務日誌摘錄』 1943년 8월 25일자.

32 「台湾本島人(高砂族ヲ含ム)ニ對シ徵兵制施行準備ノ件ヲ定ム」(국립공문서관 類 02763100). 대만에는 제48사단이 배치되어 있었으나 연합국 공세에 대비하여 1944년 5월 동부 花蓮港 지구에 독립혼성 제46여단을, 서부 평지에 제50사단을 증설할 계획이었다. 이 인원을 대만인 징병으로 충당하려고 했다고 한다(앞의 『徵兵制と近代日本 1868-1945』, 252쪽).

까지 조선인과 대만인들의 참정권 요구는 억제되었다. 전황이 급격하게 악화되어 패색이 짙어지기 전까지 일본 제국은 조선, 대만인에게 황국신민으로서 살아갈 권리가 아니라 스메라미쿠사(皇御軍)로서 죽을 수 있는 권리를 부여할 뿐이었다.[33]

2. 제국질서의 동요와 참정권 문제

도조 수상은 동남아점령이 다 끝나지 않은 1942년 1월 21일에 제79회 제국의회 시정방침연설에서 대동아공영권 건설을 내걸고 필리핀과 버마를 독립시킬 것을 처음으로 표명했다(제1차 도조 성명). 도조의 버마, 필리핀 독립 약속은 통수부와 사전협의 없이 발표되어 통수부가 분개하고 남방군총사령부도 당황했다고 한다.[34] 통수부가 반발하자 총리 성명안은 2월 9일 열린 대본영정부연락회의에서 심의되었다. 해군은 '독립'이라는 단어가 조선독립문제에 적용될 우려가 있으니 삭제할 것을 주장했지만,[35] 결국 도조가 원안을 고수하여 2월 16일 1차 성명과 유사한 성명이 발표되었다. 필리핀과 버마의 독립을 약속한 도조 성명은 대동아공영권에서 '내지(지도국)'에 속해 있지만, 실제로는 '외지(식민지)'였던 조선에 적지 않은 파장을 불러일으켰다.[36] 쇼와 천황은 3월 16일

---

33 대만에서 태어난 문예비평가인 오자키 히데키(尾崎秀樹)는 일본 통치자가 바라는 '황민화'는 대만인이 일본인으로서 살아가는 것이 아니라 일본인으로 죽는 것에 있다고 날카롭게 비판했다(尾崎秀樹, 『近代文學の傷痕 : 旧植民地文學論』, 岩波書店, 1991, 139쪽).

34 野村佳正, 『「大東亞共榮圈」の形成過程とその構造 : 陸軍の占領地軍政と軍事作戰の葛藤』, 錦正社, 2016, 50쪽.

35 參謀本部編, 『杉山メモ』下, 原書房, 1989, 19쪽.

36 이형식, 「'내파(內破)'하는 '대동아공영권' – 동남아시아 점령과 조선통치」 『사총』

조선통치상황을 상주하기 위해 입궐한 미나미 조선총독에게 "남방 점령 지방의 자치 또는 독립에 관한 내각총리대신 도조 히데키의 주장이 조선통치에 미칠 영향에 대해서 하문했다".[37] 천황은 버마, 필리핀 독립을 천명한 도조 성명이 조선통치에 미칠 영향을 우려했던 것이다.

또한 징병제 시행 발표를 앞두고 조선에 출장 다녀온 고다마 규조(兒玉久藏) 병무과장은 5월 7일 열린 육군성 과장회의에서 아시아태평양전쟁 이후 독립사상이 농후해져 필리핀, 말레이시아가 독립하기 전에 조선을 먼저 독립시켜야 한다고 하는 조선의 여론을 전했다.[38] 도조 성명은 조선뿐만 아니라 인도네시아 민족주의자의 독립의식을 자극했다. 1942년 10월 제16군의 군정 고문 고다마 히데오(兒玉秀雄)는 인도네시아 상황을 다음과 같이 보고하고 있다.

> 자바는 치안 완전. 주민은 안거낙업하지만 인도네시아인 지도계급 (소수이지만)은 민족통일, 자주독립을 주창해 점차 목소리를 높여가고 있다. 친일이지만 일본의 태도를 주시하고 있다. 그러나 인도네시아인 은 독립 능력이 없다. 자바 중심의 방침을 타파하고 지역적으로 분할하 는 것은 통치상 불가하다. 인도네시아를 하나로 고도의 자치를 허가하 고 일본의 통치하에 두어야 한다.[39]

고다마는 과거 정무총감 시절 조선지방의회를 설치하여 조선에 자치를 시행하는 구상을 가지고 있었는데,[40] 마찬가지로 인도네시아의 독립

93, 2018를 참조할 것.

37 宮內廳, 『昭和天皇實錄』 第8, 東京書籍, 2017, 667쪽.

38 앞의 『金原節三業務日誌摘錄』 1942년 5월 7일자.

39 軍事史學會, 『海軍大將嶋田繁太郎備忘錄·日記 1』, 錦正社, 2017, 416쪽.

40 李炯植, 『朝鮮總督府官僚の統治構想』, 吉川弘文館, 2013의 제8장을 참조할 것.

능력을 부정하면서 일본 통치하의 자치를 주장하고 있는 점은 흥미롭다. 고다마는 11월 5일 아모 에이지(天羽英二) 외무차관에게 남양 경영의 곤란함을 토로하면서 "민족에게는 정치상의 만족을 주어야 한다"고 이야기했다.[41] 고다마는 정치처우조사회 멤버라는 점에서 고다마의 민족문제인식은 주목된다.

1943년 들어서서 연합국의 반격이 거세졌다. 제국 일본은 연합국의 반격에 대항하여 방위 태세를 확립하기 위해 정략적으로 동남아 제 국가 및 민족의 힘을 결집시키려 했다. 1943년 1월 14일의 대본영정부연락회의에서 '대동아전쟁 완수를 위한 버마 독립 시책에 관한 건'을 채택해 8월 1일 버마 독립을 결정했다. 버마 독립이 다른 민족의 독립을 자극시킬지도 모른다는 우려에 대해서 조선에서는 내선일여, 황민화 원칙으로 응수하고, 인도네시아에 대해서는 "제국 시책에 협력하고 그 실적 향상이 보일 때는 원주민의 복지와 발전을 위해 제국은 충분히 이해하고 이를 지도해 그 지위 향상을 도모한다"는 방침을 세웠다. 또 필리핀에 대해서는 앞으로 대미의존 관념을 완전히 불식시켜 진정으로 제국에 대한 협력의 내실을 거둘 때는 버마에 준해서 일본과 맹약을 실현시킬 것을 시사한다는 방침이었다.[42] 도조 수상은 제81회 제국의회 시정방침 연설(1943년 1월 28일)에서 버마와 필리핀 독립을 다시 한번 천명했다. 도조 성명에 대해 미즈노 렌타로(水野鍊太郎) 전 정무총감은 2월 26일 열린 귀족원예산분과위원회에서 남방 제 지역과 비교하면 조선은 문화에서도 역사에서도 진보해 있기 때문에 남방에 독립을 허락한다면 조선도 독립해야 한다고 하는 젊은 청년층의 주장을 소개하면서 그 대책을

---

41 天羽英二日記·資料集刊行會編, 『天羽英二日記·資料集第』 4卷, 天羽英二日記·資料集刊行會, 1990, 504쪽.

42 앞의 『杉山メモ』 下, 351쪽.

따졌다.[43] 속기는 중지되었기 때문에 정부 답변을 알 수 없지만 조선통치관계자들이 동남아정책이 조선통치에 미치는 영향을 우려했다는 것을 알 수 있다.[44] 실제로 2월 27일 열린 미영격멸간담회에서 장덕수는 버마와 필리핀 독립에 대한 일본 정부의 입장이나 계획을 명료하게 설명하고 실행에 옮겨야 한다고 제안했다. 조병옥은 일본정부가 조선인에게 총리대신이나 사절 또는 대사가 될 수 있다는 희망을 주어야 한다고 말했다. 이들 발언에 야기 노부오(八木信雄) 보안과장과 하다 주이치(波田重一) 국민총력조선연맹 사무국총장은 상당히 언짢아했다고 한다.[45]

이러한 가운데 5월 12일 미군은 애투 섬에 상륙했다. 도조는 시게미쓰 마모루(重光葵) 외무대신에게 "애투는 버틸 수 있겠는가, 보급로는 오래 가지 못할 것이다. 영국과 미국은 반드시 버마로 올 것이다. 버마는 가장 중요한 우리의 거점이다"고 했다.[46] 전략적 중요성 때문에 버마를 먼저 독립시킨 것이었다. 5월 26일 열린 연락회의에서 해군은 준비 부족을 이유로 버마 독립 연기를 주장했지만, 도조는 대국적 견지에서, 스기야마 하지메(杉山元) 참모총장은 치안 악화를 고려하여 독립을 서두를 필요가 있다고 주장했다.[47] 육군은 대동아공영권 건설이라는 거창한 대

---

43 「第八十一回帝國議會貴族院豫算委員第三分科會(內務省,文部省,厚生省)議事速記錄第二號」. 참고로 3월 3일 중의원 비밀회의에서 모리타니 신이치(森谷新一) 의원도 미즈노와 유사한 질문을 했다.

44 예를 들면, 1943년 4월에 열린 재판소 및 검사국 감독관회의에서 도자와 시게오(戶澤重雄) 경성지방법원 검사정은 민족주의운동이 동아연맹론의 영향을 강하고 받고 있고, 일부 조선인 상층 계급이 버마, 필리핀처럼 조선 독립도 반드시 도래한다고 간주하고 있다고 보고했다(「戶澤京城地方法院檢事正の管內狀況報告」, 高等法院檢事局編, 『朝鮮刑事政策資料－昭和十八年度版－』, 1943, 81쪽).

45 윤치호, 『국역 윤치호 영문 일기 10』, 국사편찬위원회, 2016, 503쪽. 1943년 2월 28일자. 참고로 하다는 조선군 19사단장을 역임했다.

46 伊藤隆ほか編, 『重光葵手記』, 中央公論社, 1986, 342~343쪽.

의명분보다도 치안과 전력 확보를 우선시하고 있음을 엿볼 수 있다. 이후 애투 섬에서 수비부대가 전멸(5월 29일)한 직후 열린 어전회의에서 버마와 필리핀 독립, 대동아회의 개최를 내용으로 하는 대동아정략지도대강이 채택되었다. 나아가 지도요강에 따라 도조 수상은 6월 16일 열린 제82회 제국의회에서 '대동아선언'이라고 불리는 시정연설을 통해서 버마와 필리핀의 독립, 인도네시아에서의 정치참여를 성명했다.

내각이 인도네시아에서의 정치참여를 성명하자 9월 6일부터 2주간 자바의 문화계를 대표하는 수타르조(Sutardjo Kertohadikusumo)를 단장으로 하는 24명의 시찰단이 일본의 행정, 경찰, 교육, 경제, 신문 등을 시찰하기 위해 동경을 방문했다.[48] 수타르조는 도조와의 회견에서 인도네시아 주민은 항상 일본을 신뢰하고 지지하지만 다른 아시아 민족보다 뒤떨어지고 싶지 않다고 했다. 고다마 히데오에게는 인도네시아를 몇 개로 분할할 수 없고 독립을 실현할 조건이 무엇인지 희망을 표명하고 질문했다.[49] 대본영 육군부 전쟁지도반원은 자바시찰단의 일본방문에 대해서 다음과 같은 감상을 『機密戰爭日誌』에 남기고 있다.

> 인도네시아에는 그 민도에 따라서 정치참여를 인정해 군정 하에 자문기관을 설치하는 등 민심 창달을 도모하고 있지만 민족적 각성의 발전에 따라 國施를 요구하는 것은 당연하다. 그리하여 조선, 대만도 마찬가지의 과정에 이르게 될 가능성도 있다고 판단된다.[50]

---

47 위의 『重光葵手記』, 356쪽.
48 『讀賣新聞』 1943년 9월 21일자.
49 軍事史學會編, 『機密戰爭日誌』下, 錦正社, 1998, 432쪽.
50 위의 『機密戰爭日誌』下, 錦正社, 432쪽.

참모총장·차장의 직속기관인 전쟁지도과는 버마, 필리핀 독립이 인도네시아인의 민족의식을 자극해 인도네시아인이 독립을 요구할 것이고 나아가 조선, 대만도 독립을 요구할 것이라고 우려했다. 이후 대본영은 미국으로 망명한 캐손 전 필리핀 대통령이 가까운 시일 안에 독립선언을 한다는 방송 보도를 접하고 10월 2일 열린 연락회의에서 필리핀 독립을 예정보다 1주일 앞당길 것을 결정했다. 캐손의 필리핀독립선언에 선제적으로 대응하기 위한 것이었다.[51] 이어서 일본은 '大東亞政略指導大綱'에 따라 1943년 11월 5일, 6일 동경의 제국의회 의사당에서 대동아회의를 개최하였다. 도조 히데키(일본), 汪兆銘(남경 국민정부), 완 와이 타야콘(태국), 張慶惠(만주국), Jose P.Laurel(필리핀), Ba Maw(버마)가 참석하여 대동아공동선언을 발표했다. 자유인도 임시정부 대표 찬드라 보스(Subhas Chandra Bose)는 옵서버로 참가했다.

대동아회의가 폐막한 지 얼마 안 있어 연합국은 대만, 만주, 팽호 제도의 중국반환과 조선 독립을 내용으로 하는 카이로선언(11월 29일)을 발표했다. 조선에서는 극심한 언론 통제로 그 내용을 아는 사람은 극소수에 지나지 않았다. 하지만 대남 출신의 의사이자 문인인 吳新榮은 카이로, 테헤란 선언에 대해서 다음과 같은 감상을 일기에 남기고 있다.

태평양전선은 솔로몬군도에서 길버트군도로 중점이 옮겨진 형세이다. 미국은 막대한 손실에도 불구하고 서태평양에서 중태평양으로 反攻을 큰소리치고 있다. 카이로에서 장개석, 루즈벨트, 처칠이 아시아반추축회의를 열고, 또 테헤란에서 스탈린, 처칠, 루즈벨트가 유럽반추축회의를 열었다고 보도하고 있다. 이것은 말할 것도 없이 역사적인 대동아선언에 대한 하나의 대항으로 봐도 좋다. 그러한 미증유의 대전환기에

---

51 앞의 『杉山メモ』下, 496~497쪽.

처해 우리들은 비상한 희망과 행복을 느끼면서, 또 비상한 困苦와 희망
도 각오해야만 한다.[52]

이 일기는 11월 25일 중국대륙에서 날아온 미군기가 新竹 항공기지
를 폭격한 지 얼마 지나지 않은 시점에서 기록된 것이다. 극심한 자기검
열로 진의 파악이 쉽지 않지만, 전황의 추이와 국제정세 변화를 주시하
고 있다는 것을 엿볼 수 있다. 1944년 2월 1일 열린 제84회 제국의회
중의원 비밀회의에서 다케우치 슌키치(竹內俊吉) 의원이 조선의 치안상
황, 사상운동 단속에 대해서 질문하자 다나카 다케오(田中武雄) 정무총감
은 버마, 필리핀의 독립과 인도네시아의 정치 참여의 영향을 언급했다.[53]

1943년 11월 길버트 제도의 마킨, 타라와 섬 점령, 대만 공습, 이듬해
2월 마샬 제도의 콰잘레인, 루오트 점령, 트럭 섬에 대한 공습 등 1943년
11월부터 1944년 전반기에 남태평양전선에서 미군이 공세를 강화하자
육군에서는 인도네시아 독립을 검토하기 시작했다. 다네무라 사코(種村
佐孝) 전쟁지도반의 반원은 시게미쓰 외무대신과 전국이 호전될 때 인도
네시아를 독립시키고, 조선인, 대만인에게 참정권을 부여할 필요가 있다
는 의견을 교환했다.[54] 3월 22일 도조 육군대신은 군무국에 대동아경제
회 개최와 인도네시아 독립 검토를 지시했다. 인도네시아 독립은 적당
한 시기에 정부가 성명하겠지만 군무국은 조선인, 대만인 관계를 고려
할 필요가 있다고 판단했다.[55] 육군에서도 인도네시아 독립이 조선과 대

52 『吳新榮日記』1943년 12월 2일자(일기 원문은 대만 중앙연구원 대만사연구소에
   서 인터넷으로 제공하는 臺灣日記知識庫에서 열람).
53 衆議院, 『帝國議會衆議院秘密會議事速記錄集 下』, 衆議院事務局, 1996, 840쪽.
54 앞의 『機密戰爭日誌』下, 506쪽.
55 위의 『機密戰爭日誌』下, 507쪽.

만 통치에 미칠 파장을 염두에 두었던 것이다. 5월 18일 전쟁지도반장 마쓰타니 세이(松谷誠) 대좌는 시게미쓰 외무대신과 만나서 인도네시아, 베트남의 독립, 대동아경제회의 등 대동아정책에 대해서 간담을 나눴다.[56] 사이판의 일본인 수비대가 전멸된 7월 7일 하타 히코사부로(秦彦三郎) 참모차장은 인도네시아 독립을 시급히 연구하도록 전쟁지도반에 명령했다.[57]

이후 육군성과 참모본부 수뇌부는 인도네시아의 독립을 성명할 것과 조선인, 대만인에게 황민화 정책을 철저히 시행하여 제국 신민으로서의 권리, 의무를 부여할 것, 독립운동을 철저히 탄압한다는 지도요강을 최고전쟁지도회의에 제출하였다.[58] 이 「앞으로 취해야 할 전쟁지도 대강」은 8월 19일 열린 제8회 최고전쟁지도회의에서 통과되어, 1944년 9월 7일 제85회 제국의회에서 인도네시아의 독립 부여와 조선, 대만의 처우에 관한 고이소 수상의 성명(소위 '고이소성명')으로 발표되었다. 고이소 내각이 장래 인도네시아의 '독립'을 성명하자 조선독립론은 더욱 거세졌다.[59]

이처럼 동남아의 원활한 점령정책 시행과 연합군의 본격적인 반격에 대비하여 동남아 점령지의 전쟁협력을 끌어내기 위해 발표된 '도조성명', '대동아선언', '고이소성명'은 오히려 조선인의 독립의식을 자극해 '대동아공영권'의 균열을 증폭시켰다.[60] 아울러 육군수뇌부는 치안과 전력을 확보하기 위해 버마, 필리핀, 인도네시아 독립을 지지했다.

---

56 위의 『機密戰爭日誌』下, 531쪽.
57 種村佐孝, 『大本營機密日誌』, ダイヤモンド社, 1952, 176쪽.
58 參謀本部, 『敗戰の記錄』, 原書房, 1967, 36쪽.
59 앞의 「'내파(內破)'하는 '대동아공영권'－동남아시아 점령과 조선통치」, 103-107쪽.
60 위의 「'내파(內破)'하는 '대동아공영권'－동남아시아 점령과 조선통치」, 109쪽.

3. 조선총독부와 조선통치관계자들의 참정권 논의

앞에서 언급한 것처럼 조선총독부와 조선군은 징병제와 참정권문제
가 결부되는 것을 극도로 경계했다. 하지만 전황이 악화되고 이에 따라
인적, 물적 동원을 강화하자 민심과 치안이 급속도로 악화되어 고이소
총독은 징병제 시행을 앞두고 민심수습책을 강구하지 않을 수 없었다.
1943년 4월 도조 수상은 중국, 만주시찰에서 돌아오는 길에 비행기로 경
성에 착륙해서 한나절 조선호텔에 머물렀다. 고이소는 이때 도조를 찾
아가 참정권문제를 논의했다. 도조는 취지에는 찬성하면서도 실현시키
기 위해서는 의회와의 사이에 성가신 절충이 필요하기 때문에 실행에는
미온적인 태도를 보였다고 한다.[61] 천황으로부터 징병제와 참정권을 결
부시키지 말 것을 주의 받은 도조로서는 섣불리 나설 수 없었을 것이다.
이후 1943년 8월 조선에 징병제가 실시되고 절대국방권이 설정되면서
'학도출진'이 결정되었다. 고이소를 방문한 학도들은 "의무를 강요하면
서 권리를 부여하지 않는다"고 강력히 항의했다.[62] 전황이 악화되면서
언제 조선민심이 '폭동화' 할지 모르기 때문에 국장회의에서도 그러한
경우의 대책이 검토되었다고 한다.[63] 아울러 윤덕영(1939년에 칙임)이
1940년 10월에 사망한 후 오랫동안 결원 상태였던 귀족원 칙선의원 임
명문제가 부상했다. 조선총독부는 후보를 물색하여 이진호, 박중양, 한
상룡, 이범익 4명을 후보로 추천한 끝에 결국 1943년 10월 이진호가 임
명되었다.[64] 고이소는 스가모 감옥에서 집필한 회고록에서 박중양을 "조

---

61 小磯國昭, 『葛山鴻爪』, 小磯國昭自叙伝刊行會, 1963, 766쪽.

62 위의 『葛山鴻爪』, 774쪽.

63 위의 『葛山鴻爪』, 772쪽.

64 위의 『葛山鴻爪』, 765쪽.

금도 사양이라는 것을 모르는 종잡을 수 없는 성격의 소유자다"[65]라고 평하고 있는데 칙선의원을 차지하려고 후보자들 사이에 치열한 경쟁과 로비가 있었음을 엿볼 수 있는 대목이다. '친일파'들이 귀족원에 칙선의원 1명을 보내는 일시적인 조치로 만족할 리 만무했다.

고이소 총독은 내각에 참정권문제에 대한 의견을 개진하기 위해 총무국에 참정권 문제를 조사해서 어떠한 방식으로 행하면 좋을지 안을 제출하라고 지시했다.[66] 참정권 문제는 척무대신 시절의 부하였던 에구치 지카노리(江口親憲) 총무국장이 중심이 되어 효도 마사루(兵頭儔) 기획실장, 아키야마 쇼헤이(秋山昌平) 관방심의실사무관, 야마나 미키오(山名酒喜男) 문서과장 등이 1943년 말부터 귀족원령과 중의원선거법개정을 연구했다.[67] 야마나 문서과장은 이때 간접선거, 직접선거, 보통선거, 제한선거 등 당시 고려되고 있던 여러 가지 안들과 외국의 법제들을 정리해서 다나카 정무총감에게 제출했다고 한다.[68] 야마나가 작성한 문서는 고이소와 총독부관료들의 회고를 종합해보면 「大野綠一郎關係文書」에 소장되어 있는 「참정권문제」로 판단된다.[69] 이 안에 따르면 정치참여 방안으로 제국의회 참정권과 조선지방의회 설치를 병기하고 있다. 즉 중의원 10명 내외를 선출하고 귀족원은 왕공족, 조선귀족 및 다액소득자 중에서 10명 내외를 칙선의원에 임명하는 안이다. 한편 조선지방의회는 25만 명 당 한명 비율로 120명의 의원을 선출하여 조선지방비용의

---

65 위의, 『葛山鴻爪』, 645쪽.

66 위의 『葛山鴻爪』, 765쪽.

67 田中武雄·山名酒喜男·筒井竹雄他,「參政權施行の経緯を語る－田中武雄小磯內閣書記官長」,『東洋文化研究』 2, 2002, 145쪽.

68 위의 「參政權施行の経緯を語る-田中武雄小磯內閣書記官長」, 142쪽.

69 「參政權問題」(앞의 「大野綠一郎」 1281).

세입, 세출 예산과 법률 및 제령이 정하는 것을 제외한 조선지방비에 대한 지방세, 사용료 및 수수료의 부과징수에 관한 사항을 심의, 의결하도록 했다.[70] 고이소는 총무국이 중심이 되어 기안한 참정권안을 들고 이듬해 44년 5월 동경으로 건너가 도조 총리에게 얘기를 건네 보았지만 총리가 받아들이지 않았다고 한다. 고이소 총독은 5월 5일 쇼와 천황에게 1시간 반 이상에 걸쳐 조선의 민정, 농업, 광공업, 노무, 참정권부여 시기를 상주했다.[71] 참정권문제를 해결하기 위해서는 내각, 제국의회, 추밀원의 동의가 필요하다는 점에서 넘어야 할 허들이 너무 많았다. 게다가 도조 수상은 이 문제에 소극적인 입장이었기 때문에 첫 관문인 내각의 동의조차 얻어내기가 쉽지 않았다.

한편, 일본에 있는 조선통치관계자들은 중앙조선협회를 중심으로 참정권문제해결에 적극적으로 나섰다. 협회 간부 중에는 귀족원의원이 많고, 일반 회원 중에서도 내각, 제국의회, 추밀원 등 일본 정계에 폭넓게 진출해 있었다. 중앙조선협회는 중일전쟁 이후 사카타니 요시로(阪谷芳郞) 회장을 중심으로 조선총독부 및 조선인(최린, 한상룡 등)과 조율하면서 일본에서 조선인참정권문제를 공론화하려 했다.[72] 1941년 사카타니가 사망하자 회장에는 전 총독인 우가키 가즈시게(宇垣一成)가 취임하나 거의 활동하지 않았고 실질적으로는 귀족원의원인 세키야 데이자부로가 이끌어나갔다. 세키야는 대만총독 비서관, 조선총독부 학무국장, 시즈오카현 지사, 궁내차관 등을 역임하고 퇴직 후에는 칙선의원에 임명되었

---

70 앞의 김동명 책, 44~50쪽.
71 宮內廳, 『昭和天皇實錄』 第9, 東京書籍, 2017, 344쪽.
72 이에 대해서는 Lee hyoung-sik, "Yoshiro Sakatani, a Member of the House of Peer, the Imperial Diet, and Korean Affairs Expert(Chosentsu) and Japanese Rule of Korea" International Journal of Korea History, 18-1, 2013를 참조할 것.

고 1939년부터 재일조선인 통제단체인 중앙협화회 이사장으로 재일조선인 문제에 관여하고 있었다.

1943년 8월 1일부로 병역법이 개정되어 징병제가 조선에 실시되자 일본의 조선통치관계자들의 움직임도 빨라졌다. 대정익찬회는 조선징병제 시행에 맞춰 8월 1일 17세에서 19세까지의 징병 연령자를 동원하여 병제발전기념행사를 계획했다. 야스쿠니 신사 경내에서 만 천명이 참석한 가운데 장정사기앙양대회가 개최되었는데, 세키야는 각현 협화회장에게 참석을 독려하여 조선인 청년 1,500명을 동원했다.[73] 이러한 가운데 유게 고타로(弓削幸太郎) 중앙조선협회 이사는 8월 7일 세키야에게 "징병제도와 참정권을 교환문제라고 생각해서는 안 된다고 하는데 통용되지 않는 주장입니다"라고 하면서 자치론, 독립론을 봉쇄하기 위해 제국의회 참정권을 중앙정부가 성명해야 한다고 주장했다.[74] 세키야는 9월 4일에 호시노 나오키(星野直樹) 내각서기관장과 함께 도조 수상을 만나 조선인 문제를 협의했다.[75] 다음 날 문부대신, 경시총감을 만나 조선인 문제를 간담하고 후생대신에게는 조선문제 서류를 송부했다.[76] 이때 세키야는 도조 수상에게 조선인 처우문제를 진언했지만, 도조는 전혀 고려하지 않았다고 한다.[77] 이후 세키야는 사법성과 내무성의 치안관계자들과 만나 재일조선인의 동향을 파악하고 그 대책 마련에 힘썼다.

1943년 가을 조선총독부가 참정권문제를 검토하기 시작하자 세키야

---

73 『朝日新聞』 1943년 8월 2일자 ; 樋口雄一 編, 『協和會關係資料集 1』, 綠蔭書房, 1991, 363~376쪽.

74 1943년(추정) 8월 7일 關屋貞三郎 앞 弓削幸太郎 서한(앞의 「關屋貞三郎關係文書」 823-2).

75 앞의 「關屋貞三郎日記」 1943년 9월 4일자.

76 위의 「關屋貞三郎日記」 1943년 9월 5일자.

77 東久邇稔彦, 『東久邇日記 : 日本激動期の秘錄』, 德間書店, 1968, 163쪽.

는 조선총독부와 보조를 맞춰 일본에서 참정권문제 해결을 위한 여론조성에 힘썼다. 1944년 2월 22일에는 헌법·행정법 학자인 추밀고문관 시미즈 도루(淸水澄)와 조선인참정권문제에 대해 의견을 나눴다. 세키야는 3월 15일 호시노 내각서기관장과 함께 귀족원령개정을 논의하면서 다음과 같은 감상을 일기에 남겼다.

> 귀족원령 개혁(외지인을 소수 참여시키는 일)에 대해 간담. 반드시이번 의회 제출을 역설했지만 수속이 늦어져 적어도 이번 의회는 단념하게 되었다. 매우 유감이다. 왜 이 때 단행하지 않는지 의심스럽다. 긴탄식을 할 수밖에 없다. 총리가 겸직이여서 매우 바빠 숙독할 수 없는것도 또 진행을 가로막는 원인일 것이다. 아아!

세키야는 중앙정부가 참정권문제에 관심이 없는 것을 개탄하였다. 5월부터 조선에서 시작되는 징병검사를 앞두고 4월 30일 대정익찬회 조사원 곤도 요시로(權藤嘉郎, 權逸)는 세키야에게 "조선인에게 희망을 주는 정부의 대방침을 내외에 성명할 것", "조선인 취급에 경찰력이 도움이 되지 않는다는 것"[78]을 의견 개진했다. 이후 중앙조선협회는 6월 1일 이사회를 개최하여 협회 확장을 논의하고 이사장을 둘 것을 결정했다. 세키야는 6월 8일 우가키 회장을 방문하여 전권 위임을 승인 받았다.

이처럼 조선총독부는 징병제 시행을 앞두고 참정권부여안을 입안해 도조 내각과 접촉했지만 받아들여지지 않았다. 중앙조선협회는 조선총독부와 보조를 맞춰 일본에서 참정권문제 해결을 위한 여론조성에 힘썼다.

---

78 앞의 「關屋貞三郎日記」 1944년 4월 30일자.

III. 고이소 내각 시기의 참정권 문제

1. 고이소 내각의 성립

1944년 7월 사이판 함락으로 절대국방권이 붕괴되자 이를 빌미로 반도조세력들은 도조 내각을 붕괴시켰다. 중신회의에서 후계 수상으로는 제1순위로 남방군총사령관 데라우치 히사이치(寺內壽一), 제2순위로 지나파견군총사령관 하타 슌로쿠(畑俊六), 제3순위로 고이소 조선총독이 거론되었다. 데라우치에 대해서는 전선 지휘관을 소환하는 것은 적절하지 않다고 도조가 반대했고, 하타에 대해서는 중신 대부분이 반대하여 결국 히라누마 기이치로(平沼騏一郎)와 요나이 미쓰마사(米内光政)가 추천한 고이소로 낙점되었다. 쇼와 천황은 중신들과 협의하여 고이소와 요나이가 협력하여 내각을 조직하라는 이례적인 조각명령을 내렸다. 고이소는 육군출신이라고 하더라도 현역을 떠난 지 6년이나 지났고 2년간 조선총독을 역임하고 있었기 때문에 일본 국내의 정치적 기반이 약했을 뿐만 아니라 국내 정보에도 어두웠다. 이로 인해 정권 말기에는 내무성을 비롯한 각 성청, 의회, 육해군 등의 주요 정치집단으로부터 기피되어 8개월만에 붕괴된 약체내각이었다.[79] 〈표 1〉은 조각 당시 고이소 내각의 각료 경력을 정리한 것이다.

---

79 이에 대해서는 兒玉州平, 「小磯國昭內閣期の政治狀況」, 『神戸大學文學部紀要』 42, 2015를 참조할 것.

관직	성명	전직	소속	비고
내각총리대신	小磯國昭	조선총독	육군	조선파
외무대신	重光葵	외무대신	외무관료	기도파
내무대신	大達茂雄	동경도장관	내무관료	
대장대신	石渡莊太郎	대장대신	대장관료	
육군대신	杉山元	참모총장	육군	
해군대신	米內光政	내각총리대신	해군	요나이파
사법대신	松阪廣政	검사총장	사법관료	
문부대신	二宮治重	선만척식회사 총재	육군	조선파
후생대신	廣瀨久忠	후생대신, 법제국장관	내무관료	요나이파
대동아대신	重光葵	외무대신	외무관료	기도파
농상무대신	島田俊雄	법제국장관, 농림대신	익찬정치회	
군수대신	藤原銀次郎	오지제지 사장, 상공대신	기업인	기도파
운수·통신대신	前田米藏	철도대신	익찬정치회	
국무대신	町田忠治	민정당 총재, 대장대신	익찬정치회	
	兒玉秀雄	정무총감, 척무대신	귀족원, 익찬정치회	조선파
	緒方竹虎	아사히신문 사장	아사히신문	
내각서기장관	三浦一雄	농림차관	농림관료	
	田中武雄	정무총감	조선총독부	조선파
법제국장관	三浦一雄	농림차관	농림관료	

참고로 내각서기장관은 7월 29일부로 다나카 다케오로 교체되었다. 기도파는 내대신 기도 고이치 인맥이다. 戰前期官僚制硏究会編, 『戰前期日本官僚制の制度・組織・人事』, 東京大学出版会, 1981에서 작성

먼저, 요나이는 천황의 특지로 현역으로 복귀하여 해군대신에 취임했는 데 반해 고이소는 조각명령을 받은 직후 우메즈 요시지로(梅津美治郎) 참모총장을 찾아가 현역 복귀, 육군대신 겸임, 총리의 대본영 열석을 신청했지만 거절당했다.[80] 대본영 열석에 대해서 우메즈는 "연락회의를 빈번하게 해서 실질적으로 같도록 하자"[81]고 하여 고이소 내각은 1944

년 8월 대본영정부연락회의를 대신하여 최고전쟁지도회의를 설치했다. 내각이 붕괴될 때까지 50회 가까이 개최되었지만 대소특사파견, 對중경화평공작(소위 '繆斌공작') 등 실현되지 않은 부분이 많아 전쟁지도에는 한계가 있었다. 또한 도조파인 사토 겐료(佐藤賢了) 군무국장은 7월 말에 열린 익찬장사단 회의에서 "이번 내각은 2개월 이내로 붕괴될 것이다"[82]고 내각이 무너지는 것을 암시했다. 고이소는 육군출신었지만 육군의 전폭적인 지지를 얻지 못했다.

전황이 악화되는 가운데 내각의 분열도 심각했다. 고이소는 요나이가 전황을 제대로 알려주지 않는다고 원망했고, 요나이는 고이소의 경솔하고 신들린(神がかり) 행동에 혐오감을 느꼈다고 한다.[83] 육군은 육해군통수일원화를 추진하다가 해군의 반발을 샀고, 대동아대신에 측근인 니노미야 하루시게(二宮治重)를 임명하려고 시도하다가 대동아대신 겸임을 고수하려는 시게미쓰와 충돌했다. 물자동원계획을 둘러싸고 후지와라 긴지로(藤原銀次郎) 군수대신과 오다치 시게오(大達茂雄) 내무대신이, 지방행정협의회장 임명권을 둘러싸고는 오다치 내무대신과 히로세 히사타다(廣瀨久忠) 내각서기관장이 격돌했다. 고이소는 육군 수뇌부에 동조해서 전장에서 큰 승리를 거둔 후에 유리한 조건하에 종전을 모색하는 '일격화평론'자였지만,[84] 1944년 8월 말부터 요나이 해군대신과 이노우에 시게요시(井上成美) 해군차관은 다카기 소키치(高木惣吉) 소장에

80 梅津美治郎刊行會, 『最後の參謀總長梅津美治郎』, 芙蓉書房, 1976, 530쪽. 고이소의 대본영 열석은 천황의 특지로 1945년 1월 16일에 실현되었다.
81 高木惣吉, 『高木惣吉日記と情報 下』, みすず書房, 2000, 758쪽. 1944년 7월 28일자.
82 中村正吾, 『永田町一番地』, ニュース社, 1946, 20쪽.
83 大達茂雄伝記刊行會編, 『追想の大達茂雄』, 大達茂雄伝記刊行會, 1956, 253쪽.
84 松谷誠, 『大東亞戰爭收拾の眞相』, 芙蓉書房, 1980, 112~113쪽.

게 밀명을 내려 종전공작에 착수시키고 있었다.[85] 마지막으로 고이소 내
각은 도조 내각이나 스즈키 내각에 비해서도 천황의 신임은 두텁지 못
했다.[86] 이처럼 고이소의 정치력 부재, 내각의 불통일, 천황 및 궁중의
낮은 신뢰 등으로 인해 내각은 '목탄자동차내각'[87]이라고 야유 받았다.

2. 정치처우개선에 관한 각의 결정과 조선통치관계자

1944년 9월 7일의 '고이소 성명' 발표 이후 중의원 예산위원회(9월
9일)에서 쓰루미 유스케(鶴見祐輔)가 조선, 대만인에 대한 참정권 부여를
질문하자 고이소 총리는 "상당히 고려할 여지가 있기 때문에 충분히 신
중한 연구를 거듭하고자 한다"[88]라고 확답을 피했다. '고이소 성명'에 대
해서 대만의 유력자인 임헌당은 "(수상이) 말씀하신 것은 매우 추상적이
고, (수상의) 취지가 무엇인지를 알 수 없고, (아마도) 참정권 문제 때문
일 것이라고 생각한다. 그러나 이 일은 평화 시기가 도래하지 않으면 이
루어지지 못할 것이라고 대답했다".[89] 조선에서도 사이판 함락을 계기로
패전사상이 더욱 확대되고 조선독립론이 확산되고 있었다.[90] "처우에 관
해 특히 고려한다"고 하는 애매한 성명만으로는 악화일로로 치닫는 민

---

85 加藤陽子, 『天皇と軍隊の近代史』, 勁草書房, 2019, 306쪽.

86 쇼와 천황은 고이소가 육군의 쿠데타 미수사건인 3월 사건에도 관여한 혐의가
   있고, 신들렸다는 세평도 있고 나아가 경제를 잘 몰라 내키지는 않았지만 요나
   이와 히라누마의 추천으로 대명을 내렸다고 한다. 고이소에 대해서는 "예상대로
   좋지 않았다" "배짱도 자신도 없었다"는 엄한 평가를 내리고 있다(「昭和天皇の
   獨白八時間」, 『文藝春秋』 68-13, 1990, 128쪽).

87 앞의 『大本營機密日誌』, 195쪽.

88 「85回帝國議會 衆議院 予算委員會 第3号 昭和19年9月9日」.

89 林獻堂, 『灌園先生日記(16)』, 中央研究院台湾史研究所, 2012, 310쪽.

90 高等法院檢事局, 『朝鮮檢察要報』 13, 1945.4, 32쪽

심과 조선독립론의 확산을 저지할 수 없다고 조선통치관계자들은 인식했다.[91]

이러한 상황 속에서 고이소 수상은 본격적으로 조선, 대만인 참정권 부여를 검토하기 시작했다. 이후 참정권문제는 12월 22일 정치처우개선에 관한 각의 결정, 12월 23일 조선 및 대만 재주민정치처우조사회 설치, 1945년 3월 4일 조사회 답신안 결정 및 발표, 3월 7일 귀족원령개정안 각의 결정, 추밀원 심의, 제국의회 심의라는 프로세스를 거쳐 확정된다. 선행연구에서는 주로 정치처우개선에 관한 각의 결정 이후의 프로세스에 주목하여 정치처우조사회, 추밀원, 제국의회 심의 과정의 논의를 중점적으로 분석하고 있다. 하지만 고이소 성명 발표 이후 각의 결정에 이르기까지의 과정에서도 다카기 소키치 해군소장이 "고이소, 다나카, 미우라 등 중추 막료 모두 시골신사라서 긴박한 동경의 실정에 어둡다" "고이소의 조선통치문제, 선거권부여문제는 아마도 (고이소 내각의) 치명상이 될 지도 모른다. 다만 조기에 무너질 때는 도조 세력이 복귀하게 되어 위험하다"[92]고 우려한 것처럼 결코 순탄치 않았다. 선행연구에서 지적한 것처럼 관할 성청이었던 내무성은 격렬하게 반대했고, 다른 성청도 결코 우호적이지만은 않았다. 실제로 내무성은 "이 전쟁이 한층 진행되는 가운데 그러한 것은 필요가 없다. 내각은 전쟁 하나로 가면 된다. 한조각의 사탕을 투여해서 조선인을 마음으로부터 전쟁에 협력시키려고 해도 불가능하다. 조선인에게 부여하면 대만인에게도 사할린의 아이누나 오로코에게 주지 않으면 안된다"고 하여 경보국장과 지방국장이 정면에서 반대했다고 한다.[93] 그렇다면 참정권문제를 누가 어떤 논리로 반

---

91 1944년 10월 9일자 關屋貞三郎 앞 丸山鶴吉 서한(앞의 「關屋貞三郎關係文書」 356-1).
92 앞의 『高木惣吉日記と情報 下』, 778쪽, 1944년 9월 24일자.

대파를 설득했고 어떠한 원인이 각의결정을 이끌어낸 것일까.

고이소 내각에는 니노미야 문부대신, 후지와라 군수대신, 고다마 국무대신, 다나카 서기관장 등 조선에서 근무했거나 조선과 인연을 맺은 소위 '조선파'들이 포진하고 있었다. 하지만 후지와라를 제외하고 내각에 참여하기 전에 일본을 떠나 있었기 때문에 일본 정계에 어두워 정치력에 한계가 있었다. 고이소 각료들을 대신하여 참정권문제 해결에 적극 나섰던 사람은 세키야나 엔도 류사쿠(遠藤柳作)[94] 정무총감과 같은 조선통치관계자들이었다. 정치처우조사회에서 참정권부여를 적극적으로 지지했던 시바야마 가네시로(柴山兼四郞) 육군차관에 따르면 엔도 정무총감은 동경에 체재하면서 각 방면에 양해 운동을 전개했다고 한다.[95] 엔도에 관한 사료는 거의 남아 있지 않으므로 본고에서는 「關屋貞三郎關係文書」를 이용해 세키야를 중심으로 조선통치관계자의 궤적을 중심으로 살피겠다.

1944년 8월에 조선에 부임한 엔도 정무총감은 세키야에게 보낸 서한

---

93 大達茂雄伝記刊行會編, 『追想の大達茂雄』, 大達茂雄伝記刊行會, 1956, 163쪽.
   특히 경보국은 조선인 공산주의자들이 의회에 들어가 캐스팅 보트를 장악하게
   될 위험을 우려해 격렬하게 반대했다고 한다(遠藤柳作, 山名酒喜男, 梶村秀樹,
   「阿部總督時代の槪觀-遠藤柳作政務總監に聞く(1959.9.16) 『東洋文化研究』 2, 2000,
   205쪽).
94 엔도 류사쿠(1886-1963)는 1910년대 조선총독부에서 근무하다가 3·1운동 이후
   에는 내무성으로 옮겨 동경부 산업부장, 지바현 내무부장, 아오모리현, 미에현,
   가나가와현, 아이치현 지사를 역임했다. 1928년에는 중의원의원선거에 출마해
   당선되었다. 1936년에는 귀족원의원으로 칙선되었고 아베 노부유키(阿部信行)
   내각 시기 내각서기관장, 동경신문 사장을 역임해 내무성을 비롯하여 중의원, 귀
   족원, 익찬정치회, 언론계에 폭넓은 인맥을 가지고 있었다(山口平八, 「遠藤柳作」,
   埼玉縣立文化會館, 『埼玉縣人物誌 下卷』, 埼玉縣立文化會館, 1965, 170~176쪽).
95 柴山兼四郞, 『元陸軍次官柴山兼四郞中將自叙伝 : 鄕土の先覺者』, 赤城左知子, 2010,
   171쪽.

을 통해서 전황의 추이에 따라 나날이 조선통치 상황이 악화되는 상황에서 참정권문제의 조속한 해결을 위한 조력을 의뢰했다.[96] 세키야는 8월 27일에 전 대만총독부 민정장관 시모무라 히로시(下村宏, 중앙조선협회 회원)가 주최한 귀족원유지자 회합에 참석했다. 이 회합은 시모무라, 고도 다쿠오(伍堂卓雄, 전 철도대신), 이자와 다키오(伊澤多喜男, 전 대만총독·추밀고문관)가 발기하여 다수의 귀족원의원이 참여하였다. 당일 시모무라와 세키야는 이와타 주조(岩田宙造), 마쓰모토(松本)에게 조선, 대만의 귀족원 문제를 설명했다.[97] 8월 31일에는 니시오 다다미치(西尾忠方, 연구회) 자작의 발의로 조직한 귀족원사상대책위원회에 위원으로 참석했다. 이 위원회에서 후루이 요시미(古井嘉實) 경보국장, 가나이 모토히코(金井元彦) 경보국 보안과장으로부터 치안상황을 보고 받았는데, 세키야는 조선, 만주, 북중국에 있는 조선인 동향, 황실에 관한 민중의 동향에 주의하도록 발언했다. 같은 날 세키야는 시바야마가 육군차관에 취임했다는 보도를 접하자 시바야마에게 전화했다.[98] 참고로 육군에서는 "스기야마 육군대신은 로봇이고 우메즈 참모총장과 시바야마 육군차관이 만사를 처리하고 있다" "시바야마 차관이 구 정당 세력과 관계를 가지고 있다"[99]고 이야기되고 있는 것처럼 시바야마는 육군의 실세이고 구 정당 세력과 관계를 맺고 있었다. 실제로 시바야마 육군차관은 중의원, 귀족원의 합동 정치단체인 익찬정치회의 중의원부장 미요시 히데유키(三好英之)와 연락을 취하면서 정무에 깊이 관여하고 있었다.[100]

---

96 1944년 8월 20일자 關屋貞三郎 앞 遠藤柳作 서한(앞의 「關屋貞三郎關係文書」 49).
97 앞의 「關屋貞三郎日記」 1944년 8월 27일자.
98 위의 「關屋貞三郎日記」 1944년 8월 31일자.
99 앞의 『東久邇日記 : 日本激動期の秘錄』, 174쪽.
100 앞의 『元陸軍次官柴山兼四郎中將自叙伝 : 鄕土の先覺者』, 156쪽.

8월부터 조선인에게 일반징용령이 적용되고 9월에는 대만에 징병제가 시행되었다. 전황이 악화되는 가운데 식민지에서의 전시동원이 강화되면서 이에 대한 대책으로 조선, 대만인의 처우를 개선한다는 소위 '고이소 성명'이 발표되자 이에 따라 세키야의 행보는 더욱 빨라졌다. 9월 14일 엔도 정무총감을 중앙조선협회에 초대하여 의견을 조율하였고, 9월 16일 사상대책위원회에서 사법성 사상과장으로부터 북중국 사정을 청취했다. 조선에서 독립론이 확산하자 10월 5일 열린 최고전쟁지도회의에서는 첩보활동, 공산주의, 조선독립운동 그 외 대동아 각지의 반일적 민족운동에 대한 단속을 한층 엄중히 한다, 조선의 독립운동에 대해서는 일본이 처우개선을 준비한다는 '敵側思想謀略破摧方案'을 확정했다.[101] 이에 대해서 미야기현 지사 마루야마 쓰루키치(丸山鶴吉, 전 경무국장)는 일반징용령 실시, 공출할당책임제 실시가 민심에 미치는 영향이 매우 중대하여 언제 무슨 일이 일어날지 모르는 상황에서 "처우개선에 관해서 특히 고려한다"는 성명만으로는 사태수습이 힘들다는 것, 제국의회에 대조사기관을 설치하여 참정권 문제를 논의해야 한다는 것을 고이소 수상, 니노미야 문부대신, 오가타 다케토라(緒方竹虎) 국무대신, 다나카 내각서기관장에게 발송했다. 아울러 세키야에게 조선 위기를 돌파하기 위해 참정권 문제 해결을 위해 노력해 달라고 간곡한 서한을 보냈다.[102]

이러한 가운데 10월 11일부터 미국의 본격적인 대만 폭격이 시작되었다. 11일, 12일에는 1,300기, 13일에는 1,400기, 14일에는 550기가 대만을 공습했다. 대만에 대한 본격적인 공습과 함께 조선통치관계자의 행보도 더욱 빨라졌다. 제국의회 '조선통' 마쓰야마 쓰네지로(松山常次

---

101 앞의 『敗戰の記錄』, 196~197쪽.
102 1944년 10월 9일자 關屋貞三郎 앞 丸山鶴吉 서한(앞의 「關屋貞三郎關係文書」 356-1).

郞)는 10월 13일 세키야를 방문하여 시바야마 육군차관과의 회견 전말을 이야기하고, 가까운 시일 내에 우메즈 참모총장과 회견할 것을 알렸다. 과거 「조선의 참정권문제」라는 팸플릿을 작성해서 배포하고 1920년대 국민협회의 참정권청원운동을 지원했던 마쓰야마가 육군에 참정권문제 해결을 타진했던 것으로 보인다.[103] 10월 14일에는 재일조선인의 '보호시책'을 강화하기 위해 '반도동포보호회의'가 수상관저에서 개최되었다. 이 회의에는 내각에서 수상, 내무대신, 문부대신, 후생대신, 고다마 국무대신, 다나카 서기관장이, 조선관계자로 세키야 중앙협화회 이사장, 미나미 전 조선총독, 나카무라 고타로(中村孝太郞) 전 조선군사령관이 참석했다.[104] 세키야는 일기 상단에 대본영의 대만 공습 발표 내용을 적으면서 이 회의의 감상을 다음과 같이 기록하고 있다.

　　3시부터 협화사업 강화에 관한 간담회를 개최했다. 고이소 수상, 오다치, 히로세, 고다마 제 씨 및 니노미야 문부대신, 차관, 국장 등이 열석했다. 새로 회장에 취임할 예정인 나카무라 대장, 이사장에 내정된 近藤駿介도 열석했다. (중략) 인사문제에 대해서는 연락이 너무 없어서 유감이고 인선의 적부에 대해서 이견이 없는 것은 아니지만 간담에서는 충분히 의견을 말해 나의 독무대가 된 느낌은 출석자 모두가 인정하는 바이다. 협화사업이 종래 중시되지 않았다는 것, 일본인 계몽의 필요, 노무자 확보, 능률증진의 급무, 특히 공습이 긴박할 때 관동지진의 전철을 밟지 않을 대책 등에 의견을 말할 기회를 가진 것은 다행이다. 협화회를 大和會로 바꿀 것, 조직은 각 관계 국장이 연구할 것, 조선총독부의 연락에 대해 협의했다(밑줄은 저자).[105]

103　마쓰야마에 대해서는 松山創, 『紀水·松山常次郞』, 松籟社, 2015를 참조할 것.
104　『朝日新聞』 1944년 10월 15일자.
105　앞의 「關屋貞三郞日記」 1944년 10월 14일자.

세키야가 공습 때 관동대진재 때와 같은 조선인학살이 반복되지 않아야 한다고 강조했던 부분은 눈여겨볼 대목이다. 이튿날 오다치 내무대신을 방문하여 "협화회 개칭의 건, 비상시 조선인 대책 및 만세 소동 당시의 상황을 이야기했다".[106] 재일조선인 압박이 자칫 3·1운동과 같은 일본에 대한 전국적인 저항을 초래할지 모른다는 우려를 전달했던 것이다. 10월 18일에는 엔도 정무총감 상경을 계기로 고이소 수상이 성명한 처우개선에 관한 현지 의향을 청취하기 위해 내무대신 관저에서 간담회를 개최했다. 내무성에서는 오다치 내무대신, 다케치 유키(武知勇記) 정무차관, 야마자키 이와오(山崎巖) 내무차관 이하 관계 국장이, 조선에서는 쓰쓰이 다케오(筒井竹雄) 문서과장이, 대만측에서는 모리베 다카시(森部隆) 내무국장과 고바야시 스에비토(小林末人) 문서과장 등이 참석했다.[107]

10월 20일 미군은 필리핀 레이테 섬에 상륙했다. 이틀 후에 세키야는 시마다 도시오(島田俊雄) 농상무대신을 만나 조선문제를 상의했다. 이날 시바야마 육군차관의 초대로 아카사카에서 만찬을 함께 했는데, 세키야는 "이야기가 매우 中正해서 일반 육군 군인 특히 장군들이 이와 같았으면 했다고 생각했다"[108]고 감상을 기록하고 있다. 시바야마 육군차관과의 이야기가 잘 진행되었던 것으로 보인다. 이틀 후 세키야는 내무성에서 경보국장, 보안과장과 면담하여 1) 당면 대책, 2) 경찰방침의 취급, 3) 협화사업에 대해서 간담했다. 25일에는 내각에 조선 및 대만 동포에 대한 처우개선요강이 제출되었다. 같은 날 시모무라는 세키야를 방문해서 참정권 문제를 수상에게 진언했다고 전했고 세키야도 당일 수상과

---

106 1944년 10월 15일자 위의 「關屋貞三郎日記」.
107 『朝日新聞』 1944년 10월 19일자.
108 앞의 「關屋貞三郎日記」 1944년 10월 22일자.

해군대신을 만났다. 세키야는 28일 미나미 추밀고문관을 방문하여 북중국 조선인의 중요성을 이야기한 후 다나카 서기관장을 만나 '참정권 문제, 당면의 급무(공습 때)'를 상의했고 이어 내무성에서 야마자키 내무차관과 사카 노부요시(坂信弥) 경시총감을 방문하여 '공습 때의 문제, 조선인을 의뢰할 것, 일본인에게도 이해·협력시킬 것, 경찰 보호에 의뢰시킬 것'을 이야기했다. 세키야는 "모두 내가 주장하는 바를 실행하게 되었다. (경시청 특고부) 內鮮課가 소문으로 조선인을 의심해서는 안 된다고 역설한 것은 경복할 만하다"고 감상을 기록하고 있다.

11월 1일 오전부터 총리 관저에서 조선 및 대만의 정치처우문제에 관한 제1회 각료간담회가 개최되었다.[109] 참정권 문제가 각의 차원에서 논의되기 시작했던 것이다. 이후 내각에서 「조선 및 대만 동포에 대한 처우개선에 관한 건」이 논의되는 가운데 세키야는 내각 각료를 비롯한 정부 관계자에 더욱더 적극적으로 접촉했다. 11월 3일 쓰쓰이 총독부 문서과장이 방문하여 처우문제에 대해 의논했고 6일에는 요나이 해군대신을 방문하여 조선인 문제를 간담했다. 8일에는 이케다 히데오(池田秀雄, 전 식산국장) 중의원의원을 만나 참정권 및 협화회에 대해서 논의했다.

11월 7일 스탈린은 소련혁명기념일에 행한 연설에서 일본을 진주만을 공격한 침략자로 지목하면서 이는 나치 독일의 소련 공격과 다를 바 없다고 단정했다.[110] 소련을 통해서 강화를 모색하고 있었던 일본으로서는 스탈린의 연설은 엄청난 충격으로 다가왔다.[111] 11월 14일에는 수상 관저에서 개최된 지방행정협의회에서 고이소 수상은 조선인, 대만인의 처우문제 해결을 위해 다음 의회에 법률안 제출을 준비하고 있다는 것

---

109 앞의 『永田町一番地』, 62쪽.
110 하세가와 쓰요시 지음, 한승동 옮김, 『종전의 설계자들』, 메디치미디어, 2019, 77쪽.
111 앞의 『大東亞戰爭收拾の眞相』, 93쪽.

을 밝혔다.[112] 회의에 참석한 이케다 기요시(池田淸) 오사카부 지사에 따르면 마루야마 미야기현 지사와 요시다 시게루(吉田茂) 후쿠오카현 지사는 조선문제를 통렬하게 논해 참가자를 경청시켜, 상당한 효과를 거두었다고 한다.[113] 참고로 요시다는 12월 19일부로 군수대신에 취임했다. 세키야는 11월 18일에는 다케우치 도쿠지(竹內德治) 내무성 관리국장으로부터 조선인의 사상 동향을 청취했고, 이날 후생대신, 대장대신, 문부대신을 방문하여 조선인참정권문제에 대해 간담했는데, 모두 의회를 통과할 가능성이 적다고 했다.

이러한 가운데 레이테 전투가 불리하게 돌아가면서 해군으로부터 내각이 위험하다는 정보가 흘러나왔다.[114] 조선인 참정권 문제에 대해서는 혹자는 조선인을 경시해서 선거권 부여를 절대로 부인하고, 혹자는 너무 중시해서 전면 부여를 주장하는 등 의견이 분분하여 여론의 귀추를 파악하기 힘들어 고이소 내각의 치명상(命取)이라고까지 이야기되고 있었다.[115] 다지마 도시야스(田島俊康) 군무국 국원에 따르면 육군은 징병령 시행도 있어서 내각의 방침, 조선처우문제를 지지하고 있고, 연구를 진행하고 있었다.[116] 하지만 익찬정치회에서는 조선참정권문제는 정치문제로 상당히 성가신 문제를 야기시킬지도 모른다고 중의원의원선거법개정에 난색을 보이고 있었다. 오가타 국무대신도 중의원 의장에게 내각경질은 없다고 하면서도 조선문제에 대해서는 신중한 태도를 취해야

---

112 앞의 『永田町一番地』, 86쪽.

113 1944년 11월 21일자 關屋貞三郎 앞 池田淸 서한(앞의 「關屋貞三郎關係文書」 163-3).

114 大木操, 『大木日記 : 終戰時の帝國議會』, 朝日新聞社, 1969, 124쪽.

115 1944년 11월 21일자 關屋貞三郎 앞 池田淸 서한(앞의 「關屋貞三郎關係文書」 163-3).

116 앞의 『大木日記 : 終戰時の帝國議會』, 125쪽.

한다고 했다.[117]

11월 24일부터 본격적인 동경지역 공습이 시작되었다. 세키야는 11월 29일 고다마 국무대신을, 12월 2일에는 고이소 수상을 방문했고, 12월 4일에는 시바야마 육군차관을 만나 조선인문제를 논의했다. 12월 7일에는 헌병대사령관을 방문하여 동경에 있는 장교들에게 조선문제에 대해서 간담했다. 12월 17일 육군성 국장회의에서 헌병대사령관은 공습이 생산에 미치는 영향, 정신적 타격이 매우 커서, 불안, 동요가 보인다고 보고했다. 시바야마 차관은 조선인의 장점을 신문에 내는 것과 조선인 병사 처우문제를 차관 통첩으로 통지할 것을 지시했다.[118] 이후 12월 19일에 「정치처우개선」과 「조선 및 대만 동포에 대한 처우개선에 관한 건」이 각의에 청의되어 22일 각의결정을 통해서 24일 정보국이 발표하였다. 정치처우개선으로 조선 및 대만 재주민정치처우조사회를 설치할 것을 결정했고 일본에 거주하는 조선인 처우개선 요령으로 1) 일반 일본인의 啓發, 2) 일본 도항 제한 제도의 폐지, 3) 경찰상의 처우 개선, 4) 근로관리의 개선, 5) 홍생사업의 쇄신, 6) 진학 지도, 7) 취직 알선, 8) 轉籍(호적 이동)의 승인을 결정했다.

이처럼 세키야는 마루야마, 이케다 기요시 등과 같은 조선통치관계자와 함께 재일조선인문제와 참정권문제 해결을 위해 내각 각료, 내무성 관료, 육군, 해군, 제국의회를 적극적으로 설득했다. 참정권문제에 대

---

117 위의 『大木日記 : 終戰時の帝國議會』, 124-125쪽. 11월 22일 다무라, 노구치 의원이 오키 중의원서기관장을 방문하여 조선문제는 반대라고 밝혔다. 익찬정치회의 오아사 다다오(大麻唯男)도 기도 내대신을 방문하여 조선참정권 문제는 상당히 성가신 정치문제로 발전할지 모른다고 우려했다(앞의 『木戶幸一日記』 下卷, 1154쪽. 11월 25일자)

118 1944년 12월 17일자(방위성 방위연구소 소장 「眞田穰一郎日記」). 참고로 사나다는 당시 군무국장.

해서는 내무성 관료, 중의원, 일부 각료들이 부정적이거나 소극적이었지만 육군의 협력을 통해서 1944년 12월 22일 각의 결정을 이끌어냈다. 각의 결정 이후 정치처우조사회에서도 조선과 대만 통치에 관여했던 사람들의 적극적인 노력으로 답신안을 마련하게 되었다.[119] 물론 세키야를 비롯한 조선통치관계자들의 설득작업만으로 12월 22일의 각의결정과 정치처우조사회 설치를 이끌어냈다고는 할 수 없다. 내무성은 참정권 문제로 내각이 무너지는 것을 경계했고, 마루야마, 요시다, 이케다와 같이 내무성의 대선배이자 조선인들이 많이 거주하고 있는 지역의 지사들이 적극적으로 설득했다. 육군은 1944년 6월에 중국전선에서 발생했던 학도병탈영사건, 10월 평양사단에 징집된 학병들이 독립을 위해 탈영을 모의하다가 발각된 평양학병의거사건에 적지 않는 충격을 받아 대책마련에 고심하고 있었다.[120] 이타가키 세이시로(板垣征四郎) 조선군사령관도 참정권부여를 전면적으로 지지한다고 표명했다.[121] 또 시바야마 육군차관은 정치처우조사회에서 전황이 날로 긴박해지는 상황에서 "하루라도 빨리 참정권문제를 결정하여 전력에 크게 도움이 되도록 했으면 한다" "한시라도 빨리 결전에 도움이 되었으면 한다"라고 적극 지지했다.[122] 육군은 본토결전을 앞두고 원활한 전시동원과 협력을 이끌어내고자 했던 것이다. 그 이외에도 각의결정을 이끌어낸 배경은 보다 복합적

---

119 앞의 岡本 논문 ; 앞의 淺野 책.

120 사나다 참모본부 작전부장은 일지에 "조선인 특별지원병(?) 각 사단에서 도망자가 발생했다. 65사단(서주)의 T대대에서 16명 도망했다. 많을 때는 6명"이라고 적고 있다. 김준엽을 비롯한 학도병의 탈영을 가리키는 것 같다(앞의 「眞田穰一郎日記」 1944년 6월 17일자).

121 小林次郎, 『最後の貴族院書記官長小林次郎日記』, 尙友俱樂部, 2016, 8~9쪽.

122 「朝鮮台湾在住民政治處遇調査會第二部會會議要錄(昭和二〇年一月一九日)」, 水野直樹, 『戰時期植民地統治史料』 第2卷, 柏書房, 1998, 86쪽.

인 요소가 작용했을 것이다. 그렇다면 어떤 상황과 요인들이 참정권문제를 반대했던 사람들의 생각을 바꾸게 했던 것일까.

2. 공습과 조선통치의 위기

조선총독부 법무국 사상과가 작성한 1944년 사상사범 가운데 전년도와 비교하여 급증한 것은 불온언론사범(657명 증가)인데, 전체 1,640명 가운데 전황(일본 패전, 346명), 조선독립(252명), 징용(224명), 공습(139명), 징병(114명), 양곡·물자의 공출(98명), 잠수함 출몰(89명), 식량사정(45명), 경제사정(25명) 순이었다. 하반기(1,103명)는 상반기(537명)에 비해 2배 이상 증가했는데 특히 조선독립, 공습, 징용, 잠수함 출몰이 격증했다.[123] 여기에서는 치안 당국이 작성하고 수집한 사상동향 보고와 유언비어를 중심으로 조선과 재일조선인의 치안 상황을 살펴보겠다.

1943년 들어 과달카날에서의 후퇴, 독소전에서의 독일군 패배 등으로 전황은 나날이 악화되었다. 1943년 여름 이후부터 조선, 일본, 대만 근해에서 미국 잠수함의 활동이 활발해졌다. 7월 11일 함북 부령군 바다에서 출어중인 어선이 잠수함 공격으로 사망자가 발생했다.[124] 8월 13일에는 단천 부근 근해에서 조선 범선이 격침되었고, 10월 8일에는 부산과 시모노세키를 왕복하는 부관연락선 곤륜호(崑崙丸)가 침몰되었다. 특히 580여 명의 희생자가 발생한 곤륜호 침몰은 조선사회에 일본의 전력을 의심케 하면서 큰 충격을 주었다.[125] 잠수함 출몰은 1944년 하반기에 들

---

123 「昭和一九年に於ける半島思想情勢」, 『朝鮮檢察要報』 13, 1945.4, 24~32쪽.
124 宮內廳, 『昭和天皇實錄』 第9, 東京書籍, 2017, 380쪽. 천황실록에는 敵襲이라고 나와 있지만, 정황상 잠수함으로 판단된다.
125 高等法院檢事局, 『朝鮮檢察要報』 1, 1944.3, 26쪽.

어 더욱 활발해져 이와 관련된 유언비어가 격증했다. 흥미로운 것은 잠수함 승조원이 조선인에게는 호의를 가지고 위해를 가하지 않았다고 하는 유언비어가 나돌아 고등법원 검사국은 사상모략을 봉쇄하기 위해 엄중한 경계를 요한다고 판단했다.[126]

6월 15일 미군은 마리아나 제도의 사이판 섬에 상륙했다. 그와 동시에 6월 16일 일본 국민에게 심리적 타격을 주기 위해 중국 성도에서 발진한 미군기가 야하타제철소를 목표로 해서 기타큐슈(北九州), 조선 남부, 오가사와라를 공습했다. 본격적인 미군 공습의 서막이었다. 미군은 7월 7일 사이판의 일본군수비대를 전멸시키고, 비행장을 건설하여 11월부터 일본 본토에 대한 본격적인 공습을 시작했다.

사이판이 함락되자 고이소 조선총독은 도조 수상에게 "앞으로의 조선 통치도 현저하게 곤란에 빠지게 될 것이다"라고 타전했다.[127] 사이판 함락으로 일본의 절대국방권이 붕괴되었을 때 독일에서는 7월 20일 히틀러 암살 미수사건이 발발했다. 독재 권력을 유지하고 있던 히틀러의 정권 내 기반이 크게 흔들려 이 사건을 계기로 일본 육군 중앙은 독일 패배가 가까워졌다는 인상을 받게 되어 더 이상 독일에 의존할 수 없고 일본 독자적으로 전쟁 수행을 감행해야만 한다고 판단했다.[128] 이후 오키나와(10월 10일), 대만(10월 11일 이후), 일본 본토(11월 24일 이후)에 함재기와 장거리 폭격기(B29)에 의한 무차별적인 폭격이 시작되었다. 마리아나 제도가 함락되면서 일본인의 전쟁의지는 급격하기 저하되기 시작했다. 특히 1944년 본토 공습이 본격화되고 통제 경제가 강화함에 따라 비관론이 강해졌고, 45년 오키나와 함락을 전후로 하여 戰意 저하

126 「昭和一九年に於ける半島思想情勢」, 『朝鮮檢察要報』 13, 1945.4, 24~32쪽.

127 앞의 『葛山鴻爪』, 778쪽.

128 山本智之, 『主戰か講和か : 帝國陸軍の秘密終戰工作』, 新潮社, 2013, 150쪽.

는 급격히 가속되었다고 한다. 공습이 전의 저하에 결정적인 요인으로 작용했다고 볼 수 있을 것이다.[129]

조선에는 미군 공습에 의한 직접적인 피해는 없었지만 공습이 민심과 치안에 미치는 영향은 적지 않았다. 6월 이후 기타규슈와 만주국의 주요 도시가 폭격당하자[130] 공습에 공포를 느껴 시골로 피난가려고 하는 사람들이 속출했고 전황과 군 당국의 시책을 의심하거나 불신하는 사람들이 늘어갔다. 뿐만 아니라 예금을 인출하거나 라디오 수신 신청자가 증가했다.[131] 재조일본인들은 일본인 경찰관이나 재향군인이 극도로 감소하고 있을 때 각 애국반마다 방공용으로 구비하고 있는 쇠갈고리(鳶口)가 만일의 경우 흉기가 되지 않을까 조선인들로부터 박해를 받을지 모른다고 불안과 공포를 호소하면서(평양, 잡화상), 비상상태를 대비할 경비대 설치를 희망했다(신의주 상인). 사이판 함락 이후 조선인 직원의 태도가 횡포해졌다거나(신의주, 중학교 교사), 조선인도 방심할 수 없다고 조선인에 대한 경계심을 늦추지 않았다.[132]

공습을 받았던 만주 지역 중국인들의 동향도 심상치 않았다. 만철이 경영하는 소화제강소가 있는 안산(鞍山) 공습 이후 중국인들은 전쟁에서 일본이 패전하면 재만조선인은 모두 중국인에게 학살될 것이다라며 재만조선인들을 압박하고 위협해 조선으로 돌아가는 사람들이 속

---

129 荻野富士夫, 『「戰意」の推移 : 國民の戰爭支持·協力』, 校倉書房, 2014, 185~186쪽.
130 예를 들면 미 공군기는 성도에서 발진하여 1944년 7월부터 9월 사이에 만주제철 안산본사에 5회의 공습을 감행했다. 7월 말 공습을 계기로 안산 시내에서는 약 8만 명의 중국인이 교외로 대피하여 이후 제철소의 생산활동, 일반 시민생활에 커다란 영향을 주었다고 한다(松本俊郎, 「滿洲製鐵鞍山本社の空襲被害, 1944年」, 『岡山大學経濟學會雜誌』 31-4, 2000).
131 「敵機來襲に伴ふ民情一片」, 『朝鮮檢察要報』 7, 1944.9, 9~11쪽.
132 「內地人の對朝鮮人動向」, 『朝鮮檢察要報』 8, 1944.10, 23~24쪽.

출했다.[133]

이후 조선에는 1944년 10월 25일부터 1945년 2월까지 19회, 25기의 미군기가 출현했고, 1944년 10월, 11월에는 제주도에 3회 폭탄이 투하되었지만 직접적인 공습 피해는 거의 없었다.[134] 하지만 1944년 6월 미곡 강제공출제(할당제)가, 8월 8일 각의 결정(「조선인 노무자 이입에 관한 건」)으로 국민징용령이 실시되어 전시 통제가 강화되는 가운데 본토 공습이 본격화되면서 조선 독립론, 일본 패망론이 확산되어 갔다.

한편, 10월 11일부터 미군의 본격적인 대만 폭격이 시작되었다. 11일, 12일에는 1,300기, 13일에는 1,400기, 14일에는 550기가 대만의 군사 시설, 항만, 중요 공장 및 주요 도시를 반복적으로 공습했다. 공습을 피하기 위해 많은 피난민이 속출하자 경찰, 경방단, 학도 경비대 등으로 저지하게 했다. 하지만 이탈을 막을 수 없어 대북주(臺北州) 담수가(淡水街)의 경우는 주민의 약 70%가 피난하였다고 한다.[135] 대만의 의사이자 작가인 오신영은 "이 대공습이 있고 나서 남쪽에서 소개민, 피난민이 종일, 잇따라 왔다. 먼 곳은 屛東, 高雄 이남에서 왔고, 虎尾, 臺中으로 간다고 한다. 도보나 우차로 온 사람들의 피곤한 얼굴을 보면 전쟁의 처절함과 인민의 운명을 절실히 느낀다"라고 일기에 남기고 있다.[136] 미군은 공습과 함께 다량의 선전물을 산포하여 대만인의 전의를 떨어뜨리려고 했다. 미국과 일본 사이의 물량을 비교하거나, 언론 억압과 국민 희생을 강조하여 군과 민간을 이간질시키거나, 세계전황에 관한 반추축국 우세

---

133 「滿支人の對日動向」, 『朝鮮檢察要報』 8, 1944.10, 25~28쪽.
134 「第86回帝國議會 衆議院 衆議院議員選擧法中改正法律案委員會 第3号 昭和20年 3月20日」.
135 「台湾空襲に對する治安情勢」, 『朝鮮檢察要報』 9, 1944.11, 2쪽.
136 앞의 「吳新榮日記」 1944년 10월 15일자.

를 선전하는 내용이었다. 대만총독부는 이 선전물들의 선전효과는 거의 없었다고 애써 폄하했지만 경찰, 경방단, 학도, 보갑 등을 통해 회수하였다. 미군의 프로파간다에 신경을 곤두세우고 있었던 것으로 보인다. 또 대만에서도 공습 초기에는 조용한 상태였는데, 피해가 속출함에 따라 점차 일본군의 방공에 대해 의문을 품고 유언비어가 확산하였다고 한다.[137] 나아가 전황 부진으로 대만인들이 일본인을 멸시하고 일본인과 마찰할 조짐마저 보이게 되었다.[138]

마지막으로 일본본토에 대한 미군 공습이 본격화되면서 재일조선인들은 크게 동요하고 있었다. 6월 16일 공습으로 기타큐슈에 있던 조선인 가운데 사망자 7인, 중경상 18명, 가옥 전파 27호, 반파 50호의 피해를 입었다.[139] 국민징용령이 실시되면서 일본으로 강제 동원된 조선인 노무자가 급증했다. 1939년 9월 이후 1944년 3월까지 일본에 송출된 노동자는 41만 3천 명으로 1년 평균 12, 13만 명이었는데, 제국 정부는 1944년도에 일약 39만 명을 요구했다.[140] 1945년에는 3배에 가까운 요구를 해 주요 노무공급원이었던 농촌 노동력을 고갈시켜 농산물 증산에 지장을 초래할 정도였다.[141] 이로 인해 국민징용령 위반 및 노무관계 사범이 급격하게 증가했다. 1942년 중에 12건 12명, 1943년 중에 16건 18명, 1944

137 「台湾空襲に對する治安情勢」, 『朝鮮檢察要報』 9, 1944.11, 3~4쪽.

138 「台湾ニ於ケル最近ノ治安狀況」, 水野直樹編, 『戰時期植民地統治史料』 第7卷, 柏書房, 1998, 144쪽.

139 「朝鮮人運動の狀況 1944年6月分」, 朴慶植, 『在日朝鮮人關係資料集成』 第五卷, 三一書房, 1976, 404~405쪽.

140 「昭和十九年十二月 朝鮮ノ統治事情說明」, 水野直樹編, 『戰時期植民地統治資料』 第6卷, 柏書房, 1998, 454쪽.

141 「阿部朝鮮總督統治槪況の件 昭和20年4月」 『帝國官制關係雜件(外地一般ノ部)2』 (日本外交史料館所藏 『茗荷谷硏修所旧藏記錄』 160.M56).

년 중에(1월~10월) 316건 330명으로, 1944년에 이르러 급격히 증가하고 있었다. 노무송출에 대한 집단 기피, 운송 도중 도망, 노무관계자 관공리에 대한 폭행, 협박 등이 다발하여 치안 악화를 초래하고 있었다.[142] 태평양의 마킨, 타라와, 콰잘레인, 사이판에 파견된 노무자와 군속이 미군과의 전투에 휘말려 많은 전사자가 나와 '전사 소문(戰死流言)'이 유포되면서 징용을 병역보다 두려워했다고 한다.[143] 이에 대해 조선총독부 경무국은 1944년 10월에 열흘간에 걸쳐 노무동원위반자를 일제히 단속하여 1만 2,100명을 검거, 훈시, 수배했다. 경찰력에 의존한 강제동원은 '사냥'의 성격을 띠게 되었고, 오히려 피징용자의 회피 경향을 가중시켰다.[144]

일본에 거주하는 조선인들이 늘어나면서 일본인과 조선인 사이의 갈등, 반감도 고조되었다. 조선인이 借地借家문제, 출정병사 부인과의 불륜 등으로 일본인과 갈등하고 있는 가운데 일본인은 각종 범죄을 일으키거나, 비위생적이라는 이유로 조선인을 멸시·혐오했다. 이에 대해 조선인이 대립, '반항'하여 갈등이 끊이질 않았다. 게다가 국민징용령 실시로 소질이 '열악'하고 '불량, 불온'한 조선인이 급속도로 이입되었다고 판단한 치안당국은 '언어, 풍습, 민족성이 다른' 조선인에 대한 노무관리와 치안확보를 긴급 과제로 삼는 한편, 전황이 악화됨에 따라 민족 간 감정 대립이 격화되는 것을 우려했다.[145] 실제로 재일조선인은 급속도로 늘어 1945년 6월 말 193만여 명에 이르렀다. 나아가 미 공습이 본격화되면서

---

142 「昭和十九年八月 治安狀況」, 앞의 『戰時期植民地統治資料』 第7卷, 403쪽.

143 「貴族院思想對策委員會議事氏 一一月一八日」, 위의 『戰時期植民地統治資料』 第7卷, 167쪽.

144 마쓰다 토시히코, 『일본의 조선 식민지 지배와 경찰』, 경인문화사, 2020, 655쪽.

145 「昭和19年10月 內務省警保局保安課 國民動員計畫に伴ふ移入朝鮮人勞務者並在住朝鮮人の要注意動向」 『種村氏警察參考資料 第107集』(일본국립공문서관 소장 平9警察00784100).

재일조선인의 피해도 속출했다. 1945년 4월 말까지 공습에 의한 조선인 피해자는 97,364명으로 동경, 오사카, 나고야, 고베, 후쿠오카 등의 대도시에 집중되어 4월 25일 발표한 주요 도시 전 피해인구의 약 3%에 해당했다.[146]

이처럼 기타큐슈공습, 대만공습을 거쳐 본토공습이 본격화됨에 따라 경제 불법행위(식량, 물자의 암시장), 조선민족의 독립, 조선인 학살과 같은 조선 관련 유언비어가 증가했다.[147] 또한 일본인 사이에는 조선인이 스파이활동을 하고 있다는 유언비어가 증가해서 조선인을 위험시했다.[148] 치안 당국은 징용 등으로 재일조선인 인구가 늘어나면서 공습을 이용하여 조선인들이 폭동을 일으키는 게 아닌가 하는 '비상시의 조선인 대책' 마련에 고심했다. 1944년 1월 14일에 열린 경찰부장회의에서 경보국 보안과장은 공습이 발생했을 때 관동대진재 때처럼 조선인이 일본인의 박해를 받는 것이 아닌지, 일본인은 공습의 혼란을 타 조선인이 강도나 부녀자 폭행을 하는 것은 아닌지 쌍방이 매우 불안한 분위기를 조성하는 상황에 대해서 주의를 환기시켰다.[149]

〈표 2〉와 같이 공습과 관동대진재 조선인 학살을 결부시킨 유언비어들이 광범위하게 유포되고 있었다.

---

146 앞의 『在日朝鮮人關係資料集成 第五券』, 506쪽.
147 川島高峰, 『流言·投書の太平洋戰爭』, 講談社, 2004, 183쪽.
148 外村大, 「日本における朝鮮人危險視の歷史的背景 - 關東大震災時の朝鮮人虐殺の前提とその後-」 『日本學』 32, 2011, 132쪽.
149 앞의 『在日朝鮮人關係資料集成 第五券』, 15~16쪽.

〈표 2〉 공습과 관동대진재 조선인 학살을 연관시킨 유언비어

일시	출전	유언비어
44.9.10	「9월 중의 유언비어 동경」(출전2, 151쪽)	사이판 함락 후 조선에서는 독립운동을 일으켜 소란을 피우고 있다. 그렇지 않더라도 관동대진재 때에는 수만의 조선인이 살해되었기 때문에 내지의 조선인은 모두 살해당할 지도 모른다.
44.10. 14	「10월 중의 유언비어 지바」(출전2, 174쪽)	앞으로 일본에 계엄령이 시행되면 조선인은 모두 살해될 지도 모른다고 한다.
44년 12월 상순	「12월 중의 유언비어」(출전2, 212쪽)	일본에 재주하는 조선인이 최근 조선으로 돌아가고 싶어 한다. 일본이 패배하면 관동대진재 때처럼 조선인은 모두 살해당할 것이다.
1944.12	동경헌병대 「유언비어 유포상황에 관한 건(12월 분)」(출전2, 257쪽)	잇따른 공습에 의해 관동대진재 때처럼 반도인은 모두 살해당할 것이기 때문에 빨리 조선에 돌아가라, 미국 비행기는 조선을 공습해서 군사시설만을 폭격하고 조선민족에게는 손해를 입히지 않는다.
1945	재류조선인 운동의 상황 특고월보 원고 (출전1, 506쪽)	공습이 격화됨에 따라 특이 동향이 보이기 시작했다. 일부 일본인 사이에는 관동대진재의 조선인문제와 공습을 결부해서 마치 조선인 전체가 스파이 전사로 활동하고 있다고 억측해서 과거 관동대진재의 조선인문제와 공습을 결부시켜 쓸데없이 의심하고 있다.
1945.5	5월 중의 유언비어 (출전2, 242쪽)	조선인의 일본 진출이 눈부시기 때문에 본토 결전 때의 혼란에 조선인의 동향에 대한 걱정은 떨칠 수 없다. 특히 조선인 밀집 지역에서는 과거 동경대진재 때의 폭동 운운을 상기해 그러한 불안 사태를 야기시킬 두려움에 "조선인이 여자를 강간했다" "일본인을 학살했다" 등의 공포를 조장하는 造言이 산발하고 있다.
1945.8	특고월보 8월 (출전3, 384~387쪽)	공습이 격화되면 우리들은 일본인들에게 살해당할 지도 모른다(대공습 전). 조선에서 폭동이 일어날 것 같으니 지금 돌아가면 일본인에게 살해될 것 같다(대공습 후).

출전1. 朴慶植, 『在日朝鮮人關係資料集成 第五券』, 三一書房, 1976 ; 출전2. 南博, 『近代庶民生活誌 ④流言』, 三一書房, 1985 ; 출전3. 『東京大空襲·戰災誌』編集委員会, 『東京大空襲·戰災誌 第5巻』, 東京空襲を記錄する会, 1974

실제로 공습 시 발생하는 화재나 땅울림은 관동대진재를 연상시키기에 충분했기에 내무성은 진재를 공습과 같은 피해를 입히는 것으로 파악해 진재를 교훈으로 공습에 대비해 방공훈련을 거듭해왔다.[150] 오다치는 관동대진재 20주년에 해당하는 1943년 7월에 동경도장관에 취임해 공습 때 날뛸 위험이 있다고 우에노 공원의 맹수를 살처분한 인물이었다.[151] 재일조선인들은 공습에 의한 피해뿐만 아니라 학살의 공포 속에서 전시 생활을 보내야만 했다. 치안 당국은 공습 하의 조선인 폭동을, 조선인들은 일본인의 학살을 두려워했던 것이다. 관동대진재 당시와는 비교가 되지 않을 만큼 많은 성인 남성 조선인이 일본에 있다는 점에서 시시각각 전황이 악화되는 가운데 조선인 학살 사건이 발생해 그 소식이 조선에 알려지게 된다면 조선에 미치는 그 여파는 가늠하기 어려웠을 것이다. 세키야가 내각 각료들과 치안당국에 공습 시의 조선인대책 마련을 강조했던 것도 3·1운동, 관동대진재 때의 조선인 학살과 같은 상황이 일어나는 것을 방지하기 위해서였던 것이다.

이처럼 조선은 공습의 직접적인 피해는 입지 않았지만, 공습 하 재만조선인과 재일조선인에 대한 박해는 연쇄적으로 조선 통치에 중대한 영향을 미칠 수 있다는 점에서 치안 당국과 조선통치관계자는 공습이 조선통치, 전쟁수행에 미치는 파장을 심각하게 인식했다. 11월 24일부터 동경에 대한 본격적인 공습이 시작되면서 조선통치를 안정시키고 원활한 전시 동원(징병, 징용, 공출 등)을 위해서 재일조선인 처우개선문제와 참정권문제는 시급히 해결해야 할 문제로 부상했던 것이다.

---

150 土田宏成, 『近代日本の「國民防空」体制』, 神田外語大學出版局, 2010.
151 앞의 『大達茂雄』, 235-238쪽.

Ⅳ. 맺음말

본 논문은 참정권 부여의 배경과 그것을 둘러싼 정치역학을 분석해 참정권 부여가 갖는 역사적 의의를 밝혔다. 도조 내각 시기의 참정권 문제는 주로 제국질서의 동요와 징병제와 관련하여 논의되었다. 버마와 필리핀 독립을 약속한 도조 성명은 전황이 악화되는 가운데 조선인의 독립론을 자극하였고, 조선 독립을 약속한 연합국의 카이로 선언은 조선독립론을 확산시켰다. 아시아태평양전쟁의 확대와 과달카날 전투 이후 전황이 시시각각 악화되는 가운데 제국 일본은 조선과 대만에 징병제를 시행했지만 그 시행 대가로 참정권을 부여하지 않는다는 방침에는 일본과 조선 대부분의 정치세력은 동의해 대일협력적인 조선인과 대만인들의 참정권 요구를 억제했다. 일본 제국은 황국신민으로서 살아가 권리가 아니라 죽을 수 있는 권리를 부여한 것이다.

참정권 논의는 조선총독 출신의 고이소가 내각을 조직하면서부터 본격화되었다. 하지만 '폭탄차내각'이라고 야유받았던 고이소 내각은 정권의 지지기반이 약했을 뿐 아니라 내각의 분열도 심각한 약체내각이었다. 고이소 수상이 정력적으로 추진한 제국의회 참정권 문제는 내각을 붕괴시킬 수 있을지도 모른다는 우려가 있을 만큼 각의결정 단계에서부터 많은 반대에 직면했다. 관할 성청이었던 내무성은 격렬하게 반대했고, 다른 성청도 결코 우호적이지만은 않았다. 본 논문에서는 1944년 12월 정치처우개선을 위한 각의결정이 통과된 그 배경과 추진주체에 대해서 고찰했다. 먼저 노르망디 상륙작전, 히틀러 암살계획, 스탈린 성명으로 대표되는 국제관계의 악화이다. 추축국인 독일 패전은 기정사실화되고, 소련을 통해 강화를 모색하려 했던 일본으로서는 일본을 침략자로 규정한 스탈린 성명은 엄청난 충격으로 다가왔다. 다음으로 44년 6월에 공출

할당책임제가 실시되고 8월부터 조선인에게 일반징용령이 적용되고 9월에는 대만에 징병제가 시행되는 등 전시동원의 강화는 민심이반과 치안 악화를 초래했다. 미군의 잠수함 공격과 공습이 본격화되면서 일본인의 전쟁의지가 추락하고 치안이 악화되었다. 조선은 공습의 직접적인 피해를 입지 않았지만, 공습 하 재만조선인과 재일조선인에 대한 박해는 연쇄적으로 조선 통치에 중대한 영향을 미칠 수 있다는 점에서 치안 당국과 조선통치관계자는 공습이 조선통치, 전쟁수행에 미치는 파장을 심각하게 인식했다.

한편, 세키야는 마루야마 쓰루키치, 이케다 기요시 등과 같은 조선통치관계자와 함께 재일조선인문제와 참정권문제 해결을 위해 내각 각료, 내무성 관료, 육군, 해군, 제국의회를 적극적으로 설득했다. 내무성은 참정권 문제로 내각이 무너지는 것을 경계했고, 마루야마, 요시다, 이케다와 같이 내무성의 대선배이자 조선인들이 많이 거주하고 있는 지역의 지사들이 적극적으로 설득했다. 육군은 본토결전을 앞두고 1944년 학도병탈영사건, 평양학병의거사건에 적지 않는 충격을 받아 대책마련에 고심하고 있었다. 전황이 날로 긴박하고 있는 상황에서 전력에 도움이 될 수 있도록 참정권 문제를 적극 지지했다.

이렇듯 참정권문제는 징병제 시행에 대한 반대급부만이 아닌 국제정세의 변화, 전황의 악화, 공습(학살과 반란의 공포), 전시 동원의 강화에 따른 치안 상황 악화라는 복합적이고 중층적인 요인이 작용하였다. 제국정부는 조선에 징병제를 시행할 때 그 대가로 참정권을 부여하지 않는다는 방침을 고수하다가 사이판 함락 이후 전황이 급속도로 악화되어 조선과 대만이 상실될지 모른다는 우려 속에서 패전 직전에야 비로소 참정권을 부여하였다. 따라서 참정권 부여를 국민화를 통한 '탈식민지화'라고 하는 평가는 시대상, 역사상을 무시한 일방적인 이해에 불과한 것이다.

집필자 소개(게재 순)

| 조명철 |

고려대학교 사학과를 졸업하고 도쿄대학 대학원 인문사회계연구과에서 박사 학위를 취득하였다. 고려대학교 사학과를 정년 퇴임하였다. 연구 주제는 일본 근대사이다. 주요 연구 성과로는 『일본근세근현대사』(공저), 『논쟁을 통해 본 일본사상』(공역), 『일본인의 선택』(공저), 『현대일본의 사회와 문화: 저팬리뷰 2017』(공저), 『동아시아 시대의 리더십』(공저), 「러일전쟁기 군사전략과 국가의사의 결정과정」, 「러일전쟁과 동아시아 국제질서」 등이 있다.

| 홍성화 |

연세대학교를 졸업하고 고려대학교 대학원 사학과에서 박사 학위를 취득하였다. 현재 건국대학교 글로컬캠퍼스 교양대학 부교수로 재직 중이다. 또한 충청북도 문화재위원회 전문위원, 동아시아비교문화연구회 회장, 동아시아고대학회 부회장, 예성문화연구회 부회장 등으로 활동하고 있다. 연구 주제는 고대 한일 관계사이다. 주요 연구 성과로는 『한일고대사 유적답사기』(저서), 『왜 5왕』(저서), 『칠지도와 일본서기: 4~6세기 한일관계사 연구』(저서), 『일본은 왜 한국역사에 집착하는가』(저서), 「隅田八幡神社(스다하치만신사) 인물화상경에 대한 일고찰」등이 있다.

| 정기웅 |

고려대학교 사학과를 졸업하고 고려대학교 대학원 사학과에서 석사 학위를 취득하였다. 현재 고려대학교 대학원 사학과 박사 과정에 재학 중이다. 연구 주제는 고대 일본에서 발생하였던 역병이다. 주요 연구 성과로는 「역병의 대유행과 조정의 대응책: 天平 9(737)年 역병 사례를 중심으로」, 「8세기 전반 사신의 왕래와 동아시아 역내 역병의 전파」, 「고대 일본 의사(醫師)의 기능과 역할」 등이 있다.

| 정순일 |

고려대학교 역사교육과를 졸업하고 와세다대학 대학원 문학연구과에서 박사 학위를 취득하였다. 현재 고려대학교 역사교육과 부교수로 재직 중이다. 연구 주제는 일본 고대사 및 동아시아 해역 교류사이다. 주요 연구 성과로는 『九世紀の来航新羅人と日本列島』(저서), 『바다에서 본 역사』(공역), 『古代日本対外交流史事典』(공저) 등이 있다.

| 김현우 |

한림대학교 사학과를 졸업하고 교토대학 대학원 문학연구과 후기 박사 과정을 수료하였다. 교토대학 문학부에서 비상근 강사로 재직하였다. 연구 주제는 헤이안 시대 한일 관계사이다. 주요 연구 성과로는 「10세기 일본의 정치적 상황과 한일관계」, 「고려 문종의 의사파견 요청과 여일관계」, 「'刀伊(동여진)의 침구' 사건의 재검토와 여일관계의 변화」가 있다.

| 고은미 |

고려대학교 동양사학과를 졸업하고 도쿄대학 대학원 인문사회계연구과에서 박사 학위를 취득하였다. 현재 성균관대학교 동아시아학술원 부교수로 재직 중이다. 연구 주제는 10~14세기 동아시아 교류사 및 일본 중세사이다. 주요 연구 성과로는 「日本·高麗との交易事例からみた元の対外政策」, "Characteristics of overseas Chinese residents and the background behind the formation of their settlements in the Song period", 「일본의 역사 전개와 무사정권」 등이 있다.

| 이해진 |

고려대학교 사학과를 졸업하고 교토대학 대학원 문학연구과에서 박사 학위를 취득하였다. 현재 동국대학교 문화학술원 HK+사업단 연구교수로 재직 중이다. 연구 주제는 근세 한일관계사이다. 주요 연구 성과로는 「訳官使の役割拡大と接待儀礼」, 「조일 국교회복에 관한 에도시대의 역사서술: 17세기의 성립과정을 중심으로」, 「1636년 조선통신사의 닛코 참배와 그 기억: 근세 일본의 '武威' 외교에 관한 재고」 등이 있다.

❙ 송완범 ❙

고려대학교 사학과를 졸업하고 도쿄대학 대학원 인문사회계연구과에서 박사 학위를 취득하였다. 현재 고려대학교 문과대학 교수로서 글로벌일본연구원 부원장 겸 총장 직속 고령사회연구원 부원장으로 재직 중이다. 연구 주제는 동아시아 세계 속의 일본 역사와 문화, 한일 관계, 동아시아안전공동체론, 고령(숙년)사회연구 등이다. 주요 연구 성과로는 『목간에 비친 고대 일본의 서울 헤이조쿄』(역서), 『동아시아세계 속의 일본율령국가 연구』(저서), 『2022 대한민국이 열광할 시니어 트렌드』(공저), 『남방발전사』(역서) 등이 있다.

❙ 이세연 ❙

한양대학교 사학과를 졸업하고 도쿄대학 대학원 총합문화연구과에서 박사 학위를 취득하였다. 현재 한국교원대학교 역사교육과 부교수로 재직 중이다. 연구 주제는 원령 진혼, 전사자 추도이다. 주요 연구 성과로는 『사무라이의 정신세계와 불교』(저서), 『술로 풀어보는 일본사』(공역), 『요괴』(공저) 등이 있다.

❙ 한상문 ❙

조선대학교 사학과를 졸업하고 고려대학교 대학원 사학과에서 석사 학위를 취득하였다. 현재 고려대학교 대학원 사학과 박사 과정에 재학 중이다. 연구 주제는 일본 육군의 병참 시스템이다. 주요 연구 성과로는 「메이지 시기 陸軍糧秣廠의 설치와 일본 육군 兵食의 '근대화'」 등이 있다.

❙ 위신광(魏晨光) ❙

중국 다롄외국어대학교 한국어학과를 졸업하고 고려대학교 대학원 사학과에서 박사 학위를 취득하였다. 연구 주제는 일본 근대 군사사 및 정치·외교사이다. 박사 논문은 근대 일본 병참 체제의 성립과 운영, 특히 청일전쟁 시기 한반도의 사례를 중심으로 다루었다. 주요 연구 성과로는 『중국경제의 현대화 -제도 변혁과 구조전환』(공역), 『韩国的对外关系与外交史(高丽篇)』(공역, 근간), 「제1차 세계대전 시기 대만총독 인사와 육군 내 데라우치 마사타케(寺内正毅)의 위상」 등이 있다.

| 박완 |

고려대학교 동양사학과를 졸업하고 도쿄대학 대학원 인문사회계연구과에서 박사 학위를 취득하였다. 현재 한양대학교 창의융합교육원 조교수로 재직 중이다. 연구 주제는 육군을 중심으로 한 근대 일본의 정치·군사사이다. 주요 연구 성과로는 「제1차 세계대전 후의 일본 황실의 위기와 육군의 대응」, 「다나카 기이치(田中義一)의 정치적 변신과 군민일치론」, 「야마가타 아리토모(山縣有朋)와 메이지(明治) 국가 건설」 등이 있다.

| 이형식 |

고려대학교 동양사학과를 졸업하고 도쿄대학 대학원 인문사회계연구과에서 박사 학위를 취득하였다. 현재 고려대학교 아세아문제연구원 교수로 재직 중이다. 연구 주제는 식민지 관료, 재조 일본인, 조선 주둔군 등을 통한 식민지 정치사이다. 주요 연구 성과로는 『朝鮮總督府官僚の統治構想』(저서), 『제국과 식민지의 주변인: 재조일본인의 역사적 전개』(편저), 『齋藤實·阿部充家 왕복서한집』(편저) 등이 있다.

교류와 전쟁으로 본 일본사

초판 1쇄 인쇄 ㅣ 2023년 09월 08일
초판 1쇄 발행 ㅣ 2023년 09월 15일

편저자 ㅣ 조명철
발행인 ㅣ 한정희
발행처 ㅣ 경인문화사
주 소 ㅣ 경기도 파주시 회동길 445-1 경인빌딩
전 화 ㅣ 031)955-9300, 팩 스 ㅣ 031)955-9310
이메일 ㅣ kyunginp@kyunginp.co.kr
홈페이지 ㅣ https://www.kyunginp.co.kr/
출판번호 ㅣ 제406-1973-000003호

ISBN 978-89-499-6719-6 93910
정가 35,000원